中国古城墙

Ancient City Walls of China

第三卷

主编 杨国庆

河南 山西 河北 内蒙 黑龙

江苏人民出版社

图书在版编目（CIP）数据

中国古城墙 / 杨国庆主编. -- 南京：江苏人民出版社，2017.6

ISBN 978-7-214-19295-0

Ⅰ. ①中… Ⅱ. ①杨… Ⅲ. ① 城墙—研究—中国—古代 Ⅳ. ①K928.77

中国版本图书馆CIP数据核字（2016）第170045号

书　　　　名	中国古城墙（第三卷）	
主　　　编	杨国庆	
责 任 编 辑	汪意云	
特 约 编 辑	刘仁军	
封 面 设 计	姜　嵩	
版 式 设 计	许文菲	
责 任 监 制	王列丹	
出 版 发 行	江苏人民出版社	
出版社地址	南京市湖南路 1 号 A 楼，邮编：210009	
出版社网址	http://www.jspph.com	
照　　　排	江苏凤凰印刷数字技术有限公司	
印　　　刷	江苏凤凰新华印务有限公司	
开　　　本	787毫米×1092毫米　1/16	
总 印 张	135.75　插页24	
总 字 数	2000千字（全六卷）	
版　　　次	2017年8月第1版　2017年8月第1次印刷	
标 准 书 号	ISBN 978-7-214-19295-0	
定　　　价	1800.00元（全六卷）	

（江苏人民出版社图书凡印装错误可向承印厂调换）

《中国古城墙》编委会

　　"中国明清城墙"联合申遗办公室、南京城墙保护管理中心、南京城墙博物馆、南京城墙保护基金会、南京城墙研究会对本书编撰给予了大力支持，特此鸣谢！

目录
【第三卷】

黑龙江 *003*

吉林 *025*

辽宁 *055*

山东 *091*

内蒙古 *163*

河北 *193*

山西 *251*

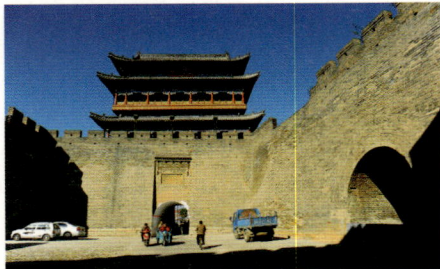

河南 *317*

N
瑷珲城
墨尔根城
齐齐哈尔城
金上京会宁府故城
宁古塔城
渤海国上京龙泉府城
黑
龙
江
嫩
江
嫩
江
松
花
江
乌
苏
里
江
牡
丹
江
拉
林
河

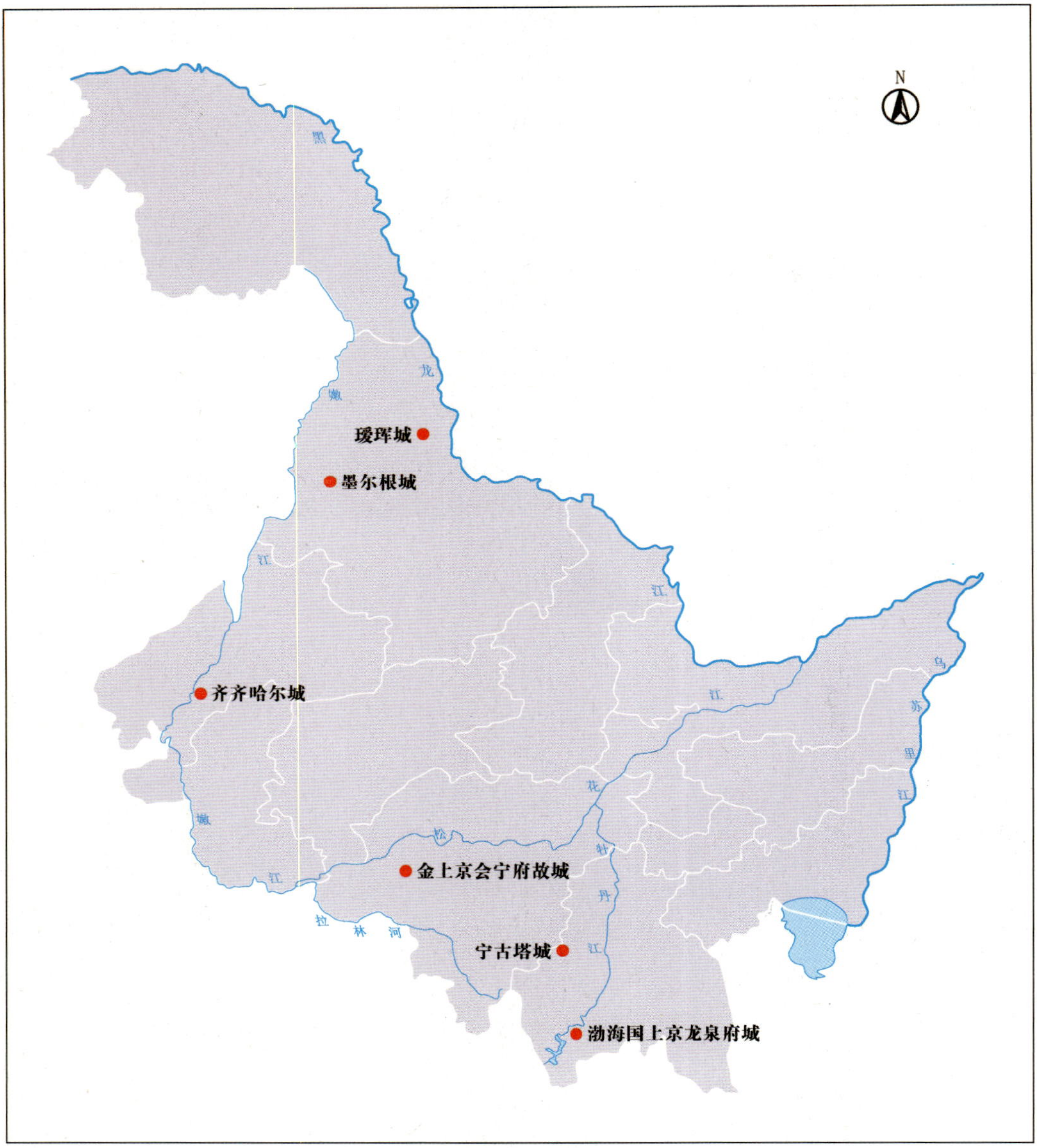

黑龙江

△ 1854年，俄国战船入侵瑷珲图　引自李泽奉、毛佩琦编撰《岁月河山——图说中国历史》（上海古籍出版社，1989年）

　　瑷珲，位于黑龙江省黑河市爱辉区瑷珲镇。亦作"艾浑"、"爱浑"和"爱辉"等，汉语称为"黑龙江城"，满语称"萨哈连乌拉霍通"。又分为瑷珲旧城、瑷珲新城（黑龙江城），"地处极边，与俄为邻"，为清代北疆军事重镇。其中瑷珲新城"左枕龙江，右环兴安"，被誉为"东省屏藩、北门锁钥"。

　　在周代，这里属肃慎部，汉属扶余部，唐属北边室韦都督府、黑水都督府。辽属东京道室韦部，金归蒲峪路管辖，元属开元路，明归奴儿干都司。康熙年间先后建立瑷珲旧城、新城。1909年，清政府改瑷珲副都统为兵备道，设置瑷珲直隶厅。1913年，改为瑷珲县。1933年，日伪时期设瑷珲保。1956年，瑷珲县改称爱辉县。1983年，爱辉县被撤销，并入黑河市。1993年，原黑河市改为爱辉区，原黑河地区改为黑河市（地级）。

　　瑷珲旧城（黑龙江旧城）位于黑龙江东岸，故址在今俄罗斯境内维笑勒伊村附近。明成祖时为对抗残元势力的侵扰，在精奇里江与黑龙江汇流处的瑷珲河畔筑忽里平寨，清初有"艾呼"之称。17世纪中叶，哥萨克武装侵入黑龙江流域，焚毁了此寨。清康熙十三年（1674），为加强黑龙江地区北部的驻防，清政府将吉林水师营移驻于此，但此时尚未重新建城。康熙二十二年，康熙帝命副都统萨布素为黑龙江将军，令其在此建城永戍。次年5月23日至8月6日，副都统秦率盛京兵600人协助当地官兵筑城。因附近有瑷珲河（俄罗斯境内芒嘎河）而得名为"瑷珲城"。城平面为方形，"周围九百四十步，门五"（《盛京通志》卷三十二）。在1685年的雅克萨战争中，瑷珲成为抗击沙俄侵略的前沿指挥部和后勤基地。黑龙江将军衙门迁往瑷珲新城后，此处留副都统镇守，康熙二十九年裁撤。

　　康熙二十三年（1684）秋，第一次雅克萨战争结束后，鉴于与内地隔江交通往来不便，清政府将黑龙江将军衙门迁至西南约六公里的黑龙江右岸，在顺治八年（1651）被沙俄焚毁的达斡尔族村屯托尔加的废墟上重新筑城。城名仍叫"瑷珲"。为区别于旧瑷珲，又称"瑷珲新城"。又因为这里是黑龙江将军的驻地，且濒临黑龙江，故也称"黑龙江城"。在康熙二十八年（1689）中俄签订《尼布楚条约》的过程中，瑷珲新城是重要的后方基地。康熙二十九年，黑龙江将军迁往墨尔根城，留副都统一员驻守。咸丰八年（1858），沙俄政府以武力强迫清政府在瑷珲新城签订了不平等的《瑷珲条约》，割占了中国黑龙江以北60多万平方公里的领土。

　　瑷珲新城分为内城、外城。"内城植松木为墙，中实以土，高一丈八尺，周围一千三十步，门四。（外城）西、南、北三面植木为郭，南一门，西北各二门，东面临江，周围十里"（《盛京通志》卷三十）。乾隆七年（1742）、乾隆五十二年曾两次修缮。1855年到过瑷珲的俄国人P.马克记载：

▽ 清代瑷珲东城墙遗迹　本文照片均
　　由魏笑雨提供

▽ 清代瑷珲西城墙遗迹

"要塞（指内城）呈四方形，每边长约一百俄丈。整个要塞由内外两道栅墙构成的，外栅墙高七俄尺，内栅墙高四俄尺半，外栅墙距内栅墙一俄丈。两道栅墙固定在一排横木上，相互之间距离也是一俄丈。内外栅墙之间有一道高二俄尺的土堤。应当指出，每道栅墙都是用一些不太粗的木桩夹成，外栅墙的木桩上端削尖。要塞的每边中间均开着大门。四角各修着塔形突出部（即岗楼），高度与要塞相等。每座大门旁边也都有这种突出部。此外，要塞四角与大门之间还各修二个突出部。"书中还附有一副绘制的瑷珲新城平面图（P.马克：《黑龙江旅行记》第五章）。清光绪十八至二十六年间（1892~1900），黑龙江将军衙门编制了《瑷珲城全图》（现藏黑龙江省档案馆），图上可见临江而建的瑷珲新城面貌，内城被护城河环绕，城内有将军衙门、大人府、城皇庙、万寿宫、文庙、真武庙等。外城也有护城壕沟，城内有税局、街道厅、粮仓庙宇及军民住宅等。清末《黑龙江城图说》记载瑷珲新城："用松木夹栅，中间筑土为城，高一丈六尺，周围五百九十九丈零五尺，垛口六百十五个，外复树，有木郭（指外城）。自设城以来从未重修，城现已糟朽，坍颓不堪，至外郭早倒塌尽净"（黑龙江将军衙门档案501卷）。

光绪二十六年（1900）沙俄侵略者制造了"海兰泡惨案"、"江东六十四屯惨案"，先后烧毁了瑷珲旧城、新城，并占领了这一地区。光绪三十二年，瑷珲副都统姚富升与俄方交涉收回了瑷珲新城，在被毁的城墙基址上重建。筑土为墙，高6尺，周长6.1里。东、南、西、北四面各设一门，分别曰"青阳门"、"延厘门"、"迎恩门"、"拱辰门"。

1949年后，瑷珲城墙遭到了一些破坏。1994年出版的《黑龙江省志·文物志》记载：（内城墙）呈不规则四边形，东墙993米（现存墙段519米）、西墙948米、南墙842米、北墙805米（现存墙段647米），周长为3588米。墙为堆土砌筑，无夯迹。墙基底宽13米、高2米。墙外掘护城壕1道，壕宽6米、深2米。城设四门，居每面墙之中，各宽14米。无角楼、马面遗迹。但保存至今的并不多。

2014年，黑龙江省文物考古研究所对瑷珲城进行了考古勘查，先后发现了1685年修建瑷珲新城内城城墙、黑龙江将军衙门（1685~1690年间，后为瑷珲副都统衙门）遗址，并对1907年复建的瑷珲新城城墙、副都统衙门等文献记载的建筑遗迹进行了确认和寻找。这些信息将对编制《瑷珲新城遗址保护规划》和今后古城复建起到重要的作用（东北网黑河2014年9月26日讯）。

2001年，瑷珲新城遗址作为近现代重要史迹及代表性建筑，被列为全国重点文物保护单位。

郭豹

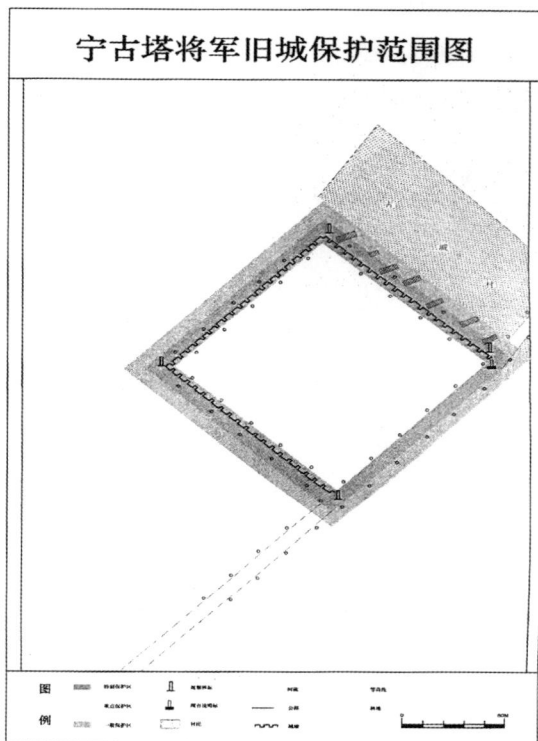

△ 宁古塔将军旧城保护范围图　引自杨宏《宁古塔旧城文化旅游资源的开发研究》，东北师范大学2008年硕士论文

宁古塔是清代边外七大重镇之一，位于牡丹江畔的河谷盆地，西为张广才岭，东为老爷岭，"南瞻太白，北绕龙江，允边地之雄区，壮金汤之地理"。

宁古塔，是清代宁古塔将军治所和驻地，是清政府管辖牡丹江流域、乌苏里江和黑龙江流域以及外兴安岭一带、库页岛等广大地区军事、政治、经济、文化中心。"宁古塔"系满语"六个"之意，相传清皇族远祖有兄弟六个居于此，故称其地为"宁古塔贝勒"。所以宁古塔"虽以塔名，实无塔"。有新、旧二城，相距25公里。旧城位于今黑龙江省海林市长汀镇古城村，在牡丹江左岸支流海浪河南岸。新城在今黑龙江省宁安市宁安镇。

宁古塔被视作满族祖先的发源地，其旧城"东门外三里，有林名'觉罗'，即我朝发祥地也"。相传满族先祖于此吞朱果而孕。17世纪初，努尔

◁ 宁古塔将军驻地旧城
遗址 魏笑雨提供

哈赤以此为基地，逐步统一了东北女真诸部。1616年，建立后金后，派重兵驻守。清顺治十年（1653），设宁古塔昂邦章京。顺治十五年，清廷规定挟仇诬告者流放宁古塔，此后成为清廷流放人员的接收地。康熙元年（1662），改为"镇守宁古塔等处地方将军"。康熙五年，将军衙门迁至东南25公里处的新城。康熙十五年，又移驻吉林乌拉城（今吉林市），留协领（后升为副都统）萨布素镇守此地。宣统元年（1909），裁撤宁古塔副都统，将1903年设的绥芬厅升改为绥芬府。次年，改为宁安府。1913年，改为宁安县。1993年，撤县建市。

宁古塔将军旧城是清崇德元年（1636）吴巴海初任梅勒章京（副都统）时监造的驻守之地。城分内、外二城，规模不大。外城应为原木筑造。内城平面为方形，"桅木隔石筑造"，也称"石城"。《盛京通志》载："宁古塔旧城，在海兰河（海浪河），有石城（内城）高丈余，周围一里，东西各一门。城外（外城）边墙五里余，四面四门。昂帮章京吴巴海图鲁监造。"另据张缙彦《宁古塔山水记》载："城方二里，垒石成垣，城内居民寥寥数家，东西各一门，以通往来，大帅公署在焉。"

康熙五年（1666），因旧城常遭水患和抗击沙俄用兵所需，宁古塔将军巴海和副都统海塔、满邳率官兵在旧城东南25公里处的牡丹江北岸、觉罗城西南5里处建造了一座新城，并将治所迁至此处。旧城遂废。

宁古塔新城分内、外两城。内城为木城，以"松木为墙，中实以土，高二丈余，周围二里半"。东、西、南三面设门，"东曰得胜，西曰望阙，南曰迎熏"（光绪版《吉林通志》卷二十四）。北城正中是将军衙署所在地，故不开门。

外城"边墙十里余"，共四门，南门临江。外城东门有牌楼，并排四棵圆木为柱，中央三个横额，并有锡制柱顶，名为"阜城门"，1937年，被侵华日军所毁。西城门曰"西陲门"，门上横额为"保障西陲"。1999年，修建宁安图书馆时，曾发掘出宁古塔南门址，仅南门西侧的牌楼立柱就有五根，前三后二，均为直径一米的红松圆木。由此推断南门两侧的圆木立柱至少两排十柱，其木制门楼的雄伟气派可见一斑（张万林：《宁古塔史话》，黑龙江朝鲜民族出版社，2007年）。据吴振臣《宁古塔纪略》载："有木城两重，系今上初年新筑，去旧城六十余里。内城周二里许，只有东、西、南三门，其北因有将军衙署故不设门。内城中惟容将军、护从及守门兵丁，余悉居外。（外）城周八里，共四门，南门临江。汉人各居东、西两门之外……后因吴三桂造逆，调兵一空，令汉人俱徙入城内，予家因移住西门内。内有东、西大街，人于此开店贸易，从此人烟稠密，货物、客商络绎不绝，居然有华夏风景。"

乾隆三十一年（1766）、四十二年、五十一年、五十七年，重修各门。光绪九年（1883），副都统容山重修内城。在《重修牙城记》中记录了宁古塔当时所面临的严峻形势，以及他与钦差吴大澄一起节约资金、维修宁古塔城墙的经过："吴清卿通政为督办大臣，闻之恐其事中止，遂遣防兵六百来助修牙城，以为之倡。阅十日而牙城成，工速而费省，仅用白金一千六百有奇"（光绪版《吉林通志》卷二十四）。

宁古塔新城的内城垣毁于1910年，外城垣毁于1920年。今城池基本无存。

位于今海林市的宁古塔旧城的外城今已无存。内城（"石城"）虽为方形，但不是正南、正北方向，而是四角分别正对着东、南、西、北。每边长171米，周长684米，面积29241平方米。城墙仅存东北角及由此向西、南延伸之两段墙的残段，墙基底宽14米、高2～3米，东北墙残长160米，西北墙残长150米。城墙并不是石筑，仅为石块垫底，上筑夯土城墙。从城墙纵剖面上可以看出，分层叠筑的夯土中，每层之间垫夹木棍一层（已经风化），起着拉筋加固城墙的作用。内城东北角有一圆形炮台土垒残址。20世纪末，黑龙江省文物考古工作者对该古城遗址进行了调查。

目前，海林市加强了对旧城的保护力度。城墙墙体本身及两侧各5米内的范围为特别保护区；城墙外5～10米和墙内5米以外的范围为重点保护区；城墙外10～20米的范围为一般保护区，保护范围46770平方米。牡丹江市文物管理站于2007年制订了《宁古塔将军驻地旧城遗址抢救保护工程设计方案》（杨宏：《宁古塔旧城文化旅游资源的开发研究》，东北师范大学硕士论文，2008年）。

2013年，宁古塔将军驻地旧城遗址被列为全国重点文物保护单位。

郭豹

墨尔根城

墨尔根城，故址在今黑龙江省嫩江县。地处嫩江（诺尼木伦）东岸、嫩江支流墨尔根河（今喇嘛河）南岸，城以河名。"墨尔根"是满语（一说为蒙古语），汉语意为"善射"即"善于打猎的人"，或"精能、有智慧的人"。墨尔根在清初雅克萨战争及抗击沙俄入侵、保卫边疆过程中发挥了重要作用。与瑷珲、宁古塔、三姓、伯都讷、齐齐哈尔、吉林城一起，被称为"边外七镇"。

墨尔根在元代时称"灭捏该"。明代，置木里吉卫。清初，名墨尔根村，是达斡尔、鄂伦春、索伦克等民族游猎的地方。为抗击沙俄对黑龙江流域的侵略，清政府先后在黑龙江地区筑呼玛尔城、瑷珲城。康熙二十四年（1685），又命筑墨尔根城，次年筑成。先设城守尉一员驻守。康熙二十九年，黑龙江将军从瑷珲新城移驻墨尔根城。康熙三十三年，黑龙江副都统亦移驻于此。康熙三十七年，移走副都统一员驻齐齐哈尔。次年，黑龙江将军移驻齐齐哈尔。康熙四十九年，复设副都统一员。宣统元年（1909），裁墨尔根副都统，添设嫩江府。1913年，改为嫩江县，延续至今。

黑龙江将军设立的第三年，康熙皇帝认为"墨尔根地方最为紧要，应筑城设兵。令将军萨布素及副都统一员驻扎于此"。萨布素与钦差兵部侍郎伊桑阿等赴嫩江沿岸多次勘查，最后决定在墨尔根屯建城。康熙二十五年（1686），墨尔根城筑成。墨尔根和后来建造的齐齐哈尔城一样，都是典型的军事防御城池。其形制也相同，都分内、外二城。西清在《黑龙江外记》卷二中记载："墨尔根内城四隅，亦有楼橹。余与齐齐哈尔同。外郭筑土为之，方十里。五门，而二居北。"内城用木筑，高大的圆木分内外两排，密植在地上，之间用土填充。城墙上的木料高低相间，做出雉堞的形状。外城则用垡（植物根系与黑钙土纠结在一起，切割成砖块形状）垒砌。所用的材料都是就地取用，既节约成本，也体现了鲜明的地域特征。据民国版《嫩江县志·疆城》记载："其制则内城、外郭。内城之垣，松木为栅夹于外，中实以土。高一丈八尺，垣宽一丈。周围四百五十四丈。女墙皆备，东西南各一门，北二门。"

道光二十四年（1844），理藩院左侍郎、盛京将军禧恩上奏朝廷，酌拟拓修墨尔根城垣，称"新躧地方，地势不平，且与旧制不符，请于旧地分别缓急，先后量为展修。所需工费，除旧料变价抵补外，约需银七千余两"。得到批准，"先由该城库贮备用银内动支。所需木料，著黑龙江将军派员采办。于明岁春融，赶紧修筑完固"（清《宣宗实录》，道光二十四年八月甲子条）。

光绪二十六年（1900），沙俄入侵墨尔根，将城中抢掠一空后，烧毁了墨尔根城。城池今已基本不存。

在嫩江县嫩江镇第一小学院内，尚有墨尔根副都统衙门遗址。2006年，墨尔根城被列为市级文物保护单位。

另外，清代在墨尔根建有水师营，同样在1900年被沙俄焚毁。遗址在嫩江县墨尔根乡北大营村。水师营有四座形状、面积相同的长方形营盘，每座南北长133米、东西宽110米，面积15428平方米。每营间距约300米。西北营盘遗址保存较完整，残垣高1米、顶宽0.6米。2005年，墨尔根水师营遗址列为省级文物保护单位。

郭豹

▽ 宁古塔将军驻地旧城遗址 魏笑雨提供

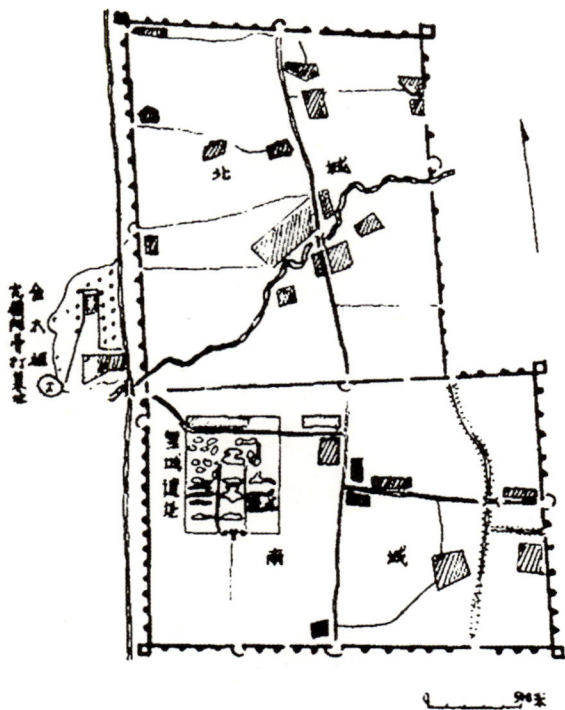

△ 会宁城平面图　引自《黑龙江省志·卷五十三·文物志》1994年版

金上京会宁府故城，俗称"白城"，位于黑龙江省哈尔滨市阿城区城南两公里、张广才岭西麓大青山脚下、阿什河西岸，依山傍水。

金上京会宁府是金代五京之一。金上京路和会宁府的治所作为女真族建立的金帝国的早期都城，历经金太祖、太宗、熙宗、海陵王四任皇帝，作为金王朝的政治、军事、经济、文化中心达38年。金上京会宁府、渤海国上京龙泉府、辽上京临潢府、中京大定府并称为东北四大故城。

金国建立之初，女真人聚集的村落只是用木栅栏围起以防止野兽和敌人的侵袭，皇帝居住的村寨较大。《大金国志》载："国初无城郭，星散而居，呼曰皇帝寨、国相寨、太子庄，后升皇帝寨曰会宁府，建为上京。"阿什河古称"按出虎水"，女真语意为"金源"，因此，金收国元年（1115）金太祖完颜阿骨打称帝时，以此河为名建立大金，在皇帝寨（也称"御寨"）统御全国、处理政务。这里是金上京的前身，但未见此时期修建城池的记载。阿骨打病逝后，"葬宫城西南"。宫城可能是指现在的北城或北城内的宫殿区。

金太宗时期（1123～1135），由汉人卢彦伦规划设计，营筑上京新城（南城）和宫殿："天会二年（1124），知新城事，城邑初建，彦伦为经画，民居、公宇皆有法"（《金史》卷七十五《卢彦伦传》）。次年，宋使许亢宗出使金国时，记载工地上每日有数千人忙碌，"已架屋数千百间，未就，规模亦甚伟也"。但总的来说，"其城邑、宫室类中原之州县廨宇，制度极草创"（徐梦莘：《三朝北盟会编》卷二百四十四）。

金熙宗时期（1135～1149），对上京城有两次大扩建。第一阶段从天眷元年至皇统三年（1138～1143）。《金史》记载：天眷元年"命少府监卢彦伦营建宫室，止从俭素"，同时，"以京师为上京，府曰会宁，旧上京（指辽上京，位于今内蒙古自治区巴林左旗林东镇）为北京"。第二阶段在皇统六年，"上以上京会宁府旧内太狭，才如郡治，遂役五路工匠，撤而新之。规模虽仿汴京，然仅得十之二三而已"（《大金国志》）。

海陵王时期（1149～1161），上京城被毁弃。海陵王弑熙宗继位后，于天德五年（1153）正式迁都到燕京（今北京），改元为贞元元年，"改燕京为中都，府曰大兴，汴京为南京，中京为北京"，同时"削上京之号，止称会宁府"，从此，上京城结束了作为金王朝都城的历史。正隆二年（1157），海陵王"命吏部郎中萧彦良尽毁宫殿、宗庙、诸大族邸第及储庆寺，夷其址，耕垦之"（《金史》），上京城遂荡然无存。

金世宗时期（1161～1189），上京城得到了重建，用砖修茸城墙。大定十三年（1173），"复为上京"；大定二十一年，"复修宫殿，建城隍庙"。大定二十三年（1183），"以甓束其城"。次年，世宗巡幸上京城，居住在城内重修的行宫光兴宫内。

现存的金上京遗址，大多是这一时期的建筑。其总体规划布局受到了北宋汴京和辽上京的共同影响。上京会宁府由毗邻的南、北二城组成，皆为长方形，南城略大。据1964年实测数据，北城竖修，南北长1828米、东西宽1553米；南城横修，东西长2148米、南北宽1523米。城墙总长近11公里，总面积约6平方公里，为夯土版筑，表面原疑有青砖，但已被拆光。墙体残高3～5米，个别地段高达7米，基宽7～10米、顶宽约1米。全城五角上各有一处角楼。城墙外侧原有马面92座，间距80～130米，现存89座。马面多集中在南城的西墙、南墙，可能主要为了保卫皇城的安全。上京城门的数量有7、8、9三种说法。较为流行的观点认为：上京外城有七门，其中南城的东、西墙各一门，南墙二门；而北城的东、西、北墙各一门。另外，南、北二城之间的腰墙（界墙）上有二门，但位于腰墙东段的城门用途不明。除腰墙东段的城门外，其他八座城门外均有转角形的瓮城（李冬楠：《金上京研究综述》，载《黑龙江社会科学》2009年第5期）。南、北二城的外侧及腰墙的南侧均有护城河，虽然已经干涸，但部分地段仍十分明显。

皇城在南城的西部偏北处，占地约0.32平方公里。1974年经实地探查，皇城南北长654米、东西宽500米、基宽6.4米。东、西两堵墙已夷平为乡间大道；北墙被民房占压；南墙中段保存较好，仍存土堆4座，左右两侧的两堵高约7米，对峙而立，疑似门阙；中间的两堵高约3米，当初可能是皇城的南门。南北皇城内的南北中轴线上，有排列整齐的五重宫殿基址，高出地面近2米；东西两侧还有回廊遗址。

金末，辽东宣抚使蒲鲜万奴叛金，自立东夏国。并于贞祐三年（1215）、兴定元年（1217）两次攻掠上京城，焚毁了宗庙、城门城楼等建筑。

元、明时期，这里是通往奴儿干地区的重要驿站。清雍正四年（1726），清政府在此设立阿勒楚喀协领。雍正七年，协领衙门移驻新城（今黑龙江哈尔滨市阿城区），该城被彻底毁弃。据魏声和《鸡林旧闻录》记载："土人相传二百年前，城之楼堞，砖石砌成，草长苔封，甚为完固，嗣为阿勒楚喀副都统运去建筑阿城，古迹遂尽湮矣。"

▽ 金上京会宁府遗址皇城遗址　魏笑雨提供

对金上京故城所在地的考证和认定，当推乾隆版《满洲源流考》，认定其在拉林、阿勒楚喀之间。清末曹廷杰在《东三省舆地图说》准确考订白城即上京会宁府。1949年前，日本、俄罗斯和中国学者对金上京进行了一些测量工作。1949年后，测绘及文物部门对遗址进行了多次测量，基本搞清了南、北二城的城墙长度、马面、瓮城等情况，众多学者对金上京的布局、城址沿革等问题进行了探讨。出版的专著有朱国忱的《金源故都》（北方文物杂志社，1991年）、景爱的《金上京》（三联书店，1991年）、白玉奇的《大金国第一都》（黑龙江人民出版社，1997年）。

历年来，在金上京会宁府故城出土了铜镜、铜印、陶瓷器、金银器等大量文物。如1925年出土的至正十五年（1355）中书礼部造八思巴文"镇宁州诸军奥鲁印"、1977年出土的至元十五年（1278）中书礼部造八思巴文"管水达达民户达鲁花赤之印"，证明了这里是当时的一个行政中心。城墙外侧还出土了大量擂石和铁箭簇。

1961年，建成阿城县博物馆。1987年阿城撤县建市后改名为"阿城市金上京历史博物馆"。1997年，阿城市斥资1500万元建成占地面积5万平方米、建筑面积5400平方米的新馆，次年10月正式开放。

据2010年11月5日《哈尔滨日报》报道，当地一项修路工程中，北城的东城墙南段被撕开了一个20多米的口子，城墙被毁面积约300平方米。

2012年10月22日，金上京遗址被列入《中国世界文化遗产预备名单》。同年11月13日，黑龙江省人民政府批准公布实施《金上京会宁府遗址保护规划》。《规划》提出：哈尔滨市阿城区计划投入资金逾3.3亿元，建设规划占地面积800万平方米的金上京考古遗址公园。其范围包括金上京会宁府遗址南城内西部（包括皇城的全部）；南北城之间腰墙的西段外扩20米；南城西墙垣全部及护城河遗迹；南城南墙垣外扩50米的范围，以及两座城门遗址与城外护城河遗迹等。

1982年，金上京会宁府遗址被列为全国重点文物保护单位。

李少华

渤海国上京龙泉府**城**

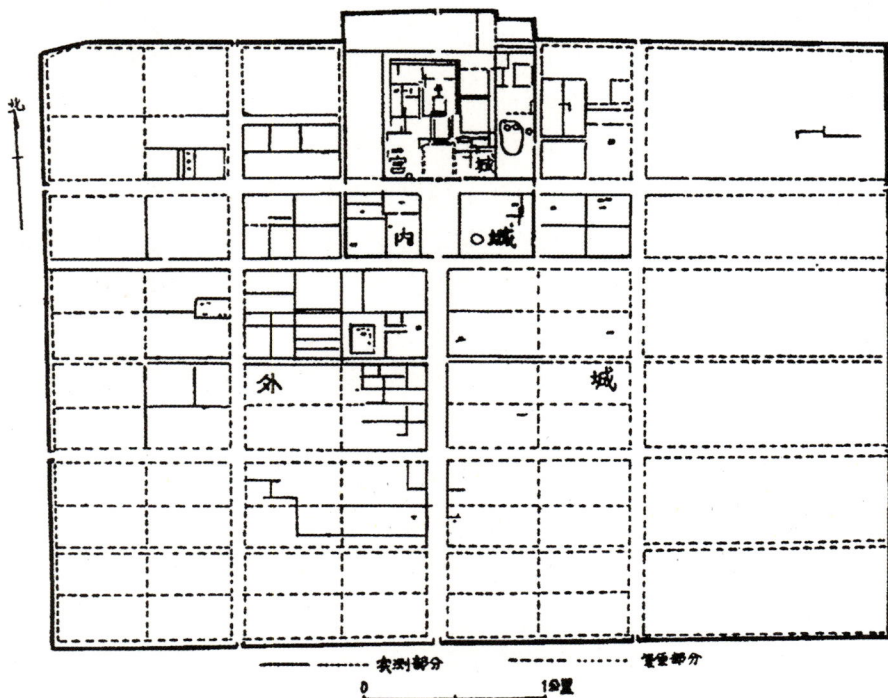

△ **龙泉府城平面图**　引自《黑龙江省志·卷五十三·文物志》1994年版

　　渤海国上京龙泉府，位于今黑龙江省宁安市渤海镇，地处牡丹江中游东京城盆地内的冲积平原上，依山傍水，居水陆交通要道，俗称"东京城"。因西邻忽汗河（今牡丹江），又称"忽汗城"或"忽汗王城"。上京城是渤海国的五京（上京龙泉府、中京显德府、东京龙原府、西京鸭绿府、南京南海府）之一，因位置偏北，故称"上京"。它是中国东北地区最大的古代都城，与辽上京临潢府、中京大定府、金上京会宁府并称为"东北四大故城"。

　　渤海国是中国东北地区靺鞨族建立的地方政权。靺鞨，周代称"肃慎"，汉晋时称"挹娄"，南北朝时称"勿吉"，此后称"靺鞨"，分七部。公元7世纪末，粟末靺鞨首领大祚荣统一了除黑水部以外的靺鞨诸部，在奥娄河（今牡丹江）上游东牟山（今吉林敦化境内）筑城，建立了"震国"，定都敖东城，史称"旧国"。唐开元元年（713），唐玄宗册封大祚荣为忽汗州都督、渤海郡王。渤海国大兴五年（742），迁都至中京显德府（今吉林省和龙市附近的西古城）。渤海国第三代王大钦茂被唐朝晋封为"渤海国王"，于大兴十八年（755），自中京迁都至上京龙泉府。大兴四十八年（785）又迁都至东京龙原府（今吉林省珲春市附近的八连城）。中兴元年（794），第五代王大华玙又将王都迁回上京龙泉府。十一世王大彝震时增筑宫室、营建外城。渤海国传15世、229年，到9世纪时发展为盛极一时的"海东盛国"，疆域包括今东北大部、朝鲜半岛北部及俄罗斯沿日本海的地区，设5个京、15个府、62个州、130余个县，是一个幅员辽阔的大国。天显元年（926）契丹攻陷上京城，建东丹国（年号"甘露"）。上京龙泉府成为东丹国首府，改名为"天福城"。甘露三年，东丹国南迁东平（今辽宁省辽阳），天福城遭毁弃。

渤海上京城的规划思想和布局模仿了唐都长安城，同时也具有鲜明的地域和民族特色。其规模宏大、设计严谨、布局规整、结构对称。整个都城平面呈长方形，占地面积16.4平方公里，周长16.56公里。由三重城墙组成：外城（郭城）、皇城、宫城（紫禁城），是目前中国地面遗迹保存较完整的中世纪时期古城址。

外城呈长方形，东西长，南北略窄，总面积约16.4平方公里（朱国忱、金太顺、李砚铁：《渤海故都》，黑龙江人民出版社，1996年）。据测量：城垣总周长为16288.5米，其中东墙3358.5米、西墙3398米、南墙4586米、北墙4946米（魏存成：《渤海考古》，文物出版社，2008年）。北墙中部一段向外突出，东西长近1000米、南北宽约200米，使城呈"凸"字形，可能是为了便于宫城北部的防卫。外城西北角因地势及河流影响，并不是直角。城墙均已不同程度倒塌。南城垣坍塌严重，残高不足1米。其余三面城垣保存较好，坍塌基部宽约14～18米、上宽1～3米，墙体平均残高2.5米，部分地段超过3米。1997年的考古发掘了解到外城垣的做法是：先在原地面筑一道截面呈梯形的夯土城墙，高约1.2米、底宽6～10米、顶宽2.5～3米。在夯土墙上挖一浅沟槽，再砌筑石城墙。但尚不能确定夯土墙与石城墙是否同时修筑的。城外有城壕，宽约3米。过去认为上京外城是"四面十门"，即南墙与北墙各开三门，东、西墙各开二门。南墙东门、北墙中门进行过考古发掘，其中北墙中门规模宏大，在高0.75米的夯土台基上面有一座面阔5间、进深3间的木构建筑，台基南北两侧有登台踏道，东西两侧各有一座单门道的城门。1997年，在外城北城垣东侧紧邻宫城的地方，新发现了一座分早晚两期、都是单门道的城门，且均有宽阔的门楼建筑，但不能与以往认定的任何一条城内街路直接相通。进一步的调查发现，北城墙西侧对应的位置也有一处缺口，推测也应该是城门。因此，外城共

◁ 渤海国上京龙泉府遗址
午门址全景 本文照片
除署名外，均由魏笑雨
提供

▷ 渤海国上京龙泉府遗址东城垣

◁ 渤海国上京龙泉府宫殿
墙体遗址 尚珩摄

有12座门。另外还有七处水渠口（黑龙江省文物考古研究所、牡丹江市文物管理站：《渤海国上京龙泉府遗址1997年考古发掘收获》，载《北方文物》1999年第4期）。外城有五条宽阔笔直的大道（南北向平行三条、东西向平行两条），分别通向10座城门。南北向大街中的正中一条宽达11米、类似唐长安城的朱雀大街，把外城分为东、西二区。外城里纵横交错的街道，把全城划分为若干规整的长方形的坊，坊四面有坊墙。外城还发现了13处寺庙遗址。

皇城位居外城北部中间，平面呈横长方形，占地面积0.48平方公里，周长2996米，其中东墙447米、西墙454米、南墙1045米、北墙1050米。南围墙已无遗迹可寻外，其余尚有部分高约1～2米的残墙（孙秉根：《渤海上京龙泉府遗址考古主要收获》，载《建筑历史与理论》第六、七合辑，1994年）。1997年对内城东垣南段进行了清理，这部分城墙的做法是：在原地面上挖一浅槽，或平地上铺一层土夯实，然后在上面直接砌筑石墙。皇城东、西、南三面各有一门，北部以宽92米的东西"横街"与宫城相隔，中间有一条南北向大街，将皇城分为东、西二区。皇城是百官衙署所在地。

宫城又称"紫禁城"，位于全城的北部正中、内城之北。平面呈规整的长方形，占地0.45平方公里。宫城南北长720米、东西宽620米、周长2680米。宫城的墙垣全部用大小、形状不一的玄武岩砌筑，现存墙基宽8～10米、顶宽1～2米、残高3～4米。左右宫城南墙设三门，正南门俗称"五凤楼"，其余三面各设一门。考古发掘表明，宫城正南门正中有座高5.2米、东西长42米、南北宽27米的高大台基，从残存的巨型石柱础看，台基上有座面阔9间、进深6间的建筑。台基东西两侧各设门道。宫城南墙西门为单门道，南墙东门可能是象征性的假门。宫城南北中轴线上有五重宫殿。宫城东墙外有御花园，内有面积近两万平方米的池塘，另有假山、亭榭等遗迹，说明上京龙泉府已经不是单纯的军事城池。

自甘露三年（928）东丹国南迁后，上京龙泉府湮没无闻达数百年。清代寓居宁古塔的流人看到这座规模宏大的古城址后，并不知其历史，依当地居民传闻称之为"东京城"，有的还进行了考证。清初张缙彦《宁古塔山水记》中《东京》篇中记载："古城石垒，周匝约三十里。"张贲《白云集·东京纪》记载："古城甃石为基，土庸高丈许，无复雉堞，颓然短垣也。围环可三十里，城门石路，车辙宛然。南门内故址，似宫殿三重，前一重规模宏敞，柱础方广三尺余，计一十有六，后两重无存焉。殿南向，正中无驰道，东西二阙门，阶墀陛城，层级可辨。前列五台，今高两丈许，似京师凤阙遗制。后别有小城，似宫禁。"杨宾在《柳边纪略》中说："内紫禁城，石砌女墙，下犹完好。"清末曹廷杰在《东三省舆地图说》中准确指出了"东京城"即为渤海上京城遗址。

20世纪初，日本和俄国人作过调查。1933～1934年，日本"东亚考古学会"进行了大规模发掘，对上京城的形制、规模有了一定的认识，并大体搞清了宫城内的布局、规模和形制，但也对遗址造成了破坏。1939年，出版了《东京城——渤海国上京龙泉府址的发掘调查》。

1963～1964年，中朝联合考古队对遗址进行钻探和发掘。搞清了外城和宫城的形制、范围，城内街道坊市以及宫殿、官署、寺庙等建筑物的分布，确认了外城、皇城、宫城各墙的长度宽度，重新绘制了上京城遗址平面图。1971年，朝鲜单方面公布出版了《渤海文化》一书（朱荣宪：《渤海文化》，朝鲜社会科学出版社）。1997年，中国社会科学院考古研究所出版了《六顶山与渤海镇》（中国大百科全书出版社）。1981年以后，中国又对遗址陆续进行了科学的勘探和发掘，对上京城的面貌有了更全面的认识和了解。

目前，国内外对渤海上京城的研究相当深入，发表了众多研究成果。除了学术论文和前述的著作外，出版的专著还有：朱国忱、金太顺、李砚铁的《渤海故都》（黑龙江人民出版社，1996年）；朱国忱、朱威的《渤海遗迹》（文物出版社，2002年）；魏存成的《渤海考古》（文物出版社，2008年）；黑龙江省文物考古研究所的《渤海上京城》（文物出版社，2009年）；赵虹光的《渤海上京城考古》（科学出版社，2012年）等。

1961年，宁安县建立了保护上京城遗址的专门管理机构。1985年，成立了渤海上京遗址博物馆，负责保护、研究和展示上京遗址及其出土文物。2006年6月9日通过、同年10月1日起实施的《黑龙江省唐渤海国上京龙泉府遗址保护条例》，是黑龙江省颁布的第一个大遗址类专项文物保护条例。2010年8月，黑龙江省人民政府批准公布实施《渤海国上京龙泉府遗址保护规划》。2013年，渤海国上京龙泉府遗址被列入第二批国家考古遗址公园名单中。

1961年，渤海国上京龙泉府遗址被列为全国重点文物保护单位。

李少华

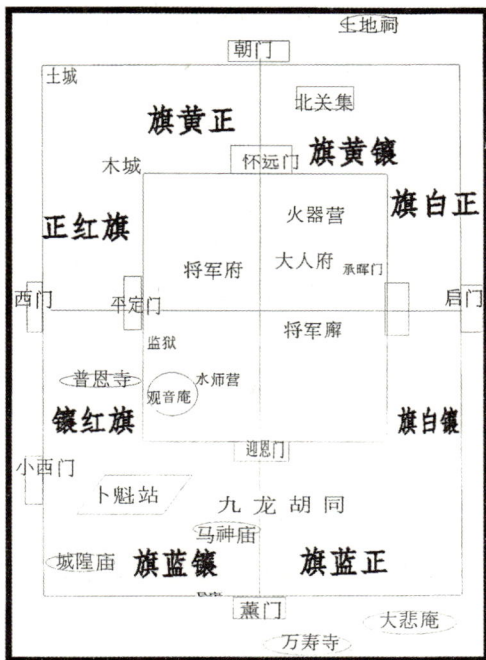

△ 齐齐哈尔城复原图　引自冯华《清代齐齐哈尔城兴衰研究》，中央民族大学2013年硕士论文

　　齐齐哈尔，位于黑龙江省西南部，濒临嫩江。《盛京通志》描述为"钜野作屏，长江为带，四达要冲，边城都会"。"齐齐哈尔"为达斡尔语，意思是边疆或天然牧场。因世界珍禽丹顶鹤在此栖息，又名"鹤城"。此外还有"卜奎（魁）"、"黑水"、"龙沙"、"龙城"等别称。2014年，被列为国家历史文化名城。

　　自古以来，齐齐哈尔就是渔猎游牧民族生活栖息之地。秦汉时，属夫余国；魏晋南北朝时期，属鲜卑和豆莫娄；隋唐，由室韦都督府管辖；辽代，分属上京路、东京路；金代，分属上京路、北京路；元代，属辽阳行省所辖；明代，先归大宁都指挥使司，后属奴儿干都司。清初，先由宁古塔将军管辖，后改属黑龙江将军管辖。康熙三十年（1691），为加强东北边疆防御能力，根据黑龙江将军萨布素的奏请，清政府同意在嫩江西岸的齐齐哈尔屯建城戍卫。后因地形、交通等因素，改址在东岸的卜魁驿站，仍以"齐齐哈尔"命名。这是齐齐哈尔建城之始。康熙三十二年竣工。康熙三十八年，黑龙江将军衙门移驻齐齐哈尔城。自此，该城一跃成为黑龙江地区军事重镇和政治、经济、文化中心。1898年，中东铁路兴修后，远离铁路的齐齐哈尔城市地位下降，经济日渐衰落。民国时期，为黑龙江省省会。1954年，黑龙江省会迁至哈尔滨，齐齐哈尔成为省辖市。

齐齐哈尔城择险要之地，建于高岗之上，分为内城和外城，是典型的军事防御城池。"内城植松木为墙，中实以土，高一丈八尺，周围一千三百步，门四。城外有郭，用土堡包砌，周围十里，东南北各一门，西二门。环城有重濠，广一丈五尺"（《盛京通志》）。而据魏毓兰《龙城旧闻》考证：内城平面为正方形，"周五百一十九丈六尺，方二里八分有奇，高丈六尺"。四面各开一门，南曰"迎恩"，北曰"怀远"，东曰"承晖"，西曰"平定"。四门之上皆有城楼。外城平面呈南北略长的椭圆形。"周一千七百十七丈一尺，方九里五分有奇"。外城南、东、北三面各开一门，分别名为"熏"、"启"、"朝"。西面则开二门，没有命名，一般称为"大西门"、"小西门"。因为齐齐哈尔西南有卜魁驿站、水运码头和水师基地，为了满足城市交通和军事需要，所以西面增开了小西门。

齐齐哈尔筑城时就地取材，具有鲜明的地域特色。方式济《龙沙纪略》记载："卜魁，栅木为城，将军公署、私第皆在。夹植大木，中实以土。宽丈

▽ 齐齐哈尔迎恩门　长城小站提供

许，木末高低相间肖睥睨。四门外环土城，累堡为之。"内城用木筑，故也称"木城"。当地林木丰富，高大的圆木分内外两排，密植在地上，之间用土填充。城墙上的木料高低相间，做出雉堞的形状。外城用堡垒砌，被称为"土城"。"筑城不以土，视湿地草土纠结者掘之，尺度如墼，曰堡块，厚数堡。高不盈丈，圮则按地分旗，饬兵修之。"东北地区植被丰茂，发达的植物根系与当地的黑钙土纠结在一起，很容易切割成砖块形状，并能堆砌城坚实的墙体。这样的筑城方式节约了成本。

康熙三十八年（1699），黑龙江将军治所迁至齐齐哈尔后重修了木城。嘉庆十一年（1806），城内发生火灾，木城的东、南墙被毁。光绪十三年（1887），黑龙江将军恭镗将内城的木墙改为砖墙，内城遂被称为"砖城"。此后城墙再没有修葺过。光绪十九年（1893），聂士成考察齐齐哈尔城时记载道："阅城形势，复称方砖城，每门周围约三里八分，外土城一道，周围七里有奇，四面各不等边形，砖城内惟衙署公所，土城内贸易甚盛。城凡五门，大西门居土岗上，以车行不便增小西门"（聂士成：《东游纪程》卷一）。

1912年后，"砖城瓮圈，拆于都督宋小濂，外土城则将军程德荃废之，所以利交通也"（魏毓兰：《龙城旧闻》）。

20世纪50年代，因城市建设，内城城墙被逐渐拆除（何鑫、陆平：《齐齐哈尔城空间拓展及平面布局》，载《齐齐哈尔师范学院学报》1997年第5期）。如今，只留下了地名"解放门"（由内城南门"迎恩门"更名）。

李少华

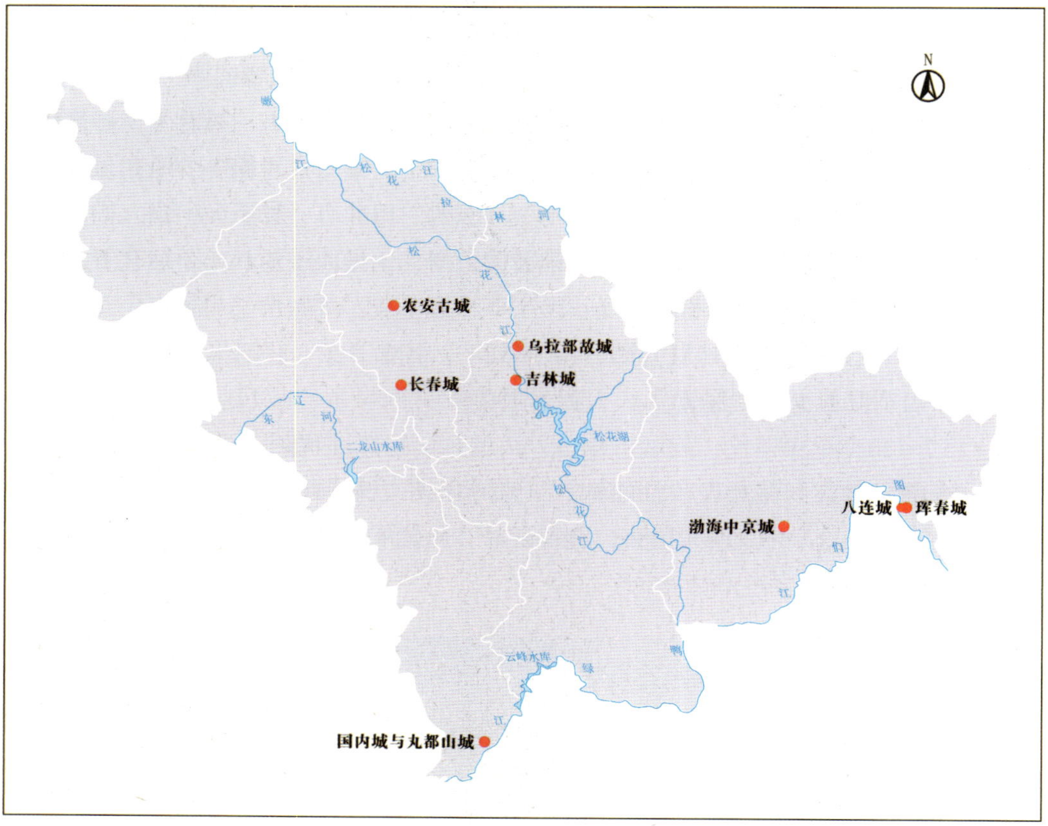

N
嫩江
松花江
拉林河
松花江
农安古城
乌拉部故城
吉林城
长春城
东辽河
二龙山水库
松花湖
松花江
渤海中京城
八连城
珲春城
图们江
云峰水库
鸭绿江
国内城与丸都山城

吉林

乌拉古城遗址

△ 长春旧城图　引自《长春县志》1920年版

　　长春市是吉林省省会，又名"宽城子"，旧城位于今吉林省长春市南关区。"长春"之名源于辽代所置长春州，也有说是源于该地的村落长春堡。

　　清朝初年，为了保护满族的发祥地，清政府在东北地区先后修建了两条长达1300余公里的柳条边，分别称"老边"（盛京柳条边）和"新边"（吉林柳条边），禁止汉人、蒙古人到边外采参、狩猎和垦殖。长春地处新边之外，是蒙古族郭尔罗斯前旗领地。乾隆年间（1736～1795），关内破产农民大量涌进东北，清政府被迫"借地安民"。嘉庆五年（1800），在长春堡东、隔伊通河10里的荒地上围起院墙，设立长春厅，置理事通判，隶属于吉林将军。这是长春正式建置之始。此地被命名为"新立城"，至今长春厅衙署遗址尚存。

　　为避开伊通河水患，道光五年（1825），长春厅衙门北移20公里，迁至宽城子。此地过去可能有古城，学界仍有争议。此后百年间"长春"与"宽城子"二名并存。光绪十四年（1888），长春厅升为长春府。1913年，改为长春县。1931年，日本发动九一八事变后，长春沦陷。1932年，伪满洲国建立，定都长春，将长春的一部分划出设为新京市（后改称新京特别市）；另保留长春县的建制（属伪吉林省管辖），实行市县并存、市县分治。1945年，伪满洲国灭亡，新京改回旧名"长春"。1954年，吉林省会从吉林市迁至长春市。

最初的长春没有城墙。同治四年（1865），吉林梨树马振隆（外号"马傻子"）率领暴动民军准备进攻长春。长春厅理事通判常喜紧急号召筑城，"由商民捐建，筑板为墙，高一丈余，周二十里。门六，东曰崇德，南曰全安，西曰聚宝，北曰永兴，西南曰永安，西北曰乾佑。池深一丈"（《（光绪）吉林通志》卷二十四）。靠着这样的措施，抵抗了次年民军对长春城的第二次攻击。但是，木板城垣容易朽败而且难抗纵火，所以几年之后就陆续改筑，大部分改为夯土的土墙。光绪二十三年（1897），改长春城墙为砖墙。由于长春城墙最初是仓促修成的，所以平面布局并不规整，而是随形而就。此后，又陆续修建了方便出入的小城门6座，即马号门、小东门、小西门、东北门以及东双门和西双门。长春的城门达到了12座之多。

民国以后，长春的城墙、城门和城壕因不再具有军事防御意义而陆续倾圮毁坏，或者因为交通需要而先后被拆除。

同治时期的六座城门中：

北门（永兴门）望楼额题"关左通衢"，1912年因妨碍修路被拆除。这是长春拆除的第一座城门。

南门（全安门），高2.5丈、宽2丈，望楼额题"众山远照"，城门两侧

▽ 长春城城门旧影　本文照片均由郭豹提供

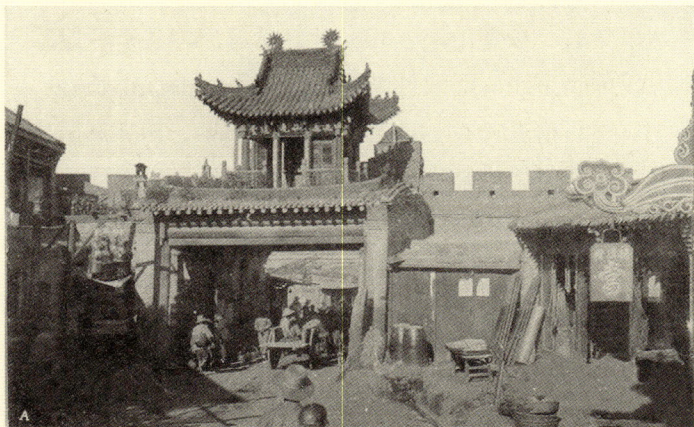

△ 长春城内西门旧影

△ 长春城北门旧影

△ 长春城门旧影

砖墙长20余丈，有女墙31堵，每堵墙都有瞭望孔。1930年，因阻碍交通被拆除。

西门（聚宝门），1923年补修为砖瓦结构，城门高2.5丈、宽2丈，筑有望楼、女墙19堵，拆除年代不详。

西北门（乾佑门），1925年重修为砖瓦结构。沦陷时期修筑平治街时拆除。

西南门（永安门），1926年吉林督军张作相因城门窄小，下令拆除。

东门（崇德门，俗称"大东门"），实际位置在城的东北角。1923年补修为砖瓦结构，与西门高宽相同，筑有望楼、女墙、炮眼，城墙根有涵洞通往护城河。1952年5月被拆除，是长春最后拆除的一座老城门。

后来拆墙所开的四座便门中，马号门临近厅衙马厩，为方便出入所开，故名。民国初年，即渐颓毁。1914

年，被拆除。东北门、小东门、小西门也因为年久失修，在沦陷前就已先后被拆。

民国初年修建的东双门、西双门均为内门，即东、西二门内的第二道门，并无防御意义。东双门1921年因门柱断裂被拆除，西双门则在沦陷后被拆。

长春城外原有城壕，或人工开挖，或利用天然沟渠。南、西、北三面城门外均有木桥，多至九座。如今仅存南门外的全安桥（即今长春大桥）、西南门外的永安桥，但已变为永久性的现代桥梁。

此外，在长春市的东北部，还有占地13.7万平方米的伪满皇宫。1962年，成立吉林省伪皇宫陈列馆。1984年，主要建筑陆续复原并对外开放。2001年，更名为"伪满皇宫博物院"。

郭豹

▽ 长春城护城河及城门外木桥

△ 吉林城平面图　引自《吉林市志·规划志》1997年版

　　吉林城，位于今吉林省吉林市船营区，地处长白山向松辽平原过渡地带的低山丘陵地带、松花江中游的冲积谷地。吉林是满语"吉林乌拉（喇）"的简称，意思是沿江之城，因濒临松花江而得名。文献中也有"几林"、"鸡林"、"吉临"等不同译法。因康熙皇帝东巡至此时写下了"连樯接舰屯江城"的诗句，故又有"北国江城"之称。吉林城地理环境优越，水陆交通便利，"远迎长白，近绕松江，扼三省要冲，为两京（盛京、兴京）之屏障"，是东北地区政治、经济、军事和文化中心之一。1994年，吉林市被命名为国家历史文化名城。

　　明代，曾在今吉林市境内的松花江南岸造船。清顺治十八年（1661），为抗击沙俄入侵，宁古塔昂邦章京沙尔虎达在此置水师营，并设厂造船，称"船厂"。康熙十二年（1673），建城设治。康熙十五年宁古塔将军自宁古塔移驻于此，改城名为"吉林乌拉"，开始了长达232年之久的将军衙门驻地历史。雍正四年（1726）设永吉州，州治吉林城，属奉天府。乾隆十二年（1747），改永吉州为吉林厅。乾隆二十二年，宁古塔将军改称吉林将军。光绪七年（1881），吉林厅升为吉林直隶厅，次年又升为吉林府。光绪三十三年，设吉林行省，省治仍设在吉林城。1913年、1929年，先后改为吉林县、永吉县。1947年，东北各省重新划定，吉林市仍为吉林省会。1954年，吉林省会迁往长春。

康熙十二年（1673），宁古塔副都统安珠瑚指挥八旗官兵经过两年的时间，筑成了吉林乌拉城池，该城"南倚松花江，东、西、北三面竖松木为墙，高八尺。北面二百八十九步，东、西各二百五十步。门三。周围有池，池外有土墙为边，边墙东西亦倚河岸，周七里一百八十步"（《盛京通志》）。由此可见，吉林城是一座典型的且地域特色鲜明的军事重镇，分内、外两城，因为南面毗邻松花江，所以只有东、西、北三面有城垣。内城周长两里多，就地取材，竖松木为墙，而且"凡民居、官舍、围墙均木板为之，街道亦以尺五寸见方木板铺之"，被称为"木城"，东、西、北三面各开一门。外城周长七里多，为土城，东、西各开一门，北面开二门。

最初修建的吉林城，内城面积狭小，不利于商业发展。乾隆七年（1742），吉林城失火，烧毁衙署官兵房屋数百间。宁古塔将军鄂弥达借重建之机，进行了城池改造。废去了内城（木城）和之外的城壕。新城墙在外城土墙的基础上整修，基底宽5尺、顶宽2.5尺、高1丈、周长1451丈，南面仍然

▽ 吉林城门外旧影　本文照片除署名外，均由郭豹提供

△ 20世纪30年代，吉林德胜门 南京城墙保护管理中心藏

没有城墙。新城五门，即西门、大北门、巴尔虎门、大东门、小东门（夏朝旭：《吉林城市空间发展演变研究》，哈尔滨工业大学2012年硕士论文）。

同治五年（1866），吉林将军富明阿、副都统富尔荪率文武官员捐款，重修、扩建了吉林城墙。同年九月兴工，次年十月竣工。修筑土围城垣计1749.37丈、外围806丈。土墙高约1.1丈、基底宽1.35丈，城墙上面加了3尺高的砖砌女墙。原来的老北门变成城区内门，改修牌楼，额曰"巩固金汤"。向北展修加298.37丈，折合9里258步3尺7寸。沿江修建木栅栏1道，长900丈，计5里。周围城墙合江堤共14里258步3尺7寸（约8480米）。城西外围添建土墙1

▽ 吉林城外旧影

道，南至江坎，北至山根，广4里172步。又增建城门5座，加上原有的城门，总共是8座、东之北曰"东莱"，其南曰"朝阳"；西之南曰"迎恩"，中曰"福绥"，其北曰"北极"；北之西曰"德胜"，中曰"致和"，其东曰"巴尔虎"。除了致和门、福绥门外，其他六门都有城楼。收到捐款16万余串，其中土墙、砖砌女墙及桥梁、牌楼、影壁、江堤等共用钱132056串630文，剩余折合白银14000两，留作岁修之用（《（光绪）吉林通志》卷二十四）。此次改扩建使得北城墙向外凸出，城池平面形状类似琵琶，故又被称为"琵琶城"。这种形状的城池较为少见。

光绪九年（1883），吉林将军希元又改土墙为砖墙，加筑垛口，高1.28丈，池深1丈。

宣统元年（1909），因城东开辟日本商埠，在东莱门和朝阳门之间增开一门，名为"新开门"。1930年，在朝阳门和巴尔虎门之间又增开一门，名为"北新开门"，并把巴尔虎门改称"巴虎门"，迎恩门改称"临江门"。1935年以后（伪满统治时期），吉林城城墙被拆除。今已无存。

郭豹

▽ 20世纪30年代，吉林南端盘石城门　南京城墙保护管理中心藏

乌拉部故城

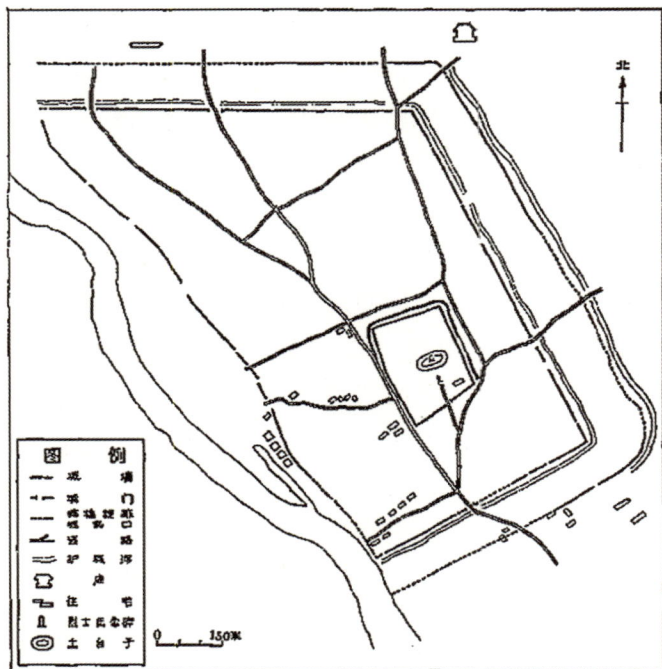

△ 乌拉部城平面图　引自陈相伟《明代扈伦四部乌拉部故址——乌拉古城调查》，载《文物》1966年第2期

　　乌拉部故城，又称"打牲乌拉城"，位于吉林省吉林市北35公里的龙潭区乌拉街满族镇旧街村。文献中出现的"乌拉卫"、"乌拉国"、"大乌喇"、"布特哈乌拉"、"打牲乌拉"、"乌拉街"等，均与此有关。"乌拉"源自女真语，意为"沿江"。乌拉古城西临第二松花江。历来是沟通南北交通的水陆交通要道，有"三省通衢"之称，自古就是兵家必争之地。这里被清王朝封为"本朝发祥之地"，有"先有乌拉、后有吉林"及"一座乌拉城、半部东北史"的说法。

　　汉代乌拉地区属玄菟郡。三国至南北朝时期为挹娄、勿吉、夫余、高句丽的先后角逐之地。唐渤海国时属涑州。辽属东京道。金代先属咸平路，后归金上京会宁府所辖。元代初属开元路咸平府，后为海西辽东道所辖。明归奴儿干都司，后为海西女真所建乌拉国国都。清代设打牲乌拉总管衙门，直隶内务府。雍正五年（1727）隶永吉州，乾隆十二年（1747）永吉州改为吉林厅，仍属之。1911年，开始归吉林省永吉县。1999年，划归吉林市龙潭区。

乌拉地区在渤海国时期、金代、明代、清代均有筑城，分述如下：

渤海国时期涑州州治　公元7世纪末粟末靺鞨首领大祚荣建立渤海国后，为了控制西南各部，置涑州（独奏州），构筑城郭，位置在今乌拉街古城北旧街西北一公里处的粟末水（第二松花江）畔。这是乌拉建城之始。《吉林通志》载："涑州，今打牲乌拉。"也有学者认为涑州在今吉林市南城子。辽天显元年（926），辽灭渤海后，古城也被毁弃。

金代乌拉洪尼勒城　金天德二年（1150），海陵王下令在今乌拉街古城北旧街一带修建城池，称"乌拉洪尼勒城"。女真语"洪尼勒"意为"要塞"，乌拉洪尼勒城意即沿江要塞城。从此"乌拉"一词始见于史籍。随后，金太祖完颜阿骨打第四子完颜宗弼家族迁居到此，繁衍200多年。元末，并入锡伯部。

明代乌拉国国都乌拉城　明永乐四年（1406），在乌拉洪尼勒城设立乌拉卫。次年，海西女真部族首领纳齐布禄在此建都称王，号"扈伦国"。景泰二年（1451），蒙古脱脱不花率兵攻掠辽东、海西，第四代国王逃离国都，扈伦国遂亡。余部分裂为乌拉、辉发、哈达、叶赫四部，统称"海西扈伦四部"。嘉靖四十年（1561），乌拉部纳齐布禄六世孙布颜经过励精图治，"尽收乌拉诸部，率众于乌拉洪尼处筑城称王"，定国号"乌拉"（明代史书中也写作"兀喇"、"兀剌"、"兀兰"等）。

▽ 乌拉部故城　引自闫璐《吉林乌拉古镇聚落空间结构形态研究》，沈阳建筑大学2013年硕士论文

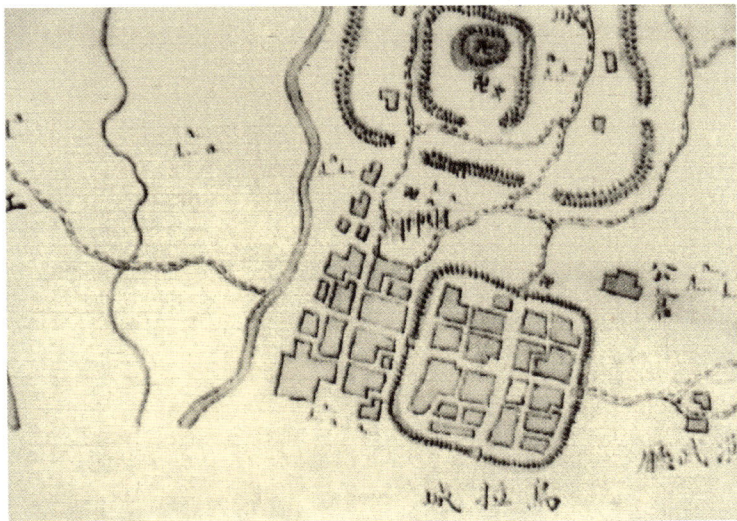

△ 乌拉古城遗址及省级文物保护标志碑 管清霞摄

　　布颜所建的乌拉城有三重城墙，分为内城、中城、外城，总面积约90万平方米。城墙均系分层夯土筑成，每层厚度6～10厘米，夯层明显，并有排列有序的柱洞痕，中城北墙东段还有一段用土坯垒砌的城墙（《永吉县文物志》第119页）。

　　内城也称"紫禁城"，平面大致呈梯形。内城墙保存相对较好，周长786米，其中东墙201米、西墙250米、南墙171.5米、北墙163.5米。正南开一门，四角的角楼建筑已不存在，但有高出城墙1～2米的土台基。城墙外尚存护城河残迹，东侧较为明显，西、北两面仅能辨识，南面已被垦为耕地。内城中央有一夯土高台，东西长50米、南北宽25米，最高处近8米，似为瞭望建筑。民间称之为"百（或作'白'）花点将台"，传说金兀术之妹百花公主曾在此点将阅兵。

　　中城也称"内罗城"，大致呈不规则四边形。周长3521.3米，其中东墙879.4米、西墙1409米、南墙584.7米、北墙648.2米。东墙、北墙保存较好，南墙中段和西墙的绝大部分已遭到破坏。城墙残高5米左右、顶宽1～2.6米、基宽15～23米。城墙外侧较陡峻，内壁较缓。四角也存角楼遗迹。东、南、北三面各开一门（有学者认为东、南、西、北各开一门，见闫璐《吉林乌拉古镇聚落空间结构形态研究》，沈阳建筑大学2013年硕士论文）。东、北、南墙外尚存护城河。

　　外城也称"外罗城"，保存情况较差，地面上仅保存有北墙东段和东墙北段，其他部分已不存。东南城角和东北城角均呈圆弧状。现存残墙高4～5

米、顶宽1米。外城利用了中城的西墙，只是在中城西南和西北城角向南北延伸，而后与外城的南墙和北墙相接。门址难以确认（闫璐在《吉林乌拉古镇聚落空间结构形态研究》中认为东、南、北三面各开一门）。东墙南段外有一条低洼长沟，推测为原护城河遗迹（陈相伟：《明代扈伦四部乌拉部故址——乌拉古城调查》，载《文物》1966年第2期）。

万历四十一年（1613），乌拉城被努尔哈赤亲率大军攻占后焚毁。

清代打牲乌拉城（乌拉街） 清初，封禁乌拉方圆500里，尊为"本朝发祥之圣地"。顺治十四年（1657），在乌拉古城旧址设立"打牲乌拉总管衙门"，隶属清内务府，专事打牲采贡，后成为与江宁（南京）、苏州、杭州齐名的清代四大朝贡基地之一。该地称"打牲乌拉"（满语为布特哈乌拉，意思是江河鱼猎之地），民间称"大乌拉虞"。康熙四十三年（1704），松花江泛滥，时任乌拉总管穆克登奏请迁移城垣，重建衙署，以免浸淹塌陷。新址有两个方案："旧城迤东有最好高埠向阳之地一处。再松花江西南，有高地一处，亦属甚好。"康熙皇帝东巡时来过此地，并作有《松花江放船歌》，对乌拉古城留有深刻的印象。因此批复："打牲乡村，奈系我太宗仁皇帝指定，居住年久。如移，亦得拣其东阳钟秀之地，方可居住，万不准迁渡江西"（《长白丛书二集·乌拉全书·打牲乌拉志典全书》第60页）。康熙四十五年，在旧城以东建造了乌拉新城。城呈方形，周长8里，每面约2里。墙高8尺、基底宽3尺。城墙为夯土筑成，四面各建有青砖砌筑一门，南门曰"永吉门"，北门曰"永安门"，东门曰"大东门"，西门曰"西门"。北门沿用了明代乌拉古城的南门址。

▽ 乌拉城墙遗址 杜震欣摄

1923年，在清代城墙的基础上，打牲乌拉城向南、向西扩建并加固。同时增开了南、北、西各一座。此后，古城逐渐遭受破坏。

1949年，当地在百花点将台兴建烈士纪念碑。1975年，重建烈士纪念塔，两侧为烈士墓地。1978年，乌拉街镇小学在内罗城的南门外建红砖房两栋，对残存城墙造成一定的破坏。

2008年，乌拉街入选中国历史文化名镇。2013年，乌拉部故城被公布为全国重点文物保护单位。

附：

乌拉街沿江古城址　由富尔哈古城、大常古城和三家子古城组成，分别位于吉林省吉林市龙潭区乌拉街满族镇的富尔村、大常村和三家子村。2013年，被列为全国重点文物保护单位。

富尔哈古城　史称"伏尔哈城"，为金代古城。明清沿用；城垣平面基本呈方形，墙周长2412米、基宽10~11米、顶宽2.5米、残高2.6~2.8米；仅见南门；城墙四周有马面，城外有护城壕。

大常古城　兴建年代不晚于金代。该城平面呈方形，墙周长1061.5米、基宽约13.3米、顶宽1.7米、残高3.2米。现存角楼两处；城门遗址有东、南、北三处，城墙外附有瓮城遗存，城外存有护城壕遗迹。

三家子古城　俗称"老城"或"小城子"，平面呈圆角方形，由内、中、外三重城垣组成，周长分别为160米、320米和380米。内城墙保存最好，是研究金代城址建筑重要的实物资料（唐音：《吉林省永吉县辽金遗址述略》，载《北方文物》1992年第2期）。

郭豹

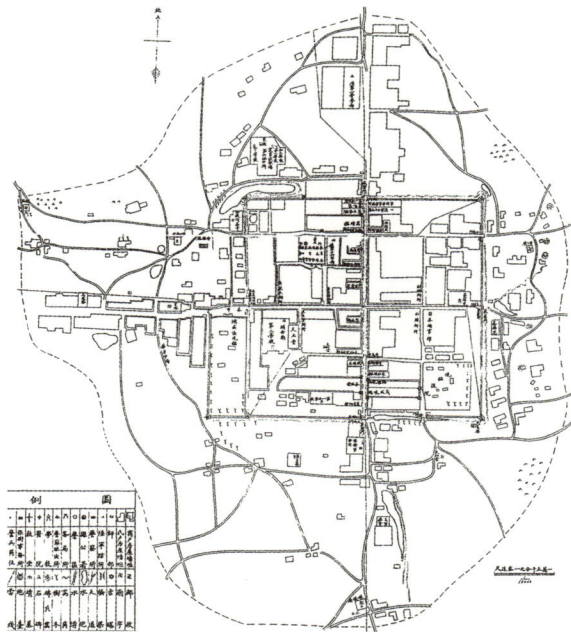

△ 农安县城关地图　引自《民国农安县志》民国十六年铅印本，载《中国地方志集成·吉林府县志辑（2）》

　　农安古城，旧称"黄龙府"，位于今吉林省长春市农安县农安镇，南距长春市70公里，历史上以黄龙府而闻名。传说辽太祖耶律阿保机病重，某日夫余城上空有一条黄龙盘旋后钻进了太祖住的行宫，不久太祖即病故，遂将夫余府改为黄龙府。此城以抗金英雄岳飞的誓言"直抵黄龙府，与诸君痛饮耳"和五四运动领导人李大钊的诗句"何当痛饮黄龙府，高筑神州风雨楼"而著称。

　　农安古城，始建于古夫余国。两汉时，曾是夫余国的都城。唐代，为渤海国的夫余府。辽灭渤海后，改为黄龙府，并设黄龙县。金收国元年（1115），完颜阿骨打起兵反辽，攻占黄龙府。北宋靖康二年（1127）金兵攻破汴梁，俘获宋朝徽、钦二帝，曾将他们囚禁于黄龙府。此后，曾称济州、隆州（或写为龙州）、隆安府（亦作龙安府）、开元路。明代，在此设立龙安驿

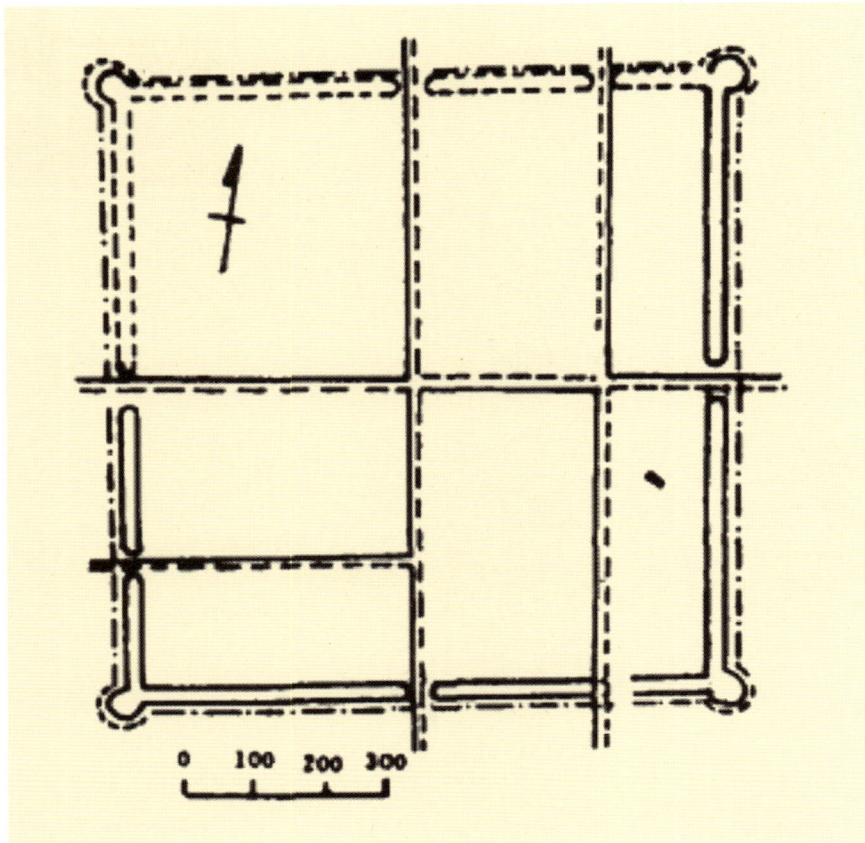

△ 农安古城平面图 引自《农安古城》，收于赵德让《长春市志·文物志》
（吉林人民出版社，1995年）

站，明末以后成为蒙古族的游牧之地。光绪十五年（1889），正式设农安县，
并一直延续至1956年，始置农安镇。

辽代时，黄龙府为北方军事重镇。保宁七年（975），黄龙府守将燕颇反
叛。辽平定叛乱时，古城遭到破坏，遂将黄龙府南迁至一面城（今四平市境
内）。辽圣宗开泰九年（1020），为防御女真南进，又将黄龙府迁回原址（农
安），仍称黄龙府（一面城改称通州）。此后经过不断建设，黄龙府成为辽国
"五京二府"七大重镇之一，素有"东塞"、"银府"之称。

农安古城地处南北交通要冲，雄踞在伊通河西岸的高地上，俯瞰四野，
这里水源充足，周围土地肥沃，是理想的建城屯兵之地。古城平面呈方形，周
长总计3840米，其中东墙936米、南墙984米、西墙937米、北墙983米。城墙四
面正中各开城门1座，而在南门东侧300米、西门北侧400米、东门北侧400米处
城墙上各开侧门1座。城墙系夯筑，墙基宽约30米，北墙残高0.5～2米；东墙
残高1～3米；南墙大部分被破坏，仅南城门以东尚留残迹；西墙现皆被住房占

△ 农安古城文物保护标志碑　郭豹提供

压，已无遗迹可查。城墙四隅原均设角楼，现存东北角楼残高7米，东南角楼残高3米，西南和西北角楼仅可见部分痕迹。

元代，开元路治所迁到咸平（今开原市）后，黄龙府古城便被废弃。农安一带逐步成为蒙古民族的游牧之地，荒废达400多年。

清乾隆年间（1736～1795），山东等地民户到东北关外垦荒。至嘉庆十五年（1810），在农安以北到哈拉海一带的农安荒（俗称"龙湾荒"）设置农安乡，"农安"之名由此开始。道光五年（1825），长春厅移治所于宽城子（今长春市），农安乡在黄龙府古城的遗址上开始修建城镇。光绪十六年（1890），修筑农安县城，城墙周长约7里。设城门4座：东曰"聚甾门"，南曰"阜财门"，西曰"宝积门"，北曰"卫藩门"（亦称"藏富门"），城门上建有木城楼。另设侧门3座，即小南门、小西北门、小东门。城外有护城壕，上宽1丈，下宽5尺。城东南、东北各修炮台1座（孙维新：《农安史话》第十三回）。光绪二十五年，重浚城壕。光绪二十七年，修缮城墙、垛口及炮台。

2007年，农安古城被列为省级文物保护单位。

郭豹

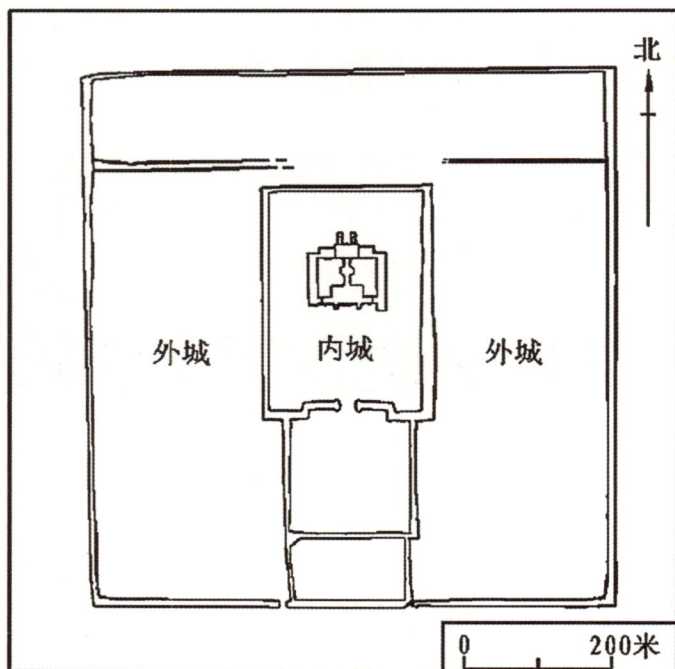

△ **珲春城平面图**　引自吉林大学边疆考古研究中心、吉林省文物考古研究所《吉林珲春市八连城内城建筑基址的发掘》，载《考古》2009年第6期

　　珲春，位于吉林省延边朝鲜族自治州东端，地处今中、朝、俄三国交界地带，与朝鲜仅一江之隔，自古以来就是边陲重镇。珲春原作"浑蠢"，最早在《金史》出现，来自女真语，但其说不一，《明史》认为是"边地、边陲、边陬（角落）、近边"之意。

　　渤海国时期（698～926），珲春设东京龙原府，辖庆、盐、穆、贺四州。唐贞元元年（785），渤海国国王大钦茂迁都至此。辽天显元年（926），耶律阿保机攻灭渤海国后，强迫民众迁到辽东，此地日渐荒废。渤海人迁徙后，女真人逐渐移居到这里。清康熙五十三年（1714），设立珲春协领衙门。光绪七年（1881），撤销协领，改设珲春副都统。光绪十五年，改为珲春府。宣统二年（1910），设置珲春厅。1913年，改珲春厅为珲春县。1988年，撤销珲春县，设立珲春市（县级）。

珲春，在清代属满洲祖先的发祥重地，又与朝鲜仅有图们江一江之隔。清康熙五十三年（1714），为保护"龙兴之地"，防范朝鲜边民越境，设立珲春协领衙门，隶属于宁古塔副都统。这是目前可知的"珲春"地名首次出现。次年，在浑蠢水（即珲春河）边建协领衙门，并开始筑城。"珲春驻防城，在珲春河东岸（《珲春县志》则作北岸），南与朝鲜接界，皆库雅拉等所居。周一里，门四"。但此时的珲春只是八旗官兵驻扎防守、实施军事管理的特殊城池，规模很小。清末，沙俄入侵东北，珲春边务日重。光绪七年（1881），珲春增设副都统衙门，首任副都统依克唐阿上任后即行筑城，每年土壤解冻后施工，入秋则停工。经过三年之久，于光绪十年六月六日竣工。城垣为夯土筑成，东西长2里、南北宽1里、周围7里。墙基底宽2丈、顶宽1.3丈、高1.8丈，雉堞高5尺。四面各开一门：东曰"靖边"，南曰"抚绥"，西曰"镇定"，北曰"得胜"，门上建有城楼。城外有护城壕，壕宽2丈、深1.5丈。城门外各建木桥1座。在此次筑城的同时，为阻止俄军进犯，在珲春城东南和西南10余里的阿勒坎与外郎屯，还各建炮台3座。光绪十四年，因炮台基础不合规定，对其进行改建。光绪二十六年，沙俄入侵珲春城，城中房屋烧毁过半。

1919年时，珲春城墙保存尚好，但如今已基本无存。

附：

八连城 为渤海国东京龙原府故址，位于吉林省珲春市西六公里。

八连城，分内、外两重城垣。外城平面呈长方形，南北略长。南墙长698.4米，北墙长709.2米，东墙长743.4米，西墙长734.4米。四面各开一门，城外有护城壕。内城位于外城中央略偏北，平面也为南北稍长的长方形。内城南墙中段向北折入，正中有门址，宽24.3米。南墙东南角至西南角的直线长度216米，北墙长219.6米，东墙长316.8米，西墙长313.2米。内城的南半部已全部开垦成水田，遗迹现象不可辨认。内城南北中轴线上有两座台基，应为宫殿建筑基址，其中一座位于内城中心位置，平面呈椭圆形，东西约52米、南北约36米，高出周围地面约2米。其北侧约37米，有一处高出周围地面0.3米的低矮建筑台基。

据1928年《珲春县志》记载："八连城又名半拉城，西距县治十五里，城形正方，纵横各二百五十丈，东西北三面城迹尚高三尺许，南至略高，西墙已为大道穿越。四面门各一，内有子城，北有横墙一道，土名北大城，并七城而为八，故城八连城。子亦具正方形，纵横各五十丈，南城并有重垣遗迹，倾圮渐尽。"

20世纪50年代以后，吉林市文物部门对八连城做过多次调查、测量和发

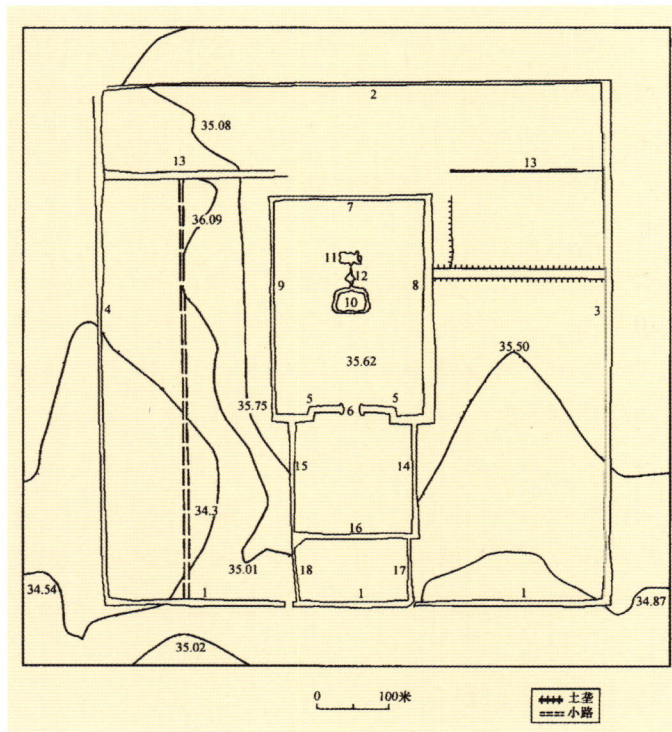

△ 八连城城址平面图 引自《吉林省珲春八连城遗址2004年
调查测绘报告》，收于《边疆考古研究》第7辑（科学出
版社，2008年）

掘，并进行了保护。目前，八连城的内城城垣大部分保存较好，外城除东墙北
段和北墙东端墙体已被夷平外，其他部分均有遗存。根据考古调查和发掘的情
况，八连城在城址规模、内外城城垣规制、内城主要建筑布局等方面，与龙西
古城（渤海中京显德府）故址比较接近，具有渤海早期都城的特点（吉林大学
边疆考古研究中心、吉林省文物考古研究所：《吉林省珲春八连城遗址2004年
调查测绘报告》，收于《边疆考古研究》第7辑，科学出版社，2008年）。

2001年，八连城遗址被列为全国重点文物保护单位。

郭豹

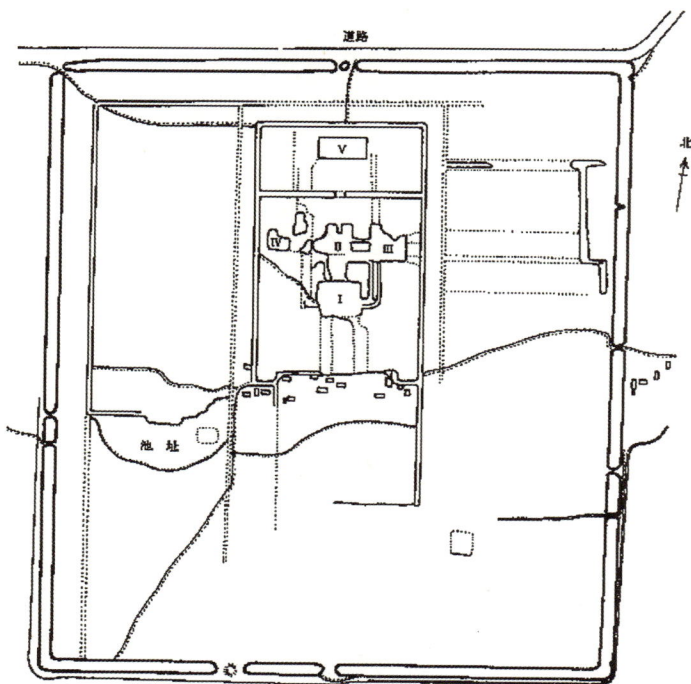

△ 西古城平面图 引自《西古城：2000～2005年度渤海国中京显德府故址田野考古报告》（文物出版社，2007年）

　　西古城，是唐代渤海国都城中京显德府的故址，位于吉林省延边朝鲜族自治州和龙市西城镇城南村，地处长白山北坡余脉丘陵河谷地带，南临海兰江，坐落在头道平原的西北部，背山面水，周围丘陵环抱。

　　渤海国（698～926）是中国东北地区靺鞨族建立的地方政权，9世纪时发展为盛极一时的"海东盛国"。其都城屡经变迁。圣历元年（698），粟末靺鞨首领大祚荣建立"震国"，定都敖东城（今吉林省敦化市境内）。大兴五年（742），迁都至中京显德府。大兴十八年（755），自中京迁都至上京龙泉府（今黑龙江省宁安市渤海镇）。大兴四十八年，又迁都至东京龙原府（今吉林省珲春市附近的八连城）。中兴元年（794），都城复迁回上京龙泉府，直至国亡。但中京始终是渤海国最重要的京府之一。天显元年（926），契丹灭渤海国，中京显德府遂遭废弃。

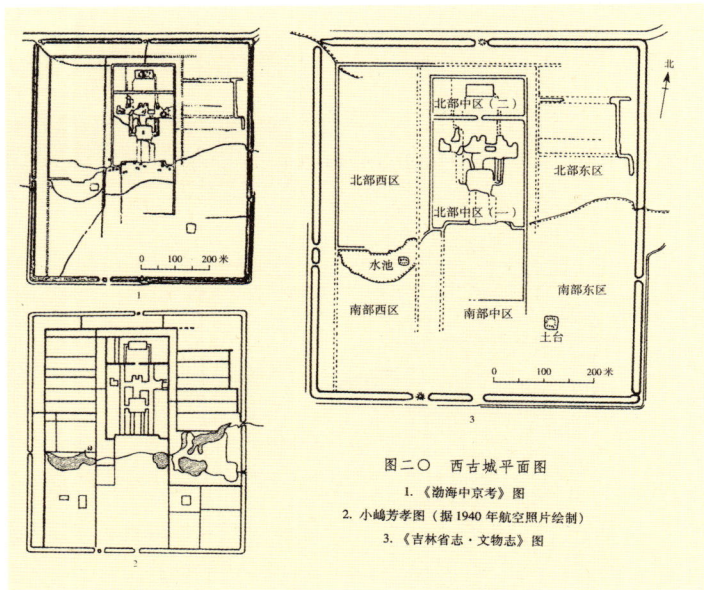

图二〇　西古城平面图
1. 《渤海中京考》图
2. 小嶋芳孝图（据1940年航空照片绘制）
3. 《吉林省志·文物志》图

△ 西古城平面图　引自魏存成《渤海考古》（文物出版社，2008年，第58页）

　　西古城总体布局为内外重城、中轴对称。外城是以里坊为单位的百姓居住区，内城居于外城的北部正中，有东西向隔墙分为南、北两区。西古城规划严整，营造理念既模仿唐长安和洛阳城，也有独特的地域和民族特征。

　　外城平面呈长方形，南北略长，总面积约46万平方米，周长2719米，其中东墙734米、南墙628米、西墙725米、北墙632米。城墙夯筑，基底宽13～17米、顶宽1.5～4米、残高1.8～2.5米。外城四面城墙正中各开一门。因与村庄道路相重合，东、西二墙门址已无痕迹可寻。南、北二墙门址结构清晰，南门址宽约15米，北门址宽约14米。南门址经过发掘得知是单一门道结构的城门，门道最宽处不足4米，两侧残存有门墩、城墙基础残迹，门墩包裹着城墙。城外有护城壕，时至今日，除南墙东端和东墙南端外仍做小渠外，其余已被填平。外城内东南、西南部有两处不规则水塘，面积约3000平方米，尚未经过发掘，学术界推测为当时的池塘苑囿。

　　内城平面也是呈南北略长的长方形，总面积约5900平方米，周长992.8米，其中东墙311.1米、南墙187米、西墙306.8米、北墙187.9米。城墙夯筑。内城南墙中段对称内折，中间开门。内城中部是宫殿群基址。目前发掘揭露的共有五座大殿基址，沿"十"字形正交轴线分布，南北总长220余米、东西宽160余米。宫殿建筑区内有一道东西向的隔墙，将内城的五座宫殿分为南、北两个建筑组群，隔墙的中部辟有门址（吉林省文物考古研究所等编著：《西古城：2000～2005年度渤海国中京显德府故址田野考古报告》，文物出版社，

2007年）。

西古城城址与渤海国上京龙泉府的宫城占地面积相当。凡是在中京城出现的建筑基址，在上京宫城中相应的位置处也可以找到。从宫殿基址看，两城的建筑规模相当，布局理念相同，也有同样的内隔墙及门址。很明显，渤海国迁都上京后，完全按照中京城的规模与格局修筑城市（王海：《吉林省渤海国中京城市布局及宫殿建筑研究》，河南大学2009年硕士论文）。

由于渤海国史料记载不多，因此历史上对渤海国都城的位置众说纷纭。20世纪上半叶，日本学者鸟山喜一、藤田亮策等对西古城城址进行了调查和盗掘，部分资料刊发于《间岛省古迹调查报告》（1942年，延边朝鲜族自治州博物馆藏本），随后提出了西古城是渤海中京显德府故址的观点。

1964年，中朝联合考古队对西古城进行了调查。1984年，延边朝鲜族自治州文物普查队和龙分队对西古城进行了全面调查和测量。2000～2005年吉林省文物考古研究所等对西古城进行了长达五年的考古发掘工作，证实了西古城是渤海国中京显德府故址，廓清了长期困扰史学界的"西古城渤海中京说"的历史悬案，并给渤海国研究带来诸多新的资料和视角。吉林延边西古城城址被评为2002年度全国十大考古新发现之一。

1996年，渤海中京城遗址被列为全国重点文物保护单位。

王子奇

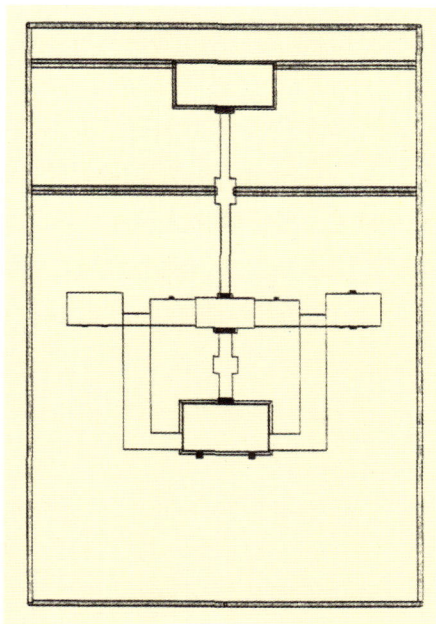

▷ 中京显德府城示意图 引自王海《吉林省渤海国中京城市布局及宫殿建筑研究》，河南大学2009年硕士论文

国内城与丸都山城

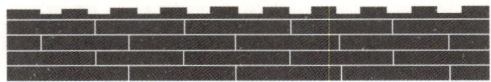

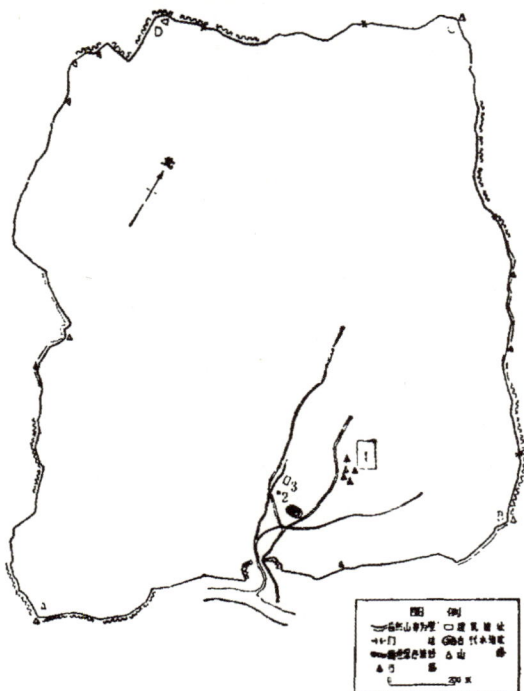

△ 丸都山城平面图　引自李殿福《高句丽丸都山城》，载《文物》1982年第6期

国内城与丸都山城位于吉林省通化市集安市境内。汉元始三年至北魏始光四年（3～427）作为高句丽的都城长达425年，是高句丽的政治、经济和文化中心，与平壤城并称为高句丽"三京"之一。

汉元帝建昭二年（前37），北夫余王子朱蒙（亦作邹牟）在卒本川（今浑江）的五女山一带建立政权，号"高句丽"。公元前34年，筑都城纥升骨城（今辽宁省本溪市桓仁县五女山山城）。西汉元始三年（3），高句丽第二代王琉璃明王迁都至国内城，同时筑尉那岩城（即丸都山城）。北魏始光四年（427），高句丽第二十代王长寿王移都平壤（今朝鲜民主主义人民共和国平壤市）。唐高宗总章元年（668），高句丽灭亡，集安为唐安东都护府之哥勿州驻地，后为渤海国（698～926）西京鸭绿府的桓州。辽代（916～1125），仍为桓州。明代，属奴儿干都司下辖的建州卫。清代，长白山被定为满清的发祥地、龙脉所在而被封禁，集安亦在其中。光绪二十八年（1902），取"抚绥安辑"之意设立辑安县。1965年，改称集安县。1988年，改为集安市（县级）。

国内城，始建于西汉元始三年（3）。此前这里已有战国末至西汉初的土筑城垣，有学者推测为汉代玄菟郡辖下高句丽县的治所。高句丽所建的国内城平面略呈方形，周长2741米，其中东墙558米、西墙699米、南墙749米、北墙735米。北墙、西墙南段、南墙西段、东墙南段保存较好，地表高度在2米以上；东墙保存最差，除南、北两端尚存外，其余都已叠压于现代建筑之下。城垣墙体内外两壁全部由3～9层楔形石垒砌而成，并逐层向上收分。这种楔形石为高句丽特有，其上下面相当平整，层与层之间砌筑时严密平直、错缝规整；外露的侧面特意加工成凸面，突显城墙的雄厚。为了提高防御能力，城墙外侧每隔一定距离构筑马面，四角还设有角楼，以提高防御能力。经考古发现马面20个，平面呈长方形，外凸部分长为5～5.5米、宽约10米，个别马面呈圆角方形。马面用条石或大石块垒砌外框，多数马面内部用楔形石干插、粗砂勾缝，少数马面内部以沙土和河卵石混筑。城垣东南角、西南角各存角楼1座，其结构相同，外部均砌大石，内部为沙土、卵石混筑。目前清理出门址4座，其中北墙2座，西、南墙各1座，位置并不居于每面城墙的中央。此外，西墙北段还发现了一处大型石砌排水涵洞（宋玉彬、谷德平：《国内城——历时最长的平原王城》，载《中国文化遗产》2004年第2期）。

▽ 丸都山城瞭望台全景 本文照片除署名外，均由吉林省文物局考古研究所供图

东汉建安二年（197），割据辽东的公孙度命其子公孙康进攻高句丽，攻陷都城，国内城被毁。建安十四年，高句丽第十代王山上王迁都于丸都。文献记载，高句丽曾多次修葺国内城。如高句丽第十六代王故国原王"十二年（342）春二月修葺丸都城，又筑国内城"（《三国史记·高句丽本纪》）。北魏始光四年（427），迁都平壤后，国内城仍然是高句丽的"别都"。

高句丽灭亡后，国内城随之衰落。清初在东北设边墙进行封禁，国内城

▽ 丸都山一号门址

逐渐成为荒芜之地。光绪二十八年（1902），设立辑安县，治所就在国内城。据推测当时应该对城墙进行了修缮。这一阶段国内城有六门，南、北各一门，东、西各二门，均有瓮城。《辑安县志》记载，1921年重新修筑国内城，城墙高6米，建三门，东、西、南分别曰"经武"、"浚文"、"襟江"，其余三门被堵死。1931年，改修城门，改东门为"辑文门"、西门为"安武门"。民国时期修补的城墙用未经修琢、极不规则的自然石块垒砌，横竖无行列可言。1947年，国内城在战火中遭到破坏。1975年，曾对北墙进行过简单维修。城内空间现在几乎完全被现代城市占据，城内遗存破坏极为严重。

20世纪初开始，日本人对国内城开展过调查和著录。1949年后当地文物部门陆续对城址开展过数次调查工作。1975～1977年，首次对国内城进行主动性考古发掘工作，从而认定城垣结构和城址年代。2003年，为配合集安高句丽遗迹申报世界文化遗产工作，文物部门清理、实测了西、北城垣。2007年、2009年、2011年，配合国内城东、南城垣本体保护工程，清理发掘了东、南城垣。这些考古工作为掌握城址形制及结构、认定城址年代提供了依据。

丸都山城是高句丽时期唯一一处以大型宫殿为核心规划、整体布局的山城王都。初名"尉那岩城"，是西汉元始三年（3）高句丽迁都到国内城的同时，为了加强都城防御，而在国内城西北2.5公里的丸都山上建筑的卫城。建安三年（198），高句丽第十代王山上王扩建尉那岩城，修筑大型宫殿，并更名为"丸都城"。建安十四年，都城迁至丸都。考古调查发掘结果反映，现有的山城格局应该形成于3世纪中叶后。丸都城既是国内城的军事守备城，又曾作为都城。它与国内城相互依附，形成了特殊的附合式王都模式。

丸都山最高海拔676米。山城的城垣依自然山势而建，北高南低，东、西、北三面城垣外面是陡峭的绝壁。整体平面为不规则的长方形，状如"簸箕"。城址周长6947米，其中北墙最短，西墙最长。既有利用陡峭岩壁的天然城墙（部分地段略加修整），也有用花岗岩垒砌的人工城墙。人工城墙的内外两壁用楔形石错缝垒砌，墙体中部梭形石交错咬合摆放，石隙填以碎石。墙体由底部向上逐层收分，略向内倾，顶部

▽ 丸都山城文物保护标志碑　王莹摄

筑有高约1米的女儿墙。城墙的东墙南段、西墙北段和北墙保存较好，高处达5米左右。目前发现城门7座，其中东、南、北墙每面二门，西墙一门。城门大多构筑于地势险要处，只有1号门址（南瓮门）位于城垣最低点的地势平缓处。1号门址的门道破坏较为严重，其他部分保存较好。从结构上看，为平地起筑、阻断为城，东、西两侧的墙体与内凹的瓮城墙体浑然一体，由于地势最低，为满足排水需要，门道下方和两侧墙体共设排水涵洞4处。2号门址（西南门）由门道、东西两侧墙体、南城墙、瓮城组成不规则的"己"字形，结构比较复杂。3号门址的门道长5.25米、宽3.6米。除4号门址外，其余6处均有木构件焚毁后的痕迹，推测城门上应有城楼之类的木结构建筑。

山城内的建筑主要位于山城南部地势相对平缓的地带，目前发现的遗迹包括宫殿址、瞭望台、蓄水池、戍守士兵营地等。宫殿址位于山南地势相对较平缓的坡地上，东高西低，平面近长方形，周长约332米，占地面积8260.75平方米。依地势由西向东构筑有四层人工修筑的长方形台基，台基之上现存由础石、墙基等构筑的建筑遗迹11组，台基间有排水系统。宫殿址台基周边包砌宫墙，西墙上发现两处门址（金旭东：《丸都山城——因战争兴废的防御性都城》，载《中国文化遗产》2004年第2期）。

曹魏正始五年（244），幽州刺史毌丘俭率兵征讨高句丽，面对易守难攻的丸都城，"束马悬车，以登丸都"，并刻石纪功。1904年附近山坡上出土了毌丘俭纪功碑，记载了这段史实。晋咸康八年（342），高句丽第十六代王故国原王修葺丸都城，移都于此。但不久，前燕慕容皝率军攻陷高句丽，"烧其

▽ 丸都山城西城墙　王莹摄

宫室，毁丸都而还"。故国原王因难以修复，将都城再迁回平原城，丸都城遂逐步衰落。此后再不见修丸都城的记录，但文献仍有记载丸都的事情。

1962年，吉林省博物馆对丸都山城进行了调查和测绘；1983年，配合第二次全国文物普查，对山城进行了调查和著录。2001～2003年，吉林省文物考古研究所、集安市博物馆等单位对山城进行了调查和发掘，确认了城址的城垣走向和结构，清理了宫殿址、瞭望台、蓄水池、1～3号门址。

国内城、丸都山城是高句丽早中期的都城，其特点是平原城与山城相互依附共为都城。国内城是现在为数不多的地表保存有石筑城墙的平原城类型的都城，其布局分为宫殿区和居民区，改变了东北亚地区早期石城散漫无序的布局特点。丸都山城环山为屏，腹内为宫，谷口为门，城墙沿山形而走，建筑与自然环境完美结合、浑然一体，创立了高句丽山城布局的新模式。作为高句丽政权延续使用时间最长的都城，丸都山城和国内城是高句丽辉煌文明的实物见证。

1982年，丸都山故城被列为全国重点文物保护单位。2001年，国内城被列为全国重点文物保护单位名单，并与丸都山城合并，名称定为"丸都山城与国内城"。2004年，丸都山城与国内城被列入世界遗产名录。

王子奇

▽ 丸都山城南门瓮城　窦佑安摄

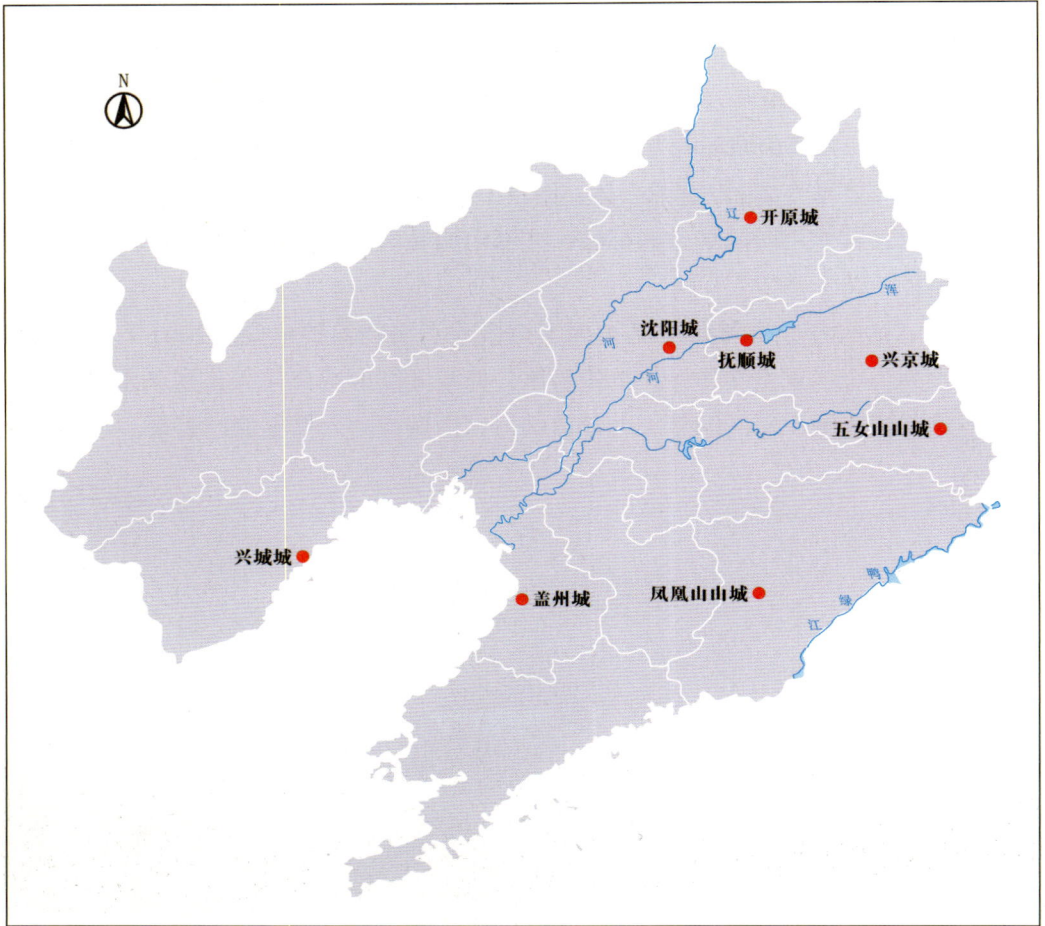

N

开原城

沈阳城
抚顺城
兴京城

五女山山城

兴城城

盖州城 凤凰山山城

辽 河
浑 河
鸭 绿 江

辽宁

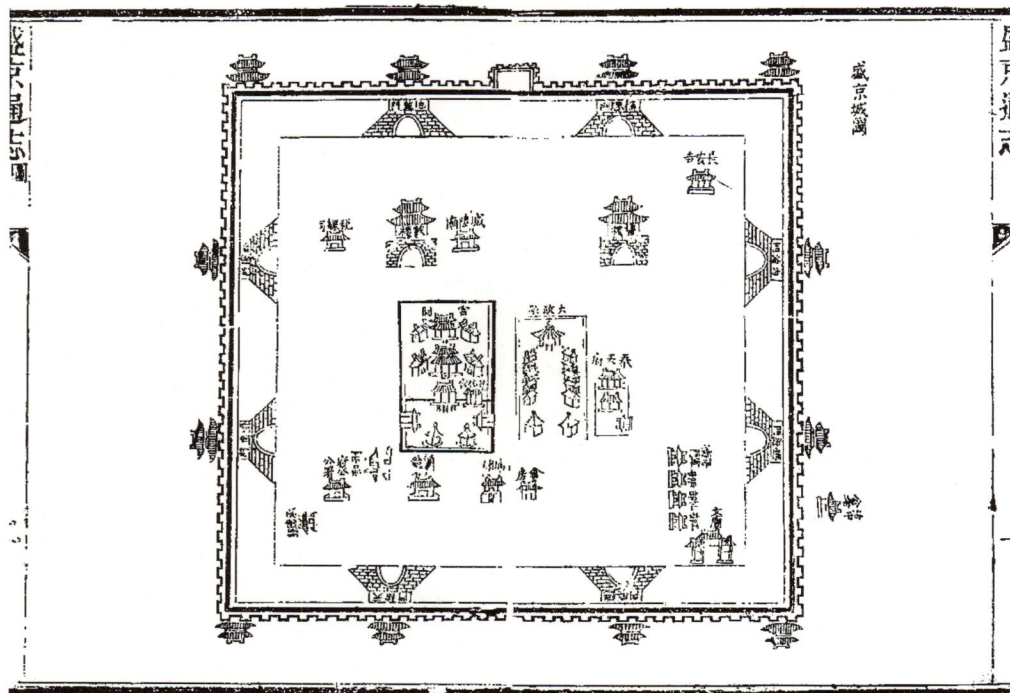

△ 盛京城图　引自《盛京通志》清咸丰二年版

　　沈阳，位于辽河平原的中部、浑河北岸是全国著名的重工业城市。1986
年，被列为国家历史文化名城。

　　燕昭王十二年（前300），燕国在辽东郡下设置的侯城县，是沈阳城的
原始雏形。燕、秦、两汉时代，侯城是东北地区的重要城市。辽、金两代称
"沈州"。元贞二年（1296），始称"沈阳"。天聪八年（1634），改称"盛
京"。此后，又有"奉天"等称，建置也有变化。1923年，正式设立了市的建
制。1929年至今，一直称"沈阳"，是辽宁省的省会。

　　在2300多年的历史演进中，沈阳城既遭受多次废置，又不断得到复建。
元末明初，沈阳城日益衰败，城垣塌毁。

　　明洪武二十一年（1388），沈阳中卫城指挥闵忠奏请朝廷批准，改建沈
阳城。明《辽东志》卷二记载："沈阳城，洪武二十一年，指挥闵忠因旧修

筑。周围九里三十步，高二丈五尺。池二重，内阔三丈，深八尺，周围一十里三十步；外阔三丈，深八尺，周围一十一里有奇。城门四：东曰永宁，南曰保安，北曰安定，西曰永昌。"明代，沈阳城进行过多次维修，并在夯土城墙之外，用砖石进行了包砌，将以前的土城变成了砖城。

天命十年（1625），努尔哈赤放弃刚刚建好的东京城，迁都沈阳。天聪五年至天聪九年（1631~1635），皇太极对明代沈阳城进行了大规模改造，"京阙之规模大备"，使沈阳成了名副其实的都城。天聪八年，皇太极改沈阳城为"天眷盛京"，简称"盛京"。据乾隆年间钦定《盛京通志》卷十八记载："天聪五年，因旧城增拓，其制内外砖石高三丈五尺，厚一丈八尺，女墙七尺五寸，周围九里三百三十二步。四面垛口，六百五十一。明楼八座，角楼四座，改旧门为八：东向者左曰抚近，右曰为内治；南向者左曰德盛，右曰天佑；西向者左曰怀远，右曰外攘；北向者右曰福胜，左曰地载。池阔十四丈五尺，周围十里二百四步。钟楼一在福胜门内大街，鼓楼一在地载门内大街。八门正戴，方隅截然。内池七十余处，水不外洩。城邑既定遂创。"这次大规模的改造，虽然面积没有增加，但城墙由原来的四门变为八门，墙高增至3.5丈，墙厚增至1.8丈。八门各修明楼1座，高3层，每座门外均筑有高大的方形瓮城，两侧对向开圆形拱门，城四角各建角楼1座。经过拓建、整修的城池森

▽ 福胜门（大北门）摄于1912年 荆绍福提供

△ 20世纪30年代，奉天城内街市 本文照片除署名外，均由南京城墙保护管理中心藏

△ 20世纪30年代，奉天城瓮城建筑

△ 重建的抚近门 荆绍福提供

▽ 20世纪30年代，奉天城城墙外侧

▽ 1905年，侵华日军进入奉天城后的情景

△ 1905年，侵华日军占领奉天城后，
强制城内家家户户挂起日本国旗

△ 20世纪30年代，奉天城的城角

△ 新建的城墙西北角楼　荆绍福提供

▽ 1905年，奉天城外侧的马面　　　　▽ 20世纪30年代，奉天城城墙

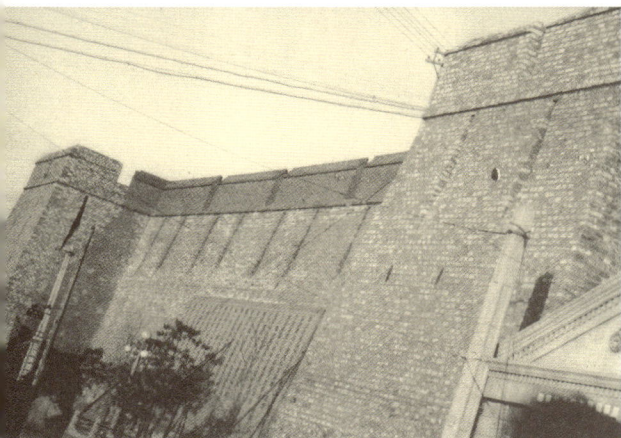

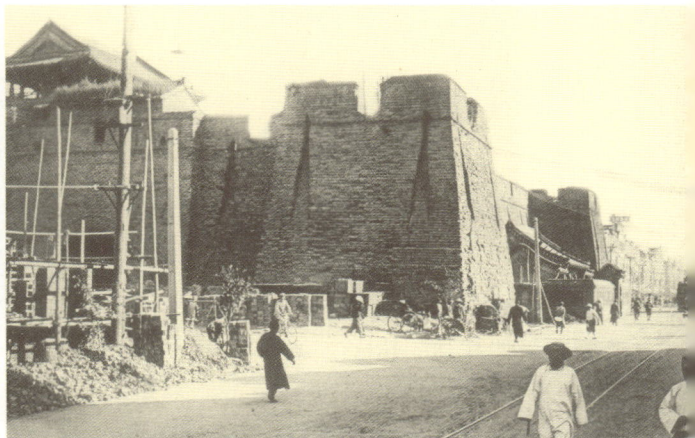

严壁垒，体现了清朝开国之都的庄严和气势。自此，沈阳城成为明朝以来空前的坚城。

康熙十九年（1680），在皇城之外修了道土墙，又称"外城"、"郭城"、"关墙"、"缭墙"。乾隆年间钦定《盛京通志》卷十八记载："康熙十九年，奉旨筑关墙，高七尺五寸，周围三十二里四十八步。东南隅置水栅二，各十余丈，导沈水自南出焉。"这道不规则的圆周性缭墙将盛京砖城团团围住，沈阳内外城的组合，犹如外圆内方的一个方孔铜钱。因为盛京砖城设有八门，新建的缭墙也开八门，并与砖城门一一相对，按方向取名，东向之南曰"大东边门"，北曰"小东边门"；南向之东曰"大南边门"，西曰"小南边门"；西向之南曰"大西边门"，北曰"小西边门"；北向之东曰"大北边门"，西曰"小北边门"。外城与内城之间又称"关厢"，这样盛京城就形成了八门八关的格局。盛京成为陪都以后，历代清帝对沈阳城的保护都非常重视。如，康熙二十一年，奉旨重修诸门城。康熙三十二年，工部修城垣360余丈，并于街道开沟以渗积水。康熙四十九年，遣京官一员协修城池。康熙五十四年，修理八

△ 重建的怀远门　荆绍福提供

▷ 沈阳城墙东北角楼，摄于1884年
　荆绍福提供

门城楼四角楼及内外城垣110余丈。沈阳城墙自天聪年间建设到19世纪末，基本保持完好。

清末，沈阳城的外墙（缭墙）大部分先后损毁。

在沈阳传教行医40年的苏格兰人杜格尔德·克里斯蒂（1855～1936）在其1913年所著的《奉天三十年》一书中，对沈阳城墙这样描述："古老的奉天城面积并不大，皇太极统治时期所修建的厚重并带有垛口的城墙，最高处可达40英尺，最宽处可达30英尺，城墙所环绕的面积不超过一平方英里，除城中有鼓楼和钟楼外，在城墙的四角上，在八座城门上，都建有塔楼，因不太稳固，大部分塔楼都被拆除了，减少了城市古色古香的味道。但是，灰色的古老城墙仍然挺立在那里，向人们倾诉着昔日古城的坚固与完美。"

1952年前，沈阳城墙的八门都先后损毁或拆除。20世纪70、80年代，沈阳城墙还有部分残存，90年代则难觅踪影了。

1994年、1998年和2001年，沈阳市人民政府先后重新修建了怀远、抚近二门和城墙的西北角楼。

荆绍福

盛京城池：天聪五年，建。本明沈阳卫城地。辽金曰：沈州。元为：沈路。明洪武二十一年，指挥闵忠因旧址所筑。周围九里三十步，高二丈五尺。池二重：内阔三丈，深八尺，周围一十里三十步；外阔三丈，深八尺，周围一十一里有奇。门四。天聪五年，因旧城增拓其制。内、外砖石，高三丈五尺，阔一丈八尺，女墙七尺五寸，周围九里三百三十二步。四面垛口六百五十一，敌楼八座，角楼四座。改旧门为八：东之大东门曰抚近、小东门曰内治；南之大南门曰德盛、小南门曰天祐；西之大西门曰怀远、小西门曰外攘；北之大北门曰福胜、小北门曰地载。池阔十四丈五尺，周围十里二百四步。钟楼一，在福胜门内大街。鼓楼一，在地载门内。承德县附郭。

——清《考工典》第十八卷，引自《古今图书集成》

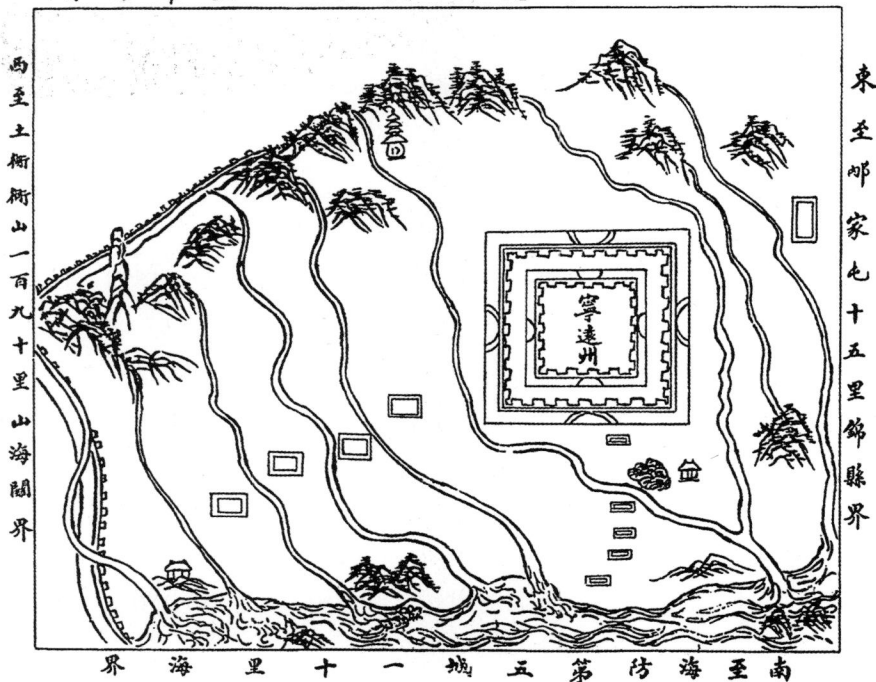

△ 宁远州城图　引自《宁远州志》清康熙二十二年版

　　兴城，旧称"宁远"，是集城、泉、山、海、岛于一体的旅游城市，位于锦州市西南部、辽东湾西岸。

　　兴城，得名于辽圣宗统和八年（990），因设兴城县（治所桃花岛郡今钓鱼台街道海口），故名。明代，属辽东都指挥使司宁远卫。清代，撤卫建州。1913年，改州为县。次年，因与其他地区同名，复称兴城县。1986年，改县为市（县级），由辽宁省葫芦岛市代管。

　　兴城，原为明代驻军广宁卫前屯、中屯的属地。明宣德三年（1428），总兵巫凯请在此地修筑宁远卫城，城周5里196步、高3丈，开城门4座：东曰"春和"，南曰"延辉"，西曰"永宁"，北曰"威远"。城外开挖护城河7里8步、深1.5丈。宣德五年，又增筑外城，周围9里124步，高如内城。城门有4座：东曰"远安"，南曰"永清"，西曰"迎恩"，北曰"大定"，城门各建城楼。在城墙的四角各设层楼（清《宁远州志》卷一）。天启四年（1624），明军守将袁崇焕镇守宁远城，为抵御后金努尔哈赤的进攻，奉旨修缮宁远城，耗时两年，使城墙"高三丈二尺，雉高六尺，址广三丈，上二丈四"，又在城墙上置11门英国制造的火炮。天启六年，袁崇焕率领军民，凭坚城利炮，击退后金军，取得"宁远大捷"。第二年，再次击退皇太极统领的13万大军，取得"宁锦大捷"。

入清以后，当时内城的城墙周长5里190步，外城周长仍袭明代旧制，但城楼损毁严重。兴城的城墙虽有多次损毁，基本能得到地方官吏和驻军的重视和修缮。

1912年以后，宁远县外城逐渐损毁，内城城墙及附属建筑也多有损毁。

20世纪80年代以后，兴城古城受到国家和地方政府的重视和及时修缮，也得到欧盟文化遗产保护专家的关注。2003年12月，欧盟援助亚洲城市建设项目选择了兴城，该项目历时两年，使兴城城墙的保护进入一个新的阶段。

据当地文物部门调查，现仅存宁远内城，经多次修缮，基本保持原貌。城似正方形，南北821米、东西816米、周长3274米。城墙高8.5～9.6米、顶宽3.8～5米。城墙外侧基础为三层大条石，上砌大青砖；城墙内侧为不规则的块石砌筑，城墙内的基础部分以70%黄黏土、30%生石灰用糯米浆搅拌夯实而成，其墙体中部用黄黏土夯实，海墁下数十公分仍以黄黏土、生石灰和糯米浆夯实，顶部铺设青砖。每面城墙正中设门，上面建有两层歇山卷棚顶式砖木结构的城楼，城门内左侧设马道，长21米、宽3.1米。每座城门均设半圆形外瓮

▽ 明代宁远城（辽宁兴城）　引自李泽奉、毛佩琦编撰《岁月河山——图说中国历史》（上海古籍出版社，1989年）

△ 城墙维修　本文照片除署名外，均由杨国庆摄

▽ 瓮城及瓮城门

△ 兴城城墙北门内侧 引自杨新华主编《但留形胜壮山河：城墙科学保护论坛论文集》

▽ 兴城城门

△ 兴城外瓮城

△ 兴城城墙修缮后的新旧墙体

城，偏开瓮门与主城门呈90度。城墙四角设炮台，东南角炮台上的魁星楼始建于明代，清代重建，1948年毁于战火，2003年重修。

1988年，明清时的兴城城墙被列为全国重点文物保护单位。2012年，兴城城墙被列入申报"中国明清城墙"世界文化遗产组合项目预备名录。

杨国庆

宁远州城池： 明宣德三年，总兵巫凯建宁远卫城，周围五里一百九十六步，高三丈，池周围七里八步，深一丈五尺。门四：东曰春和、南曰延辉、西曰永宁、北曰威远。钟鼓楼在中街。外城周围九里一百二十四步，高如内城，门四：东曰远安、南曰永清、西曰迎恩、北曰大定，四角俱设层楼。今按内城周围五里一百九十步，外城周围九里一百二十四步。

——清《考工典》第十八卷，引自《古今图书集成》

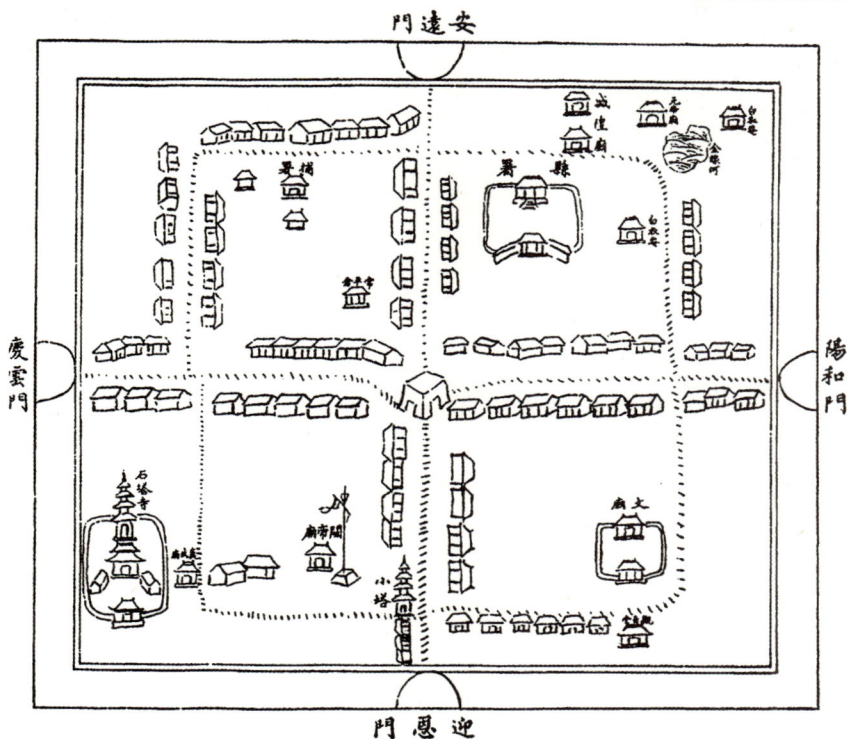

△ 开原县城图　引自《开原县志》清康熙十七年版

　　开原，地处辽宁省东北部的铁岭市、松辽平原中部、辽河中游东岸。开原城，又称"咸州古城"，位于今开原市老城街，被称为"四国故都"、"五朝重镇"，是辽金文化的发祥地，素有"辽北古城"之称。

　　先秦时，开原为肃慎地。秦，属辽东郡。汉晋时，属夫余国。南北朝时，高句丽在此置铜山县。唐初，归安东都护府管辖，后属渤海国铜山郡。辽开泰八年（1019），改称咸州，辖咸平县，开原遂有"咸平"之称。金天德二年（1150），咸州路改为咸平路，置咸平府。元至元二十三年（1286），设开元路；至正二年，徙开元路治至咸平（同时降府为县），从此"开元"之称专属咸平。明洪武二十一年（1388），为避皇帝朱元璋讳，改"元"字为"原"，"开原"名称由此开始。同年，徙置三万卫于此地。洪武二十六年，辽海卫治移于开原。清康熙三年（1664），撤三万卫，设开原县。1989年1月

正式撤县，设开原市（县级）。

　　所谓"四国故都"，即夫余、大金、东辽、东夏四国都城。公元346年，夫余国避高句丽兵锋，将都城西迁至开原的黄龙古城（多数学者认为在今吉林省长春市农安县）。金收国元年（1115），完颜阿骨打在咸州（但史学界多数认为是在会宁，即今黑龙江省哈尔滨市阿城区南）称帝，国号"金"，年号为收国元年。崇庆元年（1212），契丹皇族耶律留哥反金自立。崇庆二年，称"辽王"，都咸平（今开原），号为"中京"，史称"东辽"。贞祐三年（1215），金末大将蒲鲜万奴在东京建都，自立为天王，国号"大真"，年号"天泰"；次年曲降蒙古。贞祐五年，蒲鲜万奴再度自立，改国号为"东夏"，建都开元城（其地今址众说不一）。由此可见，开原作为"四国故都"是有疑问和争议的，但它在历史上有着重要地位，称其为"五朝重镇"（辽、金、元、明、清），则名至实归。

　　辽天显元年（926），辽平渤海后，在今开原老城西郊建土城，招流民居住，名为"郝里太保城"。开泰八年（1019），改称"咸州城"，置咸州。有学者认为咸州城遗址在今开原老城的西关村，这不正确。西关村城址只是元代开元路城遗址。辽代咸州城与后世的咸平城位置重合，大致在今开原老城的北城偏东。土城南北长约三里，与明建砖城一致，东西长不足三里。

明洪武二十六年（1393），在辽代咸州土城旧址的基础上重新修筑了砖城，规模有所扩大。最早记载开原城建筑规模的是据《辽东志》卷二载："因旧城修筑，砖砌，周围十二里二十步，高三丈五尺。池深一丈，阔四丈，周围十三里二十步。"此书是正统八年（1443）由辽东都指挥司金事毕恭编修，所以该数据应该可信。《全辽志》的记载与《辽东志》同。但是清代、民国及1995年等多个版本的《开原县志》均记载"墙十三里二十步，池二十三里二十步"，应当是在传抄过程中的错误。城平面为方形，四面各开一门，东曰"阳和"，西曰"庆云"，南曰"迎恩"，北曰"安远"。城墙四角各设一角楼。正统七年冬，提督辽东军务王翱修缮城垣、疏浚护城河（焦竑：《国朝献征录》卷二十四）。万历四十七年（1619），努尔哈赤率军攻破开原城，纵兵抢掠三日后"毁其城郭，焚公廨并民间房屋"。

清乾隆四十三年（1778），因乾隆皇帝要东巡，就命在旧址拆建、重修城池。工程由开原城守尉六十七与知县明亮主持，于乾隆四十七年竣工，耗白银11.45万两。清代开原城建在明代砖城遗址之上，"新城周围丈尺仍依旧制"。城外侧为砖石，内侧则为沙土夯实的土墙。墙高降为2.4丈、顶宽1丈。不设角楼，而是设角台3座，另有炮台24座。四门名称不变，加筑了瓮城。城南面、西面各设水门一孔（民国十八年《开原县志》）。开原城南门外的东城墙上曾镶嵌一块石碑，上刻"开原城周长二千零五丈。开原城守尉六十七、知县明亮，乾隆四十七年月日"。另据乾隆版《开原县志》残卷记载，此次重修开原城时，还在城墙四角下两丈深处，置四个镇城铜瑞兽，分别为玄武、朱雀、白虎、青龙，其形态逼真、巧夺天工。宣统元年（1909），季毓蚨在抄录该残卷时有注：道光年间，西南处角楼塌圮，取出下面的玄武瑞兽供奉在真武庙中，但在义和团运动过程中丢失（据开原教师高清林2013年的记述）。道光三年（1823），开原城日渐毁坏，城西南隅墙倒数丈，压死10余人，于是对城墙进行修缮，城西南角由直角改为圆弧形。

1912年后，东门、北门瓮城被拆除，西南城墙日渐倾圮，其余尚属完整。日伪统治时期，拆除了西门、南门的瓮城。1952年、1958年，城墙先后拆除大半，1972年基本拆完。现残存有一部分城墙和护城河，古城遗址尚可辨认（高清林：《五朝重镇开原》，中央文献出版社，2004年）。

2004年，重建迎恩门竣工。2006年，当地政府开始规划复建古城。2007年7月15日，开原古城奠基仪式隆重举行，古城恢复建设工程正式开工。开原市委、市政府作出了建设中国第一古城的决定，并制定了古城规划。古城规划

△ 开原阳和门（东门）遗迹，当年清太祖努尔哈赤指挥八旗兵从此处攻入开原城 严彬提供

面积3.77平方公里，城内面积3.0平方公里；城墙周长6916米、底宽10米、顶宽9米、高11.7米。设"迎恩"、"怀远"、"阳和"、"庆云"4座门和4座便门、4座角楼；环城一周开通7000米直墙式护城河，宽30米，设14座景观带，便于游船往来。水面面积占整个古城面积的20%；建设四国皇宫、黄龙府、太监府、总兵府、旗署县衙、展厅会馆、民俗客栈、星级宾馆；崇寿禅寺、清真寺、文庙等36座庙宇各安其所；水乡园林，绿地芳草，古城绿化覆盖率达到40%；建设满、汉、回、朝、蒙、锡伯等民族民俗风格民居；建设空腹城墙，为商所用，以体现其现代商业价值。但随后工程没有实质性进展。

2012年6月1日，开原市政府与黑龙江省佳木斯兴业房地产开发有限公司举行"开原古城建设开发项目"签约仪式。据报道，该项目总占地面积403.9万平方米，其中规划区外占地30万平方米，总建筑面积232.7万平方米，预计总投资80亿元人民币。计划用五年时间，分三期实施，到2016年年末前竣工。

郭豹

开原县城池： 本元开元路地。明洪武二十二年，设三万卫。二十五年，设辽海卫，因旧土城之东修筑，砖砌。周围十二里二十步，高三丈五尺。池深一丈，阔四丈，周围二十三里二十步。门四：东曰阳和；西曰庆云；南曰迎恩；北曰安远。角楼四。鼓楼在中街。今按其城，周围十三里二十步，高三丈五尺。

——清《考工典》第十八卷，引自《古今图书集成》

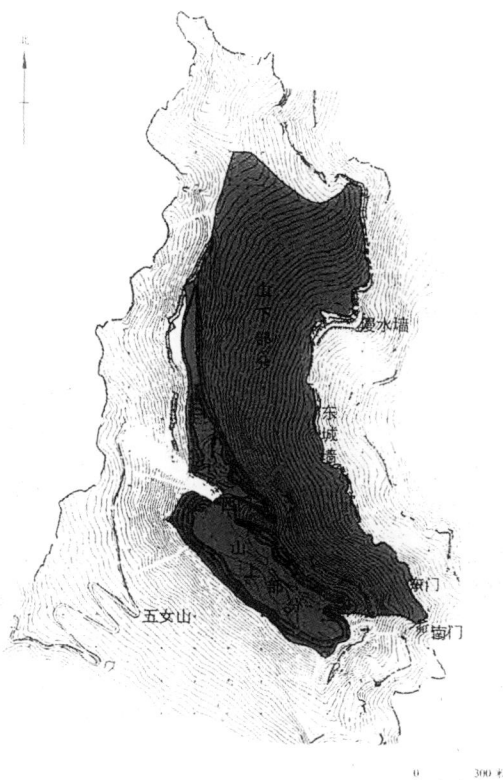

△ 五女山山城平面图　引自李新全《五女山山城——高句丽开国都城》，
载《中国文化遗产》2004年第2期

　　五女山山城，位于辽宁省本溪市桓仁满族自治县城东北8.5公里处的五女
山上，是中国汉唐时期东北地区少数民族高句丽创建政权的第一个都城，是高
句丽文明的发祥地。五女山突兀险峻，相传古有五女在此屯兵，故名。鸭绿江
支流浑江从山的东南流过，山城扼水陆交通要道，位置险要。

　　公元前37年，北夫余王子朱蒙（亦作"邹牟"）因宫廷之争逃亡至卒
本川（今浑江）的五女山一带，建立了高句丽王国。前34年，筑王城，史称
"纥升骨城"（元明称"合罗城"，《高丽史》中称"五老山城"、"兀剌
山城"）。公元3年，高句丽第二代王琉璃明王迁都至国内（今吉林省集安
市），但桓仁仍在高句丽的政治生活和宗教信仰中占有重要地位，先后有八代
国王到始祖庙祭祀。唐代属安东都护府，渤海时归桓州的桓都县。辽属东京
道正州。金属婆娑府路。元属辽阳路东京府。明代属辽东都指挥使司。明永

△ 五女山城遗址全貌 窦佑安摄

乐二十二年（1424），建州女真族第三代首领李满柱率400余户移住五女山城南麓，因此五女山也是满族文明的发祥地。清光绪三年（1877），设怀仁县。1914年，因与山西省大同怀仁县重名，改为桓仁县。1989年，改为桓仁满族自治县。

五女山主峰海拔806米，顶部平面是狭长的椭圆形。由于是依山而建，所以五女山山城平面是不规则的长方形，南北两端向东凸出，东部中段内凹，就像一只靴子。山城南北长约1540米、东西宽350～550米，总面积达60万平方米。山城大部分利用悬崖峭壁作为天然屏障，山势稍缓处和豁口处则层层叠砌石墙。五女山城地处险要，防守体系完备。

山城分山上、山下（山腰）两部分。山上部分是当时的主要活动区域，多数遗迹都在这里。山下部分位于山城东部、东南部和北部，地势平缓，但遗迹较少，包括南墙和南门、东墙和东门、哨所遗址等。山上部分的始建和使用年代（高句丽初期）要早于山下部分（魏晋时期）。

　　五女山山城的城垣总长4754米，分为天然墙、人工石墙两类。天然墙总长4189米，可分为峭壁墙和山脊墙两种，直接利用陡峭的悬崖或山梁作为屏障。人工石墙总长565米，位于东、南部山势稍缓处和通往山上的豁口处，以石块层层叠砌墙体封堵。墙体外壁多用大石条起基，上面用楔形石块逐层错缝叠压垒筑并略有收分。墙内则以梭形条石错缝叠压，且与外面的楔形石相互咬合，缝隙间填充碎石。墙体内壁用不规则的石条或石板压缝垒筑。部分墙段内壁和顶部还培土加固。有的地方在城墙顶部外侧还筑有高约0.5米的女墙，这种石砌女墙的建筑方式并不多见。墙内还有环城马道。

　　南墙全长424米，略呈折尺形，由两段天然墙和两段人工墙交替组成。东墙全长1847米，呈内弧形，共由六段天然墙（峭壁）和六段人工墙组成。北墙全长475米，呈内弧形，全部为天然墙（峭壁和山脊两种）。西墙全长2008米，平面呈不规则钝角形，除西门附近有极短的人工墙外，其余全部是天然墙。

　　山城设有三门。南门、东门位于山下部分。南门宽约2.3米，位于整个山城的东南角，门外道路宽仅2米，地势险要，居高临下，易守难攻。东门门道宽4米，向西有道路通往西门可达山顶，下山道路通到浑江岸边。西门位于山上部分、主峰西部一条山谷的上口，门道宽3米，南北两侧筑墙封堵，遗存有门阶、门柱、门枢础石，门内左右各设一间门卫室。

　　在山上部分的点将台北部，发现了方形或长方形半地穴式房址20座。哨所遗址在城内、山上和山下均有发现。山上哨所位于山口及附近，山下则主要位于东墙沿线的谷口两侧及靠近城墙的山地上。这些军事防御建筑进一步加强了山城的防守（李新全：《五女山山城——高句丽开国都城》，载《中国文化遗产》2004年第2期）。

　　在鸭绿江两岸现存的100多座高句丽山城中，五女山山城的时代最早、海拔最高、山势最险，在中国古代城池中有着重要的历史地位。它标志着高句丽民族从环山围壕的氏族聚落向城邑制国家的过渡，开创了中国北方民族以大型山城为都城、山城与平地城相结合的都城建筑制度，被誉为"东方第一卫城"。五女山山城承袭了中国北方民族构筑山城的传统，但在选址布局、城墙筑法、石料加工及防御体系等方面，取得了更大的突破和创新，从而形成了一种独特的山城形式。五女山山城不仅奠定了高句丽早、中、晚各期都城布局的定式，其建筑模式对东北亚其他国家和民族的山城建设也产生了一定影响。

　　1905年，日本学者鸟居龙藏首先对五女山山城作了调查。1956年，辽宁考古工作者也进行了考古调查。1986年，因桓仁县电视转播台施工进行了抢救性发掘调查。1996～1999年、2003年，辽宁省文物考古研究所、本溪市博物馆、桓仁县文管所先后对山城进行了大规模调查、测绘与发掘，基本搞清了山城的范围、布局与结构，掌握了高句丽早期山城的建筑特点和施工方法，并出版了专著《五女山城：1996～1999、2003年桓仁五女山城调查发掘报告》（李全新主编，文物出版社，2004年）

2004年，在五女山山城西南脚下建成了建筑面积3400平方米的五女山博物馆。2008年，博物馆布展完毕并对外开放，展览面积1500平方米，全面系统地展示了高句丽民族及山城的历史。

1996年，五女山山城被列为全国重点文物保护单位。1999年，五女山山城遗址被评为当年的全国十大考古新发现之一。2004年，五女山山城与吉林省集安市的高句丽遗迹一起被列入《世界文化遗产名录》。

郭豹

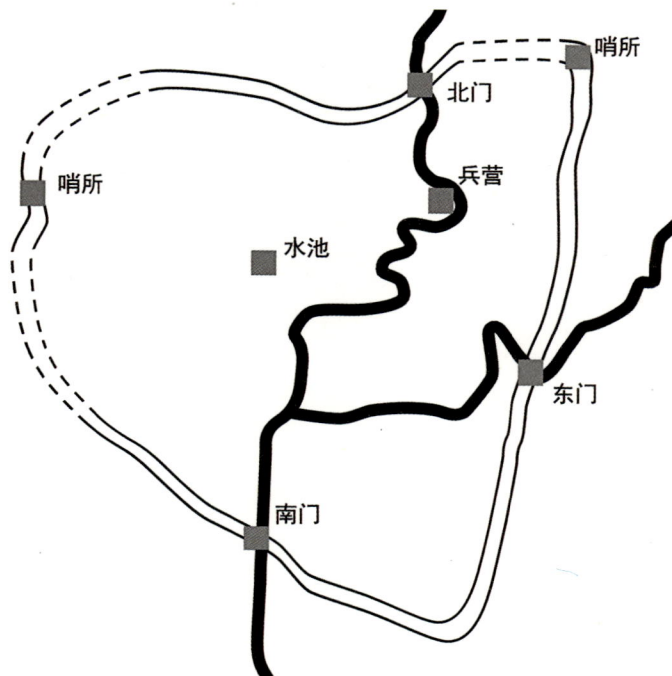

△ 凤凰山山城平面示意图　据佟士枢《辽宁高句丽山城遗址保护研究》
"凤凰山山城卫星图"，张君重绘

　　凤凰山山城，又名"乌骨城"，简称"凤城"，位于辽宁省丹东市凤城市东南约3.5公里的凤凰山东麓。

　　凤城，在汉代属辽东郡，设武次县。王莽建国元年（9），改为桓次县。高句丽时期割据辽东，设乌城州，建乌骨城，具体年代不可考，但应为高句丽中晚期。唐代归安东都护府，渤海国时属东京龙原府。辽代属东京道开州开远县。金属东京路（辽阳）来远州。元属辽阳行省辽阳路。明成化十七年（1481），筑城于凤凰山北，称"凤凰城堡"，隶属辽东都指挥使司。天启元年（1621），努尔哈赤攻占凤凰城等地后派兵驻扎。清初先后设城守官、城守尉。乾隆四十一年（1776），设凤凰城巡检司。光绪二年（1876），设立凤凰直隶厅。1913年，改厅为县，1914年，因与湖南省凤凰县同名，改为凤城县。1985年撤销凤城县，设立凤城满族自治县。1994年，改为凤城市（县级）。

△ 20世纪30年代，凤凰山山城遗址 *南京城墙保护管理中心藏*

凤凰山山城地势险要，气势雄伟。初唐陈大德在《高丽记》记载："乌骨城在国西北，夷言屋山，在平壤西北七百里，东西二岭，壁立千仞，自足至巅，皆是苍石，状类荆门山峡，其上别无草木，唯生青松，攫翰云表。高丽于南北峡口，筑断为城。"城池居高临下，易守难攻。据史书记载，隋代曾两次发兵东征均未攻破此城。山城中心地势低洼、平坦开阔，四周高峭，呈一巨大盆地状。山城平面形状呈卵形，南北略长，占地面积达10多平方公里，由城门、城墙、天然屏障、附属设施等组成，是一处典型的军事防御城池。

凤凰山山城随山就势而建，周长近16公里。大部分是以悬崖峭壁为天然屏障，共有87段。最长的是庙沟山口大屏障，全长800米；最高的屏障是攒云峰悬壁，海拔836米，全长450米。人工筑砌的城墙现存86段（含城门），总长7525米，其中现存较为完整的有31段，计长2355米。人工城墙基宽5~6米、顶宽3~4米、高5~8米，墙体都以楔形块石叠压砌筑而成。

城墙上有马面，位于北门东侧约50米处，平面为长方形，南北宽5.7米、东西长7.5米、残高约3.7米。内壁与城墙连体错缝砌筑，外壁均用楔形石块逐层水平收分砌筑，每层收分5~10厘米。

北城墙局部有矮小的女墙，沿女墙内侧有连续分布的石砌柱洞近30个，间距1.5~1.7米。柱洞平面为方形或长方形，边长约0.25米、深

0.5～1.2米。洞内填土堆积有木炭痕迹，底部发现有圆鼓形或平板础石（李龙彬、华玉冰、崔丽萍：《辽宁丹东凤凰山山城首次发掘取得重大收获》，载《中国文物报》2007年3月23日）。石洞的功能不明，众说纷纭，但可能是做木栅栏或木墙雉堞时使用。

全城辟有南、北、东三门，南、北门基本对称。南门是主要城门，位于两座山头之间，正当谷口，宽约5米，门两侧有人工堆造土山，但破损严重。北门位于城北低矮山口处，宽约4米，保存较好。北门北侧有石头砌筑的折尺形瓮城，坐西朝东，砌筑方法粗糙，可能为辽金时沿用该城址时所建。东门门墙已不存在。另有一座水门，位于南门西面80米处。

山城内还有点将台、瞭望台、烽火台、水井、采石场等遗迹。

瞭望台有多处。位于山城制高点的攒云峰瞭望台在建电视转播台时遭到破坏；保存最完整的是东北角口子里大悬崖上的瞭望台，南北长80米，海拔高度为750米。城东南角制高点东庙瞭望台保存得也不错，现存半圆形墙垛，周长30米（崔玉宽：《凤凰山山城调查简报》，载《辽海文物学刊》1994年第2期）。2006年发掘时，

▽ 乌骨城墙每块石头都保持水平状态，由20～30厘米见方的石头垒成 严彬提供

在山城西北部发现一座规模较大的瞭望台。该址坐北朝南，由石砌高台主体建筑和附属台阶梯组成。高台平面为圆角长方形，东西长约9.8米、南北宽约8.6米、残高约2.8米。阶梯位于高台南壁的中部，呈长方形，南北长3米、东西宽2.2米。整个建筑外围四周砌筑规整，均选用楔形石叠砌，中间部分用棱形石相互逐层叠压砌筑。2007年发掘时，在南门内西侧又发现一座瞭望台，由护台、台阶和主体高台三部分组成。其中主体高台呈四棱柱体，残高约1.3米，边长近正方形，底部宽约8.35米、上部宽约7.4米。楔形石砌筑四壁，逐层收分而成，顶部有平铺的部分规整块石（李龙彬、司伟伟、崔丽萍：《辽宁丹东凤凰山山城考古新收获》，载《中国文物报》2008年2月15日）。

烽火台位于北门西侧210米的山脊顶部，地势不高，主体建筑已毁坏，但台基明确，为圆形，直径12米。

哨所位于城墙内侧，与马面相对，与城墙贴筑。平面呈长方形，东西长约2.25米、南北宽约1.5米。西墙宽1米，南墙宽0.55米。墙壁也是楔形石块围筑，壁面较规整。

1985年，对凤凰山山城进行了一次全面调查，随后几年中又进行了补充调查。

2006年，辽宁省文物考古研究所会同凤城市文物管理所进行了首次考古发掘，面积约1000平方米，发现了瞭望台遗址、1号门址及其北侧瓮城、2号门址及门内东侧道路、马面及其内侧哨所与墁道、北城墙局部段落上石砌柱洞等重要遗迹。2007年7～12月，两个单位又再次进行了考古调查、勘探和发掘工作，城内发现了瞭望台和大型建筑遗址，城外发现了高句丽时期墓葬。

2005年，经国家文物局批准，对凤凰山山城墙体部分维修。2013年，又对山城北门及南、北瞭望台遗址进行了保护修缮。

1996年，凤凰山山城被列为全国重点文物保护单位。

郭豹

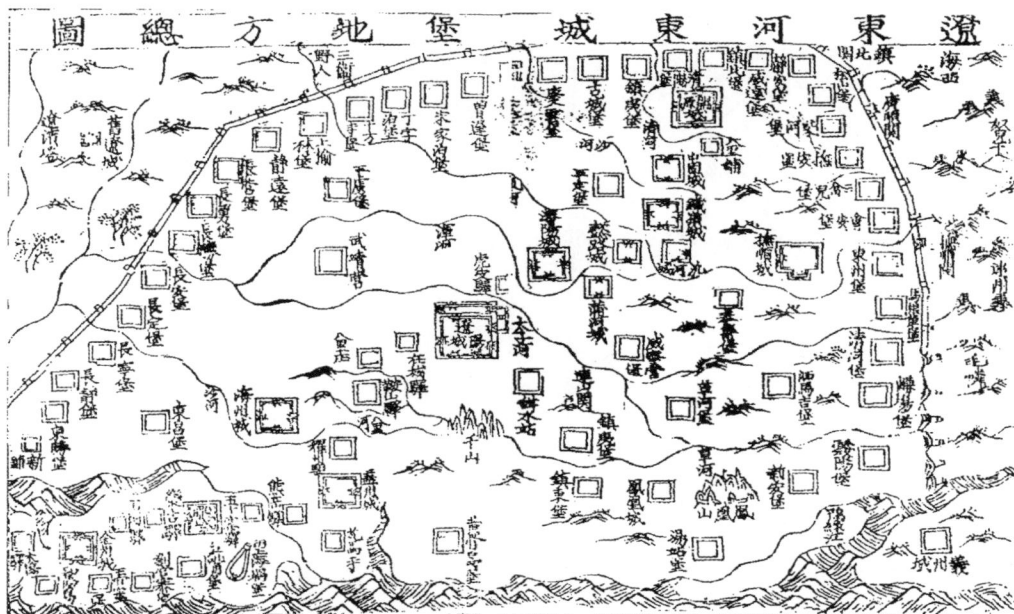

△ 辽东河东城堡图（含抚顺城）　据《辽东志》（明嘉靖十六年刻，嘉靖重修本）卷九，张君重绘

抚顺，位于辽宁省东部，东与吉林省接壤，西距省会沈阳市45公里，素有"煤都"之称，也是明代"辽东十八城"之一。

抚顺，在汉、西晋时属玄菟郡。唐初，属安东都护府。此后，建置隶属多有变化。明代，属辽东都指挥使司沈阳中卫抚顺千户所。清光绪三十四年（1908），设立抚顺县。1937年，日伪统治时期析抚顺县部分地区，设抚顺市，由此市、县分治。1952年，撤销抚顺县，并入抚顺市。1961年，恢复抚顺县。1965年，新宾、清原复属抚顺市至今。

公元4世纪末，高句丽占有浑河流域，筑高尔山城（学术界对高尔山城的始筑年代还有东汉、西晋、东晋等诸多说法）。高尔山城位于抚顺市市区北部的高尔山上，平面近似椭圆形。城垣周长约4公里、东西长1217米、南北宽912米、残高1～2米。布局复杂，由东城、西城、南卫城、北卫城和东南角三个

△ 八旗兵攻抚顺城 引自王佩环编著
《关外三都》（沈阳出版社，
2004年）

环状小城共同构成了一个有机联合体。其中东城是主城，开东、南、北三门。1956年、1963年，抚顺市文物工作者对高尔山城进行了调查。1983～1986年，辽宁省博物馆和抚顺市博物馆联合进行了大规模发掘（郝武华：《高尔山城考》，载《中国地名》2000年第2期）。

辽代贵德州城，位于今抚顺市火车站与高尔山前平地上，城为土筑方形，现已夷平。城内曾出土有兽面瓦当、布纹瓦和辽代瓷片。

明洪武十七年（1384），为防御故元割据势力及东北女真各部的侵扰，明王朝在抚顺高尔山下修筑一座砖城，名曰"抚顺城"，其意为"抚绥边疆，顺导夷民"，"抚顺"之名由此而来。洪武二十一年，于抚顺城设置抚顺千户所，隶属沈阳中卫。抚顺城的城池规模不大，结构比较简单。据嘉靖版《辽东志》卷二记载："抚顺城周围二里七百三十六丈，池深一丈、阔二丈，城门二。教场城南一里。"这里的"二里七百三十六丈"应为"二里七百三十六步"。关于城门的数量，《全辽志》则

▽ 1905年，侵华日军驻守抚顺城城外 本文照片除署名外，均由南京城墙保护管理中心藏

▽ 1905年，抚顺城南门

△ 20世纪30年代，抚顺城残破的城墙

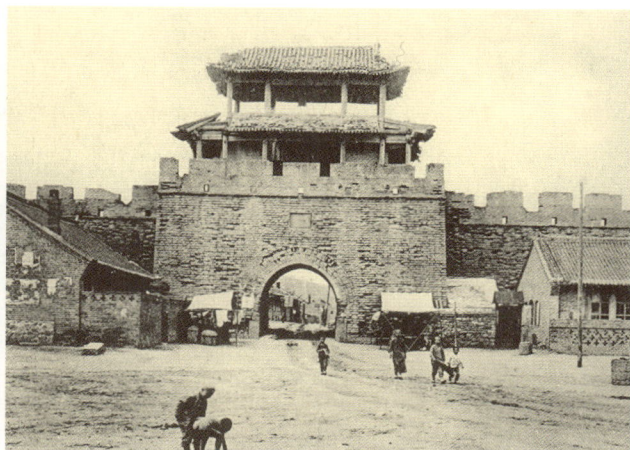
△ 20世纪30年代，抚顺城门及城楼

记载设城门1座，名"迎恩"，与《辽东志》不符。考察同期其他千户所城均有二门，推测《辽东志》重修时的嘉靖十六年（1537）应为二门，到了《全辽志》成书的嘉靖四十四年时，其中一门已经被废弃。保留下来的城门应为南门（嘉庆版《大清一统志》卷六十："（李）永芳得书冠带立城南门上"）。万历四十六年（1618），后金攻占抚顺城后毁弃。

《辽东志》还记载，在抚顺所东30里，设有抚顺关，供建州女真朝贡出入。天顺八年（1464），明政府在抚顺关开设马市，与女真进行贸易交换。这种措施促进了经济往来，缓和了民族矛盾。但马市贸易使建州女真的经济迅速发展，实力不断强大，为其统一女真各部，进而取代明朝奠定了基础。

▽ 1905年，抚顺城城墙

清乾隆四十三年（1778），于明代抚顺所南一里处重筑抚顺城，乾隆四十八年竣工。重建后的抚顺城面积有所扩大，城门改为3座，南曰"嘉会门"，北曰"广润门"，东曰"便门"。据《钦定盛京通志》记载："抚西城，盛京城东八十里，旧名抚顺城。明洪武二十一年设千户所，亦曰抚顺关，其城周围一里七百三十六步。池深一丈，阔二丈。城门二。今则周围三里，东、南、北三门。"这里记载明代抚顺城的数据"一里七百三十六步"，也是"二里七百三十六步"之误。抚西是满语对抚顺的译音，满文文献中写作"fusi hoton"（即抚西城）。据辽宁省档案馆藏《盛京内务府档》记载，乾隆四十三年八月二十日，乾隆皇帝东巡经过抚顺时下了一道上谕说："本日经过名为'抚顺'之地，清字写作fusi，原来并非写错对音，盖明朝取抚绥使我顺从之义而名之为'抚顺'，而我亦取令明人剃发之义复名之为fusi也。由此观之，昔各取其义，并非无由。嗣后，关外似此地名，毋须照汉字对音译写，而仍以清语书之。"但嘉庆六年（1801），盛京将军晋昌在奏折中称"抚西"，却受到了嘉庆皇帝的训斥："惟本内所称抚西字样，详查《盛京通志》所载各城，止有抚顺城，并无抚西名目。今清文缮写无误，而汉字竟对音书写西字，晋昌着申斥。"在伪满康德三年（1936）《抚顺县一般状况》中，又将抚顺城写做"抚西城"。

道光九年（1829），对抚顺城进行了重修。1905年，日、俄双方在抚顺开战，摧毁古城北门。到民国时期，城门、城墙因年久失修，逐渐残破。1950年后，城市道路扩建，城墙被拆除，护城河被填平。

2009年9月11日《抚顺日报》中的《抚顺古城门匾额现身高湾》一文报道了高湾毛台村发现一块长98厘米、宽68厘米、厚15.5厘米的满汉合璧的"嘉会门"石匾额。经原抚顺市博物馆馆长肖景全推断为抚顺城南门门额。

2010年6月17日，抚顺市顺城区贵德街在道路施工过程中发现一段青砖墙垛，文物部门判断其为清抚顺城北门——广润门。经抚顺市博物馆考古队清理后，顺城区政府将遗址西南墙段砌筑在一个长方体的密封结构中，进行封闭式保护，并立有说明石碑（《抚顺顺城区修路挖出清抚顺城门遗址》，载《辽宁日报》2010年7月15日）。

郭豹

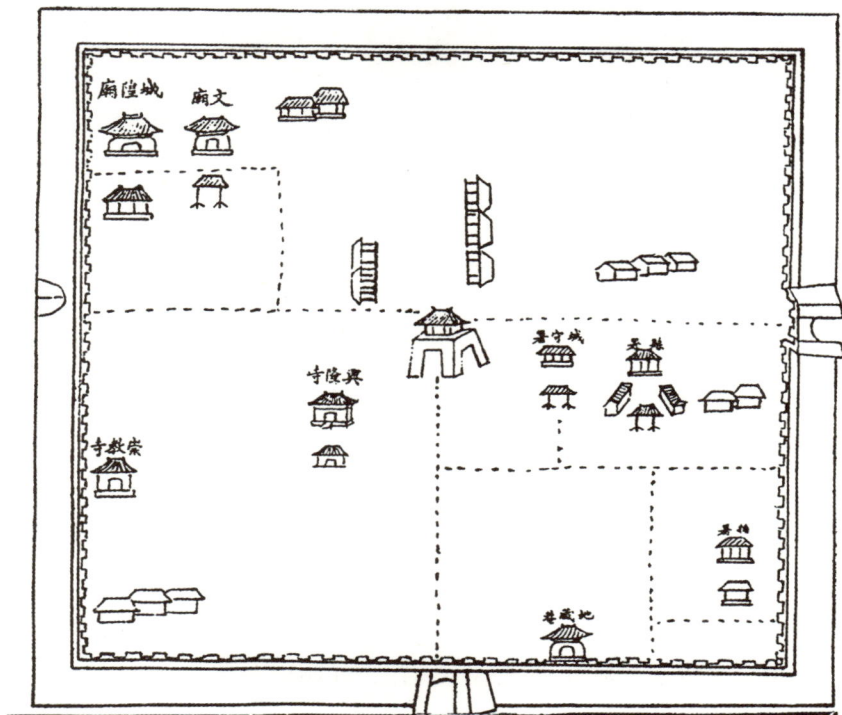

△ 盖平县城图　引自《盖平县志》清康熙二十四年版

　　盖州，古称"辰州"，又称"盖平"，位于辽宁省营口市所属盖州市，地处辽东半岛西北部，西临渤海，据辽东湾东岸中部咽喉要道。从汉代开始这里就是商贾云集之地，到清代更是东北的"财货通衢"，"名闻八闽，声达三江"。

　　西汉、魏晋时，在今盖州境内置平郭县（一说汉代时盖州所置为文县，平郭在今营口市熊岳镇）。北魏天赐元年（404），高句丽占据辽东，在盖州东北筑建安城，置建安县。唐代置建安州都督府。辽于建安城置辰州，金改称盖州。元置盖州路，治所仍在建安城。明洪武四年（1371），改盖州为盖州卫，翌年改筑新城（今盖州市区）。清康熙三年（1664），废盖州卫，置盖平县（取"盖州"、"平郭"两地名首字），隶属奉天府。至1965年更名为盖县。1992年撤销盖县，设立盖州市（县级市）。

△ 1905年，侵华日军集结在盖平城东关门外
本文照片除署名外，均由南京城墙保护管
理中心藏

△ 1905年，盖平城门内街景

　　盖州最早筑城不详，据嘉靖版《辽东志》载："（盖州卫）洪武五年指挥吴玉因旧土城修筑。九年，靖边侯展筑南面，砖石包砌。周围五里八十八步，高一丈五尺（有的文献称：三丈五尺）。池深一丈五尺，阔一丈八尺，周围五里一百一十七步。城门三，东曰顺清，南曰广恩，西曰海宁。"可见明洪武五年的盖州卫城，是在过去旧有土城城址的基础上修筑的。到了洪武九年，明军在大清河畔大败元军，辽南基本平定，这时，金、复、海、盖各卫开始大规模修筑砖城，并向南拓展，将土城改为砖石包砌。此项工程由"靖边侯"主持，但查史书，洪武年间并无"靖边侯"。《明史》卷一三一《叶升传》记载："（叶升）镇辽东，修海、盖、复三城。在镇六年，边备修举，外寇不敢犯。"可知"靖边侯"应为靖宁侯叶升。洪武二十五年（1392），叶升因"坐交通胡惟庸事觉，诛死"。成书于明嘉靖年间的《辽东志》可能是因此事而略去其名。嘉靖十六年（1537），辽东巡按史褒善对年久失修的东、西门楼进行了重修（薛廷宠：《重修城东西楼记》，载《辽东志》卷二）。明崇祯五年（1632），后金开始重修盖州城，并向城内移民，派副将石柱国、游击雅什塔率兵600人驻防。

　　据康熙版《盖平县志》记载："今按其城周围七里零三步，城仍旧，池淤。"说明此时护城河已经淤积了。乾隆四十三年（1778）对城池进行重修，当时因西门近海，人烟稀少，交通寥寥，不久就被填闭。盖州城只剩下东、南二门，门外建有瓮城，城内建有马道。清光绪年间，于城西修建铁路时设了火车站，为便于交通，又重开西门。另据清同治十二年（1873）《重修城垣记》碑记载："盖州城垣自乾隆四十五年请帑重修后，风雨摧残，日形颓倒。咸丰

△ 盖州城东段护城河及城墙　关琪摄

▽ 盖州城东段城墙　关琪摄

经城守卫宗室载派委厢黄旗防御乌会，同铺商谭人敏等将颓隳外墙皮补修数段。同治四年秋焉，贼滋扰而城垣颓倒，可通行人来一处矣，守御无凭，人心惶恐。不得已于十月二十日仓卒动工，五年攻作。凡兹紧要之处，并力兴修，颓累鼓裂者；次之砖石脱落，风雨催之，挑河筑堤，以固城根，添石加灰，以期永久者；又次之，新城楼复垛扇，筑沟堤八年之久，经营始毕。惟愿有志者知斯役之艰难，随时□成功，庶乎一朝有事不至仓惶无指，云尔。共用东钱十三万二千六百十二吊零九十。同治十二年清和月"（该碑现存盖州市文管所）。

1912年后，盖平城逐渐毁圮。20世纪50年代，因残破而逐渐被拆除。

1973年，文物部门对盖州古城进行了实测：平面为近方形，南北780米、东西760米、周长3260米。城的三门和瓮城都已不存。城墙用石条垒砌墙基，城墙外面用青砖筑面，内里是用黄土、白灰及碎砖填充夯实，但没有马面的痕迹。墙体残高9米多、基宽8.5米、顶宽7.75米。

2014年，盖州市古城办正式启动了古城墙保护修缮工程，对古城墙周边建筑垃圾进行彻底清理，对城墙进行保护修缮，对城墙下至护城河的区域进行绿化、美化、硬覆盖等，恢复古城墙的真实性和完整性，打造一条200米长的带状景观带。

2014年11月3日《营口日报》第2版报道，盖州古城南关普济寺正门南胡同约70米处发现了一段青砖长墙，经盖州市古城办工作人员确认，是600多年前明代盖州南城墙遗址。城墙遗址呈东西走向，高约1.9米、长约50米，部分被居民房屋包砌在屋内。整体由青砖砌筑，部分青砖上有模糊的印文。这一发现，让盖州古城墙遗址从过去认为的仅存东城墙两段、总长约350米，增加到三段、总长400米。

1984年，营口市政府将盖州古城墙列为市级文物保护单位。

郭豹

盖平县城池：即明盖州卫城。洪武五年，指挥吴玉因旧土城修筑。九年，展筑南面，砖石包砌。周围五里八十八步，高一丈五尺。池深一丈五尺，阔一丈八尺。门三：东曰顺清；南曰广恩；西曰宁海。钟、鼓楼在城中。衢按：今城周围七里零三步，因旧址拓而筑之。池，淤。

——清《考工典》第十八卷，引自《古今图书集成》

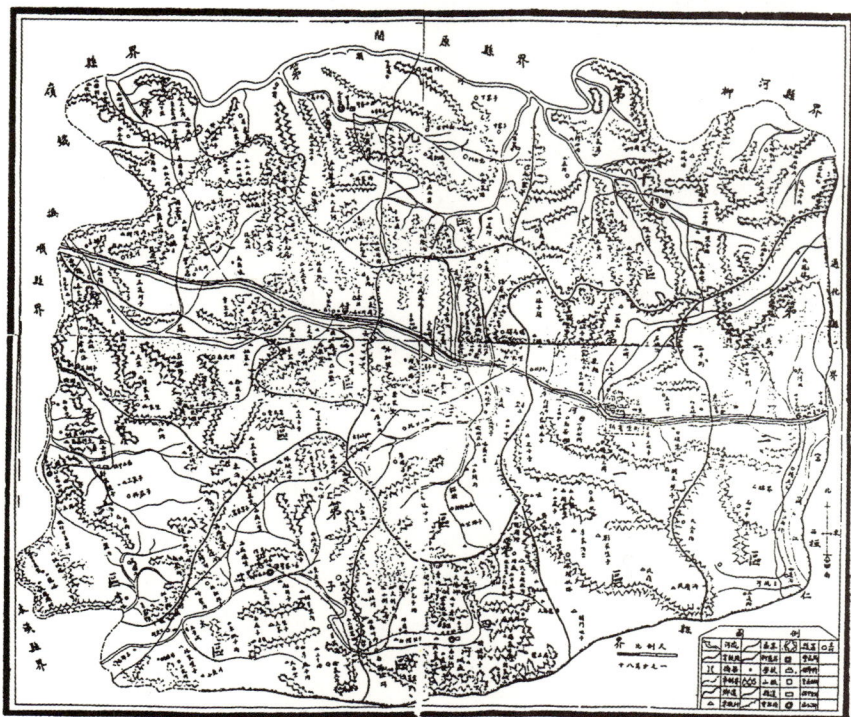

△ 兴京县全图　引自《兴京县志》民国十四年铅印本

　　兴京城，原名"赫图阿拉"（满语，或做"赫图阿喇"、"黑秃阿喇"、"黑图阿拉"，意为横岗，即平顶的小山岗），故址位于辽宁省抚顺市新宾满族自治县西永陵镇老城村。清太祖努尔哈赤就出生在新宾。作为后金建国后的第一座都城，赫图阿拉兴京城是清王朝的"龙兴重地"、"启运之地"，与辽阳东京城和沈阳盛京城并称关外"三京"。

　　西汉时，在新宾置玄菟郡，南北朝开始为高句丽所据。唐初，属安东都护府，后为渤海国地。辽金时属沈州，元属沈阳路沈州。明先属铁岭卫，后属建州卫。万历四十四年（1616年，后金太祖天命元年），努尔哈赤建立后金，称"汗"，定都于此。天命六年（1621），都城迁至辽阳。崇德元年（1636），改称"兴京"，后人又称其为老城。乾隆二十八年（1763），置兴京厅，设理事通判，属奉天府。光绪三年（1877），升为兴京直隶厅，改设抚

△ 玻璃罩保护下的古城墙　严彬提供

民同知，并徙治新宾堡。因努尔哈赤在此征得新兵一旅，故此地初名"新兵堡"。后因此地"人事日繁，商辏有四方来宾之象"，遂改名为"新宾堡"。宣统元年（1909），升为兴京府。1913年，废府改县。1928年，更名为新宾县。1933年，伪满洲国时期改回旧称兴京县。1945年，复改为新宾县。1985年，撤销新宾县，成立新宾满族自治县。

赫图阿拉城位于苏子河南岸的自然台地上，三面环水，一面靠山，选址、建城极为得当，军事防御性质明显。"内城四面壁立，高拔10米，山岩陡峭，非城门而不能入。外城墙虽西、北、东北、西南建于平地，但城北紧临苏子河，西靠二道河，西南有里加河，皆为天然护城河，东南白岔山、羊鼻子山、鸡鸣山，皆为天然屏障，易守难攻"（傅波：《抚顺地区清前遗迹考察纪实》，辽宁人民出版社，1994年）。分内、外二城。内城始建于万历二十九年（1601），万历三十一年迁入。随后动工修建外城，万历三十三年全部建成。

该城内城东西长551米、南北宽512米、周长2027米，占地24.6万平方米。《建州闻见录》载："城有内外，筑内城则以木石杂筑，高可数丈，阔可容数十万众。"内城墙基宽约10米，墙外有宽4米的马道一周。开四门，"南一门、东二门、北一门"（《盛京通志》），西为断崖。过去史料亦有记载"东一门，南一门，北一门"，此说有误。1984年在自来水管道施工过程中发现了内城东南门。说明东面确有二门。内城门顶为砖砌券门，券门顶部建有砖木结构城门楼。民国时期，日本学者所拍照片显示南门上部尚存敌楼。内城四门外均有瓮城（赵荣立：《兴京内城城门考》，载《文化学刊》2008年第5期）。外城南北长1352米、东西宽1335米、高2米多、周长5230米，占地约155.9万平方米。外城九门，南、北各开三门，东面二门、西面一门。

赫图阿拉在建筑形式上属"夯筑布椽式土石城"。明代程开祜在《筹辽硕画》中记其城制："城高七尺，杂筑土石，或用木植横筑之。城上环筑射箭穴窦，状若女墙。门皆用木板。"建城时因地制宜，就地取材，由土、石、木混筑而成。城墙内外两侧用石块垒砌，中间夯筑；墙体上部的夯土中，每高30厘米，就横置一层直径12～15厘米的圆木棍，间距约20厘米，起到加固墙体的作用。

内城居住努尔哈赤的亲眷子侄、亲贵大臣，主要建筑有汗宫大衙门（俗称"金銮殿"）、尊号台、昭忠祠、八旗衙门、关帝庙、城隍庙、汗王井等。东南、西北各有一座望楼。外城驻扎八旗兵丁，主要建筑有驸马府、铠甲制造场、弧矢制造场、仓廒等。外城北门外，铁匠、弓匠分区居住，西北还有点将台与校军场。

赫图阿拉作为都城，有着多方面的有利因素。它依山傍水、交通便利，军事形势极佳：苏子河等河流形成天然的护城河；城池所处台地东西两侧地势开阔，又是天然的演兵场。这里既是努尔哈赤祖上的世居地和任官地，又是努尔哈赤本人的出生地，能够加强女真民族的凝聚力。建成后的赫图阿拉城规模较大，功能分区合理，既是军事指挥中心，又是武器制造和粮食生产的后勤基地。努尔哈赤以赫图阿拉为根据地，巩固、壮大了自身的力量，为其逐鹿中原、统一华夏奠定了基础。

天命四年（1619），努尔哈赤迁居抚顺界凡（界藩）城，随后又先后迁都到辽阳、盛京。随后顺治皇帝入关定鼎北京。兴京城不再是国都，城门城墙和城内建筑遂逐渐荒废。至清末，东南门弃埋已久，无人知晓；东、南、北三座门顶部早已不存。尽管如此，赫图阿拉仍然具有重要地位。天聪八年（1634），皇太极以赫图阿拉为"兴业之地"，追尊为"天眷兴京"。从康熙朝开始，清朝皇帝东巡盛京，在拜谒永陵后，多到赫图阿拉老城瞻礼。

1982年，新宾县与抚顺市文化局对兴京城内外城墙、城门进行了实测、考古探查和局部抢救性清理。1983年，对内城南城门进行了勘察修复。1993年，文物部门对内城北门进行了考古发掘，初步掌握了北门的规模、形制及建筑特点。根据发掘结果、史料和老照片，于1994年复建了北门。1998年，成立赫图阿拉城文物管理所，专门负责古城的保护管理与维修利用。1999年，县政府筹资600万元，迁出城内与皇寺居民262户，归由文物部门管辖。2000～2006年，当地政府投入资金4000多万元，恢复了塔克世故居，发掘城墙，建立满族博物馆。

1956年，赫图阿拉城被列为省级文物保护单位。2006年，赫图阿拉故城被列为全国重点文物保护单位。

郭豹

山 东

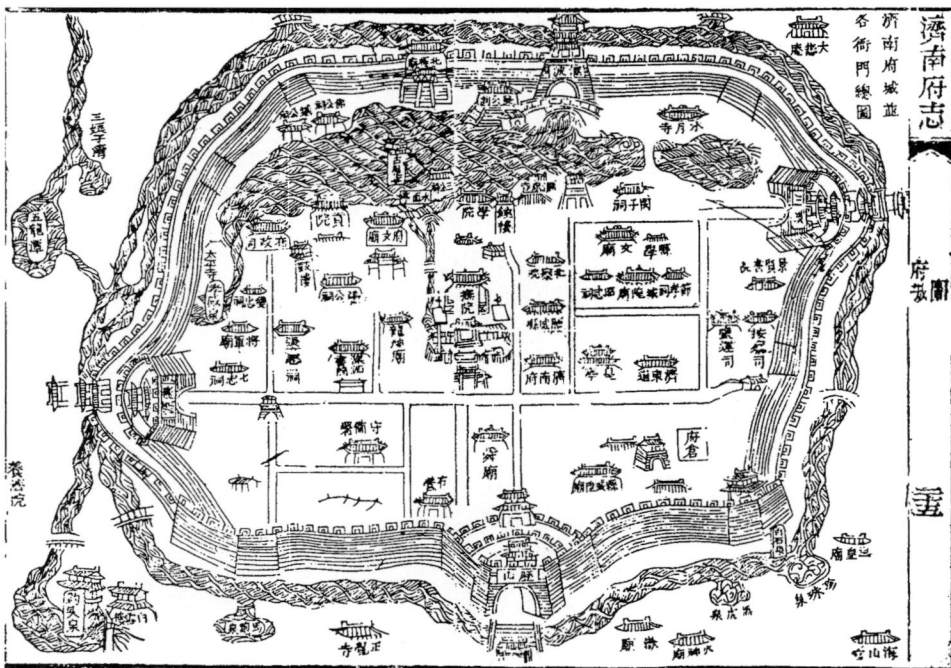

△ 济南府城并各衙门总图　引自《道光济南府志》清道光二十年刻本，载
《中国地方志集成·山东府县志辑（1）·道光济南府志》

　　济南，又称"泉城"，因"家家泉水、户户垂柳"，城内外有著名的
七十二泉而得名。位于黄河中下游，素有"天下泉城"、"世界泉水之都"的
美誉。1986年，济南被列为国家历史文化名城。

　　秦初，设立郡县制，为济北郡历下邑。西汉初，始设济南郡，取济水
之南之意，此为"济南"一名之始。隋文帝开皇三年（583），改济南郡为
齐州。宋政和六年（1116），升州为府，齐州遂为济南府。明清沿袭。1914
年，改称济南道。1994年，被定为副省级城市，也是山东省省会城市。

　　济南筑城较早。当地有俚语云："先有平陵城，后有济南府。"东平陵
城始建于战国，曾是汉代济南国的都城，是全国保存最好的古城址之一，也
是山东省文物保护单位。现遗址边长约1900米，略呈方形。城址四周可见残存
的夯土城墙，宽10～30米、高1～4米，地下保留的墙基宽40米。发现了四门遗

迹。宋朝诗人陈师道在《后山丛谈》中曰："齐之龙山镇有平陵故城，高五丈四，方五里。附城有走马台，其高半之。"元朝于钦在《齐乘》中也曰：平陵城"雉堞高竣"。

西晋永嘉（307～313）末年，济南郡自东平陵城迁移至历城，即今趵突泉之东北，南仰群山（千佛山等），北依大河（古济水，今黄河）。在历城"古城"之东，扩大城垣，另建东城，西城为百姓住所，东城为府衙所在。形成了一郭二城的"双子城"制式，并沿用至宋代。

明洪武四年（1371），重修土城，内外砌以砖石，城墙周长12里48丈、高3.2丈、厚3丈。设城门4座：东曰"齐川"，西曰"泺源"，南曰"舜田"（后改为"历山"），北曰"会波"，各建有外瓮城。护城河深3丈、宽5丈。建文二年（1400），燕王朱棣以"靖难"为由，自北平起兵南下，于六月初八兵临济南城下。时任山东参政的铁铉率兵固守，燕兵久攻不下，屡屡受挫。甚至朱棣本人也险些死于城下，足见城之牢固。其后分别于成化四年（1468）、十九年、万历二十年（1592）、天启五年（1625）、崇祯七年（1634），由济南道金事张珩、巡按御史宋经、巡抚宋应昌、巡抚吕纯如、巡抚朱大典先后主持多次大规模修城（据清道光二十年《济南府志》卷八）。

清康熙十四年（1675），巡道赵祥呈主持重修济南城池。康熙二十七

▽ 今日济南遗存城墙及"解放阁"　肖瓛摄

△ 1928年，侵华日军在济南城西北角进行攀城训练 本文照片除署名外，均由南京
城墙保护管理中心藏

◁ 20世纪30年代，济南城墙及
护城河

▷ 1930年代，济南附近的
泺口镇，远处可见济南
城城墙

◁ 20世纪30年代，济南内城
残损的泺源门及城楼

▷ 1928年，济南城外一角

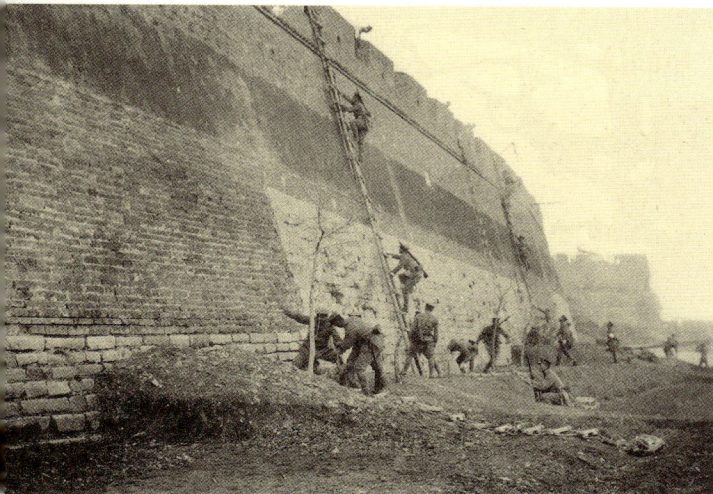

◁ 1928年，侵华日军驻济南部队以
攀登济南城墙作为军演项目

▽ 20世纪30年代，济南城墙及在护城河岸洗衣的农妇

△ 今日济南护城河　肖璇摄

年，巡抚钱钰再次主持重修。道光十六年（1836），知府王镇历、知县韩亚熊重修城壕（据1915年《山东通志》卷十九）。咸丰十年（1860），在济南城外筑土圩，以护城墙。同治三年（1864），巡抚阎敬铭改土圩为石圩，因城北水盛，北圩子城未建，仅筑东、南、西三面，计长12公里、高4米、基厚5米、顶宽3米，并辟有岱安、永固、永靖、永绥、永镇、济安、海晏等七门，使内城与外围布局形成完整的城防体系。济南护城河又称"娥英河"、"环城河"，环绕济南旧城，是国内唯一一条由泉水汇流而成的护城河，将趵突泉、黑虎泉、五龙潭、珍珠泉"四大泉群"连为一体，现全长6.9公里。

1912年后，济南城墙修缮力度虽不如过去，但主体基本保存尚好。

1949年后，因市政设施建设，逐渐拆除城墙，修建环城马路。现仅剩位于济南旧城城东南角的解放阁一段。阁址为1948年济南战役的攻城突破口处，后旧城城墙因城市建设而拆除时，特在此旧城址上建立解放阁以纪念济南此次战役。解放阁高24.1米，连台基通高34.1米，占地1637.2平方米，建筑面积617.2平方米。1977年，济南城墙被列为省级文物保护单位。

2006年12月，济南市趵突泉北路6号发现一段古城墙。城墙位于济南古城西南侧，毗邻将军府街古城片区，整体东北—西南走向。探查确定这是一段明代的古城墙，长约15米、高8米左右，因位置隐蔽得以残存，是迄今发现的济南市古城区保存较好的一段古城墙。2007年，济南西城墙遗址被列为市级文物保护单位。

肖瓛

济南府城池：旧有城。明洪武四年，始内外甃以砖石，周围十二里四十八丈，高三丈二尺，池阔五丈，深三丈。四门：东曰齐川；西曰泺源；南曰舜田，今改为历山；北曰会波。历城县附郭。

——清《考工典》第十八卷，引自《古今图书集成》

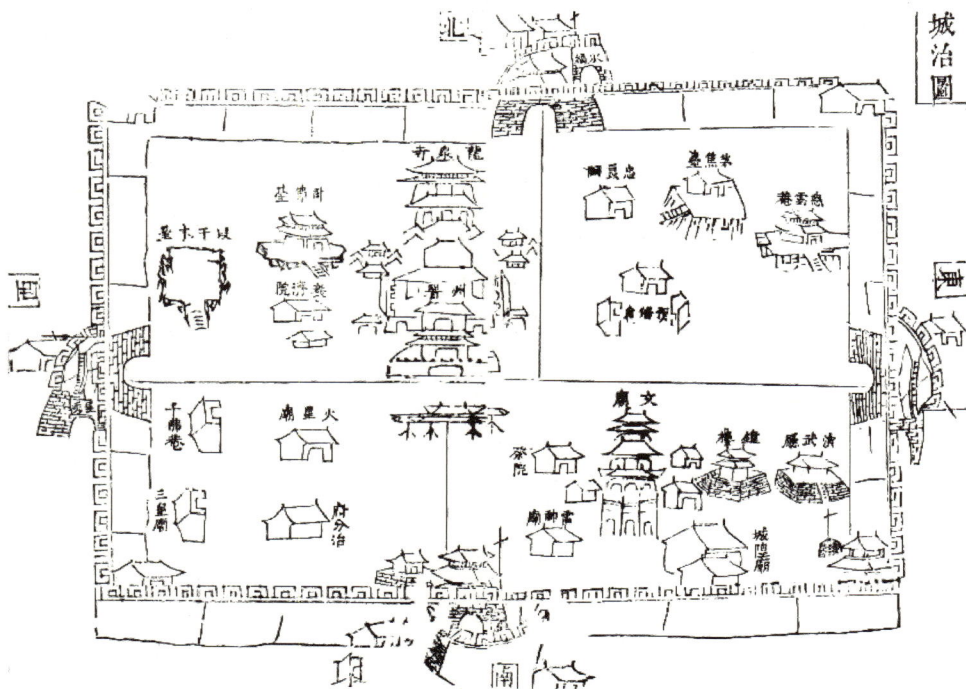

△ 滨州城治图　引自《滨州志》清康熙四十年刻本

　　滨州，位于山东省北部、渤海湾南岸、黄河三角洲腹地，北临渤海，东与东营市接壤，南和淄博市毗邻，西同德州市和济南市搭界，是山东省的北大门。有"渤海雄邦"之美誉，又有"九朝齐鲁重镇，千年文化古城"之称。

　　秦时，滨州开始建县。西汉起，先后建有郡或国。隋朝，开始置州。唐朝，为渤海县。后周显德三年（956），置滨州，取名意为濒临渤海之州。元，属济南路。明，改属济南府。清雍正二年（1724），分属直隶州。2000年，撤销滨州地区和县级滨州市，设立地级滨州市。

　　据1915年《山东通志》记载，滨州城始建于后周（951～960），具体时间不详，也未见载于其他诸志。元至元二年（1265），平章于保保迁移渤海县城于老滨州城。城墙为土筑，周长9里（明嘉靖版《山东通志》卷十二中记为"七里"）。

明正德七年（1512），都事吕佩奉檄重修，城墙增为高2.5丈、阔1.4丈。并修城门4座：东曰"望海"，南曰"迎薰"，西曰"临川"，北曰"拱辰"（据明嘉靖《山东通志》卷十二）。嘉靖二十七年（1548），知州李德甫加筑外瓮城，改转拱辰门为东向，并更名为"永福"。嘉靖四十年，东昌同知万鹏程改转临川门为南向，并更名为"呈秀"。万历八年（1580），知州秦可久奉檄修治，城墙增厚1.5丈，垒砌女墙，并以白灰合土夯实。万历十一年，知州艾梅修筑雉堞，悉易以砖，城墙高2.5丈、基阔3丈、合顶1.3丈。建垛口2754座、敌楼16座、角楼4座、门楼8座。外有城壕，为金明昌三年（1192）始挖。知州艾梅纠工深浚，河深2丈、宽2丈，两岸植柳。

清乾隆三十六年（1771），知州宋文型重修，城墙上部用砖垒砌，其他如旧。咸丰十年（1860），护城河淤塞（据清咸丰十年《滨州志》卷二）。

1945年7月1日，城垣被破坏，部分城墙损毁。1953年，城墙四座城门楼被拆毁。此后，四门陆续被毁。随着附近鱼塘的修建以及周边建设对土方的需求，高大的古城墙已经成为部分居民取土的对象，滨州古城墙开始遭受严重破坏。

20世纪80年代以后，据当地文物部门调查，滨州古城现存西北角和东北角两段城墙保存比较完整，其中西北角部分东西长约百米、高约4米，城墙顶部宽约4米，现已成为农田；城东北角部分遗址高5米左右，曾被用为靶场，因此迄今保存较为完好。

▽ 滨州城墙遗址顶面 祁川军摄

附：

滨州地区，历史上境内有多座城池。城池规划大多为方形布局，高墙深堑，其中以惠民古城、邹平古城较为典型。

惠民古城　北宋崇宁元年（1102），由工部尚书牛保督修，历时九年竣工。先后为厌次县、惠民县和武定府（州）的治所。后虽经各代整治，但规划布局始终未变。至清朝乾隆年间形成砖砌城墙，城垣南北长1.9公里、东西宽1.1公里、周长6公里，有东、西、南、北四门。门各三重，门上建楼，宏伟壮观。护城河深2丈、宽5丈。外修护城堤，绵延10余公里。城内规划分为四隅，城中心地带地面突起，府署居于最高处，可俯瞰四方。道路骨架自府署十字路口向四外辐射，分别设置府前大街、东门大街、西门大街、南门大街，四隅中各建次街，隅外为东、西、南、北四条关大街。境内其他州、县城布局与此大体一致。其后因历经战火，加之年久失修，大部分已毁，现仅存古城墙残垣和魁星阁、护城河，并建成古城公园供游人参观。

邹平古城　建于宋，初为土筑。明万历八年（1580），知县李瑞重修扩大规模，将旧城城墙加宽增高，改土垣为石墙，建砖垛，设悬溜（即城上设置的排水槽），开四门。此后，邹平古城石垣砖垛、壁垒高筑、巍然壮观，素有"桓台看牌坊，邹平看城墙"之赞语。古城东西长600米、南北宽510米、周长2220米，城墙外皮以石筑砌，内以灰土夯实，顶宽3米，砖砌女墙及四门，上建门楼，东、西二门建有外瓮城，南北为直门，门扇双层。城墙东南角建有魁星楼，东北角建有关帝庙，城外有护城河。

肖璲

滨州城池：土城，周围七里，元平章于保保筑。高二丈五尺，阔丈余。四门：东曰望海，南曰迎薰，西曰临川，北曰拱辰。

——清《考工典》第十八卷，引自《古今图书集成》

博兴城关详图

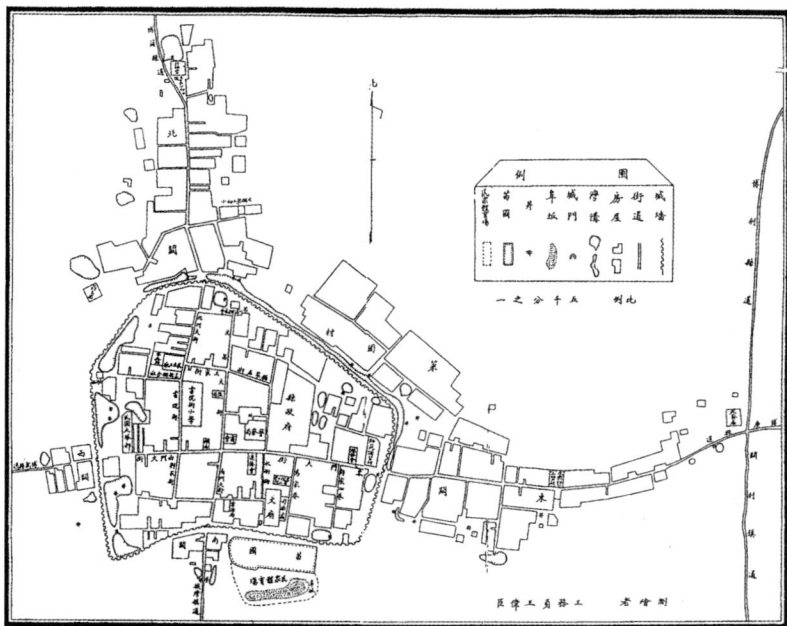

△ 博兴县城关详图　引自《民国重修博兴县志》民国二十五年铅印本，
载《中国地方志集成·山东府县志辑（27）·民国重修博兴县志》

博兴，位于鲁北平原黄河下游南岸，西邻高青县，东接东营市，南靠淄博市，北邻滨州市。县境北部黄河、南境小清河自西向东穿过，横截南北通道，历来为兵家必争之地。

春秋时期，其境内已有博昌邑与乐安邑。据《十三州志》云："昌水，其势平博，故曰博昌。"五代时期，后唐庄宗李存勖为避献祖讳，改博昌为"博兴"，历代相沿。明洪武二年（1369），改州为县，属青州府。清朝沿袭明制。1992年，改属滨州地区。现属滨州市（地级）。

博兴最早筑城不详。老县城，位于今县城南部，初为土筑。元朝末年，红巾军首领刘福通部将毛贵，于龙凤三年（1357，元至正十七年）攻克益都后，遣王兴率众攻克博兴。为了防守，重修博兴县城。将土城墙改建为砖城。城周长3里290步、高2.3丈（《考工典》记为"周围三里，高二丈"）、下宽1.5丈、上宽8尺。垛口1753座。城内马道宽1丈，城外马道宽8尺。开城门5座：东曰"朝宗"，西曰"通济"，北曰"拱极"（《考工典》记为"西曰通齐"、"北曰瞻辰"），南曰"来薰"，门各有楼。护城河深7尺、宽1.4丈。正德五年（1510），知县王光增筑墩台20座，引小清河水入护城河。嘉靖六年（1527），知县张集为倡导博兴文风，在城东南开迎秀门，疏浚护城河，沿河插柳，河内栽莲。万历九年（1581），知县桑东阳修筑城垣。崇祯八年（1635），知县翁兆云于各门建门楼，并增筑敌台。此后由于日久年深，部分墙体及附属建筑垮塌。

清康熙二十四年（1685），知县刘名誉重修城门楼。康熙五十二年，知县周嘉祯修筑城墙与垛口。此后，又于康熙五十五年、乾隆五十八年多次进行过重修。咸丰十一年（1861），捻军北犯。知县周丕沣考虑到城不够坚固，遂征集民夫在所有城垣坍塌残缺处予以修补。城外护城河引湖水灌之。捻军进犯博兴时，百姓躲入城中得以安全。光绪十六年（1890），知县李铨复修城垣，建阁楼于迎秀门之上，移"文昌"神龛于其中，以利文运。

1928年，时任县令赵宪曾改建四门城楼。1930年，县令张天爵重修并于城之四角增建炮台用以防御。抗日战争时期，县城遭到严重破坏，仅留城墙残垣。

1949年后，因城建需要，城墙先后被拆除，护城河断续残存。新城区位于老城区北侧，为现博兴县城所在。

博兴县境内还保留了另一座古城遗址——利城遗址，为汉代城址，现今为省级文物保护单位。

肖璐

博兴县城池：土城，元末筑，周围三里，高二丈。明正德五年，知县王光建墩台二十处，门四：东曰朝宗；西曰通齐；南曰来薰；北曰瞻辰，复引小清河水注于池。嘉靖二十四年，知县顾楫增拓东南门，建楼于上，名曰迎秀。

——清《考工典》第十八卷，引自《古今图书集成》

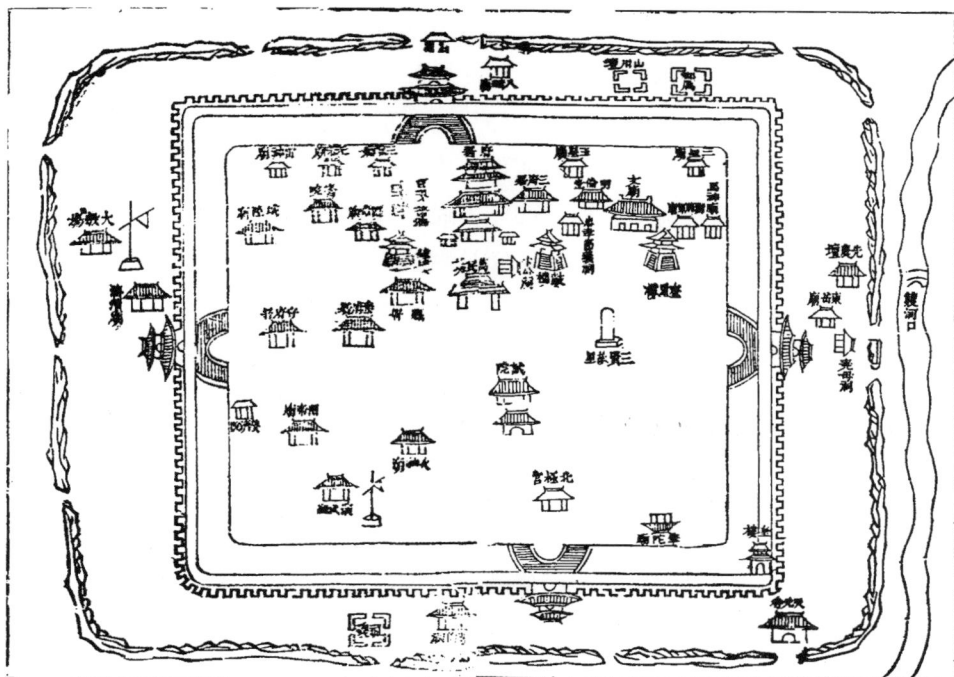

△ 曹州府城图　引自《乾隆曹州府志》清乾隆二十一年刻本，载《中国地
方志集成·山东府县志辑（80）·乾隆曹州府志》

　　曹县，位于山东省西南部，地处鲁、豫两省八县（区）交界处。春秋战
国时诸侯争霸会盟多在此地，刘邦、项羽合力征秦创业也于此，曾有"天下之
中"之说。

　　西汉，曹县属兖州山阳郡薄县。此后，建置、隶属及名称多有变化。明
洪武四年（1371），降曹州为曹县。清雍正十三年（1735），曹州升为府，属
兖沂曹济道，曹县随属之。1958年，曹县改属济宁专区。1959年，恢复菏泽专
区，曹县属之。

　　曹县最早筑城不详，明清城墙是在元代盘石镇旧址兴筑。元代，曹州于
楚丘、济阴两县交界处置盘石镇。因黄河支流流经其地，故成运输通道。有驿
站，又设有巡检、税课等官署，渐成重镇。

　　明正统年间（1436～1449），曹县知县陈常组织民众始筑城池。城周9

里、高2.2丈、阔2丈。设城门4座：东曰"望岳"，南曰"阜民"，西曰"镇川"，北曰"迎恩"。同时，开挖护城河，河深1.5丈、宽3丈。成化年间（1465～1487），知县王肃主持又加以修整。弘治六年（1493），都察院右副都御史刘大夏奉命治理黄河时，于次年在曹县城外筑成一条经长垣、东明至丰县南境长达200余公里的堤防（即今城南太行堤），以遏制不时泛滥的黄河，使之东南由徐州过淮河入海，曹县境内水患稍缓。弘治十二年，知县邹鲁又于城墙上建置城楼，并建角楼。正德四年（1509），黄河决口，曹县城被水围，仅露数尺。正德六年，知县易谟（1915年《山东通志》卷十九记为"易谋"）趁冬季水涸，筑堤护城。次年，黄河再次决口，护城堤荡然无存，城仍受淹，因淤沙积高几乎与城墙持平，所以四门不通，行人出入多由城上，城内低湿不堪居住，人多迁至高处。正德八年，知县赵景鸾认为县城当河流之冲，本非建城之地，为长久计，欲迁徙县城，未能实施。于是与同僚、士绅筑堤修城，当时城墙高1.2丈、宽2丈（据明嘉靖版《山东通志》卷十二）。又于靠近原城门处新建四门，门名依旧，城门上建城楼。在城外一里多还修筑护城堤，堤周长12里、高2丈、宽4丈，堤外下桩"橛如雁行"，以防风浪蚀土坏堤。堤内植杨柳，纵横成行，以防堤土坍塌。堤外建铺舍，派夫役看守。是年七至九月，黄河涨水四五次，均至堤而止，达到了预期筑堤效果。嘉靖二十六年（1547），黄河暴涨，城墙又被冲决。后屡经修补，又加黄河南移，离城渐远，城、堤才免水患。隆庆二年（1568），知县蔡壁复加增修，城垛口改用砖砌。万历十二年（1584），知县刘不溢增建角楼4座。万历十八年，知县钱达道又增筑之。天启二年（1622），为防白莲教义军攻城，又于四关建敌楼4座，并围以垣墙。崇祯十二年（1639），知县霍达奉旨修城，改土城为砖城。后知县郭万象又将四座直门改为"扭头门"，南门外城门向东、北门外城门向西，东西外城门皆向南。瓮城、门楼、角楼、戍铺均用砖砌成，并加深加宽护城河，于城周设牛马墙（据1915年《山东通志》卷十九）。

　　入清以后，曹县城虽屡有损毁，在地方政府官员主持下基本能得到及时修缮。咸丰八年（1858）八月，捻军围攻县城，东城门南侧城墙有数丈缺口，捻军由此攻入。战后，知县茅篪率众修补缺损处。光绪二年（1876），知县冯恩培、少尉师慎主持重修（据清光绪版《曹县志》卷二）。光绪八年至十年间，除修补城墙外，还先后在东南城角上建魁星楼；在东城门南侧城墙上建文峰塔，西门北侧城墙上建武峰塔，两座塔高均七层，遥相对峙。

　　1927年12月5日，北伐军孙良诚率部吉鸿昌师围攻县城，至次年1月31日将城攻破，城楼、魁星楼及文峰、武峰两座塔悉毁于炮火，城墙也残破不堪。

战后，北伐军为防匪，曾对城墙进行过局部修补。1938年10月，侵华日军攻占曹县城后，也曾修补城墙，并加深加宽护城河，河外设置鹿角寨，吊桥两旁架起三角架铁丝网，又在原城门楼处建三间平房。1945年9月11日，中共冀鲁豫军区部队与地方武装包围县城，经苦战于19日将城攻克，后发动民众将城墙拆除。1946年9月，国民军孙性斋部进驻曹县城后，又驱使百姓修整城垣，一个月后城垣高厚如故。1947年1月，解放军三野一纵一旅攻克县城，再次拆除曹县的部分城墙。

1958年，曹县县委提出建设城墙规划："外栽柳，里栽杨，中间栽上果木行；葡萄路，玫瑰墙，牡丹、芍药栽两旁。"不久，因城墙上建工厂、民居者日渐增多，果木逐渐被砍掉，旧城墙逐年损毁，现仅存部分残迹。

肖璇

曹县城池：明洪武二年，徙曹州于此。四年，改县。正统间，知县陈常始筑城，周围九里有奇，高二丈二尺，阔二丈，门四：东曰望岳；南曰阜民；西曰镇川；北曰迎恩，池深一丈五尺，阔三丈。正德六年，黄河浸漫，有议迁城者，知县易谟筑堤御之。九年，知县赵景銮改浚旧濠，外增护城堤，而迁城之议寝。崇祯十二年后，始以砖易上（疑为"土"之误）。

——清《考工典》第十八卷，引自《古今图书集成》

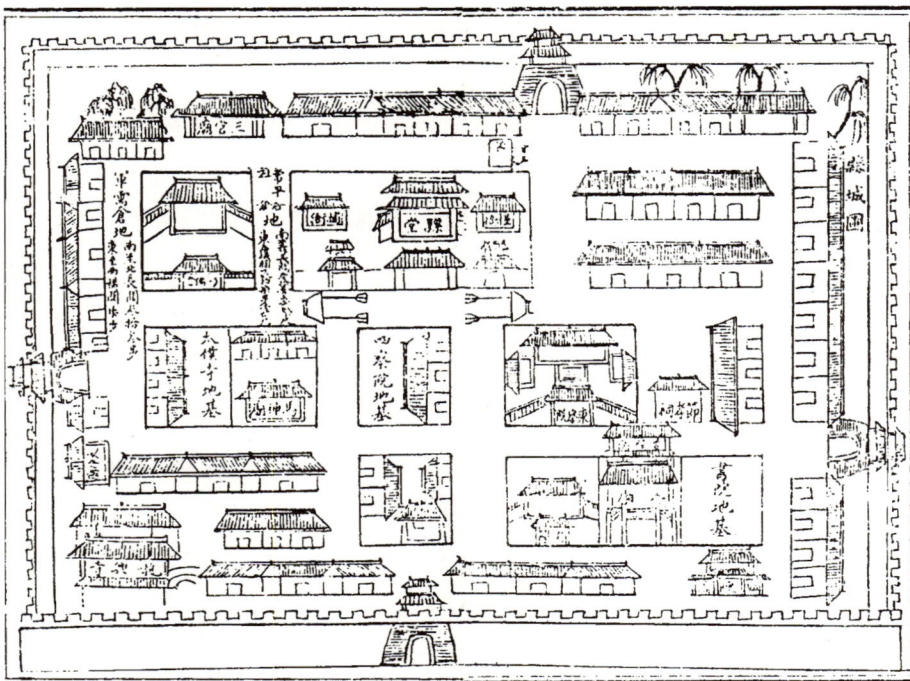

△ 东明县城图 引自《乾隆东明县志》民国十三年铅印本，载《中国地方志集成·山东府县志辑（85）·乾隆东明县志》

东明，位于山东省西南部，是黄河入山东第一县。南、西和北与河南省接壤。

西汉建元元年（前140），其境始称"东昏"。王莽于建国元年（9）改名"东明"。曹魏黄初四年（223），废东昏县，改称东昏镇。宋乾德元年（963），复置东明县。明洪武十年（1377），废东明县。弘治三年（1490），复设治于今天的县城城址，改隶大名府属河北省。1949年前，东明县属河北省。1949年后，一度划归平原省；平原省撤销后，隶属河南省。1963年，始由山东省管辖。今属菏泽市。

东明筑城较早，但是数度迁址，城址不定。金兴定二年（1218），为避黄河水患，东明县城从旧城（东昏镇）迁至冤句县故地（今东明集镇）设县。后重修城寨，设城门4座：东曰"朝阳"，西曰"迎爽"，南曰"户牖"，北

106

曰"东昏"。

明洪武元年（1368），因避黄河水患，县城再次迁至云台集（今西堡城）。洪武十年（1377），县城被水冲毁。弘治四年（1491），知县宫显、典吏王珣于今城址复建东明城垣。城垣周长7里40步、高2.5丈。有城门4座：东曰"东作"，南曰"南讹"，西曰"西成"，北曰"迎恩"。护城河深1.5丈多、宽6丈多。弘治十年，知县邓越重修，其规模宏大可观。不久，知县刘鸾再次增修城垣。嘉靖十二年（1533），知县王确建城楼4座，高2.5丈。嘉靖三十六年，知县王嘉言增修垛口，建四角楼，楼高2丈余，城垛初以土墙垒之，因下雨损毁过半，遂召集夫役将土墙全部换为砖墙。嘉靖四十年，知县高文卿改修南门，改西门外门为"朝宗"，西门内门为"迎薰"。隆庆四年（1570），知县张正道重修。万历十三年（1585），知县沈榜重修，欲将城垣尽以砖石包砌，未能实施。万历十五年，黄河决口，东门崩塌。次年，知县朱诰重修。万历二十年，知县区大伦主持重修。万历二十七年，知县邱云肇重修东城门。万历三十一年，大雨毁城。次年，知县常澄重修，又沿濠外建墙。万历三十七年，知县裴栋主持重修。崇祯十二年（1639），知县崔育梗重修，修毕，城周长7里33步6寸、高3.3丈。工程筹集捐款4971.15两，共计用砖13111846块。建城门8座、门楼4座、望楼4座（据清乾隆二十一年《东明县志》卷二）。

清顺治五年（1648），暴雨，东明城墙部分坍塌。恰逢有寇来袭，知县曹良辅守东城，副使陈其、猷子延祚守南城，而乡绅辛广恩、董三晋、穆元骏、崔拱乾等率领城中勇士夺取贼寇攻城的大炮数十门，而后东明城被围十五六日依然安然无恙。顺治七年，河水决堤，城墙被冲毁数段。顺治十三年，知县杨素蕴修城。次年，知县陆乔龄继续主持重修城池。康熙九年（1670），知县杨日升重修，复建东城楼。康熙十一年，知县杨日升重建北门城楼。康熙十三年，知县杨日升重建西、南城楼。次年，知县杨日升修城池兼修护城河，因树根"蟠固可耐久远"，于周围种植柳树千余株，同时一并修复了南关石桥。康熙六十年，河水再次决堤，东明城四面受水，崩塌10余处，城北岌岌可危。广平胡通判督修东明城，并奉旨拨发库银1000两进行修城，各垒七尺左右。乾隆五十一年（1786），重修四座门楼。嘉庆十八年（1813），知县朱炜为防土匪增修城墙。道光二十四年（1844），知县邹培经修补四门。咸丰三年（1853），知县丁学易为防农民义军，兼用土补修砖城。咸丰十一年，知县易焕书重修。同治二年（1863），河水涌入城东门，继而冲毁城南门，洪水所过地段城墙俱毁，淹没处最深1.5～1.6丈不等。同治四年，知县张连瑞修城。次年，知县叶希濂以"捻匪未靖"为由，增修四面炮楼。同治八年，知县杨沛泽主持疏浚护城河。同治十年，知县王崐崖主持城墙补修工程。光绪十年（1884），知县张宗沂主持修城。光绪十七年，知县孙国培主持修城。次年，知县石崐山主持疏浚护城河，周围植柳。光绪二十四年，知县余昌寿发动民众再度疏浚护城河（据1924年《东明县续志》卷一）。

1920年，知事高钦以"盗氛围未靖"为由，设立城工处，派正副董事补修城垣。1921年，知事高钦修补南、北二门。1924年，知事孙秉钧协同警察所长张铭勋并商会修补城墙雉堞坍塌处，以及城上被雨水冲损处。1926年，驻防陆军旅部函称城垣破败，且多便道任人蹬踏，急需修补以固防守。县长张天佑协同商会当即动工急补（据1933年《东明县新志》卷五）。

1949年后，因年久失修及城建需要，东明城墙逐渐被拆毁。现仅存城址残段、残迹和护城河。

肖璞

东明县城池：明弘治四年，知县宫显建。周围七里四十步，高二丈五尺，广二丈。池深一丈五尺，阔六丈。

——清《考工典》第十八卷，引自《古今图书集成》

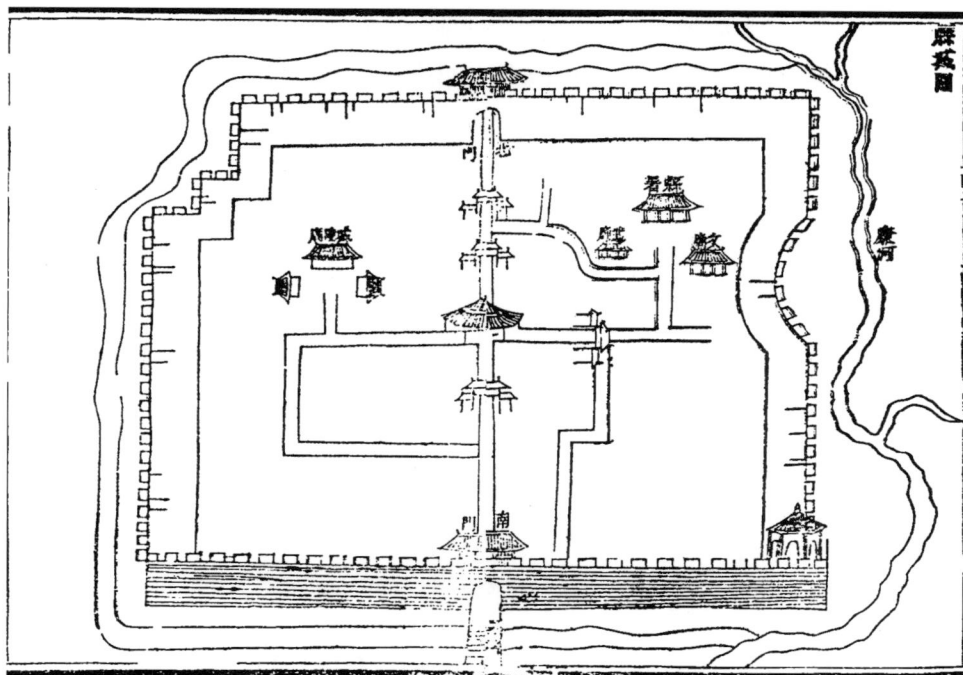

△ 肥城县城图　引自《光绪肥城县志》清光绪十七年刻本，载《中国地方志
　集成·山东府县志辑（65）·光绪肥城县志》

肥城，位于山东省中部偏西、东岳泰山的西麓。是桃文化的胜地，有
"中国佛桃之乡"之称。

西汉初年，始置肥城县，属兖州刺史部泰山郡所辖。此后，建置、名称
及隶属多有变化。明清时，仍为肥城县建置。1992年，撤县建市（县级），由
泰安市代管。

据清光绪十七年《肥城县志》记载：肥城老城始建于西汉，城池规模等
详情已难以可考。元至元十年（1273），置今治，其旧为辛寨镇。知县赵珪监
修肥城城池。城周6里100步、高1.5丈、厚1丈。设城门2座：南曰"文安"，
北曰"武定"。修城壕，深5尺、宽1丈。

明永乐年间（1403～1424），城东、北二隅被黄河泛滥的河水冲毁，后
随势维修。因其形状酷似平川卧虎，头南尾北，故又称为"卧虎城"。当地传

说：肥城县城最初为长方形土城，连年大水使城东北、西北多遭破损，每年汛期，百姓惶恐不安。有老者求见县令，声言能保城邑平安。老人说："此城北枕群山足蹬大河，左右有川，顺势南下，是一块风水宝地，需要有王者气才能固守。"县令诚心请教，老人说："虎为兽中之王，可以建成卧虎，头南尾北，只存南、北二门，南门外东西挖水井做虎眼；南门上做二层门楼为虎口；南门至北门辟一条大街做虎脊，城隍庙向前至观音庙辟三条东西向街道，形成'王'字；顺势西北开挖一条沟做虎尾；城东凹进部位补做虎肋；城东北东南做凸形石坝为虎膝，至此虎成。"成化五年（1469），知县林廷庸又增筑外瓮城和门楼。弘治十三年（1500），知县张希达、千户曹麟分修警铺、角楼（据明嘉靖版《山东通志》卷十二）。万历二十二年（1594），知县马经纶组织民众改砖墙为石砌城垣（据1915年《山东通志》卷十九）。修建的石城，南北长约1250米、东西宽约750米。东门一段城墙为弧形，城墙西北角为锯齿形。城东南角建有角楼，城墙呈梯形状，外斜内直，顶宽约9米、底宽约11米、高11米，外用青石条砌成，计33层，层厚约0.27米。加工后层层相平，用乱石、石灰加黑矾捣固衬内，再用灰土分层夯实。城墙顶部，外椽用长约0.9米、宽0.4米的青条石平铺，外伸0.3米，上用长0.3米、宽0.15米、厚0.07米的青砖砌成垛口。此城东门有形不开，西门无形，南北二门上端建有门楼。城门系木质铁皮黑漆大门，用铁钉铆合。护城河绕城一周，池阔1丈、深7尺，护城河距城墙10～30米不等。此后，肥城城墙虽屡有损毁，但也得到及时修缮。

清乾隆二十六年（1761），知县李九如率民修补城池32段。乾隆五十七年，知县蒋予林补修。同治二年（1863），知县吴树声倡导捐款维修城池（据清光绪十七年《肥城县志》卷三）。清末，肥城城墙基本保存完好。

1946年5月，肥城县地方政府组织民众拆除部分城墙。1958年，因城建需要，城墙大部分被拆除。1980年，又因开挖城下煤炭，县机关及居民开始南迁，旧城部分遭废弃。

20世纪90年代后，据当地文物部门调查，肥城的城墙尚有部分遗迹和残址。

肖璇

肥城县城池：周围六里一百步，高一丈五尺，池阔五尺，深一丈，南、北二门。明成化五年，知县林庭庸、千户曹纪分筑子城，复构城楼：南曰文安；北曰武定。弘治十三年，知县张希达、千户曹麟分修警铺、角楼。万历二十二年，知县马经纶始甃以石。

——清《考工典》第十八卷，引自《古今图书集成》

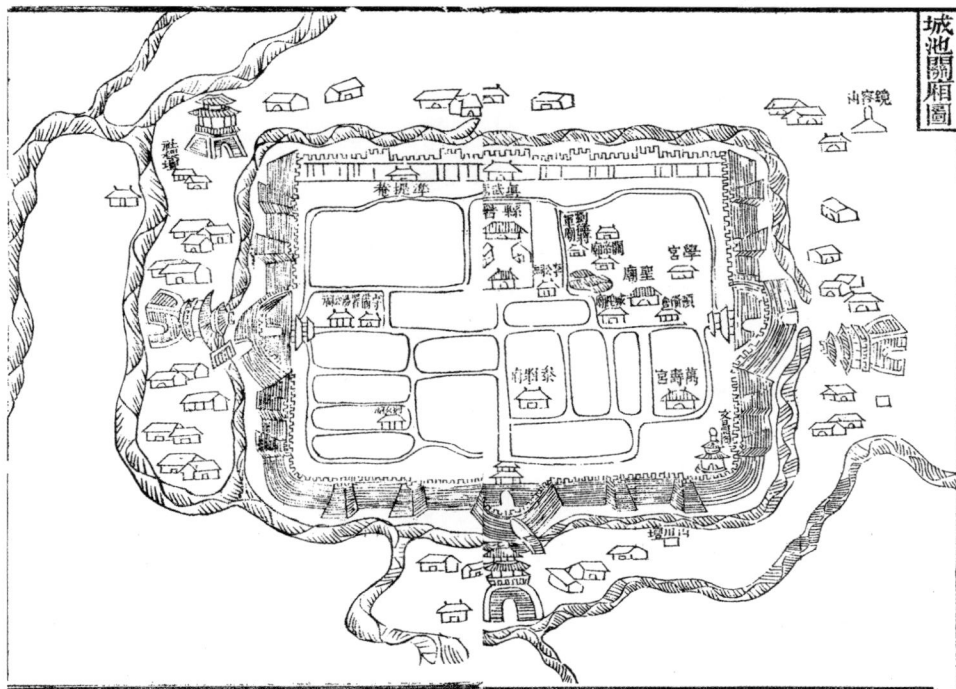

△ 即墨县城池关厢图　引自《即墨县志》清同治十一年刊本，载《中国方
志丛书·华北地方·山东省（374）·即墨县志》

即墨，因古城坐落在墨水河之滨而得名，位于山东半岛西南部，东临黄海，与日本、韩国隔海相望，南依崂山，近靠青岛。

"即墨"一名，最早出现在《战国策》《国语》《史记》等历史典籍中。秦时，设即墨县，属齐郡。此后，建置、隶属多有变化。明清时，仍为即墨县。1943年，分设即东和即墨两县。1944年，即东县并入即墨县。1989年，撤县设市。

即墨故城遗址，位于今平度古岘镇大朱毛村一带，又称"朱毛城"、"康王城"。2001年，被列为全国重点文物保护单位。

今即墨县城，始建于隋开皇十六年（596）。县城初建时的规模和结构已无迹可考，迁徙原因也众说纷纭。元至正十一年（1351），知县吕俊进行了扩建，筑土城墙，城高1.65丈、厚约1.2丈、周长约4里。设城门3座：东曰"望

△ 20世纪30年代，即墨城全景（航拍）　南京城墙保护管理中心藏

海"，南曰"景岱"，西曰"临川"。城外有护城河，河深7尺、宽2丈（据1915年《山东通志》卷十九）。

　　明洪武二年（1369），县丞杨泰中主持重修（据明嘉靖版《山东通志》卷十二）。正德二年（1507），有造反民众逼境来犯，知县高允中重修城池，邑御史蓝田撰有《修城铭》。万历六年（1578），知县许铤，县丞杨元果主持再次大规模重修，砖砌三门，加固城垣、垛口和女墙。万历二十八年，倭寇屡次来袭，知府龙文明派知县刘应旗重修，城墙改用砖砌。改筑城门3座：东门曰"潮海"（《考工典》记为"朝海"），南门曰"环秀"，西门曰"通济"，城墙的四角皆为圆形。大理寺承董基撰有《修城记》。崇祯十五年（1642），邑绅蓝再茂全修东城，长9丈。

　　即墨有句俚语："拆了即墨城，盖了蓬莱阁。"说的是当年戚继光（1528～1587）镇守蓬莱，为打击倭寇、保卫海防，蓬莱水城急需大量城砖加固。戚继光派人找寻，最后找到即墨古城，拆其城墙，搬其城砖，用以加固蓬莱水城。其实，这仅仅是个以讹传讹的故事，并非史实。戚继光于嘉靖三十二年（1553）被提升为都指挥佥事，管理登州、文登、即墨三营25个卫所，防御山东沿海的倭寇。嘉靖三十四年，戚继光因在山东防倭有攻，被调任浙江都司佥书。在山东三年期间，他重视城池的防御功能，对所辖的城池均强调加固，不可能拆彼城另修他城。

清康熙二十六年（1687），知县高上达重修。康熙四十三年，知县邹瑄重修。康熙六十一年，知县段昌综重修。乾隆二十五年（1760），知县尤淑孝重修，三门皆增修门楼。乾隆五十一年，知县叶栖凤主持重修。咸丰三年（1853），知县郑鸣冈重修。咸丰九年，知县李云镶重修（据清同治十一年《即墨县志》卷二）。

20世纪初，英国人F.帕默和M.克里格曾到过即墨城，他们于1910年出版的《青岛》一书中有这样的记载："即墨城有保护得很好的高大城墙，周长约两公里，在城墙上可以很舒服地绕行一周。"1912年，三座门额又恢复原名。此后的连续战乱，使城墙和城内的许多古建筑被毁坏。1952年后，即墨剩余的城墙被基本拆除。城内残存的古建筑和牌坊也陆续被拆除。

▽ 即墨故城文物保护标志碑（正面） 肖璇摄

全国重点文物保护单位

即墨故城

中华人民共和国国务院2006年5月25日公布
青岛市人民政府立

2012年，即墨古城的保护与改造工作形成初步论证的结果：即墨将结合老城区的改造全面恢复即墨古城。

2013年，即墨又发现一座比较完整的古城墙雏形。据专家们推测，该城址可能是座3000年前的军事据点。

附：

雄崖所城　位于田横镇丰城社区，东临黄海，西扼群峰，因其东北之白马岛上有一赭色雄伟断崖而得名"雄崖"，是青岛仅存的明代卫所所城。

明初，天下郡县设立卫所。其时，即墨属莱州府治下。莱州府建有3个卫、8个所、7个巡检司、16个寨、147个墩堡。雄崖所即为八所之一，属鳌山卫管辖。所城建于明建文四年（1402），是鳌山卫统辖的守御千户所。古城为正方形，城墙两面均为砖砌，中间用黄土夯实，周长两公里。城有四门，各门均有门楼，城墙外有护城河。所城下设墩堡11座，每墩设士兵瞭望，又另设炮台4座，每炮台由8名营兵防守。

清初，裁卫所，废除世袭千户，改设千总一员统辖驻军。雍正十二年（1734），雄崖所随同鳌山卫并于即墨县，但因地处海防要冲，仍设巡检、把总统兵驻防。乾隆年间，雄崖所巡检移驻福山县海口，所城遂废。

雄崖所城墙现大多无存，尚残存南墙东部根基，南门尚保存完好，系于1919年和1952年先后重修。城门外题额为"奉恩"，城门内题额为"迎薰"。西门现存的拱券形门洞系明代建筑，长12.5米、外口高2.5米、内口高3.5米、底宽2.5米，门洞上方镶一石额，题为"镇威"。

1984年，雄崖所城遗址被列为市级文物保护单位。

肖璬

即墨县城池：元至正十一年筑。周四里，高一丈六尺五寸，阔丈余。门三：东曰朝海；南曰环秀；西曰通济。池深七尺，广二丈。万历二十八年，知府龙文明、知县刘应旂易土以砖。

——清《考工典》第十八卷，引自《古今图书集成》

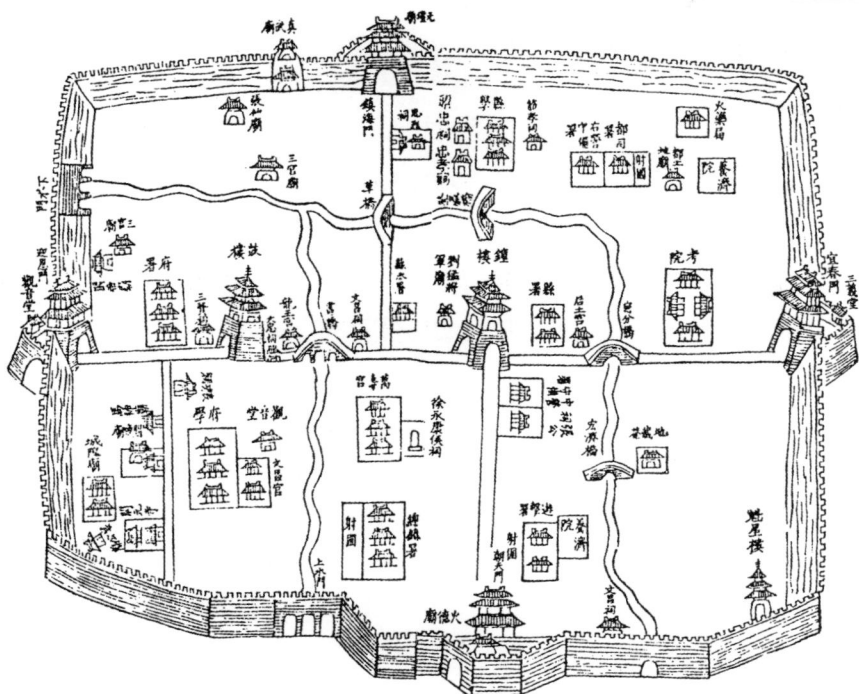

△ 蓬莱县城图　引自《道光重修蓬莱县志》清道光十九年刻本，载《中国
地方志集成·山东府县志辑（50）·道光重修蓬莱县志》

蓬莱，地处胶东半岛最北端，濒临渤海与黄海交界处。著名的蓬莱阁坐
落在蓬莱城北面丹崖山上，与黄鹤楼、岳阳楼、滕王阁并称中国四大名楼。
2001年，被列为国家历史文化名城。

春秋时期，其境属莱子国地。唐贞观八年（634），置蓬莱镇，蓬莱镇
属莱州黄县。神龙三年（707），登州治所迁蓬莱镇，升镇为县。宋、元沿袭
之。明洪武元年（1368），废蓬莱县入登州，属莱州府。洪武九年（1376），
属登州府。清沿袭之。1991年，撤县为市（县级），由烟台市代管。

蓬莱最早筑城难以考证。据1915年《山东通志》卷十九载：蓬莱城始建
于唐神龙三年（707），初为土城，详情无考。另据光绪七年《增修登州府
志》卷七载："唐于蓬莱镇南一里，立登州治，并改镇为县，此建城之始。
宋、元，皆因其旧。"

明洪武九年（1376），指挥谢观（《通志》记为"谢规"），此后又有戚斌、王宏等人，因登州"升州为府，并立卫，遂拓而大之"。扩建后的县城呈不规则正方形，周长9里、高3.5丈（有称"三丈八尺"）、厚2丈，城墙里外两侧砖石砌筑，中间填土夯实。设城门4座：东曰"春生"，南曰"朝天"，西曰"迎恩"，北曰"镇海"。城墙筑有城门楼4座、角楼3座，皆为砖木结构。各城门外均建有瓮城。城墙顶上另设楼铺56座（据明嘉靖版《山东通志》卷十二称"64座"）。另设水门3座：南曰"上水门"，黑水所入；东曰"小水门"，密水所入；西曰"下水门"，黑密二水合流而入海。护城河深1丈、宽2丈。万历二十一年（1593），因倭犯朝鲜，增筑炮台28座。崇祯年间（1628~1644），在登州知府桂辂、戴宪明主持下，先后加高城墙3.5尺（据清道光十九年《重修蓬莱县志》卷二）。

清乾隆五十八年（1793），蓬莱知县安奎文申请到修城的库银若干，得以主持重修。道光二十年（1840），蓬莱知县王文焘号召乡绅及民众捐资修城。咸丰九年（1859），登州知府汪承镛发动民众捐资修缮南、北两座城楼。咸丰十一年，知府戴肇辰号召官员及乡绅、民众捐资大规模修缮府城及附属建筑，重修东、西两座城楼。同治四年（1865）秋，因久雨导致老城墙部分坍塌。蓬莱知县冯澍号召民众捐资修城。该项修城工程直到同治九年在知县彭九龄相继主持下方才竣工。光绪五年（1879），在登州府知府贾瑚、蓬莱知县王朝谷、江瑞采等人主持下，对东、南两座城楼再次进行修葺，并对全城残缺处进行了修补。

1945年后，先后拆除蓬莱东、南、西部分城墙。1947年，蒋介石所部进占县城，修补城墙，增筑碉堡。

1949年后，随着城市建设，城墙大部分被逐渐拆除。

20世纪80年代后，据当地文物部门调查：昔日蓬莱城，现仅存上水门等城墙残段。2010年，当地文物部门在对上水门进行加固维修时，发现上水门遗址夯土上部有20厘米糯米浆层，分布在上水门的四周。经研究，这一老工艺是将煮好的糯米汁掺上水和白矾以后泼洒在夯好的灰土上。糯米浆可以在灰土颗粒之间起到润滑作用，再通过夯筑就可进一步强化灰土的密实度。这种老工艺与蓬莱水城老城墙的工艺相符合，对断定上水门的年代提供了依据。蓬莱市文物局有关负责人表示，此次修复上水门将掺用"糯米浆"这种明代工艺进行修缮。

2007年，位于蓬莱市紫荆山街道办事处万寿社区的登州府城墙遗址，被列为市级文物保护单位。2011年，确定城墙遗址向外20米为保护范围。

附：

蓬莱水城　位于县城西北丹崖山东侧海口。宋庆历二年（1042），于此处修筑马蹄形口朝北的沙堤围子，构成水寨，停泊水兵战船。因当时水兵战船状似刀鱼，故称"刀鱼寨"，此为水城之雏形。

明洪武九年（1376），因设登州卫，置海船运辽东军需，由指挥谢观主持修建水城。在原"刀鱼寨"沙堤围子基础上修筑土城，用疏浚河口的河泥培土成城。设北、南二门，北门即新开口，又称"关门口"，引海水入城，供

▽ 蓬莱城振扬门　本文照片除署名外，均由肖瓛摄

△ 蓬莱水城城墙

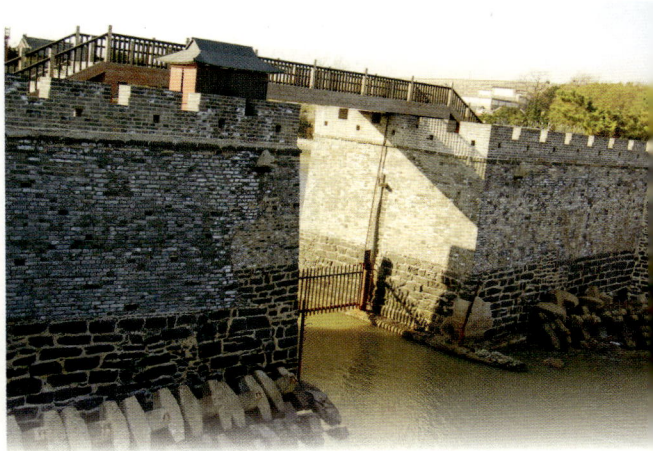

△ 蓬莱水城水关护墙石

△ 蓬莱水城水关

△ 蓬莱水城通海水道

船只出入；南门与陆路相通。改画河河道绕城南、东两侧入海，形成天然护城河。原河道扩展挖深，引入海水，形成城内海，俗称"小海"，又称"水城"。

后因备倭，立帅府于此，称"备倭城"。城周3里多、高3.5丈、厚1.1丈，西北跨山，东南临河。南门曰"振扬"（《考工典》记为"振阳"），设楼铺共26座。万历二十四年（1596），总兵李承勋主持修城时，在土城墙外表砌以砖石加固，东、北、西三面增筑敌台。不久，知府徐应元主持再次修城。崇祯十一年（1638），知府陈钟盛、同知来临主持水城的增修工程。

清乾隆五十八年（1793），知县申请库银修城资金，主持修城。道光二十年（1840）知县王文焘、同治元年（1862）知府常筠及知县周毓南、光绪元年（1875）知县郑锡鸿等官员相继号召官民捐资修缮水城。

1912年后，水城本体及部分附属建筑多有损毁，但也时有局部修缮。

1977年，水城遗址被列为省级文物保护单位。1982年，被列为全国重点文物保护单位。

肖瓛　杨国庆

登州府城池： 周九里，高三丈五尺，皆砖石。门四：东曰春生，南曰朝天，西曰迎恩，北曰镇海。门楼连角楼共七座，窝铺五十六。水门三：南曰上水门，黑水所入；东曰小水门，密水所入；西曰下水门，黑、密二水合流以赴海。池阔二丈，深一丈。明万历间，增筑敌台二十八座。崇祯间，知府桂辂、戴宪明先后增高三尺五寸。蓬莱县附郭。

水城：在大城北相连，原为备倭城。由水闸引海水入城中，名小海，为泊船所。明洪武九年，立帅府于此，周三里许，高三丈五尺，阔一丈一尺。门一，曰振阳，楼铺共二十六座。万历丙申，总兵李承勋甃以砖，东、北、西三面共增敌台三座。

——清《考工典》第十八卷，引自《古今图书集成》

▽ 新建的蓬莱城楼

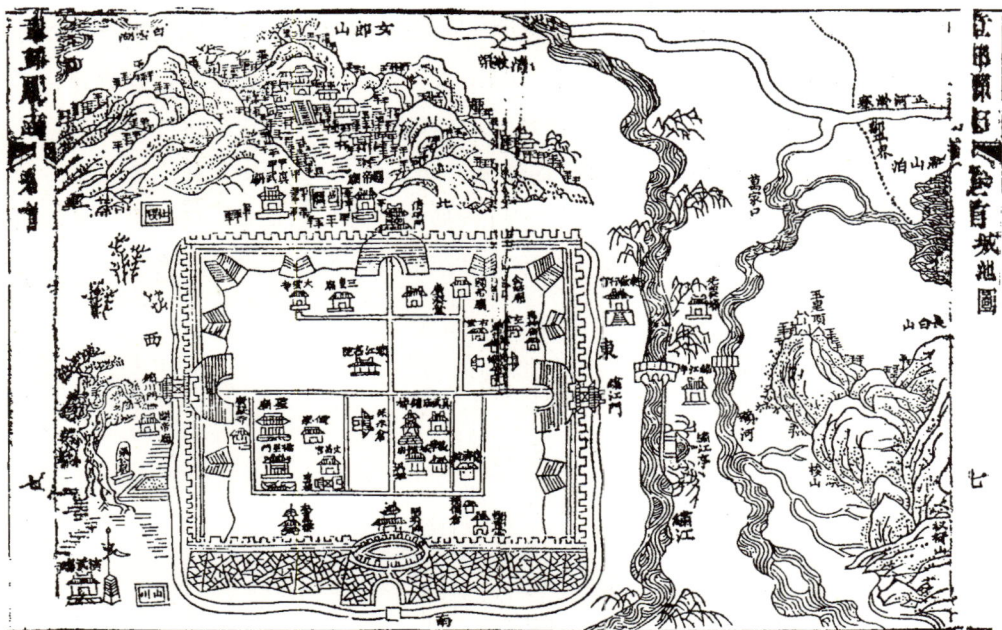

△ 章丘县城池图　引自《章丘县志》清道光十三年刻本，载《中国方志丛书·华北地方·山东省（68）·章丘县志》

　　章丘，位于山东省中部泰山东北面的黄河南岸，是"龙山文化"的发祥地。

　　汉前元四年（前153），其境首次置县，当时称"阳丘"。隋开皇十六年（596），取县北山"章丘"为县名。明清时，皆属济南府。1992年，撤县为市。

　　汉前元四年（前153），在章丘境内回村置阳丘城。北齐天保七年（556），高唐县迁治女郎山（章丘山）南建城，为土城。隋开皇十六年（596），改称"章丘城"。城垣周长6里、高2.5丈。设城门4座：东曰"承青"，门内曰"绣江"；南曰"长泰"，门内曰"明秀"；西曰"道济"，门内曰"锦川"（《考工典》记为"锦州"）；北曰"永定"，门内曰"清平"（据康熙三十年《章丘县志》卷二）。护城河深7尺、宽2丈。

　　明成化元年（1465），知县张庆主持修建城门楼（1915年《山东通志》

称"成化二年")。正德四年（1509），知县吕秉彝主持重修城墙。万历六年（1578），知县李成之（《考工典》记为"李臣之"）主持修城，取女郎山的石料修筑城墙，自此为石城。城周围6里、高2.5丈，建城垛2264个。此后，章丘城墙虽时有损毁，但地方官吏也不时有修缮之举。

清康熙七年（1668），章丘地震，部分城墙及垛口毁圮。康熙十年，知县朱大乾雇工兴役，修葺城墙的损毁地段。不久，又因雨水导致城墙局部浸坏。康熙二十七年，知县钟运泰奉命查勘全城损毁处，随即招募雇工，捐资主持重修。因"见守城兵役每每露宿，目击心伤。即创建窝铺二十一座，睥睨一新，兵役得所"（康熙三十年《章丘县志》卷二），并修缮了全城的垛口。设外城门4座：东曰"承青"，南曰"长泰"，西曰"遵济"，北曰"永定"。乾隆二十年（1755），城四面多倾塌，护城河尽淤平。知县张万青号召民众及官吏捐资修城，使之完固，并建四门城楼，还对护城河进行了疏浚，又沿护城河的堤岸种植柳树以护堤。道光十四年（1834），因城西、北两面多倾圮，城垛坍塌1000余座。知县吴璋捐资修整（据1915年《山东通志》卷十九）。后因年久失修和战乱，古城多遭损坏。

△ 章丘城墙残存 金泽洋提供

1949年，章丘尚有城郭。1957年后，随着城市建设需要，章丘城墙逐渐毁圮，或被人为拆除。

20世纪80年代后，据当地文物部门调查，章丘仅有几段很短的古城墙遗迹，位于秀江河边，为清时东关商人集资修缮的城墙遗存。

肖瓛

章丘县城池：周围六里，高二丈五尺。四门：东曰绣江，南曰明秀，西曰锦州，北曰清平。池阔二丈，深七尺。明万历六年，知县李臣之取女朗山石筑石城。

——清《考工典》第十八卷，引自《古今图书集成》

济阳 城

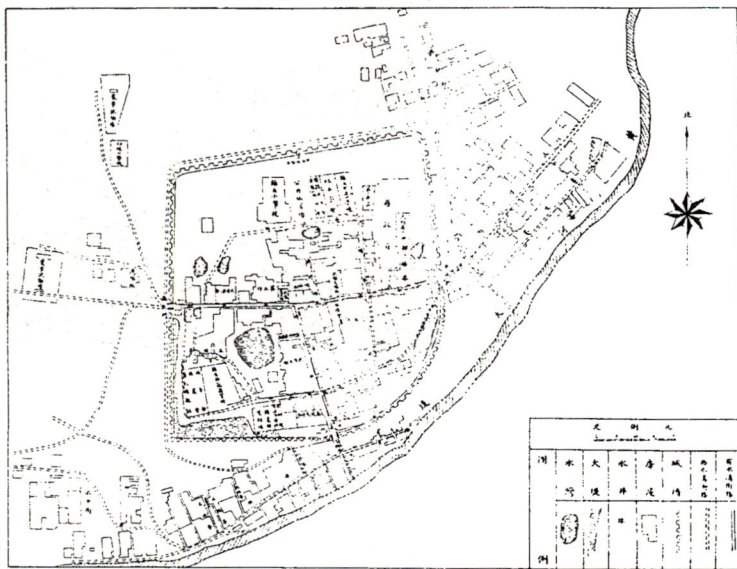

△ 济阳县城图 引自《民国济阳县志》民国二十三年铅印本，载《中国地方志集成·山东府县志辑（14）·民国济阳县志》

济阳，因位于古济水之北而得名。1855年，黄河夺济水故道入海，济阳县遂地处黄河下游北岸，是省会济南的近郊县。

春秋战国时期，其境为齐国的犁邑、著邑、崔邑等地。此后，建置、隶属多有变化。金天会七年（1129），济南府知府刘豫降金，割章丘、临邑二县各一部境域，另置济阳县。明清时，属济南府。1927年后，济阳县直属山东省。1958年，并入临邑县。1961年，又复设济阳县。

济阳，自金代建县城后，从未迁徙。县城故址系章丘县的标杆镇，因濒临济水，舟楫往来频繁，为一货物集散地。金天会七年（1129），县令康端下令于此兴建济阳县城。济阳初时为土城，城周长4里、高2.8丈、底宽2丈、顶宽1丈。护城河宽1丈有余、深8尺。设城门3座：东曰"仁风"，西曰"泰和"，南曰"清阳"。门上各有楼，旧时悬钟于南楼之上。

明成化十八年（1482），县令张镗以"旧城墙过低不及二丈"为由，捐修增高。成化二十一年，县令张端因城中易涝而疏通水道，引城中水入护城河，并于城旁种植数千柳树"以固其基，民称便"（据明嘉靖版《山东通志》卷十二）。万历四年（1576），县令秘自谦主持大规模修城，改土城为砖城。万历十九年，县令蔡惟忠主持修城时，环城建敌台15座（1915年《山东通志》卷十九记为"万历四年"）。万历三十七年，县令侯加乘以城倾圮需要修缮为由，组织民工大规模修城，自垛口、敌台，以至马道、城楼、护城河，都加修葺。隆庆元年（1567），于城北水关处筑堤，以绝水患。

清康熙六十年（1721），县令司徒珍捐资重建城楼、雉堞及谯楼等。乾隆二十五年（1760），县令胡德琳修缮三门城楼（据清乾隆三十年《济阳县志》卷二）。乾隆五十七年，县令魏礼焯领帑币重修济阳城，至五十九年四月竣工，使城墙得以全部修葺和加固。咸丰十一年（1861），县令杨汝绥劝募捐款，所得款项用于修补城垣东、南两段坍塌的城墙。同治六年（1867），县令汪昉将城墙所有坍塌损毁之处修葺完善。

1928年，县令杨光衡将三座城门及门楼重新改建，并改东门曰"中山"，西门曰"振武"，南门曰"中正"。关于济阳没有修建北门的历史，当地有句流传："济阳建了北门，苟王庄的狗就吃人。"1929年春，县令李景福督同地方乡绅征集民夫将城墙里面用土培成斜坡形，以固城墙基础。同时将城外墙面上下修补一新，并疏浚护城河。1929年夏，晋军入城，在城墙挖掘壕洞以做防御工事，城垣被严重破坏。不久，县令路大遵再次召集乡绅进行修补（据1934年《济阳县志》卷二）。1937年11月13日，侵华日军矶谷师团在攻占济阳城时，城墙、城门及城楼被炸毁多处，损毁严重。此后，济阳城墙东南隅的奎楼也因战火被毁。

1949年后，随着县城建设（如建设济阳一中）以及改善交通需要，逐渐将残破的城墙拆除，部分护城河也被填平。

肖瓛

济阳县城池：土城，周围四里，高二丈八尺，金天会间筑，城中市井低洼，旧苦淋涝。明成化二十一年，知县张端疏通水道，引城中水入池，达于济民，始便焉。门有三：东曰仁风，西曰泰和，南曰清阳。

——清《考工典》第十八卷，引自《古今图书集成》

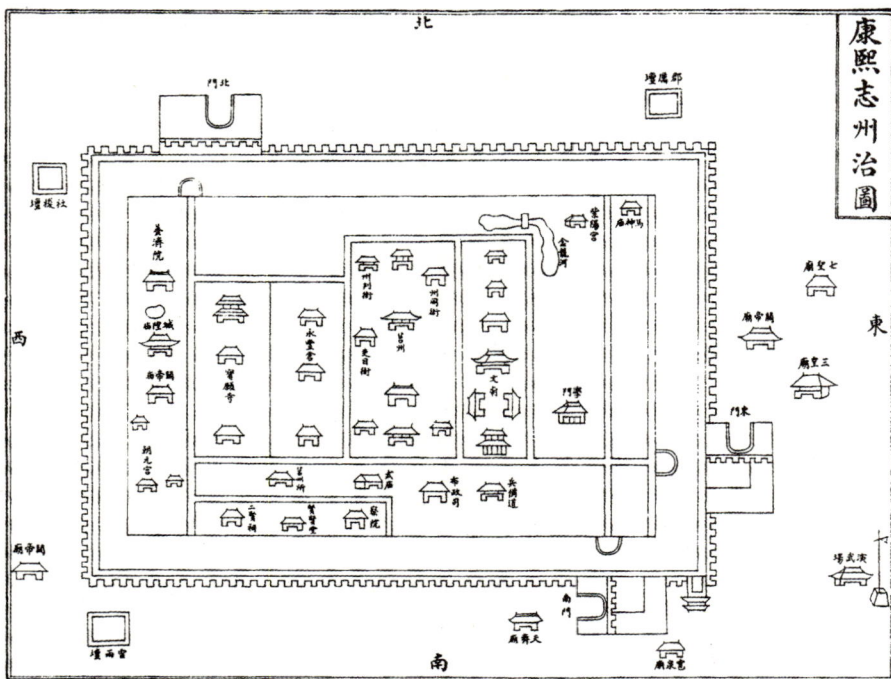

△ 莒州州治图　引自《莒州志》民国二十五年（1936），载《中国方志丛书·华北地方·山东省（377）·莒县志》

莒县，又称"莒州"、"莒"，位于山东省东南部、日照市西部。莒文化与齐文化、鲁文化并称山东三大文化，是省级历史文化名城。

西周至战国初期，莒地属莒国。西汉高祖六年（前201），置城阳郡。前元二年（前178），置城阳国，定都于莒。东汉末年称莒县，治在莒城，属徐州部琅琊国。此后，建置及隶属多有变化。明清时，仍称莒州。1913年，改州为县。1992年，莒县划归日照市。

莒故城，文献记载丰富。北魏郦道元注《水经·沭水》说道：沭水"又东南过莒县东……即城是也。其城三重，并悉崇峻。唯南开一门。内城方十二里，郭周四十许里。"即莒城有三重城墙，有内城12里，郭城是40多里。《元和郡县图志》中载："（莒）县理在莒国故城中，城三里，并皆崇峻，唯南开一门。子城方十二里，郭周回四十许里。""城三里"可推为"三重"之

▷ 莒国故城文物保护标志碑 本
页两图引自杨新华编著《勿
忘在莒》（南京出版社，
2008年）

误。又有《齐乘》中载："内城周二十里，子城周十二里。"可推莒国故城
最内城12里，次外城20里，最外郭40里，正好与《水经注》所谓的"城三重"
吻合。民间传说的"三撑莒州"，即指此说。1935年《重修莒志》卷二十一中
载：莒州旧城三重皆崇峻，子城方12里，城周20里，外郭周40里。元至正年间
（1341～1368），参政马睦火者镇莒，以城大难守为由，截城之东北隅为一土
城，周5里多。有城门3座：东曰"望海"，南曰"壮仓"（《考工典》记为
"状仓"），北曰"沙浦"，西面无门。知州刘好礼引西湖水环绕城池作为护
城河。

明正德六年（1511），知州刘仲刚重修，城高2.2丈，护城河宽2.7丈、深
约1.3丈（据明嘉靖版《山东通志》卷十二）。万历二十五年（1597），知州
谷文魁重修，改土为砖（据1915年《山东通志》卷十九）。

清顺治三年（1646），知州崔对主持重修。顺治十年，知州陈崇诰再
次重修。康熙七年（1668），地震，城垣大部分毁圮，知州唐龙翔重修。康
熙十三年，知州屈逸乘重修。康熙二十四年，知州陈德芳再次重修。后改东
门为北向；南门为西向，改名"景泰"；北门改名"拱辰"。乾隆二十五年

◁ 莒县城楼旧影

△ 莒城城墙遗址　本文照片除署名外，均由肖璇摄

▽ 20世纪90年代修复的一段莒故城垣及标示碑

（1760），乡绅陈有蓄等自发要求捐修城垣。知州赵晋基详准，按照十九牌分段派工，定以三年完工。又因乡绅以东南二门改向之后文风不振为由，重新改为原正向，南门易名"文明"，于乾隆三十二年竣工。乾隆五十五年，巡抚长麟奏请借帑生息，分修各处城工，据估算莒州需白银30800两。武定府同知顾振承修，于次年十一月完工，总高2.5丈，楼橹雉堞一律换新，唯城壕未浚。光绪十年（1884），知州周秉礼主持重修（据1935年《重修莒志》卷二十一）。

　　1916年，知事周仁寿于护城河四周种蒲（多年生草本植物，生池沼中，高近两米），以所售蒲价修补城垣脱落处。1929年，县长刘麟绂在城隍庙前开西城门，用拱券式，券顶铺砖五层，三立二平，墙厚1.2尺。城门高9尺、宽7尺。此后，因战乱及年久失修，城墙逐渐损毁。

1949年后，又因城市建设需要，莒县城墙大部被拆毁。

如今地面现存的城墙残段，大多是莒国故城城墙。20世纪80年代后，据当地文物部门调查：现存的旧城墙位于今莒县城的四周外围。残存的今城北墙，北距故城北墙1.5公里；今城南墙南距故城南墙1.2

△ 莒城城墙遗址及登城步道

公里；今城东墙东距故城东墙0.5公里；今城西墙西距故城西墙2.5公里。故城东临沭河，西傍柳清河。潍徐公路由东北来绕城西南去；太石公路由西北来绕城南东去。由于故城东面的沭河河岸已向西移，东墙南端部分堕于河内。莒国故城遗址的西北角在今城子后村以南40米处，地形最为明显。这里有一条略呈东南—西北方向的沟渠，相其地势，当为故城城内积水下泄之处，地名"城子口"。在这一沟渠东南，有一段残存的故城城墙，墙高3米上下、厚56米、长200余米。现已全部种植果树，城墙版筑遗迹尚隐约可见。沟渠西面最显露的一段故城城墙，呈东北—西南斜抹角方向，比东面一段虽略为矮些，但仍高出地面一米上下。再南转为南北方向，直达小湖村东，南抵莒浮公路，均为故城西墙，但痕迹不明显。莒浮公路西南，由大湖村到坝上村一段，则故城墙基又再高出地面，达1~2尺不等。其上普遍已为耕地，村人称为"城子顶"。顶上现挖有灌溉渠一道，北达莒浮公路。东坡土地被称为"城子里"，西坡土地被称为"城子外"。在"城子外"和城墙遗址之间，有一条地势较低的南北线，被坝上村人称为"东濠"，即为故城西墙外的城壕所在。从今拖拉机站向东直达韩家菜园一段，常被称为"消气岭"，地形又高了起来。这段故城残墙长200余米、高达1.5米以上，是故城南墙最明显的遗址。

1977年，莒国故城被列为省级文物保护单位。

肖瓛　王腾

莒州城池：古城，阳城。元至元间，截去西南北三面，止筑东北隅为今城，周围五里。门三：东曰望海；南曰状仓，后更曰文明；北曰沙浦。高二丈二尺，池阔二丈七尺，深半之。万历二十五年，始筑以砖。

——清《考工典》第十八卷，引自《古今图书集成》

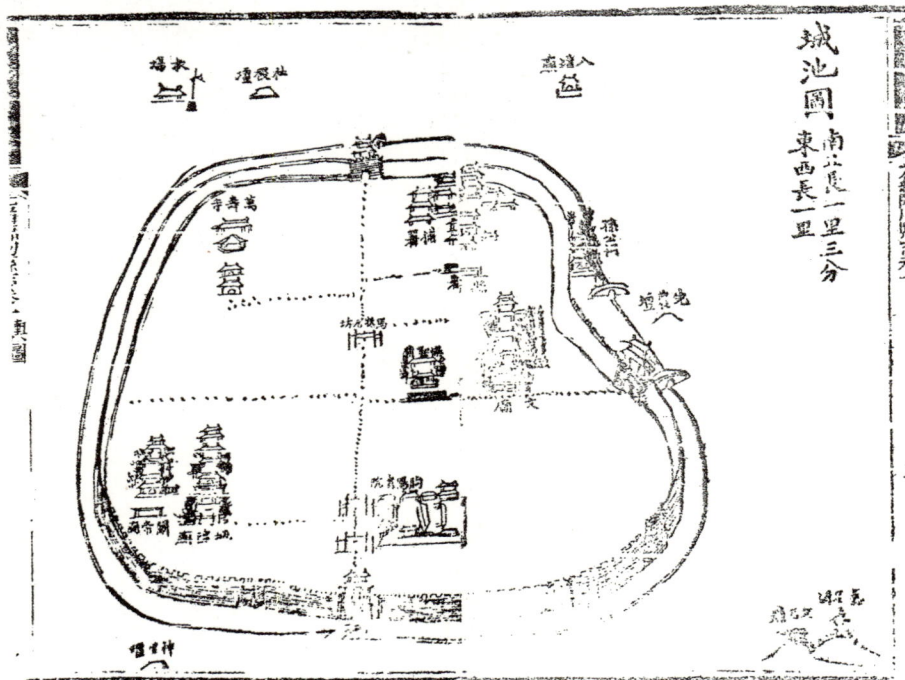

△ 临朐县城池图　引自《临朐县续志》民国二十四年铅本，载《中国方志丛书·华北地方·山东省（67）·临朐县续志》

临朐，别称"骈邑"，因县城东邻朐山而得名，一说"朐"为水名，其城侧临朐川为名。位于山东省中部、潍坊市西南部、沂山北麓、弥河上游。

战国时，临朐为"齐之朐邑"。西汉初，始设临朐县。此后，建置、隶属及名称多有变化。明、清两代，仍为临朐县。1983年，设地级潍坊市时，临朐属之。

临朐城，始建年代不详。其中一说为汉，初为土城，其城墙低而窄，可攀扶而过（据1915年《山东通志》卷十九）。元至正十七年（1357），李华自称右丞，主持增修。城周长3里、高2丈。有城门4座：南曰"朐阳"，北曰"古骈"（后塞），东、西二门未载。城壕深1丈（《考工典》第十八卷记为"深五尺"）、宽1.6丈。另据张铭璇《临朐名胜志》记载：临朐别名"风箱城"。因其原本规划时，城呈方型，但因城西北角有片坟地，名曰"姚家林"，是西坦姚氏祖茔。由于姚氏族人再三恳求，加之当时的临朐城内尚有大片农田未曾利用，城过大并无益处，李华遂把姚家林圈在城外。所以临朐城西北角残缺，状如风箱推风板形，时人称之"风箱城"。

明景泰四年（1453），知县陈安主持重修。成化二年（1466），知县卜钊主持重修。成化二十年，知县张连重修。正德六年（1511），知县雷启东以铁皮裹城门。正德八年，知县姚文明重修。嘉靖二年（1523），知县孔泗在城下开马道，修筑夹墙。嘉靖十年，知县褚宝重修（据明嘉靖《山东通志》卷十二）。嘉靖二十五年，知县贾东山组织大规模重修。次年，知县王家士主持续修竣工，城垣周长3里、高2丈，城壕深2丈。设城门4座：东曰"海洋"，西曰"云山"，南曰"朐阳"，北曰"古骈"。后因传临朐城"东、西两门泄气，塞之"（据明嘉靖版《临朐县志·风土志》）。崇祯十三年（1640），知县任远改建土城为砖城（《考工典》第十八卷记为"崇祯十二年"），西门不再堵塞，而东门之塞如故（据1915年《山东通志》卷十九）。

清乾隆三十九年（1774），知县俞开甲重修城墙，复开东门，曰"迎

▷ 临朐县城昔日南门遗址，今已成交通要道 王素梅摄

春"，南门曰"来熏"，北门曰"拱辰"。道光十七年（1837），"以闻濮阳乱民马刚之警故"，复塞东门。光绪七年（1881）重开东门，城上垛口1300余座。光绪十八年，知县吴冠敬主持重修城垣（据1935年《临朐续志》卷九）时，聘张绛纲任监工。

1916年，县知事凤文祺修补城墙。1923年中秋夜，城中红枪会围攻县署劫狱，城墙遭损毁。县知事李书润令邑绅陈芳五、赵丹林等监工修城，并于西城墙筑守望室，至次年1月竣工，共费钱8565吊80文（引自《临朐县志》1935年版。下同）。1924年，最后一次修筑城墙及城楼，共费钱11376吊200文。1947年夏，临朐战役时，县城及城门部分建筑毁于炮火。

1958年后，因城市建设扩大城区，临朐城墙被基本拆除。

20世纪80年代后，据当地文物部门调查，临朐现仅存古城东端百余米残墙。

肖瓛

临朐县城池：旧土城，周围三里，高二丈，池阔一丈六尺，深五尺。二门：南曰朐阳，北曰古骈。明崇祯十二年，知县任远因救荒兴役，易以砖石。

——清《考工典》第十八卷，引自《古今图书集成》

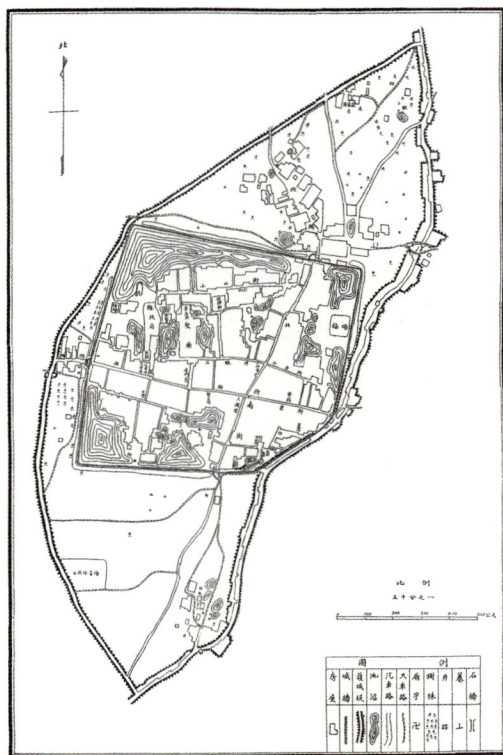

△ 利津县城全图　引自《利津县续志》民国二十四年铅印本，载《中国方志丛书·华北地方·山东省（8）·利津县续志》

利津，位于山东省东北部、渤海西南岸、黄河出口段左侧，有"百鱼之乡"、"黄金海岸"之说。

汉代，利津境属千乘郡漯沃县、蓼城县地。隋时，建永利镇（在利津城河东岸），属蒲台县。唐时，属渤海县永利镇。金明昌三年（1192），升永利镇为利津县。此后，建置、隶属多有变化。明清时，仍为利津县。此后，多有变化。1961年，复置利津县。1983年，划为东营市辖县。

利津最早筑城于金，初为土城，其建置、形式不可考（据1915年《山东通志》卷十九）。

明正德年间（1506～1521），刘七等流寇不断骚扰利津附近邑县，县丞魏严昭遂增修城墙，周长7里18步、高1.5丈（明嘉靖版《山东通志》卷十二记为"一丈七尺"）、厚9尺。有城门4座：东曰"观澜"，西曰"朝京"，南

△ 1944年8月，八路军攻占利津城　陈旭提供

曰"迎薰"，北曰"镇海"。嘉靖、隆庆年间（1522～1572），河水泛滥，城池屡遭倾圮。知县杨启芳、贾光大相继主持重修，城高2丈，池深1.2丈、宽1.5丈。万历年间（1573～1620），知县周大年修建外瓮城4座、角楼4座、敌楼20座（清康熙十二年《利津县新志》卷二记为"万历壬申"，有误。万历间并无壬申年，疑为万历元年）。此后，屡修屡颓。

清乾隆三十三年（1768），知县程士范奉令重修县城，改土城为砖砌，并建城楼4座，又于城东南修建长40尺的护城石驳岸1座。乾隆三十五年五月，竣工（据清乾隆三十五年《利津县志补》卷一）。后因黄河泛滥，石驳岸被全部冲毁。道光十五年（1835），知县普恒主持重修城垣、城楼。咸丰四年（1854），知县张济第捐廉抢修城垣东南隅（据1915年《山东通志》卷十九）。咸丰六年，黄河泛滥，东南隅坍塌，用土补筑。咸丰十年，知县王亮采捐款主持重修外垣。光绪七年（1881），知县盛赞熙再次捐款修补。光绪二十四年，知县朱庆元重修东、南、西三面城垣。光绪三十年，知县吴士钊因防水患，派董修培又于城墙内修护堤。宣统三年（1911），知县宁继光主持重修城墙。

1912年，城区董事会张令闻等主持修筑利津城墙。1919年、1926年，知事潘晋、李光宇皆重修附城护堤（据1936年《利津县续志·建置图第二》）。1937年"七七事变"后，侵华日军侵驻利津城，城垣和其他建筑遭受严重破坏。1944年，八路军渤海军区部队占领利津城，将部分城墙拆毁。

1947年后，利津城墙上的砖石大部分用于治理黄河水患，少量流入民间。城垣旧址，有的修成公路，有的为居民建房占用。

附：

利津铁门关　位于利津城东北方向35公里处。铁门关是明、清两代繁华的水旱码头和盐运要地。铁门关始建何时，暂无考证。利津有句俚语：先有铁门关，后有利津城。《利津县志》记载："铁门关在县北七十里丰国镇，金置。明设千户所，以资防御，有土城遗址。"《中国古今大辞典》说："铁门关在山东利津县北……形势雄伟。"

1979年，利津铁门关遗址被列为县级文物保护单位。

肖璥

利津县城池： 土城。周围七里许，高一丈七尺，池阔二丈，深一丈二尺，门四。

——清《考工典》第十八卷，引自《古今图书集成》

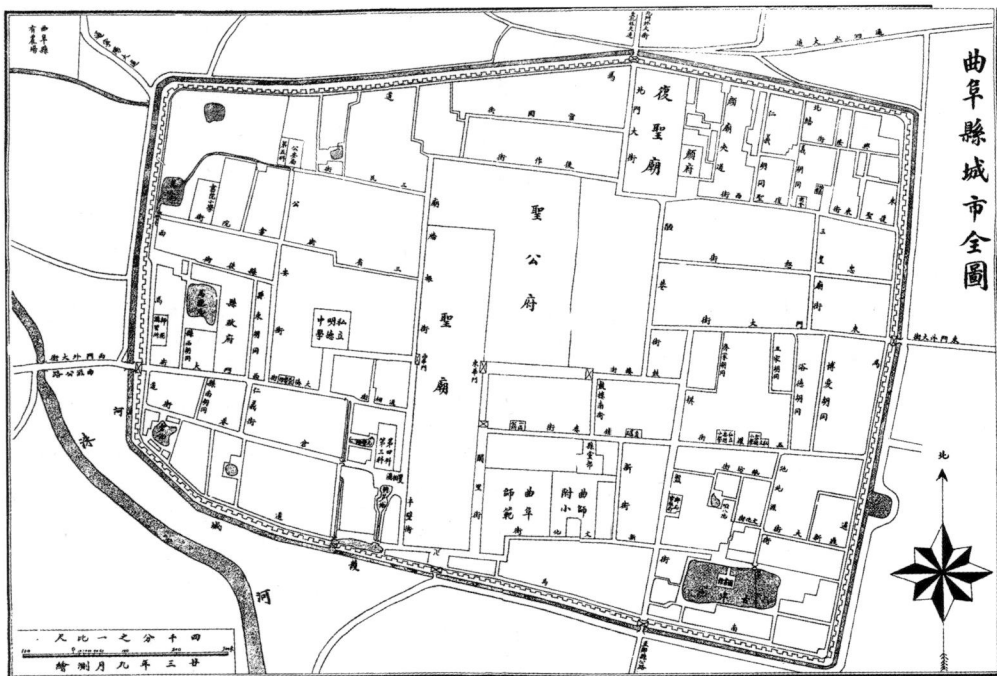

△ 曲阜县城市全图　引自《曲阜县志》民国二十三年铅印本，载《中国方志丛书·华北地方·山东省（19）·曲阜县志》

曲阜，位于山东省西南部，是中国儒家学派创始人孔子的故乡。1982年，曲阜被列为国家历史文化名城。

曲阜，古属鲁国。鲁顷公二十四年（前256），鲁国为楚考烈王所灭，始设鲁县。隋开皇十六年（596），诏改县名为"曲阜"。此后，建置、隶属及名称多有变化。明代，迁县治于鲁国故城西南隅，并沿袭至清代。1986年，撤县改市（县级），属济宁市代管。

曲阜筑城，始于西周，形成于西周晚期，即鲁国故城。鲁城分外城和内城两部分。外城平面呈不规则的圆角长方形，东西最长处3.7公里，南北最宽处2.7公里。曲阜鲁国故城周长11.5公里，四周有宽30米左右的城壕。现存城垣自西周晚期延至西汉，经过多次增筑、修补，残存最高处约10米。共有城门11座，东、西、北三面各有三门，南面有二门，门宽7～15米。南面二门的外侧有夹门的墩台。内城居全城的中部偏北，平面近方形，东西宽约550米、南北长约500米，东、西、北三面残存地下的城垣宽10米左右。城内有密集的大型建筑基址，试掘证实为春秋至西汉的鲁王宫城。城内已探出东西和南北的通路各五条，皆与城门和重要遗址相通。宫城南有宽约15米的道路通向南墙东门，直指城南1.5公里多的夯筑台基。1961年，鲁国故城遗址被列为国家级重点文物保护单位。

明正德六年（1511），刘六、刘七领导的农民起义军"破曲阜、焚官寺民居数百，县治为墟"。正德七年，巡抚都御史赵璜请示朝廷移建曲阜城于鲁故城西南隅，获得准许，始建砖城，佥事潘珍、知府童旭督造。至嘉靖元年（1522），历经两帝，总计耗费3.58万两白银，以护卫孔庙而筑成新城。这就是现在位置上的曲阜城，简称"明城"。据清康熙十二年《曲阜县志》记载：曲阜城墙周长10里（明嘉靖版《山东通志》卷十二记为"七里"；清乾隆版《曲阜县志》卷三十六记为"八里三十六步"）、南北900步、东西914步、高2丈、厚1丈，外甃以砖。有城门5座：东曰"秉礼"，南东曰"崇信"，正南曰"仰圣"，西曰"宗鲁"，北曰"延恩"，城门上建城楼。五门均建有外瓮城，内、外二门洞间距20.70米，门洞高和宽均约4.40米、长8米。设窝铺17座。城壕深1丈、宽1丈（据1915年《山东通志》卷十九）。

清咸丰三年（1853），重修（据1934年《续修曲阜县志》卷二）。

1917年，重修曲阜城墙。1930年，蒋介石与阎锡山、冯玉祥、李宗仁内战，阎部攻打明城内的蒋介石部一个旅，围城10日，炮轰东门、西门、北门三

▽ 新建的曲阜明故城城门及城楼　本文照片除署名外，均由肖璇摄

△ 曲阜城南门，入门即为孔庙 引自李泽奉、毛佩琦编撰《岁月河山——图说中国历史》（上海古籍出版社，1989年）

座城楼。后来虽然经过修葺，但没有恢复到原貌。

1978年7月，经国家文物管理局核准，将曲阜明城墙拆除。仅南门、北门和东北、西北部分城角尚存，并在城基上建起了民房及部分单位。

2002年3月，曲阜明故城开工建设，新城长5300米、高6米，工程投资3000万人民币。曲阜新城共有12座城门、25个门洞，其中正南门、北门和鼓楼南街城门上建有门楼，仓巷、东南马道东首和颜庙街东首的门是单孔城门，人民医院西边城门为双孔城门，其他全为三孔城门。

2001年3月，明曲阜城遗址被列为市级文物保护单位。

肖璇

曲阜县城池：砖城，周围七里，高二丈，阔二丈，池深一丈，阔二丈，门各有楼。按旧城，距阙里四十八里许。明正德七年，徙筑于此。

——清《考工典》第十八卷，引自《古今图书集成》

▽ 新建的曲阜城墙

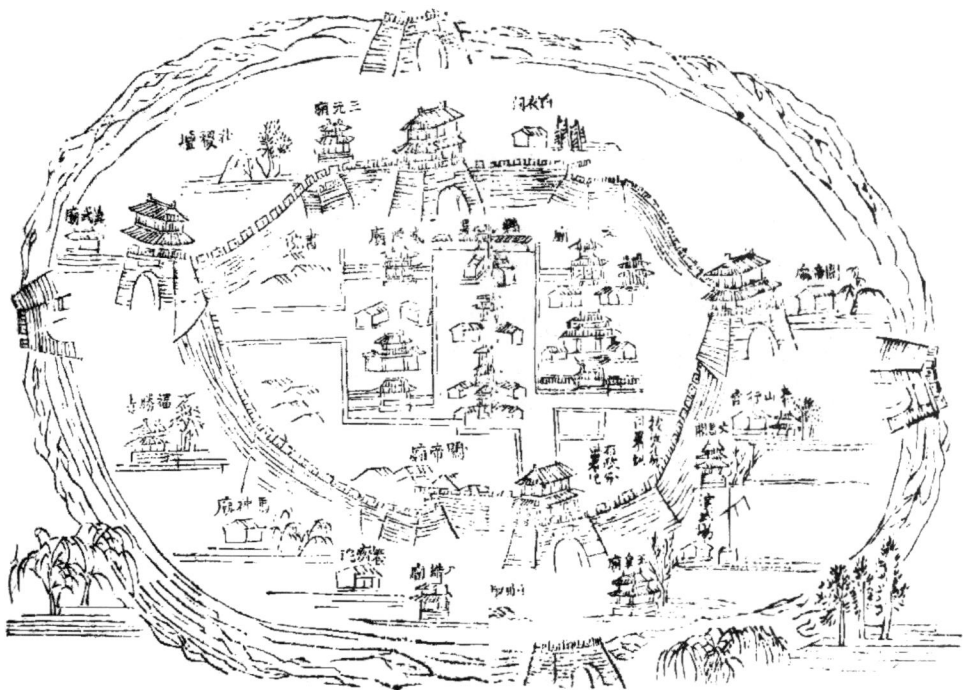

△ 商河县城图 引自《商河县志》清道光十六年版

商河，又称"麦城"，位于山东省西北部，南临徒骇河，隔黄河距省会济南70公里，是济南市的北大门。

秦以前，为麦丘邑所在地。隋开皇十六年（596），置县，因有滴河水流经，故名滴河县。宋元祐元年（1086），滴河县改为商河县，属棣州。此后，建置、隶属及名称有变化。明清时，仍为商河县，此后隶属仍有变更。1990年，商河县改属济南市。

商河县城的城墙，有内城和外城之分。

内城 始筑于唐武德年间（618~626），为土城，周长3里，设城门4座：东曰"明晖"，西曰"镇远"，南曰"承德"，北曰"拱辰"，皆垒以砖瓦，上各建门楼（据1936年《商河县志》卷二）。明成化二年（1466），知县寇源在其旧城基础上修建新城，新城周长为3里50步、高2丈、厚1.5丈。城门

△ 位于县人民公园西北角修复后的商河城墙 金泽洋提供

仍为4座：东曰"太平"，南曰"德隆"，西曰"聚仙"，北曰"归厚"。城壕深8尺、宽1.6丈（据明嘉靖版《山东通志》卷十二）。弘治十三年（1500），知县徐朝元重修。万历六年（1578），知县朱希召于内城外掘民田各五六尺，取土加筑城墙。万历九年，知县王郇申请重修商河内城，用银220两，全部以砖石砌筑（据庄昶曾《重修商河城记》）。万历十二年，知县曾一侗修葺坚固。崇祯四年（1631），叛军攻陷商河县，垛口倾圮大半。知县刑体元、顾文光相继重修。

外城 始筑于正德六年（1511），由知县陈旽创建，城周长9里、高2.2丈、宽1.4丈，城壕深1丈。嘉靖二年（1523），知县柯相重修城垣，各设楼橹四门：东曰"育物"，南曰"来熏"，西曰"阜民"，北曰"镇武"。崇祯八年，知县原毓宗增修外四门堑板，砌以砖瓦，护以铁门，上覆重檐。崇祯十一年（1638），兵变，知县贾前席专守内城而弃外城。崇祯十四年，有义军首领吴魁阳率兵攻外城，知县周明弃外城，"贼入，蹂躏三日，外城遂废"（据1915年《山东通志》卷十九）。

　　清乾隆五十九年（1794），知县章玉辂重修，耗费白银34377两。据清道光十六年《商河县志》记载：维修后的内城墙周长535.95丈、高1.8丈、底宽2丈、顶宽1.2丈。另修水簸箕26道，排墙4堵，砖10层；垛墙360堵，砖10层；海墁1层，炮台4座，檐均高1.8丈。有城门8座，俱铁叶包钉；城门楼4座：东曰"迎晖"，南曰"延薰"，西曰"聚宝"，北曰"拱北"。

　　1927年，县长温钟洛在重修外城时，见内城东门势将倾圮，城墙也多有残损，遂兴工修补。修毕，城墙周长9里、高1.6丈、基宽2丈、顶宽1.2丈，女墙高3尺，垛口高1.5尺。设炮台5座，门楼4座，并在四门内侧各修警察派出所1家。护城河宽2.2丈、深8尺。1936年，县长石毓嵩见外城雨水冲淋多有坍塌，女墙垛口也有残缺，对外城墙进行修补，城墙顶面覆盖苇檐，两面均上墁泥，护城河宽1丈多、深3尺（据1936年《商河县志》卷二）。日伪占据县城后，将其加固，增设为四层防御工事。1945年秋，商河部分城墙遭损坏。

　　1960年后，由于连续雨涝，城墙损坏严重。后因扩大旧城基建规模，残存城墙再次遭到拆除。

　　20世纪80年代后，据当地文物部门调查，现城墙旧址位于商河县人民公园西北角，是原城墙由东门连接南门的其中一段，仅存长50米、宽15米、高1.5米的城墙基址。2009年，当地将其城址修复成为公园一部分。

肖璇

　　商河县城池：土城，唐武德中所筑，周围三里余，高二丈，厚一丈五尺，池深八尺，阔倍之。四门：东曰太平，西曰聚仙，南曰德隆，北曰归厚。正德六年，知县陈旼复筑护城。嘉靖二年，知县柯相重缮城垣楼橹。

——清《考工典》第十八卷，引自《古今图书集成》

台儿庄城

台儿庄，古称"台庄"，位于山东省最南部的枣庄市，是山东省和江苏省的交界处，素有"山东南大门"之称，是1938年台儿庄会战的发生地。

春秋时期，其境属偪阳国。此后，隶属及建置多有变化。明清时，先后属济宁府、兖州府、峄县等。1960年，属枣庄市。1962年，设台儿庄区。

据清光绪三十年《峄县志》记载："兖州之城有台庄，山左隐僻处也。自伽河既导，而东南财粮跨江绝淮，鳞次仰沫者，凡四百万有奇，于是遂为国家要害云。其地平衍四彻，民风朴淳。考诸传为鄫子国。盖犹有鄫子氏之遗风

◁ 1938年，第五战区司令李宗仁与副总参谋长白崇禧在台儿庄大捷前留影　本文照片除署名外，均由南京城墙保护管理中心藏

140

焉。"台儿庄初为土圩。

明万历二十一年（1593），因京杭大运河改道及南北漕运的发展，台儿庄迅速成为峄县重镇。万历三十四年，台儿庄设立巡检司，兼理地方社会治安。明末，台儿庄共有居民2000户。崇祯十二年（1639），扬州道立于台儿庄东南黄林庄的运河防务碑，始见"台儿庄"一名。

台庄城，位于县东南60里。清顺治四年（1647），兖东道蒋鸣建议建城，祝思信继之，县丞雷烃督其役，一年后才竣工。据当地文物部门调察，土城东西长2.5公里、南北宽1.25公里、高4米，护城河宽10米、深2米。后台儿庄土城屡经农民起义军攻掠，已无护城作用。咸丰七年（1857），由地方圩练长尤训光发起募捐，再次修筑台儿庄城墙。西城墙东移1公里。至此，台儿庄城东西长1.5公里、南北宽1.25公里、高4米，上砌垛口。城墙自下而上向内倾斜，砖墙内筑土坯，上宽近3米。建城门6座：东曰"仰生"，西曰"台城旧志"，北曰"中正"，小北门曰"承恩建露"，南曰"惠迪吉"，小南门曰"迎祥"。东、西、南、北四门各建有二层城楼，高约7

▽ 1938年3～4月，台儿庄战役中，沿鲁南战线的中国军队以古老的城墙为防御工事

▽ 1938年，中国军队由津浦线增援台儿庄，途经城墙

△ 台儿庄城　肖巘摄

米。城门上有城楼，下为通道，可行大车。次年秋，捻军首领张乐行、刘天福探知"台庄为峄巨镇，商贾辐辏，富于县数倍"，为筹措军饷，遂率兵数万自丁庙闸渡过运河，直攻台儿庄。清参将营老弱士兵仅数百人，仓促不能应战，遂弃城逃遁。捻军长驱直入，唾手得城，三日后离去。咸丰十年，"北汉王"刘平亲率10万军攻下台儿庄，并在这里设立军营。

　　1938年3月至4月中旬，中国军队在台儿庄与侵华日军精锐部队进行历时一个月的激战，中国军队获胜。这场战役是抗日战争中徐州会战的一部分，史称"台儿庄大捷"。激战中，台儿庄城墙损毁严重。1945年，台儿庄地方政府组织民众拆除部分城墙，致使城墙损毁更加严重。

1949年后，由于残存城墙年久失修，至20世纪80年代时，仅存部分残段。

2008年，枣庄市政府出于旅游等因需要，修缮了台儿庄残存地段，并重建了部分城门、城楼，对环境进行了整治。

肖瓛

△ 新修的台儿庄城墙及护城河　肖瓛摄

△ 修缮后的水门平波门　肖瓛摄

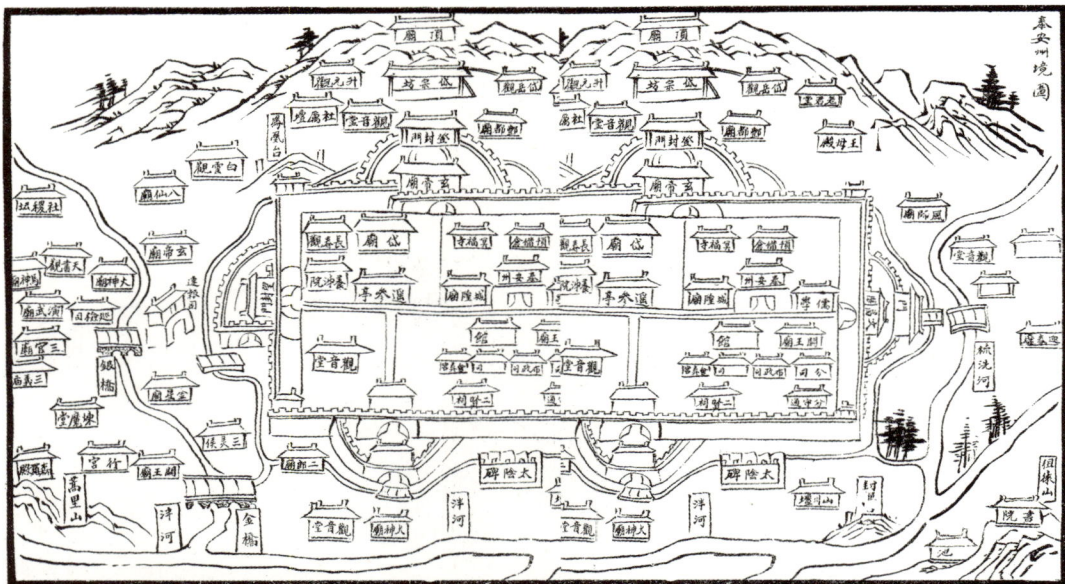

△ 泰安州境图　引自《泰安州志》民国二十五年铅印本，载《中国方志丛书·华北地方·山东省（10）·泰安州志》

　　泰安，位于山东省中部的泰山南麓，北依山东省会济南，南临孔子故里曲阜，东连瓷都淄博，西濒黄河，其境内的泰山有"五岳之首"、"天下第一山"的美誉。2007年，泰安被列为国家历史文化名城。

　　秦时，泰安属济北郡、东郡。西汉初设泰山郡，隶兖州刺史部。隋初，分属济北郡、鲁郡、琅琊郡。唐代，隶兖州、沂州。金天会十四年（1136），设泰安军，"泰安"之名由此始。大定二十二年（1182），设泰安州，隶山东西路。元代隶东平路、中书省。明代，改隶济南府。清雍正二年（1724），改为泰安直隶州。后改设泰安府，隶山东行省。1913年，分属济南、济宁、东临三道。1985年，泰安升为地级市。

　　泰城城址原为岱岳镇，建于何时无考。北宋开宝五年（972），乾封县治移至岱岳镇。大中祥符元年（1008），乾封县改为奉符县。在乾封城东南三里筑新城,治所迁新城。据清道光八年《泰安县志》中载,乾封城旧址在泰安城正南。金大定二年(1162),还治旧城,旧城为土城,后泰安州治所设泰安城(据1915年《山东通志》卷十九)。

明嘉靖年间(1522~1566),济南通判王云兴奉檄重修,改筑石城,城周7里60步、高2.5丈、厚2丈;护城河宽3丈、深2丈。有城门4座:东曰"静封",南曰"乾封",西曰"望封",北曰"登封"(据明嘉靖版《山东通志》卷十二)。嘉靖三十二年,沂州兵备任希祖檄知州郑聚东重修。崇祯十二年(1639),守道蔡懋德增修四隅,并建角楼4座,壁内设石洞,可施火器,也可瞭望警备。泰城以岱麓为基,城外东北皆为旷野(据清康熙版《泰安州志》卷二)。

清顺治十一年(1654),知州傅镇邦以城北隅为旷野而不利防御为由,遂设营房以卫之,后成为市巷。雍正十三年(1735),改县为府,泰安县附郭。乾隆十三年(1748)春,知县汤任奉旨重修城池,城墙高厚广狭如旧制。四门皆改名,东为"迎暄",南为"泰安",西为"岳宴",北为"仰圣",城门各建城楼1座,并增建石桥4座(据清乾隆版《泰安府志》卷六);乾隆三十九年,知府朱孝纯以城垣、雉堞多有损坏为由,率士民捐资重修。咸丰三年(1853),知县张延龄重修。

▽ 泰安城墙及城内的教会学校 李炬收藏

▽ 山东泰安城楼 陈旭提供

△ 泰安城西段护城河　本文照片
除署名外，均由王磊摄

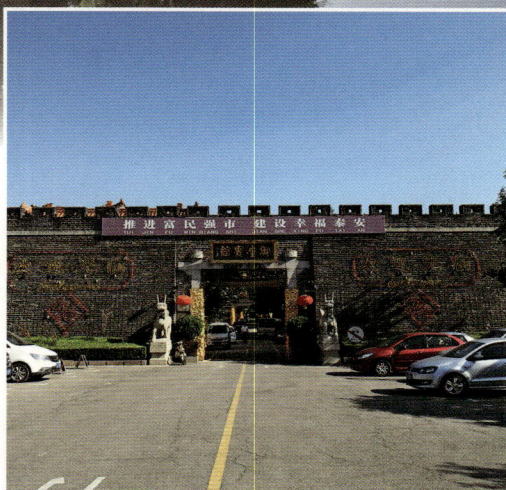

◁ 在泰安城北门段遗址新建的
宾馆大门

1923年，邑人李恩泰等重修泰安城。

20世纪50年代初，泰安城墙虽年久失修，城墙多处坍塌破损，但整体形制尚存。但此后，随着城市建设，泰安城墙逐渐被拆除，有的地段改建为道路，如东城墙（今虎山路）、西城墙（今青年路）、南城墙（今青年路至虎山路间的财源大街部分）、北城墙（今岱北街）。昔日城门有的成为道路的路口，如东城门（今升平街东首）、南城门（今通天街南首）。

肖璨

泰安州城池：石城，周围七里六十步，高二丈，池深三丈，阔三丈，四门：东曰静封，西曰望封，南曰乾封，北曰登封。

——清《考工典》第十八卷，引自《古今图书集成》

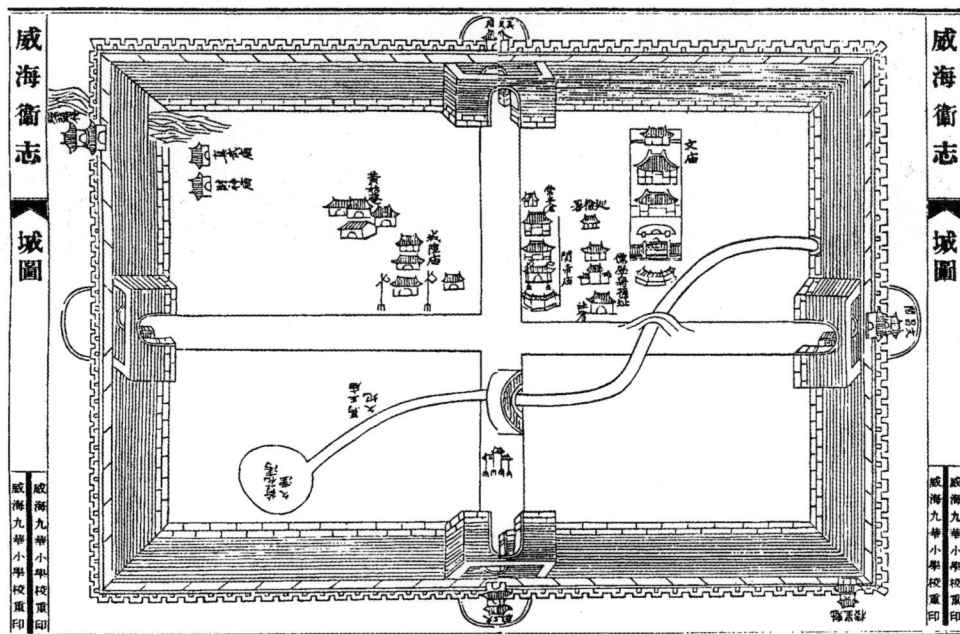

△ 威海卫城图　引自《威海卫志》清康熙十一年修，乾隆七年续修，民国十八年铅印本，载《中国地方志集成·山东府县志辑（44）·乾隆威海卫志》

威海，别名"威海卫"，位于山东半岛东部，北、东、南三面濒临黄海，北与辽东半岛相对，东及东南与朝鲜半岛和日本列岛隔海相望，西与烟台市接壤。

西汉时期，其境属青州东莱郡地。此后，隶属多有变化。明洪武三十一年（1398），为防倭寇侵扰，始置威海卫。永乐元年（1403），始建城池，取威震东海之意，故名"威海"。清光绪二十四年（1898），威海卫被英国租占。1912年，国民政府收回威海卫。1987年，威海升为地级市。

明永乐元年（1403），安徽凤阳人陶钺调任威海卫指挥金事，奉命征集军民数万人建筑卫城，威海卫逐步成为海防重镇。开始修筑的威海卫城，是砖石混砌结构。城周长6里18步、高3丈、阔2丈（明嘉靖版《山东通志》卷十二记为"高二丈七尺，阔一丈七尺"；1915年《山东通志》卷十九记为"高二丈

△ 修缮后的威海西城墙遗址顶面 本文照片均由　△ 威海城墙修缮后的西段城墙
　原东临摄

五尺，厚一丈二尺"），按明代军三民七的比例，调动宁海、文登数万民众及
驻军，用了三年时间修成卫城。建四门，各附设瓮城，东、西瓮城门均面南，
南、北瓮城门均面东。东城门名不详，上建有文昌阁；西门曰"迎宣门"，门
上建筑不详；南曰"德胜门"，上建有南海大士殿；北曰"玄武门"，上建有
真武庙。城东南角建有魁星楼。东北隅立水门1座，城上设更铺16座、楼铺20
座。城壕深8尺、宽1.5丈（据明嘉靖版《山东通志》卷十二）。卫城建成后，
因年久失修，城垣坍塌，兵备松弛。据清康熙十一年《威海卫志》记载：弘
治二年（1489），钦差巡察海道副使赵鹤龄至此，以"城池倒塌如是，不重治
之，后必有患"为由，上奏朝廷，"疏动泰山香钱百金"，重修威海卫城。卫
指挥佥事王恺为感赵鹤龄之功德，便捐俸银在西城墙上修建环翠楼，聘大学士
刘翊撰写修城碑记。环翠楼后来几经改建，两侧的古城墙虽已拆除，但遗迹至
今可辨。崇祯九年（1636），防院杨文岳重修。

　　清康熙年间（1662～1722），城守备李标奉文修补城垣。雍正九年
（1731），守备张懋昭重修四门（据1927年《威海卫志》卷二）。之后威海属
于较平稳时期，城垣不断得到修葺或改建。嘉庆年间（1796～1820），威海逐
渐内受义军、海盗的滋扰，外受西方列强入侵，加之天灾人祸，城垣日渐
倾圮。

　　1912年以后，当时的民国政府收回威海卫，于1931年威海管理公署开始
大规模整修城内外环境。首先拆除东门，重修环翠楼。1933年，继续拆除北
门，后来又陆续拆除西门和南门。

　　20世纪50年代后，地方政府将旧城墙基本拆除，辟为道路：东段为东城

路，西段为西城路，南段为解放路，北段为昆明路。

20世纪80年代后，据当地文物部门调查，现残存的威海卫西城墙，长约百余米的遗址保存尚好。

2004年，威海卫明城楼遗址被列为市级文物保护单位。

除此之外，作为威海的下属县级市，荣成的罗山寨及张村的双岛寨等也留存有10多处老城墙遗址。这些老城墙大多始建于明代，也是重要的海防设施。

肖璇

威海卫城池：砖城，周六里有奇，高一丈七尺，阔一丈，门四，楼铺二十，池阔一丈五尺，深八尺。

——清《考工典》第十八卷，引自《古今图书集成》

▽ 威海卫城墙遗址文物保护标志碑

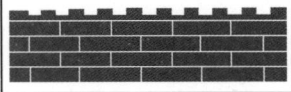

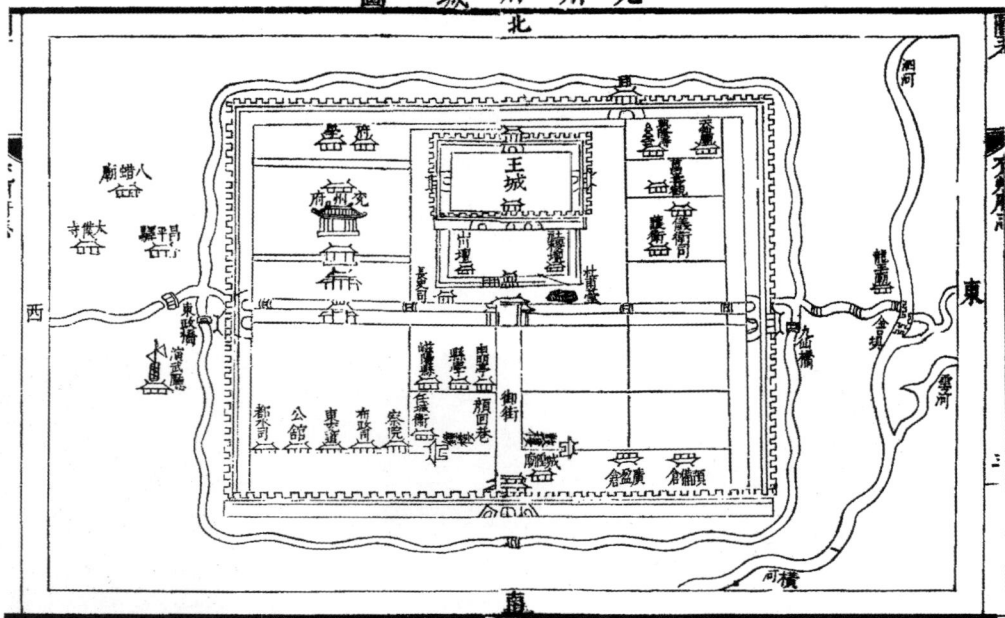

△ 兖州府城图　引自《兖州府志》万历二十四年版

　　兖州，古时作"沇州"，禹时九州之一。位于山东省西南部，地处鲁西南平原，东仰曲阜"三孔"，北瞻泰山，南望微山湖，西望水泊梁山，故有"东文、西武、北岱、南湖"之称。

　　春秋战国时期，把禹时的九州冠以称谓，兖州即其一。此后，建置、隶属及名称多有变化。明洪武十八年（1385），升兖州为府。清代，沿袭明制。1992年，撤县设市（县级）。

　　据文献记载，兖州于战国末期就筑有土城，城有四门，筑设土楼。南北朝南宋元嘉三十年（453），兖州治瑕丘，县城在今城区北半部。隋唐时期，整修城墙，将四门城楼改为青砖。

　　明洪武三年（1370），朱元璋封其第十子朱檀为鲁王，就藩兖州。同年4月，于兖州城内修建鲁王城。鲁王城位于唐代兖州署附近，城周3里309步5

150

寸、东西150.25丈、南北197.25丈、高2.9丈。洪武十八年，宫阙建成，建成后的鲁王城"城垣备极宏敞，埒如禁苑"。此后因兖州城池规模狭隘，令武定侯郭英扩建（据清乾隆版《兖州府志》卷四）。扩建后的兖州城周长14里有余、高3.7丈、基广2.4丈。有城门4座：东曰"九仙"，西曰"望京"，南曰"延薰"，北曰"镇岱"（明嘉靖版《山东通志》卷十二记为"东曰九仙，南曰德政，西曰泗水，北曰青石"）。兖州城以泗水为城壕，壕深1.2丈、宽3丈（清乾隆版《兖州府志》卷四记为"广二丈"；明嘉靖版《山东通志》卷十二记为"深二丈，阔一丈七尺"），泗水自黑风口西流至城东，分为三支，其中一支穿城而入，南、北两支抱城至西门（据明万历二十四年《兖州府志》卷二）。另修有外城，也设4座门：东曰"宗鲁"，南曰"瞻峄"，西曰"襟济"，北曰"拱极"（《考工典》第十八卷记为"郭门五，曰：宗鲁、瞻峄、襟济、拱极、仰泰"）。正德四年（1509），八巡金事潘珍、知府曾大有重建（据1915年《山东通志》卷十九）。嘉靖四十一年（1562），知县李之茂主持重修。崇祯十五年（1642），清兵破城，焚毁兖州东、南、北三门，城楼、垛口多处损毁。

清康熙十年（1671），兖州知县李潆主持重修。乾隆四十三年（1778），知县王璞玉再次主持重修。道光二十年（1840），道宪王懿德捐资修造垛口4289座。咸丰七年（1857），知县莫炽劝捐代赈挑挖护城河，修理闸板吊桥。光绪九年（1883），知府伊勒通阿出资劝捐重修。据清光绪十四年《滋阳县志》载：此时砖城周长10里200步、高3丈、垛高7尺、基广2.4丈。全城有垛

△ 1947年，兖州（今山东省济宁市兖州区）城的鲁门 南京城墙保护管理中心藏

口5493座、更铺56座。有门楼4座：南曰"德政"，后改"延熏"，今曰"瞻峄"；东曰"九仙"，后改"宗鲁"；西曰"泗水"，后改"望京"，今曰"襟济"；北曰"青石"，后改"拱极"。城门外设瓮城4座，马道阔1.5丈。此时兖州已形成坚固的城池，时人称"鲁南第一府城"。

1912年以后，根据城防军事需要，兖州城墙曾经改造加强。1933年、1936年，驻兖国民革命军第二十师开辟了新东门、新西门及其二门之间的大道。1937年，侵华日军侵占兖州后，将新东门及新西门堵死，在护城河桥上设置了屋脊形活动铁蒺藜门。1945年秋，蒋介石部队第五路军进驻兖州，在城垛口上架设铁丝网。城墙顶上挖有宽1米、深1.7米波浪形交通沟，对内对外都能射击，城墙半腰每隔15米挖一个射击孔，与交通壕相连，除南门西侧门和东门南侧门外，其余城门全部堵死。1946年，吴化文部队从西南城角至西北城角，每隔50～100米筑一座伸出城墙的地堡，城墙四周架设鹿砦，加宽加深了护城河。兖州城防工事坚固，号称"天下第一碉"。

20世纪60年代，随着兖州城市改造，城里的中山东路、中山西路用城砖铺路，城墙被逐渐拆除。

20世纪80年代后，据当地文物部门调查：兖州尚存的城墙为明城墙西门遗址，位于鼓楼街道办事处（城区）中山西路护城河东侧。遗址为西门瓮城长6米、宽1米、高4米的一段残墙。

2003年，该段西门城墙遗址被列为市级文物保护单位。

肖璐

兖州府城池：砖城，周围一十四里余，高五丈六尺，阔三丈六尺。门四，曰：九仙、德政、泗水、青石。池深二丈，阔二丈七尺。外有带郭，郭门五，曰：宗鲁、瞻峄、襟济、拱极、仰泰。滋阳县附郭。

——清《考工典》第十八卷，引自《古今图书集成》

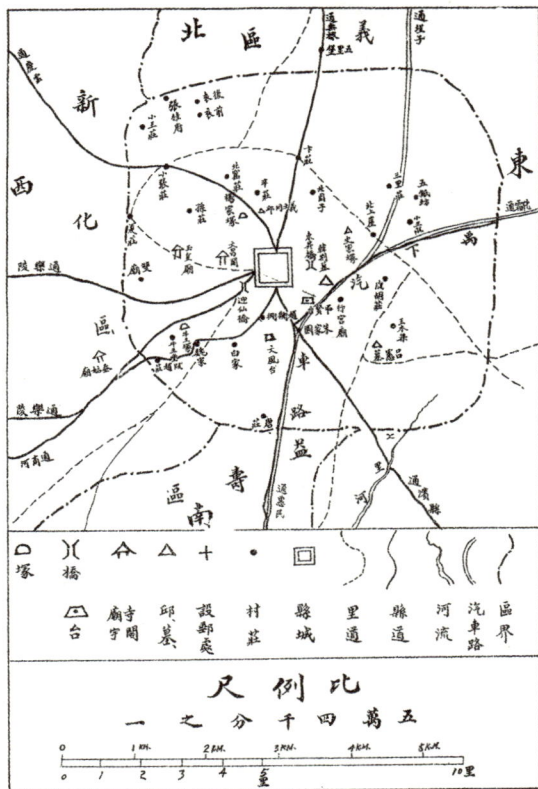

△ 阳信县城区自治图　引自《阳信县志》民国十五年铅印本，载《中国方志丛书·华北地方·山东省（12）·阳信县志》

　　阳信，位于山东省北部平原的黄河三角洲开发区，因汉代名将韩信自燕伐齐屯兵古笃河之阳而得名，是著名的中国鸭梨之乡。

　　秦时，其境属厌次县。西汉高祖五年（前202），置阳信县。此后，隶属及辖地多有变化，但阳信县置基本未变。2000年，因撤地改市，阳信县随属滨州市。

　　阳信筑城较早，但历史上因治所多次迁徙，故城址随之亦变。

　　西汉建县时，为今无棣县的信阳城，史称"信城"，位于今无棣县城以北八公里的信阳镇，当地人俗称"小鞍城"、"歇鞍城"。因为筑于汉代，又称"汉垒"。据说，当年韩信伐齐至此与齐楚联军对垒，为激励将士杀敌立功，韩信下令仿照靴子的样子修城，有"靴踢长安"之谓，表明其横扫三秦、攻克长安的愿望。20世纪80年代后，据当地文保部门调查，现西南角残存城墙约500米，最高处达6米余，城居海滨险要之地，环周3公里有余。城内三村成鼎，外形如靴。1992年，该城址被列为省级文物保护单位。

新莽时（9～23），阳信迁至县境南部云城，又名"瑗城"、"连城"和"倪城"，即今阳信城址。直至北齐天保七年（556）才迁至县境南部马岭城，其遗址在今何坊乡王里洼（今属惠民县）。1983年，该处遗迹被列为市（县）级文保单位。

关于阳信故城遗址，清代王是式撰有《阳信故城考辩》一文。乾隆二十四年《阳信县志》编撰时认为"此辩原委洞然"，故收录其中。《阳信故城考辩》最后认为："唐、宋迄今，其故城虽不可考，而自元以来，固世守此土城焉。"乾隆二十四年（1759），阳信县前知县邱天民也称：阳信城"系元平章于保保所筑，今治实始于此"。

元至元二年（1265），平章于保保修建阳信土城。城周长6里13步、高2.4丈、宽1.8丈。城壕宽1.8丈、深9尺。

自明成化（1465～1487）以后，阳信知县张佶、李深、陶俨、吴琦、池龙（乾隆二十四年《阳信县志》称"龙池"，有误）等官吏相继主持修城。嘉靖十年（1531），知县徐九皋创建城门4座：东曰"永和"，南曰"迎薰"，西曰"长阜"，北曰"拱极"，并建城楼。明万历十年（1582），抚台下文至阳信县，要求立即改土城为砖城，并调拨布政司库银2000两用于修城。阳信将开始修城之役，当地百姓为此恐慌不已。刚到任的地方官吏朱大纪见状，为安定民心，遂设法上诉"城不可砖状"，并上缴修筑砖城的2000两白银。万历三十五年，因防倭再次提议修筑砖城，地方官吏仍"以年不顺，民不聊生"为由，放弃改筑砖城。而阳信的旧志也称：阳信"地近海滨，土多碱卤，城不宜砖"（转引乾隆二十四年《阳信县志》卷二）。崇祯年间（1628～1644），知县毛凤来于城墙的四隅各设城

△ 1945年，阳信县城东城门　陈旭提供

楼，计4座。

清乾隆三年（1738），邱天民重修拱极、迎薰二门。乾隆十七年，知县王允深主持重修。乾隆五十七年，知县孙立方主持重修。光绪三十年（1904），知县缪润绂以城楼破败为由，缩小旧制重修。重建四门，东、南、北三门皆有木桥相连，后皆改为砖桥。此时护城河深1.8丈、宽1.8丈。因多年没有疏浚，当时已淤浅（据1926年《阳信县志》卷一）。

1912年后，阳信城墙因年久失修，逐渐损毁。

20世纪70年代，信阳古城还保存有南城墙西端及向北延伸部分，可依稀看出信阳古城"如磬折而缺其西南"的形制。

21世纪初，据当地文物部门调查，阳信城墙西南隅尚存遗址，残迹尚存长50余米，最高处10余米，低处2～3米。

肖瓛　杨国庆

阳信县城池：土城，周围六里，元平章于保保创。明嘉靖十年，知县徐九皋重建城楼，四门：东曰永和，西曰长阜，南曰迎薰，北曰拱极。壕广一丈八尺，深半之。

——清《考工典》第十八卷，引自《古今图书集成》

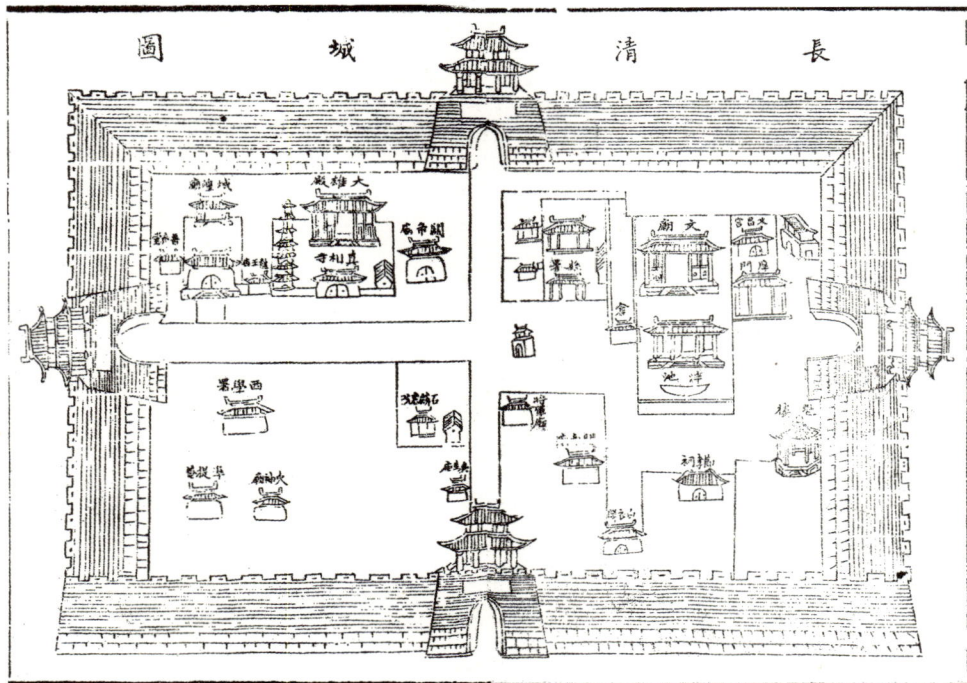

△ 长清城图　引自《长清县志》，载《中国方志丛书·华北地方·山东省（365）·长清县志》

长清，位于山东省西部，地处济南市西南部，南倚泰山，西临黄河，地势倾斜，东南高、西北低，有"八山一洼一平原"之称。

秦，境内卢邑设卢县。隋开皇五年（585），于升城置长清镇。开皇十四年（594），以长清镇置长清县，以境内齐长城和清水命名。此后，隶属及辖地多有变化。明清时，县属济南府。此后，建置仍有变化。2001年，撤消长清县，设立济南市长清区。

长清筑城较晚，"自汉、唐、宋以来，未有城池"（道光十三年《长清县志》卷二）。元至正十四年（1354），筑土城。城周长4里30步、高1.5丈。护城河深1丈、宽2.5丈（明嘉靖版《山东通志》卷十二）。

明成化四年（1468），重筑城池，设门4座：东曰"迎恩"，西曰"挹清"，南曰"通鲁"，北曰"安贞"。成化十一年，知县解瑛主持大规模修城，将土城改筑为石城（明嘉靖版《山东通志》卷十二记为"正德十一年"，为误），城低处加高，弯曲处改直，"环城外以为隍，又周以堰"，还全面疏浚或加宽护城河。修城工程于次年竣工，使石城高1.2丈、东西162丈、南北160丈，建垛口1410多座（杜泰：《重修城记》）。正德六年（1511），知县刘儒、县丞吕竣（《考工典》记为"吕俊"）主持修城，加固长堰，并以城砖修筑垛口。有城门及城楼4座：东曰"迎恩"，城楼曰"景阳"；南曰"距鲁"，城楼曰"向离"；西曰"挹清"，城楼曰"怀庚"；北曰"拱极"，城楼曰"安贞"。有角楼4座：乾角楼、坤角楼、艮角楼、巽角楼。城外有护城河，河深1.5丈、宽2.5丈，堤外有马道，宽3尺。嘉靖九年（1530），建西门桥和北门桥。隆庆年间（1567～1572），邑侯柴宗义修筑植树护堤，只完成了东南一带（据清雍正版《长清县志》卷二）。崇祯年间（1628～1644），知县刘之蛟对四门各增筑外瓮城，另设瓮城门4座：东曰"青杨"，南曰"南熏"，西曰"西成"，北曰"拱宸"。后又由知县王心学增高女墙3尺，并减垛口为860余座（据清道光十三年《长清县志》卷二）。

清顺治六年（1649），城垣因夏雨连绵而崩颓过半，知县吕朝辅主持修城，并亲自监督筑城。之后20余年，长清城无大的损毁。康熙六年（1667），因地震四座城楼尽毁，月城大半坍塌。后经知县吕朝辅、康熙十年知县岳之岭

▽ 长清城西段护城河遗址 张帅摄

先后主持重修，始恢复原貌。康熙二十八年，重修。乾隆三十七年（1772），重修（据1915年《山东通志》卷十九）。此后，直到道光（1821～1850）之前，长清"城垣坍塌，可通行人"（1935年《长清县志》卷二则称：长清城墙有170多年"未曾修葺"）。道光二十五年，知县周任福"召集绅商富户，劝捐修筑"。共计获得官、民捐银58100余两，周任福捐资200余两，重修县城自东门楼起至南门。光绪二十一年（1895），甲午战争爆发后，知县孙绍曾发动县民捐款修城，得捐"京钱一万三千余吊"，重修城墙。光绪二十六年，知县张瑞芬再次重修县城。

1919年，县长吴福森主持重修县城，补修了四座角楼。1923年，因夏秋之间大雨，县城东、西、南三面城墙塌损多处。次年，县长项保祯派员分段监修（据1935年《长清县志》卷二）。之后因战火，县城城垣受到破坏，著名的全阳塔也被拆掉两层修建炮楼。

1948年后，长清县城城墙因城市建设，被逐年拆除。

附：

卢故城遗址　春秋时期，卢邑即卢子国的城都。2000年6月中旬，韩国前总统卢泰愚前来认祖，亲临拜谒了卢国国君墓。此城西距黄河一公里，北距县城六公里。20世纪60年代，城墙尚存，局部还有相当的高度。70年代，随着农田基本建设的大规模开展才逐渐损毁。现虽然已看不到城墙，但轮廓依旧可辨，有些地方还能见夯土层。

1991年，卢故城遗址被列为县级文物保护单位。

肖璇　杨国庆

长清县城池：石城，元至正十四年筑。周围四里三十步，高一丈五尺，池深一丈，阔二丈五尺。门有四：东曰迎恩，西曰抱清，南曰通鲁，北曰安贞。明正德六年，知县刘儒、县丞吕俊再筑长堰。十一年，知县解瑛始甃以砖。

——清《考工典》第十八卷，引自《古今图书集成》

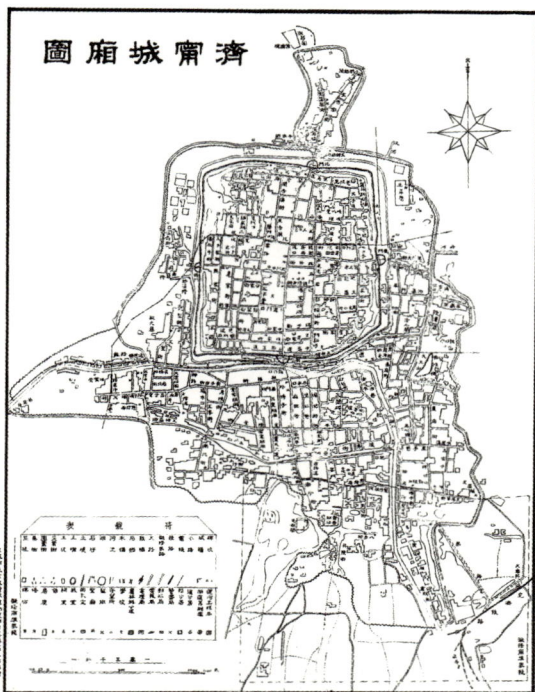

△ 济宁城厢图　引自《济宁县志》民国十六年版

济宁，位于山东省的西南部，东邻临沂市，西与菏泽市接壤，南面是枣庄市和江苏省的徐州市，北面与泰安市交界，西北角隔黄河与聊城市相望，有"孔孟之乡、运河之都"之称。

西汉前元元年（前179），境内置任城郡。中元六年（前144），改为济东国。此后，建置、名称、隶属多有变化。明洪武元年（1368），改济宁路为府，后又改府为州。1983年，撤销济宁地区，济宁升为省辖地级市。

济宁旧城，是由古任国城演变而来，其城址即在济宁市区以南25公里处的亢父故城遗址。《水经注》曰："黄河又东迳亢父故城西，夏后氏之任国也。"亢父，地势险要，三面围水，《战国策》载："今秦攻齐……径亢父之险，车不得方轨，骑不得比行。"1992年，城址遗迹被列为省级文物保护单位。

济宁城

159

明洪武四年（1371），济宁左卫指挥使狄崇将济宁土城改为砖城（清道光版《济宁直隶州志》卷四中记为"洪武三年"），城周长9里30步。东370.6丈，南430.2丈，西430.8丈，北392.4丈，共长1635丈、高3.8丈（明嘉靖版《山东通志》卷十二记为"高三丈四尺"）、顶宽2丈、基宽4丈。设城门4座：东曰"宾阳"（《考工典》第十八卷记为"滨阳"），南曰"会通"，西曰"近治"，北曰"拱辰"。并设城楼10座、窝铺64座，另设垛口3600座。城壕深1.5丈、阔9步（据明嘉靖版《山东通志》卷十二）。天启二年（1622），修环城外郭，又名"土圩"。崇祯十七年（1644），南门楼毁于兵乱。

清顺治十二年（1655），由杨方兴主持增建楼橹、敌台，并于城上修建城楼。此时四门均有内外门之分，均系双重门。南门曰"宣阜"，匾题"野人青徐"；北门曰"宗翰"，匾题"云连海岱"；东门曰"绥华"，匾题"邹鲁接壤"；西门曰"萃成"，匾题"获麟古道"，后改为"湖山毓秀"。四门左右，旧各有小门，后来只剩南、东、北三门有小门，尤其以南门的东角门为最大。四门的主城门和瓮城门上各有城楼1座，城墙四角上各

▽ 济宁济州城墙　肖兵提供

有望楼1座，南门城楼左、右和北门城楼左又各有城楼1座，总计15座。南门楼曰"翔凤"，匾曰"拱翼神京"；北门楼曰"望岳"，匾曰"气连海岱"；东门楼曰"圣化"，匾曰"汶济澄清"；西门楼曰"思麟"，匾曰"总河奉天"，皆于成龙书。敌台有名字的，共有4座，分曰："璧宿台"，在得胜楼之西；"牛宿台"，在北门之东；"箕宿台"，在西门之北；"井宿台"，在西门之南；加之没有名字的总计21座。垛口1800座并为700座，还筑有"四门马道"。护城河周长1670丈、宽1.5～3.3丈不等、深1.5丈。康熙二十年（1681），总河靳转重修东门楼。咸丰三年（1853），州牧叶圭书重修水道（据1915年《山东通志》卷十九）；咸丰九年，知州卢朝安复建外城，共长5762丈，计有城门（土圩门）18座，分曰："济安门"、"忠信门"、"兴隆门"、"顺河门"、"关帝阁门"、"文昌阁门"、"观音阁门"、"演武门"、"春秋门"、"太平街门"、"通济门"、"望鲁门"、"碧霞门"、"常清门"、"都顺门"、"永安门"、"阜安门"、"永通门"。初建时，城墙高8尺，底宽1.6～2.5丈不等、顶高6.1尺（据1927年《济宁县志》卷二）。而且围绕土圩挖有外壕，俗称"圩子壕"，为战备防洪设施。

1912年后，济宁城墙因年久失修，逐渐毁圮，甚至大部分被先后拆除。

20世纪80年代后，据当地文物部门调查，济宁城墙尚有部分残存，如位于济宁环城西路与环城北路交叉路口处的残墙等。2009年，济宁市文物部门曾对济州城墙进行抢救性维修。在修缮中，发现西汉早期的城墙遗址，使济宁城的始建年代提前了1000多年。2013年，济宁城墙被媒体曝光，称墙体风化破坏严重，出现开裂、砖石掉落等现象，存在安全隐患。现残存约126米。

2001年，残存的城墙被列为市级文物保护单位。

肖瓛

济宁州城池：旧土城。周围九里十三步，高三丈四尺，阔二丈，门四：东曰滨阳；南曰会通；西曰近治；北曰拱辰，城楼十，铺六十四，城池深一丈五尺，阔九步。明洪武四年，甃以砖石。

——清《考工典》第十八卷，引自《古今图书集成》

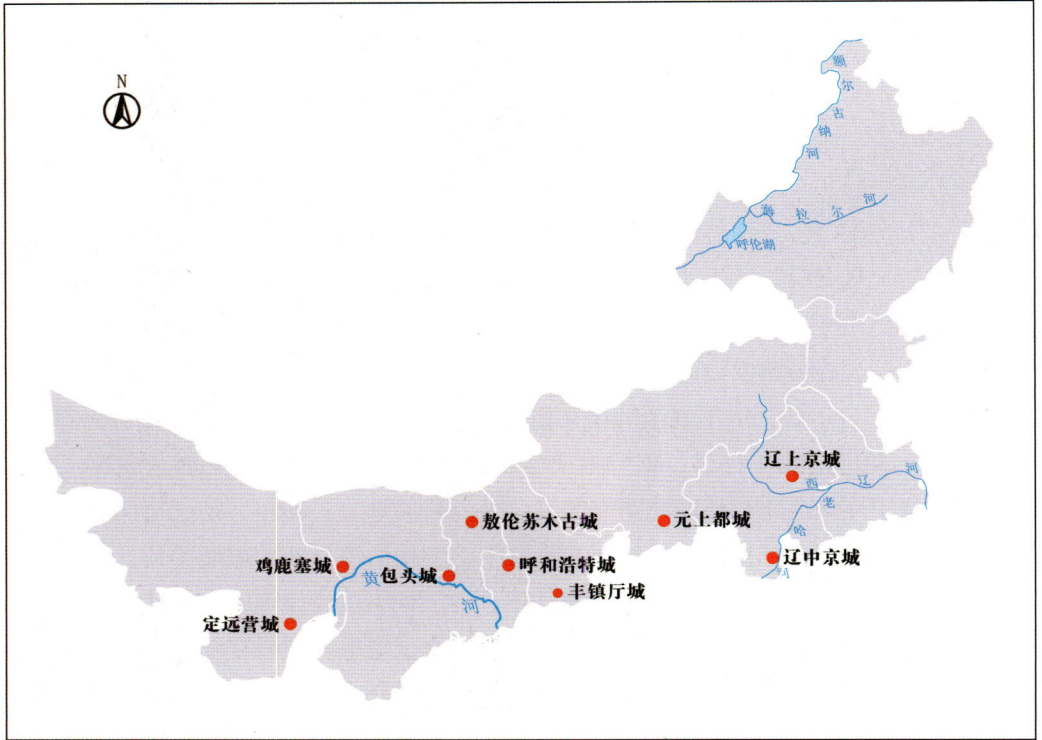

N

额尔古纳河

海拉尔河

呼伦湖

辽上京城

西老辽河

元上都城

敖伦苏木古城

哈

呼和浩特城

辽中京城

鸡鹿塞城

包头城

黄河

丰镇厅城

定远营城

内蒙古

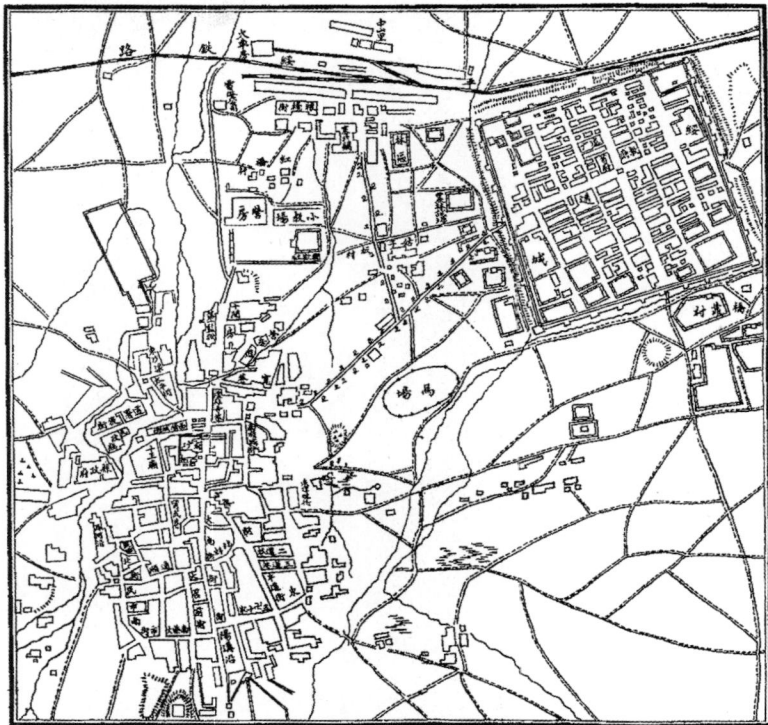

△ 归绥县城图 引自《归绥县志》民国二十四年铅印本

呼和浩特，位于内蒙古的中部，北屏阴山，南临黄河，北朝民歌《敕勒歌》中描写的敕勒川即指这一带。1986年，被列为国家历史文化名城。

赵武灵王二十年（前306），赵武灵王在阴山下筑长城，并设云中郡，郡治云中城（今托克托古城）。秦汉沿用。北魏、北齐时称"敕勒川"。隋唐时称"白道川"。辽、金、元三代为丰州治所，此地始称"丰州滩"。明初，于此置东胜卫，后为蒙古土默特部领地。清属山西归绥道。1913年，设立绥远特别行政区，归化、绥远二城合并为归绥县。1928年，绥远建省，归绥改县为市，定为省会。1937年，日伪政权时期改归绥市为厚和特别市。1945年，抗战胜利后改回。1954年撤销绥远省，划入内蒙古自治区，归绥市改称"呼和浩特"（蒙古语意为青色的城，因城北大青山而得名）市，仍为首府。

呼和浩特城墙，分新、旧二城。老城为明代所建的归化城，位于今呼和

△ 20世纪30年代末，呼和浩特城城墙外瓮城及主城楼　本文照片除署名外，均由南京城墙保护管理中心藏

浩特市玉泉区。清初，在其东北建的新城称为"绥远"。分述如下：

归化城（老城）　明朝中后期，蒙古土默特部首领俺答汗（即阿拉坦汗）驻牧丰州滩。隆庆五年（1571），俺答汗政权与明廷达成和议，被封为"顺义王"，双方"通贡互市"。次年，俺答汗模仿元大都兴建城池。万历三年（1575），基本建成。当时称之为"库库和屯"，意思是青色的城，汉名为"大板申"（也作"板升"，意思为聚落，或说是百姓）。明《万历武功录》中记载，根据俺答汗的请求，万历神宗帝亲赐城名为"归化"，意即归化远人。归化城的规模并不大，平面呈正方形，边长约300米，周长1200米，南、北各开一门，没有瓮城。城墙高约8米，夯土筑成。

万历九年（1581），俺答汗与其妃三娘子决定扩建归化城，原计划筑成方圆20里的外城，由于工程浩大，俺答汗请求宣大总督郑洛支援工匠和物资。次年俺答汗去世，加上人力、物力不

▽ 20世纪30年代末，呼和浩特城墙及城外枯竭的护城河沟

△ 1930年，位于今呼和浩特市的绥远城城墙外望

△ 1930年，位于今呼和浩特市的绥远城城内的鼓楼

足，归化城只进行了维修和部分扩建。三娘子久居此城，威望很高，人们称归化城为"三娘子城"。当时归化城内建有大量黄教寺庙，是全蒙古最重要的黄教中心，蒙古语中寺庙为"召"，故归化也被称为"召城"。

天启七年（1627），察哈尔林丹汗攻占了归化城。崇祯五年（1632），清太宗打败林丹汗后，纵火"烧绝板升"。

清初，在废墟上因陋就简重建了归化城。崇德三年（1638），因"城小壕狭，势难御敌"，清太宗曾想在城外修筑城墙，但并未动工（张威：《1572～1921年呼和浩特城市形态演变分析》，载《内蒙古社会科学（汉文版）》2009年第2期）。康熙时期，归化城成为西征准噶尔的前哨重镇。康熙三十年（1691），在归化城旧有城池的基础上，北城墙保持不变，东、南、西三面增建一道外城。外城平面形状是一个缺少西北角的长方形，东西宽500米、南北长420米、周长约1900米。城墙高近7米，全部用土夯筑。外城三面各开一门，东门曰"承恩"，南门曰"归化"，西门曰"柔远"。门上有城楼。内城原北门称为"建武门"，原南门位置新建鼓楼1座。归化城自此确立了内、外二城的形制，以城中心鼓楼为界，衙署在内城，官吏住宅在外城，百姓则散居在外城城墙周围。乾隆、道光、同治年间时有维修。到了光绪年间，土城已经残破。

1921年，归化城城墙及东、南、西三门被拆除。1931年，在北门城楼上增设钟楼1座。1958年，因城市道路拓宽改造，北门也被拆除，归化城墙、城门基本无存。

绥远城 为巩固西北边防，清乾隆二年（1737），在归化城东北2.5公里处，动工修筑新城驻兵屯田。乾隆帝赐名"绥远城"，取绥靖抚远之意。驻守山西右卫的建威将军王常改驻绥远，称"绥远城建威将军"（乾隆二十六年改称"绥远城将军"）。乾隆四年完工。修筑绥远城及城内建筑共用银约130万两。归化、绥远二城并置的城市格局形成，一般称"归化"为旧城，"绥远"为新城。

绥远城西门外瓮城内，原有乾隆年所立《敕建绥远城碑》，碑已无存，碑文载于《归绥县志·金石志》，详细记载了筑城的经过和规模。绥远城的平面呈正方形，城周1960丈、高2.4丈、顶宽2.3丈、底阔3.5丈。城上雉堞高5.7尺、女墙高3.5尺。城墙基础为三合土夯筑，条石砌底，上部外侧包青砖，内侧夯土版筑。城墙四面各开一门，南曰"承薰"，北曰"镇宁"，东曰"迎旭"，西曰"阜安"。门外均建有瓮城，上有城楼、箭楼。城垣四隅有角楼各1座，城上四面堆拨（满语，驻兵的房屋）8处、炮台44座。城外有石桥和护城河。

出于军事防御目的兴建的绥远城是典型的八旗驻防城，严格按规制建造，军事特点极为突出。其地以阴山为屏、黑河为带，西连甘肃、新疆，南为山西之门户，北扼蒙古之咽喉，东边又可保卫北京安全，堪称"塞外第一军事重镇"。新城的附属建筑如瓮城、箭楼、角楼等城防设施完善。该城虽然平面方方正正，布局规整，结构严谨，但是城内东西向、南北向交叉的主干道和四座城门的位置有意错开，不在一条直线上。民间俗语称"四门不对，鼓楼不正，将军衙署建当中"；城内建筑主要是将军衙署、军营、演武场、仓廒

▽ 呼和浩特绥远城残存城墙　程长进摄

△ 呼和浩特绥远城城墙遗址文物保护标志碑　程长进摄

和庙宇；绥远、归化二城相距不远，二者互为犄角，声势相援，彼此呼应（杨天姣：《呼和浩特城市空间演变研究（1912～1958）》，西安建筑科技大学2011年硕士论文）。

绥远城建成后，屡有修葺。1949年时，保存仍基本完好。

1951年后，绥远城的城墙及城内原有建筑在城市建设中陆续被拆除，城门上的石匾被埋入地下。承熏门、镇宁门石匾先后于1984年、2004年出土，均以满文、汉文、蒙古文三种文字书写，现收藏于内蒙古将军衙署博物院。绥远古城现仅存东北角的部分城墙总计698米、马面4处。其中东墙残存453米、马面3处；北墙残存245米、马面1处。

2006年，绥远城墙和将军衙署被列为全国重点文物保护单位。

郭豹

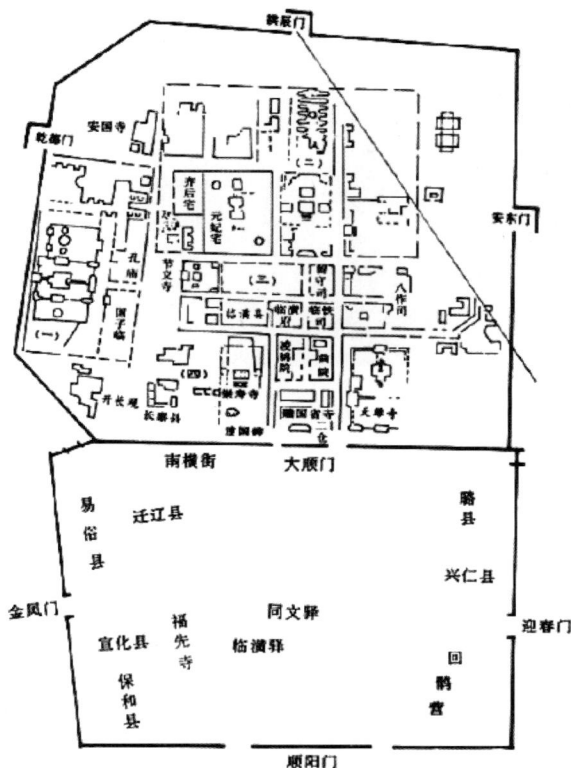

△ 辽上京城平面图　引自项春松《辽代历史与考古》（内蒙古人民出版社，1996年）

　　辽上京城，位于内蒙古自治区巴林左旗林东镇东南。这里群山环绕，河流密布，水草丰美，是契丹族在中国北方草原建起来的第一座大都市。辽朝有五京，分别是上京临潢府、东京辽阳府（辽宁省辽阳市）、南京析津府（北京市）、中京大定府（内蒙古宁城县）、西京大同府（山西省大同市）。上京在五京中营建最早、地位最重要，且"负山抱海，天险足以为固"，是辽朝早期的政治、经济、文化中心。

　　公元4世纪，契丹族就在西辽河一带游牧。辽神册元年（916），契丹族首领耶律阿保机统一契丹各部，在龙化州之地（今内蒙古通辽市境内）称帝，两年后在上京故地筑城，当时称"皇都"。天显十三年（938），改称"上京"，并设临潢府辖之。这里作为辽朝国都达200多年。辽天庆十年（金天辅四年，1120），金军攻占辽上京，仍称上京临潢府。后取消"上京"称号，降

为临潢府，属北京路。与辽代不同，金朝时期的临潢府接壤蒙古，是一座边陲重镇。元灭金后，城池遭废弃。

辽神册三年（918），耶律阿保机命礼部尚书康默记，在"西楼"（宫殿或宫殿建筑所在的区域）的基础上兴工建城。史书记载康默记集中了大量人力、物力，"百日而讫事"。天显元年（926），扩建城墙，规模宏大，气势雄伟，奠定了辽上京的基本格局。辽上京分为南、北二城，平面略呈"日"字

▽ 辽上京城墙顶部 孙秀丽摄

形，"北曰皇城，南曰汉城"。《辽史》记载，上京"城高二丈，不设敌楼，幅员二十七里。门，东曰迎春，曰雁儿；南曰顺阳，曰南福；西曰金凤，曰西雁儿。其北谓之皇城，高三丈，有楼橹。门，东曰安东，南曰大顺，西曰乾德，北曰拱辰。中有大内。内南门曰承天，有楼阁；东门曰东华，西曰西华。此通内出入之所"。

皇城，平面呈不规则六边形。城墙为夯土版筑，保存较好。周长为6443.6米，其中东墙1467米、南墙1601.7米、北墙1485.8米，西墙南北两端向内斜折，总长1889.1米，墙高6～9米。东、西、北三面城墙均有马面，间距约110米，总计45个，现存马面最高约13米。四面各开一门。现存东、西、北三门址，分别曰"安东"、"乾德"、"拱辰"，门道宽5.5米。南门"大顺门"已遭破坏。门外有瓮城，城外有护城河。皇城是契丹统治阶级居住的地方，大小、规制明显高于汉、渤海、回鹘等族居住的汉城（董新林、塔拉：《辽上京城和祖陵陵园考古发现与研究》，载《首届辽上京契丹辽文化学术研讨会论文集》，内蒙古文化出版社，2009年）。

皇城中部有宫城（即大内）。平面呈长方形，南北长约770米、东西宽约740米。宫城墙保存状况较差，大部分已掩埋于地下无法分辨，只有北墙还有局部隆起。残存宫城墙由夯土夯筑而成，夯土可分为地上墙身和地下基槽两部分。地上的墙身部分残存高0.3～2米不等。宫城北墙、西墙的基底宽2.6～2.9米，主体为黄色夯土。南墙的基底宽6.6～6.8米，主体为灰褐色夯土。地下的基槽部分深0.25～0.45米，南墙局部基槽深度达0.92米。墙基两侧筑有夯土护坡等附属设施，墙外可能设有壕沟。宫墙夯土侧壁上发现等距分布的立柱痕迹，在夯土底部发现等距分布的小柱坑，应与夯土宫墙的营建相关。宫城西门位于宫城西墙中部，与皇城西门相对，二门之间有道路相通。门址由两侧的墩台和中间的门道两部分组成。夯土墩台保存较差，中间设单门道，宽度约6.4米。门道内尚存将军石、地袱石、路面、柱洞等建筑基础遗迹。根据遗迹和遗物推断，该门址在辽代至少经过两次较大的营建。考古发掘确认，宫城墙建于辽代，局

▽ 辽上京遗址夯土层结构

△ 辽上京遗址文物保护标志碑　孙秀丽摄

部有夯土增补修筑；毁弃于金代，局部城墙上已建有金代房址（董新林等：《考古发掘首次确认辽上京宫城形制和规模》，载《中国文物报》2015年1月30日）。

汉城，城墙高度2～4米，城墙上没有马面和瓮城设施。汉城东墙1290米、南墙1610米、西墙1220米，三面城墙共计4120米（如加上此城北城墙的长度则总周长约为5721米）。史书记载的六门的具体位置已经不可考。

辽上京自元代废弃数百年后，清道光二十六年（1846），城址被学者张穆发现。20世纪三四十年代，日本学者多次到辽上京实地考察并进行考古勘测。1962年，内蒙古自治区文物工作队进行了全面勘探和试掘。2002年，内蒙古自治区考古研究试掘认定，皇城南部城墙底宽至少有32米，地面以上高10米多。墙体结构为版筑，内外共三层；底部土层薄而密集，越往高处土层越厚，最厚处达20米。筑墙时夯窝的痕迹清晰可见，每平方米有270多个，十分坚固。2011年、2012年，文物部门继续进行考古发掘。最近一次是在2014年7月至10月，中国社会科学院考古研究所、内蒙古文物考古研究所联合对辽上京宫城墙及西门遗址约1000平方米进行了考古勘探和发掘，首次确认了宫城的四至范围，还了解了宫城城墙及西门的做法、结构及年代。

辽上京遗址是中国保存最好的古代大遗址之一。20世纪50年代时，辽上京的皇城部分已被划定为重点保护区，拆除后建的房屋改为草场，禁止动土兴工。历史上沙里河多次改道，将汉城遗址破坏殆尽，为此，1981～1984年间，修筑了长2000余米防洪石堤。2002年，《辽上京遗址保护规划》通过论证，由内蒙古自治区人民政府发布实施。2003年动工兴建辽上京博物馆，2004年正式对外开放。目前，当地正在推进辽上京国家考古遗址公园建设，筹备"辽上京和辽祖陵遗址"申报世界文化遗产。

1961年，辽上京遗址被列为全国重点文物保护单位。

郭豹

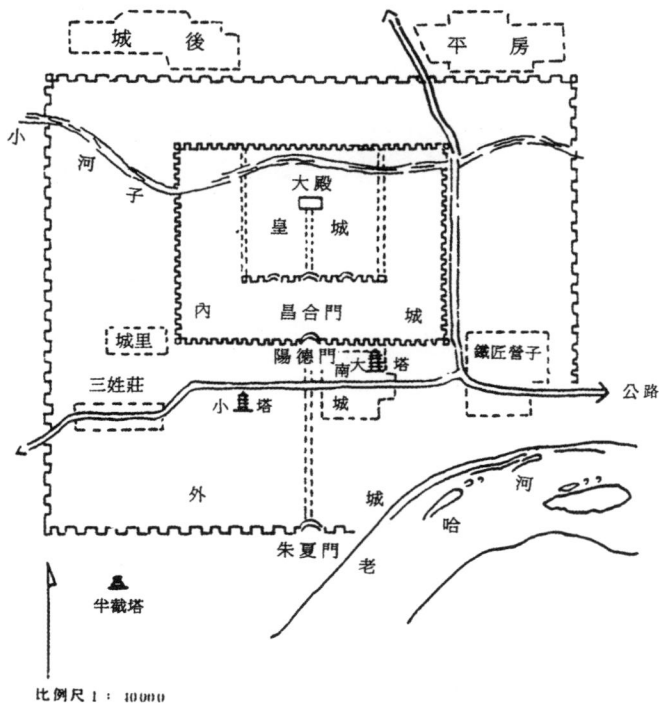

△ 辽中京示意图　引自雷从云、陈绍棣、林秀贞《中国宫殿史》（百花文艺出版社，2008年）

　　辽中京城位于内蒙古自治区赤峰市宁城县大明镇。与上京临潢府（今巴林左旗林东镇）、东京辽阳府（辽宁省辽阳市）、南京析津府（北京市）、西京大同府（山西省大同市）并为辽朝五京。中京是辽中晚期政治、经济、文化的中心之一，其地理位置与中原地相近，是辽、宋往来的重要城市。

　　中京地区自古为少数民族游牧之地。宋景德元年（1004）十二月，宋、辽签订"澶渊之盟"，为便于双方人员往来和经济交往，同时为控制当地的奚族，辽朝在此建中京，设大定府。金贞元元年（1153），改称为北京路大定府。元至元七年（1270），改北京路为大宁路。明洪武十三年（1380），改称为大宁府。洪武二十年，设大宁卫。洪武二十四年，明太祖封第十七子朱权为宁王，镇守大宁。永乐元年（1403）后，为蒙古兀良哈部的游牧之地。清时属喀喇沁中旗。1933年始建宁城县。

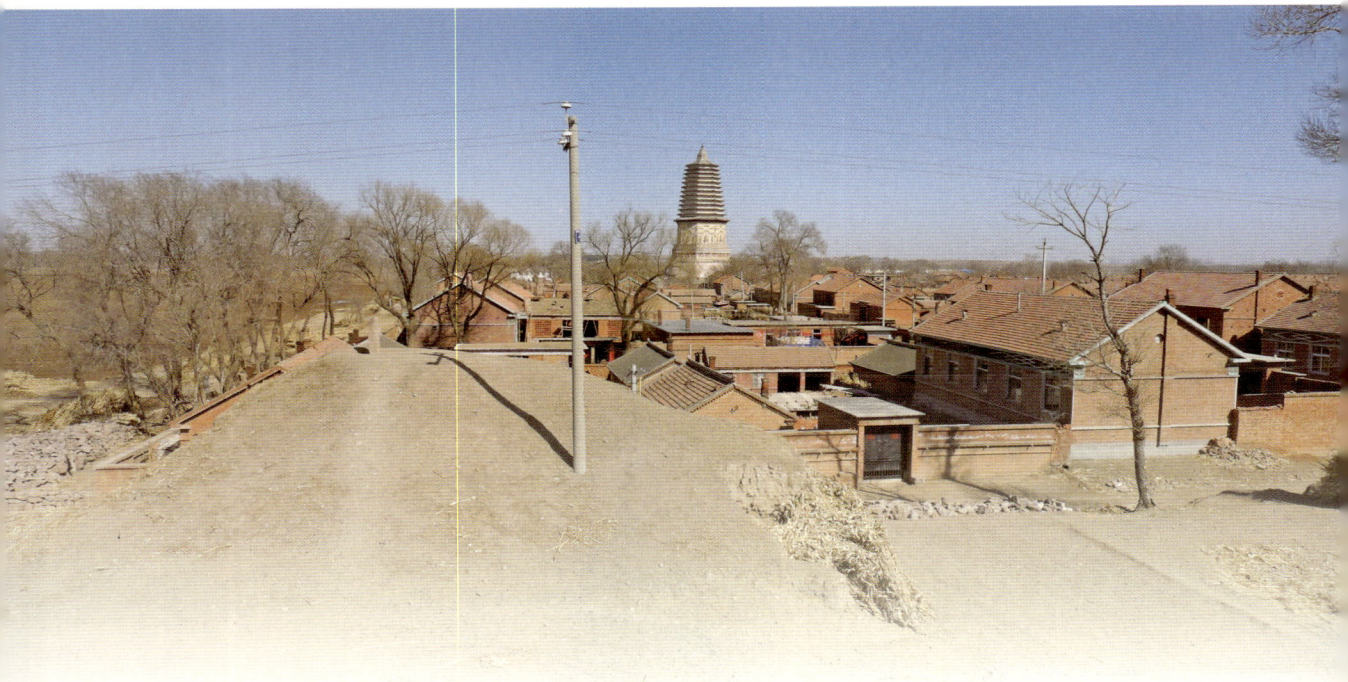

△ 辽中京内城北墙阳德门遗址 本文照片均由关琪摄

　　辽中京的城市布局仿北宋都城汴京，有外城、内城和宫城三重城。辽统和二十五年（1007）始建，次年建成。据《辽史》记载："择良工于燕、蓟，董役二岁，郛郭、宫掖、楼阁、府库、市肆、廊庑，拟神都之制。统和二十四年，五帐院进故奚王牙帐地。二十五年，城之，实以汉户，号曰中京，府曰大定。"

　　辽中京是辽鼎盛时期所建的都城，其规模宏大，周长达30里，远超辽上京，城市布局和辽上京也有不同。史书记载："契丹国外城高丈余，步东西有廊，幅员三十里。南门曰朱夏门，凡三门，门有楼阁……第二重城城南门曰阳德门，凡三间，有楼阁。城高三丈，有睥睨，幅员约七里。自阳德门入，一里而至内门，内曰阊阖门，凡三门"（宋·江少虞：《新雕皇朝类苑》卷七十七）。意思是说外城城垣东、西、北三面无门，南面开三门，中曰"朱夏门"，西曰"景昌门"，东曰"长乐门"。内城城墙上有雉堞。只在南墙中间开一门，名曰"阳德门"。皇城也只有南面开三门，中曰"阊阖门"，门上建有城楼，楼上有五凤，其形制完全照搬宋汴京大内的宣德楼。阊阖门两侧为东、西掖门。

　　辽保大二年（金天辅六年，1122），金兵攻占中京。此后陆续有增建和改造。为了屯兵，在辽中京皇城内筑一座方形小城堡，边长约180米，东面开门，叠压于辽的宫殿基址上。在原辽中京外城内的南部筑一座新城，东西约2000米、南北约1500米。新城北垣为原内城的南墙；南垣利用原外城南墙的一部分；自内城的东南角和西南角分别向南新筑东垣、西垣。新城的南门仍沿用辽的朱夏门，东墙开一门，曰"长乐门"。

元代沿用金代城垣，没有大的改动。废弃了辽中京外城的东墙、北墙，并对城墙重新相连并统一了高度。元末因红巾军起义和地震，中京城遭到毁坏，只有外城南部还继续使用。

明代的大宁城，已经变成以军事目的为主、屯兵戍守的据点，并修有护城河。在原辽中京外城南部的西侧，有一座新筑小城，南北长620余米、东西宽530余米，墙体高度至今仍有4~5米。四面正中均有豁口。此小城似为宁王府，或为明大宁府都指挥使司所在。建文元年（1399），燕王朱棣发动"靖难之役"，挟持宁王共同起兵，纵火焚毁了大宁城，此城遂废。

1959~1960年，辽中京发掘委员会经过全面勘测和重点发掘，对辽中京的城市布局有了较为清楚的认识。

辽中京城有外城、内城和皇城三重（也有学者称为外城、皇

▽ 辽中京内城宁王府西段残存城墙

城、宫城，只是说法不同）。城墙全部用版筑，城内建筑物沿中轴线左右对称分布。

外城东西长4200米、南北宽3500米、残高4～6米、基宽11～15米、夯土层厚10～15厘米。没有马面。城四角有角台，东、南、北面城墙上每隔90米就建有一座楼橹（建在城墙上用于瞭望和防御的高台）。外城南墙经金、元改筑，加筑有瓮城，分别位于南墙正中央、南墙西部。城墙的东南部经历代改筑及河水冲毁，情况不明。

内城在外城的中部靠北，平面为长方形，东西长2000米、南北宽1500米。西墙是辽代城墙的残迹，残高2～3米，墙上存有马面遗迹，两马面间距约95米。其余三面城墙都经过后来改筑，其中辽代南墙墙基在现存残墙的北边；南墙正中的阳德门，明代改筑时被夯筑在城墙内。城内没有大型的土木建筑物，内城保存要比外城好。

皇城位于内城的中央靠北，呈正方形，边长约1000米。皇城北墙即利用内城的北墙，另筑东、南、西墙3座，墙上没有马面。东、西两墙残高2～3米。南墙在地表已无痕迹，经过钻探发现了一大二小三座门址，应该是文献记载的阊阖门及东、西掖门。现今尚可见到东、西两墙南端的角楼址。皇城城墙东南角、西南角都筑有角楼。皇城内有宫殿基址（辽中京发掘委员会编：《辽中京城址发掘的重要收获》，载《文物》1961年第9期）。

目前，辽中京遗址得到了较好保护，遗址范围内建有辽中京博物馆。

1961年，辽中京遗址被列为全国重点文物保护单位。

郭豹

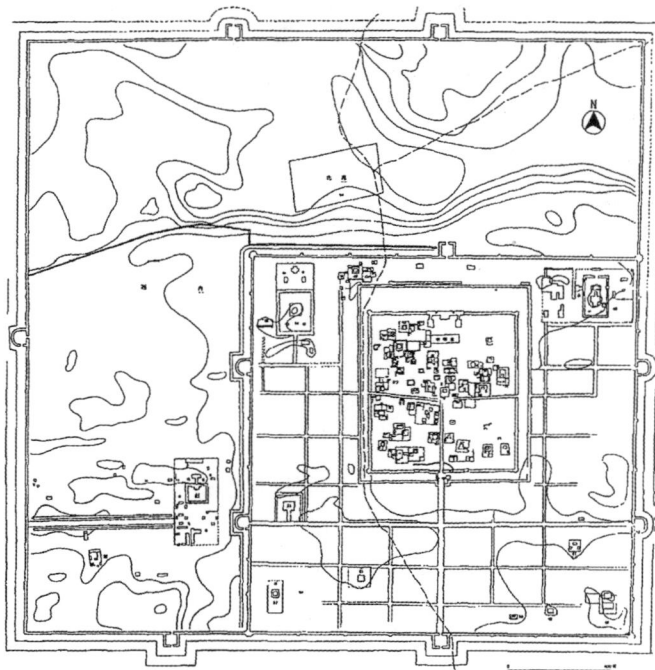

△ 元上都平面图　引自魏坚《元上都的考古学研究》，吉林大学2004年博士论文

元上都，位于内蒙古自治区锡林郭勒盟南部的正蓝旗境内，蒙古语为"兆乃曼苏默"，意思是108座寺庙。元上都建在地势开阔的金莲川草原上，地理位置重要，"控引西北，东际辽海，南面而临制天下，形势尤重于大都"。

元上都是13～14世纪蒙元帝国建立的第一个都城。包括元世祖忽必烈在内的元代六位皇帝在这里登基。元朝成立、马可·波罗来华、发行纸币、创立行省制度等许多重大历史事件都发生在这里。元上都也是沟通漠南、漠北，连接东西方的交通要道，是丝绸之路上的重要端点，游牧文明、农耕文明在这里碰撞融合。在当时，元大都是具有世界影响的国际大都会。

元上都所在的地区，历史上曾是匈奴、鲜卑、契丹、女真、蒙古等古代民族的游牧之地。金代属桓州。蒙古宪宗元年（1251），成吉思汗之孙、受命总领"漠南汉地军国庶事"的忽必烈，驻帐金莲川，建立了金莲川幕府。宪宗

△ 元上都明德门遗址 引自陈同滨《元上都遗址突出普遍价值的对比分析研究》，载《中国文化遗产》2012年第3期

六年，忽必烈筑城，初名开平府。中统元年（1260），忽必烈在此召开忽里台大会，登上汗位，为临时都城。中统五年正式改称"上都"，又名"上京"、"滦京"。元大都建成后，每年夏历二三月至八九月，皇帝及随行大臣、官员都会在这里避暑理政。明初，设开平卫指挥司，明成祖后为察哈尔万户地。清康熙十四年（1675），这里属察哈尔都统下的正蓝旗。1950年，由察哈尔左翼正蓝旗改名为正蓝旗。

蒙古宪宗六年（1256），忽必烈奉蒙哥汗旨意，命谋士刘秉忠"于岭北滦水之阳，筑城堡，营宫室"。刘秉忠经过踏查，选址在桓州以东、滦河之北的龙岗，在董文炳、贾居贞、工部提领谢仲温的协助下，规划营建新城。兴筑工程用了三年时间，第一年先建宫室，第二年开始筑城，第三年（宪宗九年）新城基本建成，命名为"开平"。正式定都后，继续进行了大规模建设。

元上都规模宏大，城址由外城、皇城、宫城和城外的关厢四大部分组成。其最早设计应该只有皇城和宫城两重，宫城在皇城的中部偏北，是全城的核心。外城是在皇城外围扩建而成，位于皇城西、北两面。

外城平面呈正方形，边长2220米。外城城墙均为夯土夯筑，夯层厚约20厘米。城墙基底宽10米、上宽2米、残高3～6米，无马面、角楼等军事设施。外城墙体开四门：北墙二门，西墙一门，南墙一门。四门均建有长方形瓮城，南北长约60米、东西宽55米的瓮城门折向南开。城外有护城河，宽26～32米、深约3米。外城分两大部分，北部是豢养珍禽异兽、培植奇花异草和小型射猎的皇家园林，称为"北苑"；西部有皇帝避暑的行宫，称为"西苑"。

皇城平面近似正方形，边长约1400米（东墙1410米、南墙1400米、西墙1415米、北墙1395米）。城墙用黄土分层夯筑，每层厚12～14厘米。内外两侧用石块包砌，厚度0.5～0.6米。墙体基底宽12米、上宽约5米、残高6～7米。皇城墙体上有石筑的马面，每面墙有6座。四角有高大的角楼台基，内侧有登城马道。城外离墙体25米处有护城河，宽约10米。皇城东西墙对称各开二门，南北墙各开一门，南曰"明德门"，北曰"复仁门"。皇城六门均建有长方形的瓮城。皇城的南门明德门经过考古发掘，单门洞，门道长24米、宽5.7米。券门两侧有高达7米的城门楼残迹。明德门的瓮城呈长方形，东西长63米、南北宽51米、墙体宽12米、残高7米。瓮城门位于瓮城南墙中部略偏东，门道长12米、宽3.6米。明德门为元上都城的前门，与御道相连，是当时上都至大都驿路的起点。元诗有云："明德门前万骑过"、"偶因试马小盘桓，明德门前御道宽"。皇城内有乾元寺、大龙光华严寺、孔庙和道观等宗教建筑。

宫城平面呈长方形，南北长605米、东西宽542米。城墙以石条为地基，中间以黄土分层夯筑，内外两侧用$34 \times 19 \times 17 cm^3$的青砖包砌。现存城墙高约5米、基底宽10米、上宽约5米。宫城四角建有角楼。城外有护城河。东、西、南三面各开一门，分曰"东华门"、"西华门"、"御天门"，门外不设瓮城。其中南边的御天门最为重要，它与皇城南门明德门在一条中轴线上，是出入的主道。文武百官都在御天门听宣侯旨，皇帝政令也多由此发出，再送往大

▽ 元上都遗址现状　汪意云摄

都，然后转发全国各行省。元诗有"御天门前百官多"、"御天门前闻诏书，驿马如飞到大都"的描写。大安阁等宫殿楼阁和官署、宫学都建在宫城内（魏坚：《元上都的考古学研究》，吉林大学2004年博士论文）。

元上都城四边分布有面积广大的关厢。东关长约1000米，为皇帝接见宗王和使团居住的帐房区；西关长约1000米，为羊、马、牛市和商业区；南关长约为600米，为酒肆、客栈的商贸区；北关为驻扎军队的兵营。元至正十八年（1358）12月，红巾军攻陷上都，焚毁宫阙衙署，七日后撤离，元上都遭到严重破坏，"上都宫阙尽费，大驾不复北巡"。

洪武元年（1368），明军逼近大都，元顺帝仓皇逃往上都。次年，明将徐达、常遇春率领的中路军攻克元上都。洪武二十九年，明朝在元上都正式设开平卫指挥使司，屯田驻防。洪武三十年，"城开平卫"，此时只是为了军事防卫，修缮了城垣。明成祖以后，明朝防卫内撤。宣德五年（1430），开平卫移至长城以内的独石口，改隶万全都指挥使司。元上都至此彻底废弃。

元上都遗址经过了多次考古工作。20世纪30年代，日本东亚考古学会原田淑人一行对元上都进行了初步考古调查、测绘。1973年，内蒙古大学贾洲杰等学者在详细调查测绘的基础上，发表《元上都调查报告》一文。1990年至2003年，内蒙古文物考古研究所先后对明德门、大安阁、皇城等遗址进行了考古发掘，首次进行了航空遥感摄影调查。2008～2011年，内蒙古自治区文物考古研究所完整地测绘了元上都城址及相关建筑遗迹，对关厢和乾元寺等进行了大规模考古勘探，发掘了明德门、御天门、大安阁等重要建筑基址，揭示出了明德门的具体建筑结构，理清了御天门侧门洞、城墙与瓮城的关系（陈永志：《揭开游牧文明的废墟——元上都遗址的考古发掘》，载《中国文化遗产》2012年第3期）。

1949年后，元上都遗址得到有效保护和管理，先后被公布为自治区级和全国重点文物保护单位。从2000年起，当地全面推行禁牧、围封、水土保持、防沙固沙、环境保护等一系列保护工程。2010年，内蒙古自治区政府批准公布了《元上都遗址保护管理办法》和《元上都遗址保护管理规划》。

1988年，元上都遗址被列为全国重点文物保护单位。2012年，元上都遗址列入《世界遗产名录》。

郭豹

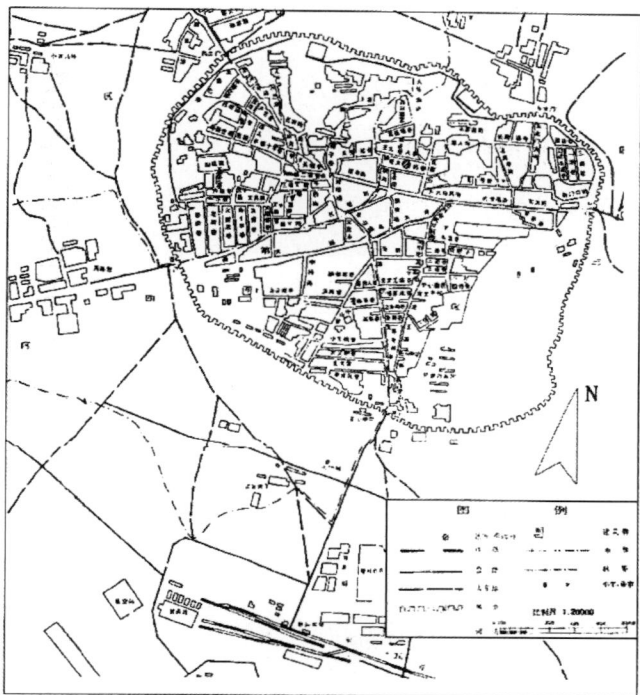

△ 1948年包头城区图　引自《内蒙古自治区地名志·包头分册》1985年版

　　包头，位于内蒙古自治区西部，地处黄河以北、河套平原和土默川平原之间，是内蒙古最大的城市及现代化工业城市，有"草原钢城"、"稀土之都"之称。

　　包头一带自古就是北方游牧民族活动的地方。清初，属归化城土默特旗地，后隶萨拉齐厅。嘉庆十四年（1809），设包头巡检，改包头村为包头镇。"包头"名字的来源说法不一，或认为是蒙古语"包克图"的谐音，意为有鹿的地方，或认为是"泊头"之意。1913年，隶属于绥远特别行政区。1926年，置包头县。1953年，包头撤县留市。1954年，划归内蒙古自治区，为自治区辖市。

　　清初，包头从游牧之地而成村，继而成镇城、县城，城墙规模不断扩大。乾隆二年（1737），内地农民在此"筑屋居住，始成村落"。嘉庆、道光

△ 1937年10月21日，包头城墙上的碉楼　本文照片均由南京城墙保护管理中心藏

△ 1930年，包头城外高地的龙王庙，俯览包头全景及城墙局部

年间（1796～1850），借助水运交通的便利条件，逐渐发展为萨拉齐厅所属最大的城镇。同治九年（1870），大同总兵马升、包头巡检崔际平开始在包头筑城，历时三年，于同治十二年竣工。城平面大致为椭圆形，"城周约十四里，城高一丈五尺，底基厚二丈，顶上厚一丈，土质坚固，依山蜿蜒"，墙体为黄土夯筑。城上女墙高6尺，垛口相距2尺。城"四隅各筑台墩，高与城齐，台顶纵横各三丈，面积九方尺"。初建时全城开六门，分别为东、南、西、西北、东北门，都没有门楼。城北是高岗，无法通行，故不设北门。城外有护城河，深约3尺。为了防止自然灾害，还在"北城之东西筑水栅，各高一丈五尺，以

泄山洪"，在西城筑退水口（即泄洪涵闸）4座。光绪六年（1880），大同镇继任总兵张树屏巡视包头后，认为"城池卑隘，不足以资守方御"。遂主持复加修葺，"既峻其城，又深其池"。光绪二十七年，五原同知姚学镜重修城垣。

1923年，宁夏驻军城防司令蒋文焕、包头设治局长刘秉坤再次对包头城墙进行补修，在城内、外添筑土墩、炮台，加强了包头的军事防御能力。1925年，时任西北边防督办的冯玉祥主持在原包头镇城的南面新筑外城，外城平面呈马蹄形，其（外）城连接内城之南，城垣长22里、高1丈、顶宽5尺、底宽8尺。因城墙与山坡衔接，所以东、南两面都是直线，西、北两面是曲线。南门之西新开一门，称为"新南门"。工程未及竣工，冯玉祥就因战事失利而退出包头。此时包头内、外两重城墙的格局已经初步形成。包头从一个不知名的小村子，发展为"塞外一大巨镇"。

1953年，随着包头钢铁厂的兴建，城市建设飞速发展，包头城墙陆续被拆除。如今，昔日包头城墙主体基本无存，仅存少量残迹。

附：

丰镇厅城　位于内蒙古自治区乌兰察布市的中南部，地处河北省、山西省、内蒙古自治区三省区交界处，是内蒙古的南大门，素有"塞外古镇、商贸客栈"之称。

丰镇自古以来就是鲜卑、突厥、契丹、蒙古等民族游牧之地。清康熙年间（1662～1722），丰镇为察哈尔蒙古部正黄旗、正红旗及太仆寺牧场。雍正十三年（1735），设立丰川卫、镇宁所。乾隆十五年（1750），改设丰镇厅。1912年，改厅为县。1990年，撤销丰镇县，设立丰镇市（县级）。

丰镇厅城所在的地方旧名"衙门口"，是位于得胜口边外的一座小村

▽ 20世纪30年代末，包头城门及城墙

△ 20世纪30年代，包头城外的羊毛纺织工人，不远处的城墙垛口清晰可见

庄。乾隆初年，以龙王庙为中心形成村落。乾隆十八年（1753），大朔理事通判包明在这里创建厅城，"始筑土垣"。周长575丈，东、西、南三面为夯土筑成，均高1丈、厚4尺；北面则依山砌石为垣。东、西、南三面各开一门。乾隆三十八年，同知八格倡议展筑城墙，周长845丈、高1丈、厚5尺。在原有三门的基础上增至五门，分别为东、北、西、西北、南。南门命名为"永宁"。城门外加筑瓮城。道光二十年（1840），由于人口增多、商贸发达，同知兴龄"捐俸劝募"，再一次展筑土城、扩大城垣，周长1673丈，加高至1.5丈。北面因山砌石，高9尺，其余仍为土垣。

丰镇厅城墙今已基本无存。

汉代麻池古城遗址　位于包头市九原区麻池镇西北，是包头地区保存较好、规模最大的古城郭遗迹之一。

战国时期此地设九原县，隶属于云中郡。秦设九原郡，郡治即今麻池古城。汉代称"临沃城"，是五原郡治下的重要军镇。清初，包头三湖湾一带盛产青麻，当时这里有13个沤麻池，村庄遂被称为麻池村。

麻池古城分南、北二城，平面呈双菱形，彼此连接。南城南北长600米、东西宽640米。北城南北长690米、东西宽720米。总周长4805米，占地面积110多万平方米。残存城垣高约6米、底宽约10米、顶宽3～4米。南城的西垣、南垣和北城的北垣各设一门。

2006年，麻池城址和召湾墓群被列为全国重点文物保护单位。

郭豹　何敏翔

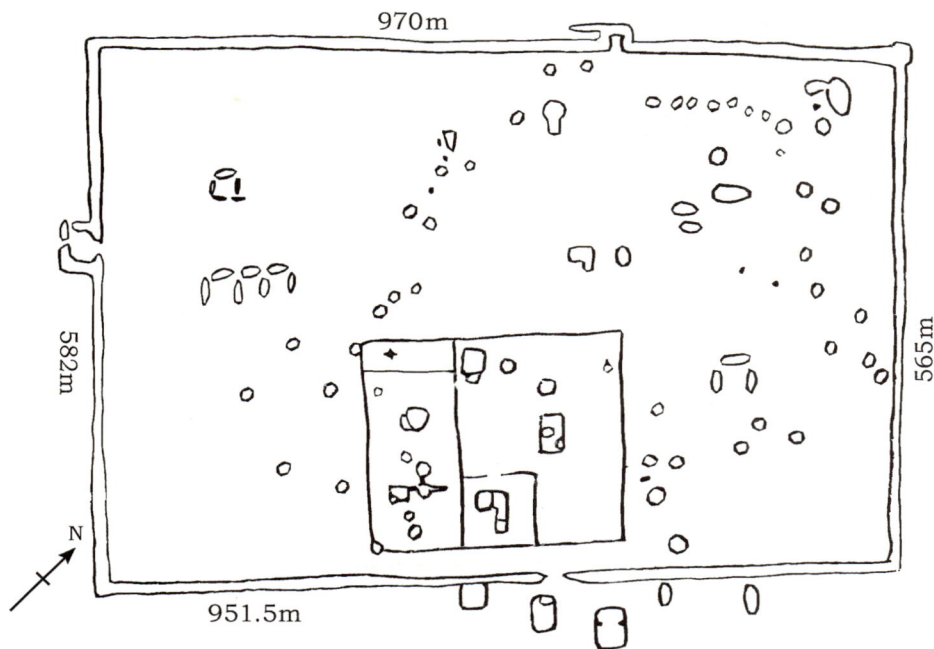

△ 敖伦苏木古城图　据江上波夫敖伦苏木古城址地图，张君重绘

　　敖伦苏木古城遗址又称"赵王城"、"五英雄城"。位于内蒙古自治区的达尔罕茂明安联合旗，百灵庙东北约35公里处的艾布盖河北岸。

　　敖伦苏木古城的历史，可追溯到辽代末年。《辽史·天祚帝纪》谓："大石……自立为王，率铁骑二百宵遁，北行三日，过黑水……西至可敦城。"所谓"黑水"，即今达尔罕茂明安联合旗的艾布盖河，这在姚燧《河内李氏先德碣铭》中可得到证明。可见汪古部首领赵王所率领的那支汪古部人，很早就居住在艾布盖河流域，不过当时并未建城，所居住的不过是蒙古包一类的毡帐。金代末年，当地阿剌兀思归附成吉思汗，遂将其居住的土堡称做"按答堡子"。元初至元二十年（1283）之前，元政府在之前按答堡子基础上修建了一座城，名为"新城"，又因其在黑水之北，因此又称做"黑水新城"。其后改新城为"静安"，不久又改静安为"德宁"。敖伦苏木古城是元代德宁路所在地，为汪古部地区最大的政治、经济、文化、宗教中心，是当时蒙古高原上仅次于元上都的第二大城池，同时，它也是沟通西北蒙古高原和内地之间的要冲。

敖伦苏木古城在明、清两代沿用，但已经逐步衰落。经考古发掘可知它曾被重修，但均无文字记载。作为江古部首府的敖伦苏木，随着汪古部从政治上退出历史舞台，首府地位也随之不复存在了。到明代中后期，随着明代喇嘛庙的兴建，汪古部首府残破不堪的建筑物也随之被毁坏。直到清初，才彻底变成了废墟。这座古城被废的原因不见任何记载，考古发掘时，发现了有火烧的藏文经和红烧土，可推断它是被焚毁的（盖山林、盖志勇：《内蒙古敖伦苏木古城考辨》）。

现存的敖伦苏木古城遗迹的平面呈长方形，东西宽约960米，南北长约570米，总面积近55万平方米。城墙的四面辟有城门，四角筑有角楼。城门、角楼与城墙的轮廓清晰。城墙墙基宽约3米、残高2～3米。城址内发现有建筑遗址17处、高台和土包99处。城东300米处还发现有一处墓地。此外，遗址内还出土了大量建筑构件、石碑、石兽以及景教墓石等遗物。

1996年，敖伦苏木城遗址被列为全国重点文物保护单位。

何敏翔　王腾

▽赵王城西南角残垣　夏冬摄

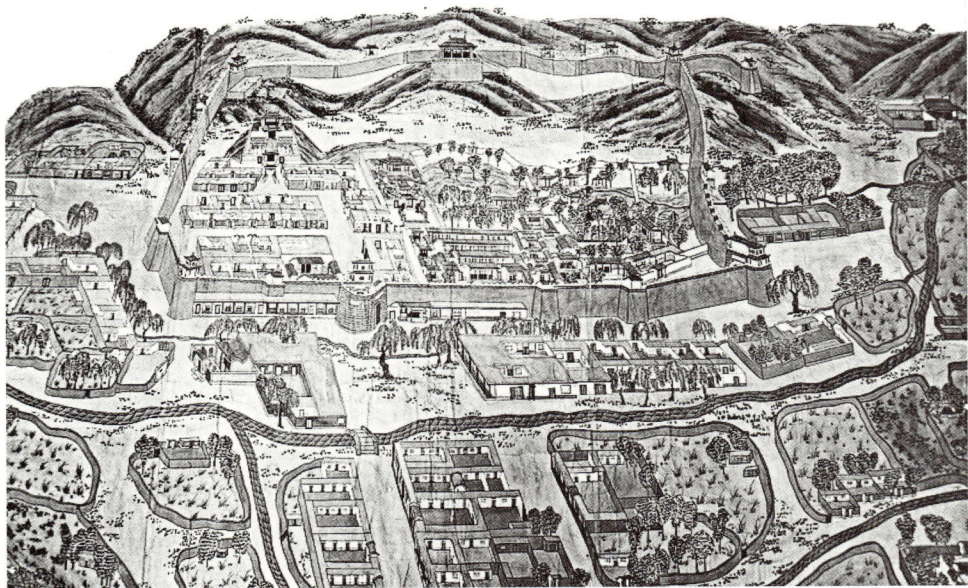

△ 1831年前后的定远营图　翻拍自阿拉善博物馆

定远营，是今内蒙古自治区阿拉善盟巴彦浩特镇旧称，汉代名将班超出使西域时就曾经在此驻扎，朝廷封班超为定远侯，他所驻扎的营地便称为定远营。

定远营正式建置系清雍正时期，因其"形势扼瀚海往来之捷径，控兰塞七十二处隘口"，地理位置甚为重要。阿拉善郡王阿宝在对准噶尔部噶尔丹的战争中屡建奇功，清廷遂将此城赐予阿宝。自雍正八年（1730）始建，雍正十一年落成，是阿拉善的旗府驻地，政治、经济、军事、文化中心。

定远营城根据地形高下，依山筑城。定远营城池呈不规则方城，其占地东西长1里多、南北宽约1里。

定远营城墙全部用灰白色黏土，石杵夯打筑成，上面用青砖铺就并砌垛口。城墙周长3.3里，南门有瓮城，东门在城的东南角，其他几隅有城楼，北

△ 定远营城墙 美国女探险家Mrs. Lamb拍于1933年前后，现存于美国史密森学会档案馆，方静提供

城墙居中建有一座关帝庙，南城门外为商业街。北城外隔一条大沟，对面是营盘山，山上有三座堡子，拱卫着定远营王爷府。

定远营王府规模大、功能齐全，在王府的东北山坡，依山建有王府东花园，依次有绣楼、马王庙、观景台、娘娘庙、长亭、怡心亭等建筑，以供王爷、福晋以及府人观光休闲。这些建筑不仅在建筑风格上体现出了清、蒙、藏、民国等各地各代不同的建筑风格，同时还体现出了多种宗教信仰共融共存的包容性。

近几十年，阿拉善盟的行政区划几经更迭，如今定远营改名"巴彦浩特"，是阿拉善盟府和阿拉善左旗政府所在地。原定远营城内城隍庙墙上的壁画和现存阿盟博物馆内的巨幅文物画卷《定远营建城图》，真实地记载了当时建城后的历史事实。

2006年，定远营被列为全国重点文物保护单位。

何敏翔

△ 鸡鹿塞城平面示意简图　据卫星航拍图，张君重绘

　　鸡鹿塞，位于今内蒙古自治区西部磴口县（巴彦高勒镇）西北，狼山西南段哈隆格乃峡谷南口。

　　鸡鹿塞石城，建于汉武帝元狩三年（前120），是当时著名的军事要塞、西汉时期中原和匈奴经济政治往来的重要关卡，也是汉代通塞北之隘口。

　　鸡鹿塞石城遗址呈正方形，边长约68.5米，占地约4900平方米。墙体全部用片麻岩和卵石砌成，筑于距沟底高约19米的山坡平台上。据当地文物部门调查，现存鸡鹿塞石城上端残存厚度约3.7米，下端厚约5.3～5.5米，残墙高一般约7米，最高8米，西北缺口处只有2米高，平均高度为7.2米。古城只在南墙开一门，城门外有类似瓮形的长方形小围墙，留有出入口。靠南墙东部内侧和西北角砌有登道，山前原有一条通道，据考证是历史上著名的北丝绸之路。在古城周围10公里范围内有汉代烽燧遗址10余处，作为防线和报警之用。鸡鹿塞和

△ 俯瞰鸡鹿塞　本文照片均由夏冬摄

烽燧共同组成了汉王朝西北边陲的军事要冲。

　　相传汉将卫青、霍去病曾在此击败匈奴右贤王。据《汉书·匈奴传下》记载：汉元帝竟宁元年（前33），呼韩邪单于再次赴长安修好，元帝赐王昭君于呼韩邪单于为妻，号昭君为"宁胡阏氏"，并派高昌侯董忠和车骑都尉韩昌领兵护出朔方鸡鹿塞。

鸡鹿塞虽然历经两千多年，仍屹立在山坡上，成为汉朝与匈奴友好，以及经济、文化往来的历史见证。城内曾出土汉代绳纹砖瓦、灰陶片、箭簇和一件青铜弩机。

2006年，鸡鹿塞遗址被列为全国重点文物保护单位。

何敏翔

▽ 鸡鹿塞南墙体

N

● 元中都城址

● 万全城
　● 宣化城
鸡鸣驿城 ●
　　　官厅水库
桑干河
　　　● 镇边城

　　　　三屯营城址 ●
潘家口水库
滦河
青龙河

● 西古堡城

　　● 涿州城
　● 燕下都城

　● 保定城

　● 定州城
沙河
拒马河
　　　南
正定城 ●
滹沱河
漳河
● 井陉城

　　　运
　新
　　河
　　　河

永年城 ●
　● 赵邯郸故城

河北

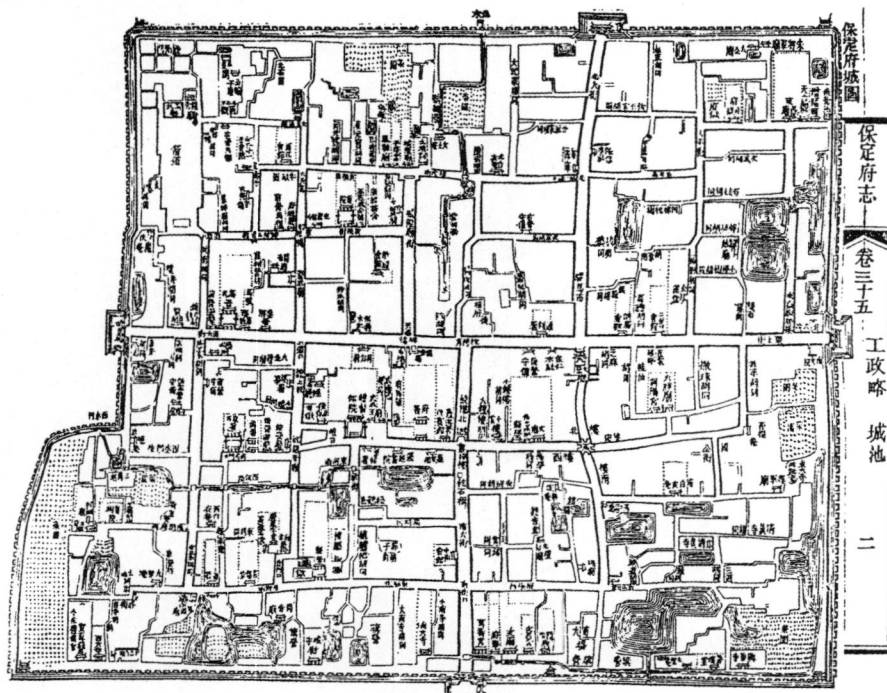

△ 保定府城图　引自《光绪保定府志》清光绪七年修，十二年刻本，载《中国地方集成·河北府县志辑（30）·光绪保定府志》

　　保定，取永保大都（即元大都北京）安定之意，位于华北平原中部，与北京、天津构成黄金三角，素有"京畿重地"、"首都南大门"之称。1986年，被列为国家历史文化名城。

　　保定，是尧帝的故乡。自春秋战国时期燕国、中山国先后在其境内建都后，各朝各代先后在这里设县、路、府、直隶省会等。宋朝建隆元年（960），于清苑县置保塞军；太平兴国六年（981），保塞军升为保州。元朝至元十二年（1275），因保州为元大都门户，遂改名为保定路，寓保卫首都安定天下之意。明洪武元年（1368），改为保定府。清康熙八年（1669），成为直隶省省会，仍设保定府。1948年，建立保定市人民政府，为冀中区直辖市。1949年，为河北省省会。1994年，保定地区和保定市合并，建立新的地级保定市。

　　保定最早筑城不详。宋淳化三年（992），李继宣知保州，开始筑城关，浚外濠，葺营舍，疏一亩泉河等项建设工程。咸平六年（1003）六月，以莫州团练使杨延朗代李继宣职，任保州、威虏军、静戍军沿边都巡检使，在他主持下修造保州城池："周围六里六十九步，高三丈，广二丈，池深八丈，阔四丈"（据《考工典》）。因处于宋、辽边界，宋、辽多次在此地战争。金末年，保州城在战乱中成为废墟。

　　蒙古太祖二十二年（1227）春，元大将军张柔移镇保州，筑土城，建置、规模俱不可考，仅知南面有三门。明时两隅门废，仅土壁关梁尚存。

　　明时，由于保定特殊的地理位置，保定城的营建与修缮受到重视。建文四年（1402），都督孟善加固城墙，开始将原先部分土城改建成砖城，城周基本呈方形（据明弘治版《保定郡志》卷一）。城周长4850步（共计12里330步）、高3.5丈、上宽1.5丈、下宽3.5丈。城壕阔3丈、深1.5丈。设城门4座：东曰"望瀛"，南曰"迎薰"（1966年据明正德元年刻本影印本《重修保定志》为"蠡吾"），西曰"瞻岳"（1966年《重修保定志》为"华山"），北曰"拱极"。并设望楼4座、角楼4座、敌台81座、铺49处，城上东南隅修应奎楼1座。另设东、西、南、北水门4座（据1934年《清苑县志》卷一）。

▽ 1937年9月24日，保定北侧城外的侵华日军 本文照片除署名外，均由南京城墙保护管理中心藏

▽ 1937年9月24日，侵华日军进入保定城

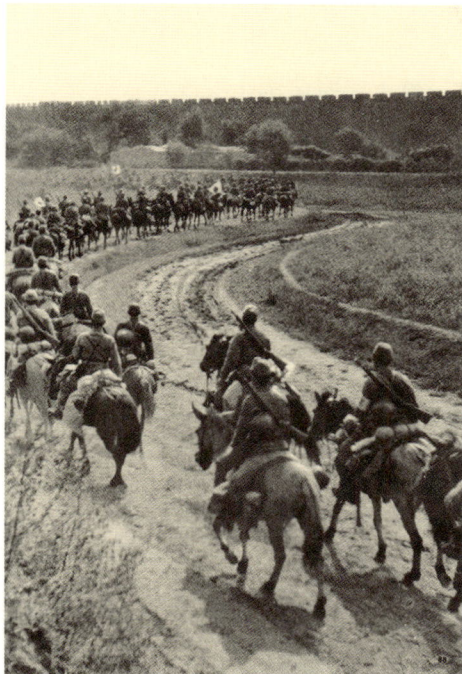

△ 保定城东门及外瓮城

嘉靖二十九年（1550），知县吕崇德又从战略防御和城市供水出发，根据当时条件和地形，建新城于旧城之西北隅，使南部向外呈弧形凸出500米，整个城池形似足靴，故有"靴城"之称，确定了城池基本形制。隆庆年间（1567～1572），在张烈文等三任知府的主持下，将全部土城改建成砖城，并增筑城楼。

清朝沿用旧址。咸丰三年（1853），经总督讷尔经额修葺，同年挑挖城壕。同治十一年（1872），总督李鸿章重修；光绪二十六年（1900），英、法、德、意侵略军侵占保定，烧毁城楼及角楼。光绪二十九年，袁世凯为请慈禧、光绪谒西陵，将城内永宁寺（即南大寺）改为行宫，照原貌重修了南城门楼，其他三座城门正楼及四门瓮城的敌楼均未修复。

1912年后，在城内西南隅设有直隶（今河北）省第四监狱，为加强防御，将南临城墙坍塌的一段约200米重修。1935年，东北军第53军万福麟部队驻保定时为练兵出入方便，新开小南门。1937年前，驻保定守军为了加强防御，在南城墙墙体内（现遗址处仍存）修建了两个较大的水泥防空洞，同时对保定城墙又进行了一次维修。1942年，侵华日军在西南角靴城尖端开出小西门，但不久又原样垒砌堵死。

△ 1935年春，保定城墙 引自《中国城郭概要》（中文大学出版社，1979年）

1949年前，古城墙及南城门正楼基本完整，东、西、北三门正楼址各存留三间平房。1950年，为发展市内交通，开始拆除四门瓮城。1952～1954年，陆续拆除东城、南城、北城城墙。1956年，拆除西城城墙。

保定现仅留下南城墙一段遗址，坐落在环城南路西段，遗址残长545米、上宽10米、下宽13米、高7米。其中尚存有一座矩形墩台，位于天威中路动物园北侧（据保定广播网2010年3月31日稿《保定古城墙史话》）。

▷ 应奎楼旧影

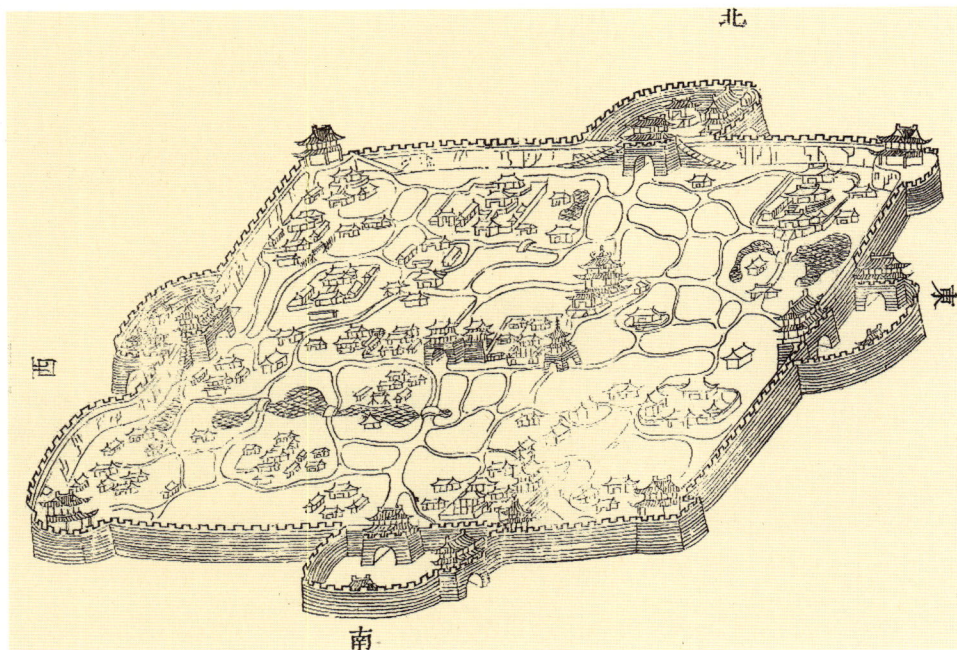

△ 保定城图 引自《重修保定志》1966年版

1984年，保定城墙遗存被列为市级文物保护单位。

杨国庆 王腾

保定府城池： 元大将军张柔始筑。明洪武三十五年，都督孟善以砖石甃瓮城四门，增女墙。设大宁都指挥使司暨五卫所守之。周围一十二里三百三十步，高三丈五尺，广一丈五尺。池深三丈，阔五丈。门四：东曰望瀛；南曰迎薰；西曰瞻岳；北曰拱极。南面旧有三门，后两隅门废，土壁、关梁尚存。角楼四、敌台八十一、警铺四十九。隆庆初，知府张烈文、贾淇章、时鸾相继砌砖。清苑县附郭。

——清《考工典》第十八卷，引自《古今图书集成》

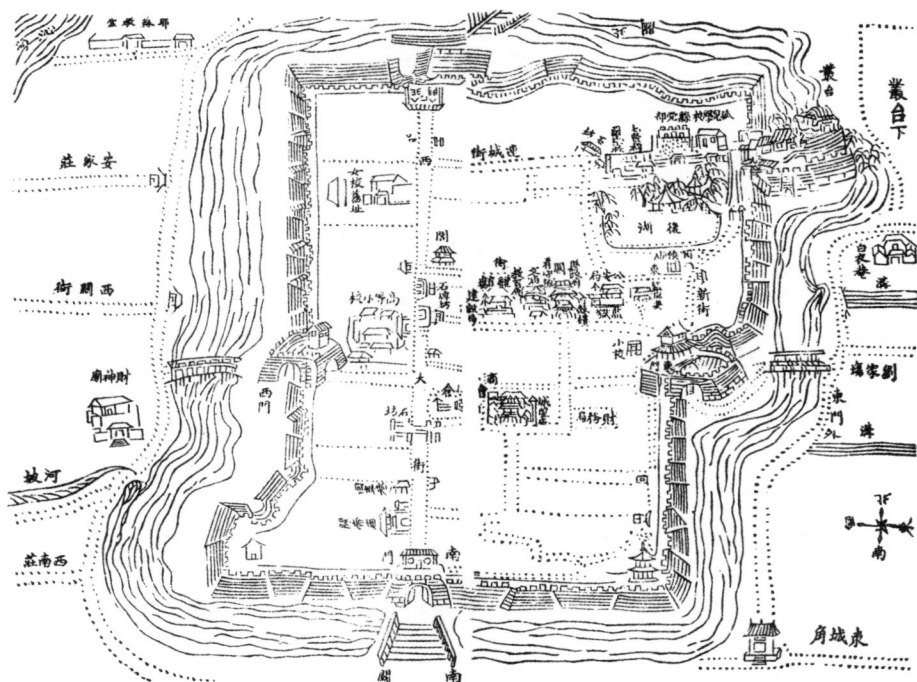

△ 邯郸县城图　引自《邯郸县志》民国二十八年刊本，载《中国方志丛书·
华北地区·河北（188）·邯郸县志》

赵邯郸故城，位于河北省邯郸市区及其西南郊，是战国时代"七雄"之
一赵国的都城遗址。其西依太行，东临华北平原，《史记》中称其为"漳、河
间一大都会"。1994年，被列为国家历史文化名城。

"邯郸"之名起于春秋，卫献公弟姬专逃到晋国，"织绚邯郸，终身不
言卫"（据《春秋·谷梁传》）。邯郸城初属卫，后归晋，曾为晋国大夫赵午
的采邑，战国时期归赵。周安王十六年（前386），赵敬侯平定公子朝作乱，
自中牟（今鹤壁西）迁都邯郸。秦王政十九年（前228），赵为秦所破，属
秦。汉代为赵王刘如意的都城。汉以后逐步衰废。

邯郸故城总面积1800多万平方米，分为宫城和郭城，即赵王城及大北城
两部分。自1940年对其进行局部调查挖掘至今，邯郸故城已进行多次大规模发
掘，其本来面貌也基本显露。

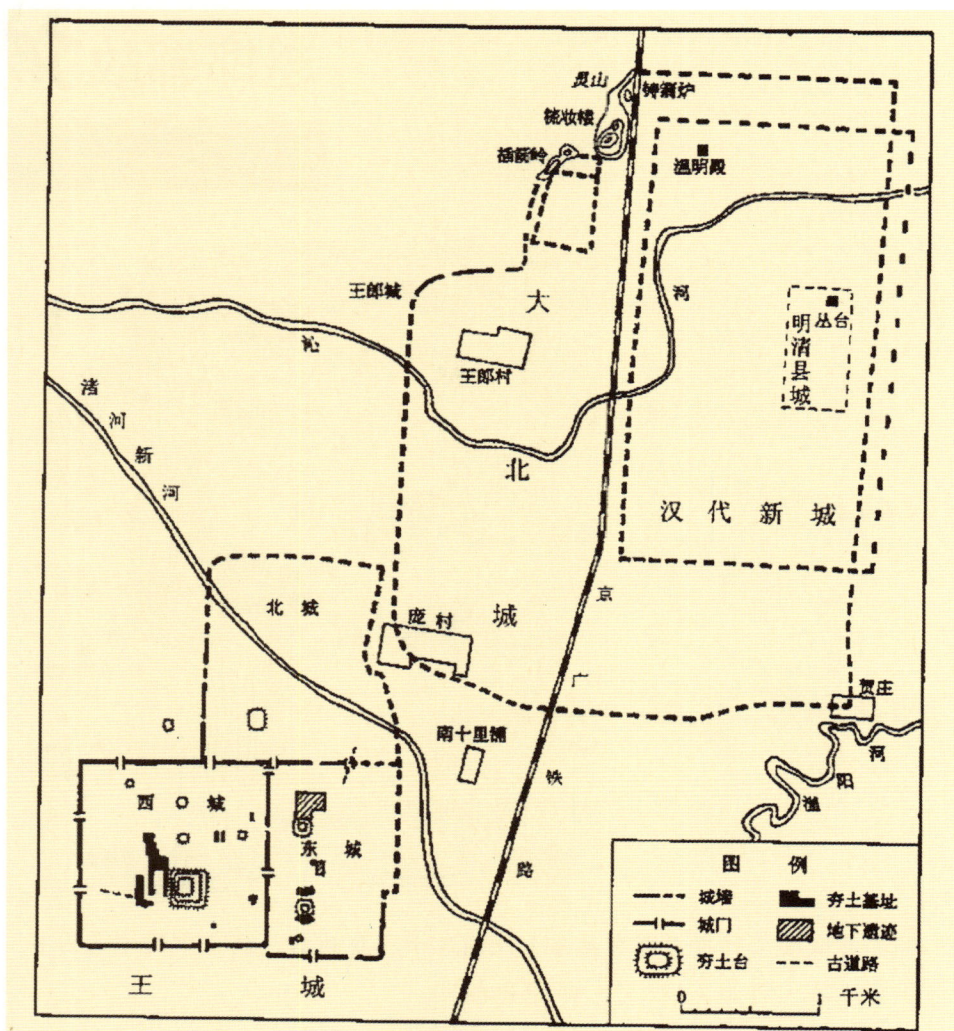

△ 赵邯郸故城与邯郸县城关系示意图 引自段宏振《赵都邯郸城与赵文化》（科学出版社，2009年）

赵王城为赵都宫城遗址，分东、西、北三城，平面呈"品"字形，四周城墙保存基本完整，尚存门阙和建筑基址数十座，是国内保存最为完好的唯一战国王宫城址。赵王城遗址位于邯郸市区西南四公里处的西大屯村南，总面积达512万平方米，城垣总长8349米。西城平面近方形，东西宽1354米、南北长1390米。四周城墙均存，宽20～30米，四面城垣各有二门，南北、东西遥遥相对。城内地面保存夯土台5座，其中中部偏南的龙台台基近正方形，南北长296米、东西宽265米、残高19米，是迄今所见战国时期最大的夯土台，应为宫城内的主要宫殿基址。以龙台为主体，北部有夯土台2座，作中轴线排列，其东北和西北各有夯土台1座，在中轴线两侧的地下也有几处夯土基址。这组夯土台和夯土基址表明，当年这里是一组重要的宫殿群。东城略小，平面近长方形，现存三门，城内偏西现存两座大型夯土台，其南还有一座较小的台基和四处夯土基址。北城平面不太规整，南垣现存三门。西垣内外有两座大台基对峙，中部近南垣也有一座较小的台基。

大北城为郭城遗址，即手工业区、商业区及居民区，位于宫城东北部60余米。平面为不规则长方形，东西最宽处3240米，南北最长处4880米。郭城西北有座小城，平面略呈梯形，四周有夯土城垣，东西宽290～400米、南北长约700米。小城中间有隔墙，形成南北相连的两部分。北面和西面有高大的夯土台，周围被发现大量战国及汉代柱础石和瓦片，互相连接为一组大规模的建筑群，汉代又继续修建使用。在郭城中部偏东处发现有战国至汉代的炼铁、铸铜、制陶、制骨和制石等作坊遗存。现在尚有插箭岭、照眉池、梳妆楼、铸箭炉等遗迹。

1961年，赵王城被列为全国重点文物保护单位。

郭豹　王腾

▽ 邯郸城墙与龙台　关琪摄

△ 宣化县治界图（含鸡鸣驿城）　引自《宣化县志》清乾隆版

　　鸡鸣驿，位于河北省张家口市怀来县鸡鸣驿乡，是目前国内保存较好、规模较大、功能较齐全的邮驿建筑群之一，具有重要的历史、艺术、科学价值，是邮政考古、机要考古的一座"活化石"，有"中国邮政博物馆"之称。

　　鸡鸣驿，是宣化府进京的首个驿站，独驿成城，以驿名定城名，并不多见。因背靠北洋河北岸的鸡鸣山而得名，故又名"鸡鸣山驿"。其背靠之山原名"磨笄山"，贞观十九年（645），唐太宗"恃其英武征辽，尝过此山"，曾"驻跸其下，闻雉啼而命曰鸡鸣"，由此磨笄山更名"鸡鸣山"（据明《一统志》）。据传驿站始设于元朝，为成吉思汗西征，在通往西域的大道上开辟驿路，设置"站赤"（即驿站）。明朝为传递西北军情，特别是对蒙古作战需要，在此建驿筑堡，城内设有防守指挥署，属万全都指挥使司。清康熙年间（1662～1722），设驿臣专管驿站事务。清朝后期直至光绪二十八年

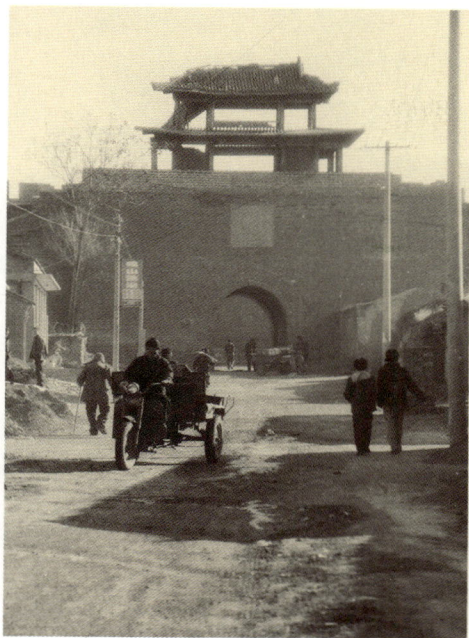

△ 鸡鸣驿东门内景 卢伶2004年摄　　△ 鸡鸣驿西门内景 卢伶2004年摄

（1902），单设驿丞署，改隶宣化县。1913年，北洋政府撤消全国的驿站，开办邮政局，鸡鸣驿城结束了作为驿站的历史。

鸡鸣驿城始建时间不可考，传为元朝。但未有文献记载，不可信。

明朝，鸡鸣驿筑城各志有载，但多不统一。明嘉靖四十年《宣府镇志》中载：永乐十八年（1420）初建；成化七年（1471），都御史秦纮会同镇守官筑堡卫之（清乾隆版《宣化县志》则为：成化八年，筑土城。明·杨时宁《宣大山西三镇图说》中言：设于永乐十八年（1420），成化十八年建土垣。此后，各志皆有说法，不可辨）。嘉靖四十二年（1563）秋，土城为寇攻城所坏。隆庆四年（1570）春，防守指挥王懋赏督役修之，外做包砖。次年完工，始为砖城。周长699丈，平高3丈，上加5尺女墙。重券东、西城门，并建月楼、月城各2座，更铺12间（据清乾隆八年《宣化府志》卷八）。

清朝乾隆三年（1738），为加强驿城防御，对四面城墙、土牛、垛口、女墙、城门城楼及券洞进行全面维修，并于城东南角城墙上筑角楼魁星阁1座。为防止山洪浸侵，又于城东筑护城石坝1道，次年完工（据1922年《宣化县新志》卷二）。

鸡鸣驿的城墙和城门至今仍基本保持着明代的格局，城内总面积约22万平方米。全城周长2330米、墙高11米、底宽8～11米、顶宽3～5米。四面城墙上分布有角台4座、墩台26个。墙体顶部内外两侧均建有女墙，密布垛口，间

△ 全面修复后的鸡鸣驿全景 张健摄

▽ 全面修复后的鸡鸣驿西门 张健摄

△ 鸡鸣驿连接东西城门、横贯全城的主街道"前街"　本文照片除署名外，均由孙秀丽摄

△ 鸡鸣驿城墙维修前，蹲墙根的老人

▽ 鸡鸣驿城墙维修前，局部墙体包砖消失，仅余土墙

△ 鸡鸣驿保存状况较好的一段城墙
（维修前）

距约3.5米，垛墙上有瞭望孔、射孔和排水孔道。在东、西城墙偏南处设东、西二门，上建城楼，城门前各自设有挡水墙。东西城门的门额分别为"鸡鸣山驿"、"气冲斗牛"。北城墙中部筑玉皇阁，南城墙中部筑寿星阁，两座阁楼遥相呼应。城下的东、西马道为驿马进入的通道，城南的"南宫道"即是当年驿卒传令干道。城南的傍城有驿道东西向通过，沿古驿道分布有多处传递军情的烟墩。城外设有壕沟，具有一定的军事防御功能。

1982年，鸡鸣驿城被列为省级文物保护单位。2001年，被列为全国重点文物保护单位。

郭豹　王腾

▽ 鸡鸣驿东城门维修前　孙慧军摄

△ 三屯营城图 引自《光绪永平府志》清光绪五年敬胜书院刻本，载《中国地方集成·河北府县志辑（18）·光绪永平府志》

三屯营城，位于河北省唐山市迁西县西部三屯营镇，西接遵化通北京，北接宽城通承德，是明代九镇之首蓟镇的驻地。明代御史郑书在《三屯营帅府职官题名碑记》中称蓟镇"乃天下第一重镇也"。当时就有"虎观云流第一枢"、"九关鱼钥控雄图"之称。

蓟镇总兵府，设在桃林口（今卢龙县）。明景泰四年（1453），总兵派忠义中卫（当时驻遵化）的高名、程兴、史允三位百户长到大王庄（即今三屯营）屯田，以其为忠义卫300户屯地，故称"三屯营"。天顺二年（1458），蓟镇总兵胡镛移镇府于三屯营，建三屯营城和镇府。隆庆二年（1568），戚继光驻守三屯营。万历元年（1573），将忠义中卫从遵化移驻三屯营城，其后沿用。

清康熙二十九年（1690），改为古北口镇管辖。道光二十二年（1842），总兵移至大沽口，自此至1912年前，三屯营仅有游击驻守。1953年，建三屯营乡。1985年，改为三屯营镇。

三屯营城始建自明天顺二年（1458），蓟镇总兵胡镛移镇府于此，始修三屯营城，将原来三个百户所的营房驻地向外扩展，在四周建起了一座内有城外有郭的坚固城池（据《重建三屯营北城台紫极宫记》中载："天顺二年，总兵胡公镛始扩为三屯营城"），其规模当时未有记载。戚继光《重建辟三屯营城记》碑文中称："于（万历三年）三月，撤南垣而环南营以围之，凡五百五十七丈。……次年春二月，乃缮旧城，凡六百一十六丈。"按此推算，对比戚继光新修的三屯营城墙，胡镛始建三屯营城的周长约800余丈（据潘秀华《蓟镇古城三屯营探论》）。隆庆三年（1569），南墙坍塌。当时城墙低矮，规模狭小，除总镇直属和协守的军防以外，没有卫所军，军防力量薄弱。万历二年（1574），戚继光请示获准，重新扩建了三屯营城。新修城墙长557丈、高2.5丈，墙上雉堞为5尺，城基宽4丈、顶宽1.5丈。万历四年春，戚继光复修北部旧城，改建的旧城墙长616丈，规格与南面新修的城墙同。重修后的三屯营城，"城高三丈，周围七里"（据1931年《迁安县志》卷二），设城门3座：东门名曰"宾日"，西门曰"巩京"，南门曰"景忠"，另设便门2座：小东门，小西门。城门上建谯楼，城角建有角楼5座。周围建有敌台9座，以及东、西水关2处，环着牛马墙，备有箭孔。又在城墙上腰、女墙下边设置雉堞和箭孔，用以藏身和俯击。城北无门，城台上建有紫极宫。城中央设有钟楼和鼓楼。城四周有护城河，河浅处7尺、深处3丈、宽7尺。东门外凿有震湖。湖长350丈、宽10丈、深7尺，除具有保护城池之战略意义外，尚能供将士沐浴之用。用凿湖之土建堤，名为"孟堤"（戚继光别号为"孟诸"，取"孟"字）。其后又有总兵张臣、王保、尤继先、萧如薰、孙祖寿等多次修缮，但规模都不大。

清朝沿用城址，经王应龙、兰泗、殷腾龙、胡大猷等将领对三屯营城不同程度的修缮，三屯营城保存基本完好。

1945年，三屯营古城墙开始遭到人为破坏，镇府内外建筑大多被拆毁，仅存大堂、花厅、影壁等。1947年，紫极宫和城内各庙宇陆续被毁。1958年，钟、鼓二楼及镇府影壁被拆毁。目前遗址内仅存一些零散的石构件，如明代城砖、鼓形石座、石制旗杆底座和《重修三屯营兴龙寺记》等碑刻。

2001年，三屯营城址被列为省级文物保护单位。

郑园　王腾

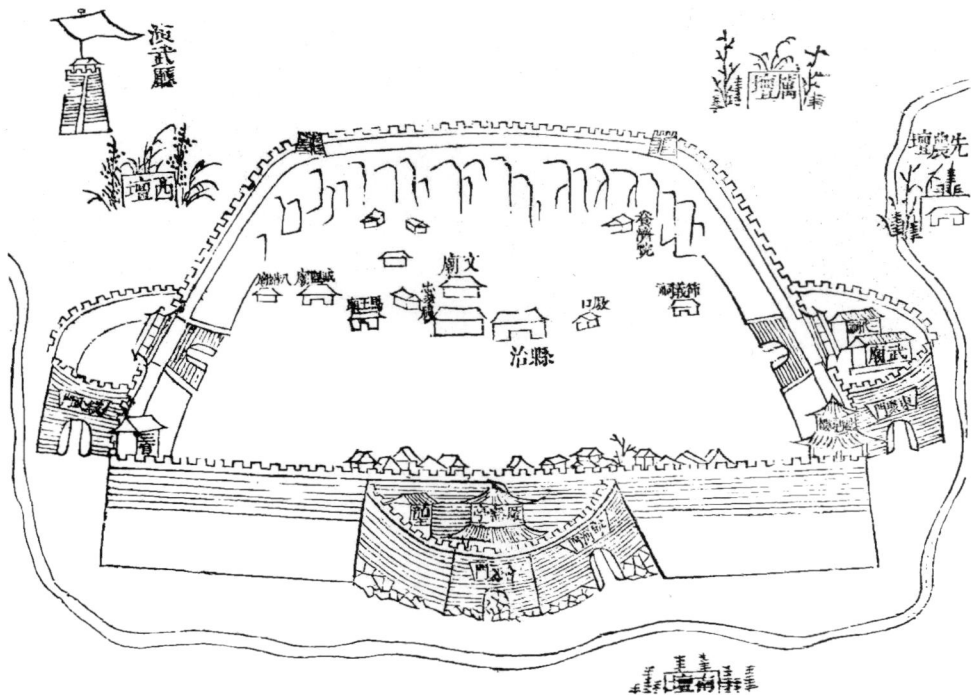

△ 井陉县城图　据《井陉县志》清雍正九年版，张君重绘

井陉城，位于今井陉县境内天长镇，距县城西南15公里处。该城背倚凤凰岭，前有绵河西来北去，三面环绕，隔河有河东坡与雪花山呈犄角之势相拱卫，素有"太行八陉之第五陉，天下九塞之第六塞"之称，乃冀通衢要冲，历代兵家必争之地。

春秋时的井陉，属鲜虞国。汉建武十三年（37），属常山国。隋开皇六年（586），属恒山郡；义宁元年（617），置井陉郡。唐武德元年（618），改为井州；贞观十七年（643），改属恒州。宋熙宁六年（1073），改属真定府。元朝隶广平路，移治洺水。明洪武二年（1369），复为真定府属县。清朝沿袭。1912年，井陉为直隶省正定府属县。1984年，井陉县为石家庄市属县至今。

在唐中晚期，天长已建有城池。唐藩镇割据之时，此地驻有天长军，有

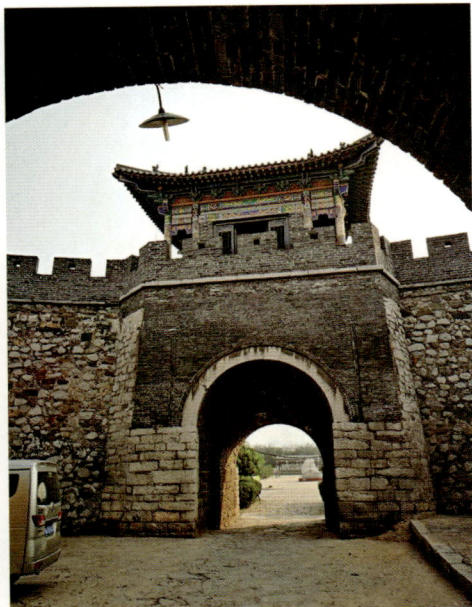

△ 南门近影　本文照片均由金玉萍摄　　　△ 南门瓮城门及城楼

军使御院。宋熙宁年间（1068～1077），移县治于此，但城墙具体形制已不可考。

　　明洪武元年（1368），因县治复移此，始筑城池。初为土城，"周围三里二十步，高三丈五尺，厚半之"。嘉靖九年（1530），南城为河水所坏，知县修之。嘉靖十九年，南城复坏。地方奉命砌南门，向东延展。隆庆六年（1572），大雨，"雉堞崩坏，知县钟遐龄砌为石城，高厚如旧"，又在南、西二门外各建一座瓮城，弩台19座。天启元年（1621），知县因为南门屡被水患，将水门移至正门之前，并在其上建一座城楼，名"览秀楼"，下筑石堤，在东面另辟一门，名曰"宁河"，以避水患。西城最低，崇祯八年（1635），在知县主持下，增高城墙5尺。

　　清康熙十一年（1672），重修东、南二城及西南城角。雍正五年（1727），城上垛口被知县修补，城门铁皮剥落的地方都被更新。三年后，重修东、西城楼。咸丰四年（1854），重修城东角，建魁星楼。

　　1958年，井陉县政府迁至微水镇。由于县政府迁出，古城墙也减少了破坏。现存古城墙长约1758米（南墙520米、东墙419米、西墙419米、北墙400米），城楼已毁，瓮城残存不一。

　　2013年，井陉旧城城墙被列为全国重点文物保护单位。

郑园　王腾

△ 修缮后的南门及外瓮城

△ 南门瓮城内

△ 枯竭的护城河

△ 井陉城墙文物保护标志碑

◁ 城墙上的观音阁

　　井陉县城池：即唐天长镇旧基。宋熙宁中，移县治于此。元移治洺水。明洪武元年，复于此置县。周围三里二十步，高三丈，广二丈五尺。池深一丈三尺，阔九尺。嘉靖二十二年，都御史丁汝夔甃以砖石。

——清《考工典》第十八卷，引自《古今图书集成》

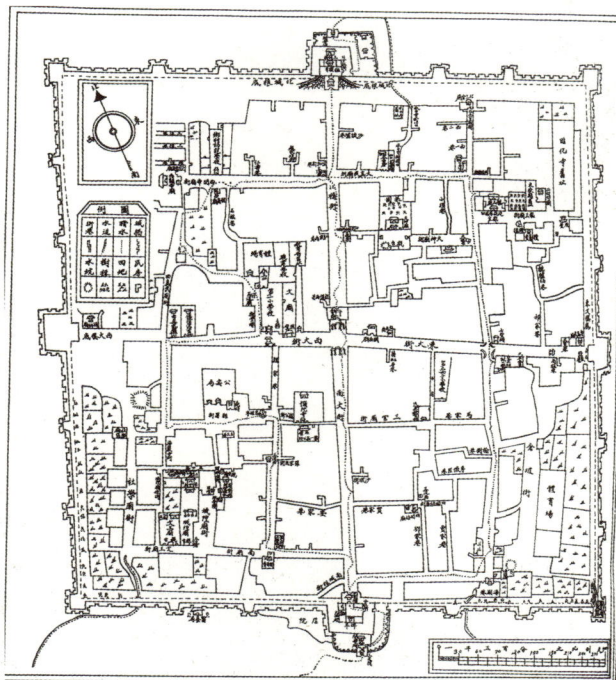

△ 万全县城图　引自《万全县志》民国二十四年铅印本，载《中国地方集
　　成·河北府县志辑（15）·民国万全县志》

万全城，又称"万全卫城"，位于河北省张家口市西10公里处，是万全区万全镇政府所在地。此地因"地势险要，屯兵甚多，防备周全，万无一失"而称"万全"，又因毗邻首都北京，故有"京畿明珠"之称。

西汉时，万全已建村，属幽州刺史部上谷郡宁县。明洪武二十六年（1393），设宣府镇（治今宣化），并置前、左、右卫军事建制，其右卫就设在德胜口堡（今万全卫城址）。永乐二年（1404），移万全右卫治于此，于城南设德胜驿及驿传站铺五处。清康熙三十二年（1693），万全改卫置县，治今万全城。1914年，移治张家口下堡，万全卫城又称旧治城。1993年，万全县划归张家口市管辖。2016年，万全撤县设区。

万全筑城始于明洪武二十六年（1393），兵民万余人筑土城，历时三年筑成（据清道光版《万全县志》卷二）。正统三年（1438），砖包城墙（清

◁ 万全西段城墙 本文照片均
由张依萌摄

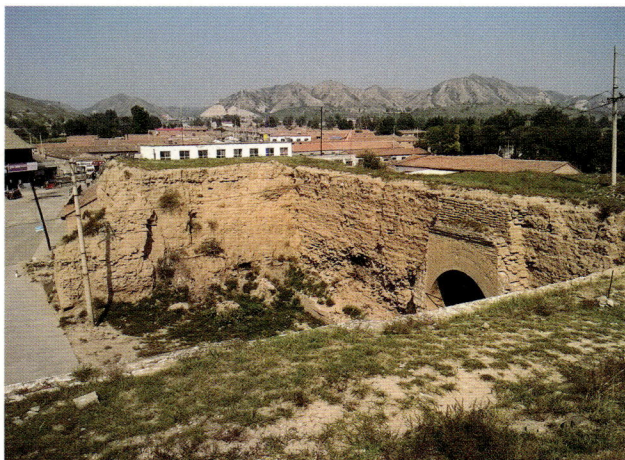

▷ 万全城北门遗存

《考工典》第十八卷记为"永乐二年")。万历三十七年（1609），重修并增
筑南关。当时，城墙周长6里30步、高3.5丈，全城西南角和东北角内缩，略呈
菱形。城墙底宽4.5丈、顶宽1.7丈。城墙马道铺设一层青砖，以防雨水渗漏。
城墙底宽顶窄（底宽9.5米、顶宽4.5米），城墙下肩石（根基）为五层毛石砌
筑而成，自上而下，毛石逐层加厚。墙体结构分内外二层：外层以砖包砌，
内外砖砌有别，外包部分为一顺一丁，里包部分也如是。包砖内为夯土层。
据省古建所勘查：上部是七层夯土，每层夯土的厚度约20厘米；下边是砾石、
碎砖层，厚约15～18厘米；夯土、砾石相间，多次反复，底部纯为夯土层，计
有50余层。城墙顶部是以青砖铺成的马道。城开南、北二门，南为"迎恩门"
（《考工典》记为"文化门"），正对南北大街的门额上横砌一块石匾，上
书"文明"二字；北门称"德胜门"。城门洞均为砖拱券式样，南门洞深18.7
米、宽4.3米、高7.5米；北门洞深19米、宽4.15米、高7.35米。南北建有两座瓮
城，均采用"城套城"（外瓮城套内瓮城）的建筑形式。外瓮城分设南、北

△ 修缮中的万全右卫城

门，内瓮城均开东门。城上建城楼2座、角楼4座，城墙外四周建有宽一丈的护城河。因该城只开南、北门，东、西两侧虽然无门，但也建有突出城外的两座翼城，就像轿子两边的杠穿。城外两条自然形成的河流如同两根轿杆，将轿子抬起。城中建高于城墙的玉皇阁，恰似轿子的轿顶。故万全城又有"轿子城"之说。

清咸丰三年（1853），重修北城墙。光绪二十八年（1902），重修南瓮城。

1922年，修补西城墙。1924年，修补东南城墙。

1983年、1990年曾两次维修。近年来，地方政府斥资8000万予以复修。现存万全城的墙体基本保持完好，仅北墙有部分坍塌，为河北省保存较为完好的明代古城墙。

1993年，万全卫城被列为省级重点文物保护单位。2006年，被列为全国重点文物保护单位。

郑园　王腾

万全右卫城池：汉祯陵县。明洪武二十六年筑。周围六里三十步，高三丈五尺，广二丈三尺。门二：南曰文化，北曰德胜。城楼四，角楼四，城铺三十二。永乐二年，砖石包砌。

——清《考工典》第十八卷，引自《古今图书集成》

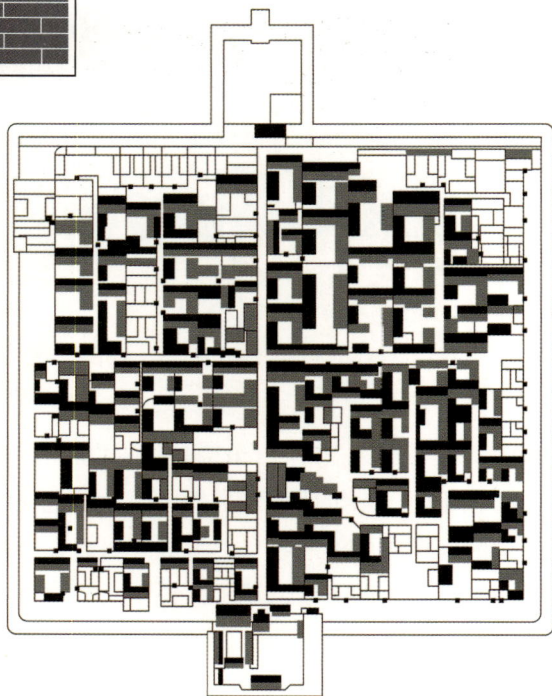

△ 西古堡平面图　据罗德胤《西古堡》，张君重绘，载《小城镇建设》
2003年11期

　　西古堡，位于河北省张家口市蔚县暖泉镇内，距蔚县县城12.4公里，西距山西与河北省界2公里。西古堡为明清古堡建筑，集古城堡与古民居、古寺院、古戏楼于一体，为古蔚州"八百庄堡"中最独特、保存最完好的一座。

　　蔚县，战国时为赵国代郡地。秦始皇二十六年（前221），蔚县称"代郡"。隋大业三年（607），罢蔚州置雁门郡。唐武德六年（623），复名"蔚州"。开元十二年（724），置安边县（治今蔚县城）。辽时属西京道，辖县不变。元时属上都路顺宁府（宣德府）。明初属山西大同府；宣德五年（1430），改属万全都指挥使司。清雍正七年（1729），改属宣化府。1913年，改蔚州为蔚县。1952年，划归河北省属县。

　　明嘉靖年间（1522～1566），始建城堡，外城门及瓮城内的建筑是清代顺治年间增建。城堡平面布局基本呈方形，南北长221米、东西宽232米、高

8～10米、下宽6～8米、上宽2～4米，黄土夯筑，重要部位加宽加高，外部包砖。

二门南北对峙形成一条主大街，总长255米。主街东西各有小街道3条，还有一眼直径1.5米、深12米的官井。沿东、西、南三面堡墙墙根有一圈宽5～8.4米的道路，称为"更道"。"一主街、三道巷、一官井、更道环堡一圈走"是对该堡形制的概括，形成了西古堡村总平面呈"国"字形的特殊形制。西古堡只设南北二门，门外各修筑一座瓮城。

南北瓮城平面均为正方形，边长约50米，使整个城堡的外形呈"中"字状，当地人称"虎抱头"。瓮城的入口皆朝东开，各建有一座高8米多的砖券结构城堡门。瓮城的城墙高近10米。南瓮城东城门，砖券结构，高8米多，券门洞外部上镶一石匾，阴刻楷书"永盛门西古堡"，小款"岁康熙十九年"。北堡门字迹已无法辨认。

城堡外有人工开挖的护城河，西古堡除西北一段和南瓮城一段未连通之外，几乎绕城一周。南瓮城为公共建筑集中地，大部分保存完好。瓮城内的建筑共分上、下两部分。下层大部分为砖券仿木结构建筑，上层是砖木结构建筑，瓮城中部为大天井式，周围建筑环绕，共有殿、堂、楼、阁等古式建筑74间，有戏楼和

△ 西古堡镇北门 本文照片均由连达摄

△ 蔚县西古堡永盛门

寺庙。戏楼宽13米、进深8.5米，旁有耳房。戏台始建年代不详，依碑文记载可知创建于光绪四年（1878）之前。

北瓮城平面形制大小与南瓮城大体相当，内、外城门及内城门门楼保存较好。原也有庙宇群，如"三元庙"、"九天阁"等建筑早年已毁，现今只剩城堡北门、北城楼（灵侯庙）、瓮城围墙及瓮城东门。

1993年，西古堡被列为省级文物保护单位。2006年，被列为全国重点文物保护单位。

郭豹　王腾

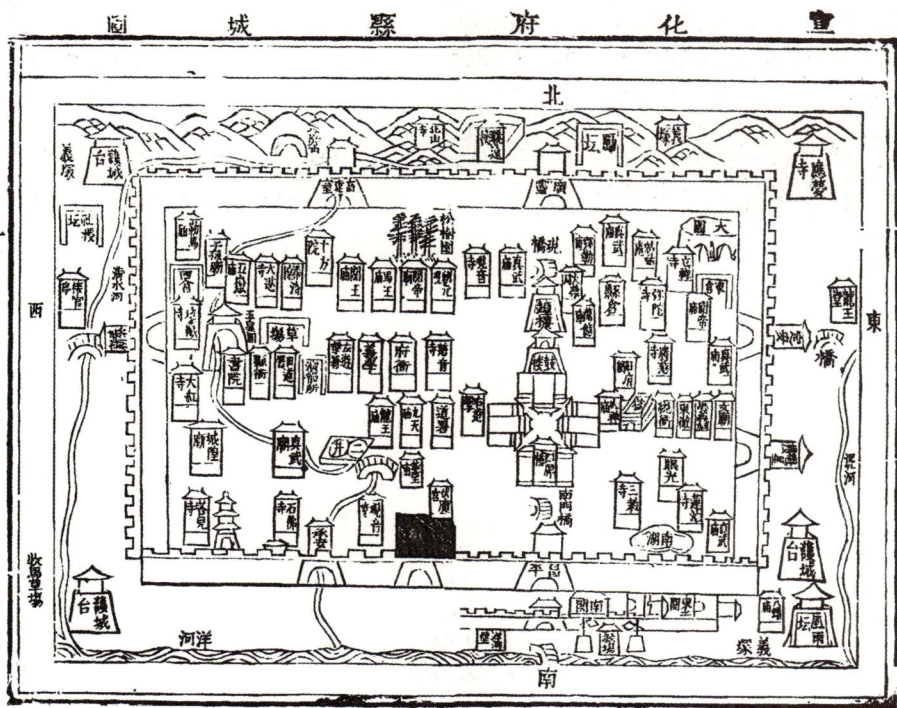

△ 宣化府县城图　引自《宣化县志》清乾隆版

宣化，位于河北省北部张家口市宣化区。在历史上被誉为"京师锁钥"、"神京屏翰"，素为军事重镇。

战国时期，其境由东胡族占据。燕王派秦开破袭东胡，置上谷等郡，宣化属上谷郡。此后，建置、隶属、名称多有变化。金大定七年（1167），改归化州为宣化州。次年，改为宣德州。元初，改宣德州为宣宁府。明代，宣化是北部边防重镇，不设地方政府，只沿长城设九镇，宣府镇为九镇之一。清康熙三十二年（1693），废宣府卫所，改置宣化府。1913年，废宣化府，存宣化县。1948年，设宣化市，属察哈尔省。1955年，撤销宣化市，属张家口市。1963年，改为张家口市辖区。

宣化始筑城，传为唐武宗时期，在宣化置雄武军，属"山后八军"之一，当时的城堡为土筑且低矮。元朝沿用其址，为宣德府城。

△ 大新门（西门城楼）　本文照片均由宣化　　△ 角楼
城墙申遗办公室提供

　　明洪武二十七年（1394），在此设立宣府左、右、前三卫，以拱卫京畿。当时，谷王朱穗镇守宣化，因"旧城狭隘，不足以居士卒"（据1922年《宣化县新志》卷二），下令在土城原址上展筑新城。新城城墙周长24余里，

▽ 修复后的古城墙

南面设一个长4里、高2.4丈、宽约2丈的关。共设城门7座：南有三门（昌平、宣德、承安），北有二门（广灵、高远），东有一门（定安），西有一门（泰新）。建文元年（1399），燕王举兵靖难，谷王还京，为谨慎守城，闭宣德、承安、高远三门，只留四门。铺宇172间（据清乾隆八年《宣化府志》卷八）。永乐二十年（1422），明政府整饬边防，宣化城得以扩建，建城楼、角楼各4座。宣德初，永宁伯谭光来增建。正统五年（1440），都御使罗亨信出使塞北，见宣化城"城土不坚，雨辄倾坠"，始大规模修缮，以砖包之。历经六年方得以竣工。缮后，宣化城形近正方，周围24里，每边6里13步。城基宽4.5丈、顶宽1.7丈。底层砌石三层，高2.8丈，上灰砌砖包，雉堞高7尺，通高3.5丈。四门之外环有瓮城。墙外设城壕，四门设吊桥。隆庆二年（1568），加修城墙。崇祯六年（1633），筑外郭土垣。次年，修外郭四座瓮城、城楼及四面垛口。

清康熙十五年（1676），直隶巡抚金世德疏请重修。康熙三十八年，知县周德荣补修。康熙四十六年，知县陈垣重修。雍正十二年（1734），知府吕守会请银重修，建城门楼4座，增建角楼4座，补修四面垛口、海墁。之后又续修东、西、北三面已坍塌的城垣，复修西门月城、石坝。乾隆元年（1736）春，知县张秉恪接修完工。乾隆七年，直隶总督高斌拨款修西门瓮城。乾隆十九年，直隶总督方观承请修。次年开工，大城、瓮城、月城关厢城俱修，至乾隆二十二年竣。修毕，大城顶宽2丈、底宽3.6~3.7丈、高3丈。关厢城顶宽1.2丈、底宽2丈，外垣砖包，内垣以灰合土固之。光绪六年（1880），总兵王可升倡捐重修。

1912年后，由于年久失修及战火等因，城墙多处损毁，城砖被盗取，甚至部分地段拆成豁口。

20世纪80年代后，经当地文物部门调查：现存宣化城墙总长约12120米、

▽ 拱极楼

▽ 清远楼

东西约2960米、南北约3100米。目前城墙有17处被拆成豁口，保存下来的砖墙仅有2500米。北墙北门以西和西墙西门以北砖墙保存较好，其余均剩土墙。城墙底宽14米、顶宽5.4米、存高10米。四门中只有昌平门城楼尚存，明成化年间更名为"著耕楼"，因清光绪年间工部主事阎廷弼书悬"拱极楼"匾额，又名为"拱极楼"。拱极楼与镇朔楼（鼓楼）、清远楼（钟楼）同在城东部南北轴线上。清远楼与镇朔楼虽经多次维修，仍保存明代建筑风格。其他城防设施，如角楼、悬楼、瓮城、月城、铺字、护城台等都已毁圮。

2006年，宣化古城墙被列为全国重点文物保护单位。

郭豹　王腾

宣府镇城池：本元宣德府城。明洪武二十七年，谷王命所司展筑。周围二十四里有奇，高二丈八尺，广如之。门七：东曰安定；西曰泰新；南曰昌平、曰宣德、曰承安；北曰广灵、曰高远。后止留四门，其宣德、承安、高远并室之。宣德初，永宁伯谭广来镇，增建城楼、角楼各四座，铺宇百七十二间。正统五年，都御使罗亨信疏请砖石包甃。崇祯七年，修四瓮城楼。宣府前卫附郭。

——清《考工典》第十八卷，引自《古今图书集成》

▽ 修复前的古城墙

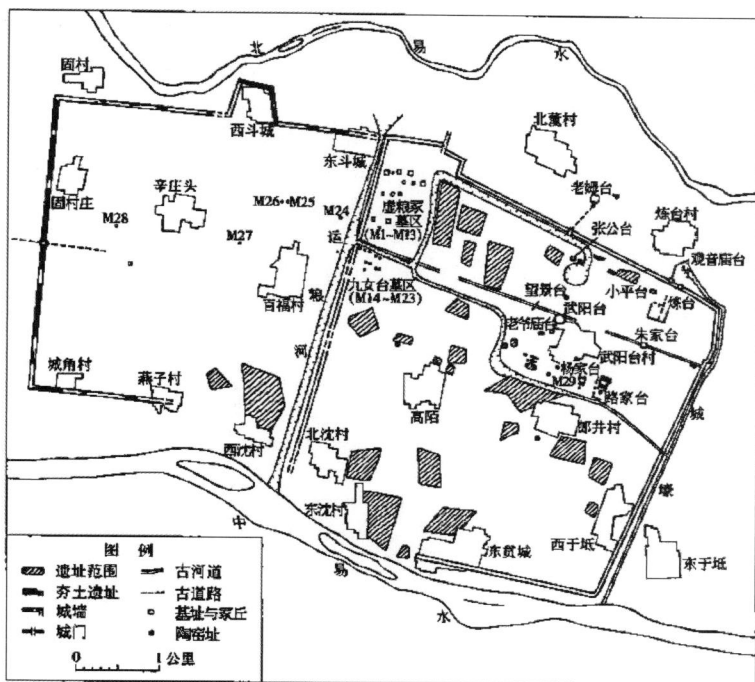

△ 燕下都平面图　引自张长寿、殷玮璋主编，中国社会科学院考古研究所编著《中国考古学·两周卷》（中国社会科学出版社，2004年）

燕下都遗址，位于今河北省易县东南2.5公里处、燕国所筑长城的西北端，西倚太行山，南临易水，地势险要，易守难攻。相较于其都城蓟，是具有军事作用的别都，也是我国现存较完整、文化遗存极为丰富的大型战国都城遗址。

战国晚期，燕有两都，即上都蓟和下都武阳。燕国始建都于西周初期，召公奭封于燕，由其子克就封。《韩非子·有度》载，燕襄王"以蓟为国"，位于今北京市房山区琉璃河镇北约三公里的董家林村附近，是为后世所称的燕上都，目前考古发现有城址和墓地。下都营建时间，据明弘治版《保定郡治》所载"燕昭创之于前，子丹踵之于后"推定，应在公元前4世纪战国中期的燕昭王时。考古发现也与记载基本相符。公元前222年，秦灭燕后，两都皆被废弃。

据现存和考古发现可知，燕下都城平面略呈不规则长方形，东西长约8公里、南北宽约4～6公里。其间以一条古河道（俗称"运粮河"）和一道城垣纵贯全城南北，分为东、西二城。东城又称内城，是燕下都的主体部分，平面略呈横凸字形，四周筑以夯土围墙。东垣全长3980米，西垣已知长度2210米，北垣全长4594米，西垣残存墙基约4630米，墙基宽约40米。东城垣和北城垣的中部各有一座城门。城外北易水、中易水、古运粮河及东城外的另一条人工古河道、城壕构成环城防御体系。在东城内中间偏北有一道横贯东西的隔墙，墙基宽20米，全长4460米，与东西城垣连接，将东城分为南、北两个部分。隔墙中间偏东处辟一座城门。城垣上有三座附属建筑，均为夯土建筑基址，其上散布有战国绳纹瓦片和经烧土等。三座夯土建筑均由城垣和突出城垣的夯土部分构成，紧邻城门，应为驻扎戍卒、守卫都城之用。

东城分布有宫殿区、手工业作坊区、市民居住区、墓葬区、古河道区五个部分。宫殿区在东城北部，包括四座大型建筑基址。由南向北，依次是武阳台、望景台、张公台和城外的老姆台，均坐落在一条中轴线上。

西城似为加强东城的安全而设的防御性附城，城址内遗存较少。西城紧接东城西垣，中隔河渠与东城相望。城址平面近梯形，城垣为分段夯筑而成，由南、北、西三道城垣及1号古河道组成。南垣总长2310米，北垣全长4452米，西垣全长3717米，垣基宽约40米左右。西城勘探出一座城门，位于西垣的中部，宽约30米。中间有路土，向城外延伸425米，向城内延长750米，宽在4～7米之间。

1961年，燕下都遗址被列为全国重点文物保护单位。2001年，被评为"中国20世纪100项考古大发现"之一。同年，中国国家文物局又将其列入百项重大遗址保护项目。

郭豹　王腾

▽ 燕下都故城西城段遗址　关琪摄

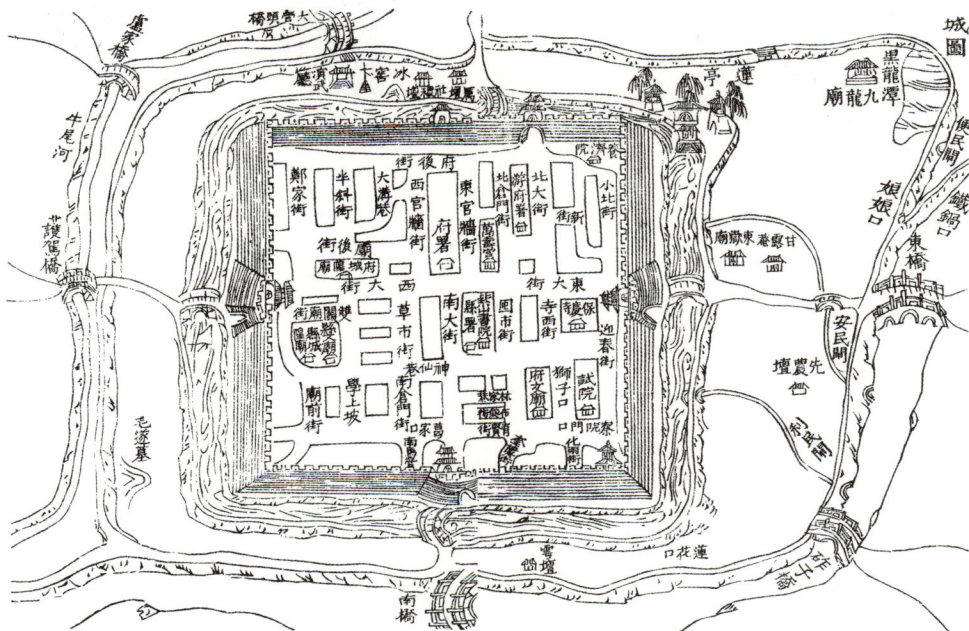

△ **永年县城图　引自《永年县志》清光绪三年刊本，载《中国方志丛书·华北地区·河北（187）·永年县志》**

　　永年城，位于河北省南部邯郸市东北20公里永年区广府镇，系冀、晋、豫、鲁四省交会处，有"中国太极拳之乡"之称。

　　春秋时期，永年其境为曲梁侯国。秦汉时，又先后为广平国国都及曲梁县、广年县的县衙驻地。北齐文宣帝天保七年（556），广年县治改驻曲梁城，即今广府古城（永年城）。隋朝仁寿元年（601），为避太子杨广名讳，改广年为"永年"。明永乐元年（1403），直隶京师北京。清承前制，为直隶广平府，治所未变。1913年，废府留县。1950年，属邯郸督察专员公署。1993年，归邯郸市至今。2016年，永年撤县设区。

　　永年城初具规模，缘于隋末农民起义首领窦建德曾在此建都。明崇祯版《永年县志》载：唐"武德二年（619），窦建德取唐邢洛……筑宫徙都，当是旧有城，而建德补筑之"。另据《广平府志》记载："广郡故城创自李唐以

△ 永年城东门及瓮城　本文照片均由张俊摄

△ 永年城东门瓮城阳和门

前，元时始扩而大之。明自成祖后，迭加增修，规模益具。"可知永年城唐朝时为土城，周6里240步。元朝侍郎王伟为郡守时增筑，改为周9里13步。

　　明嘉靖二十一年（1542），广平府知府陈组调集九县民工，历时13年，将土城砌为砖城，城周9里13步、高3.5丈、宽2.5丈（据清光绪三年《永年县志》卷五）。该城设门4座：东曰"阳和"，南曰"阳明"，西曰"保和"，北曰"贞元"。并建城楼4座、角楼4座、铺舍26座、垛口1752座、敌台10座、警铺57座。内置29条甬道，绕以门垣。城壕深1丈、阔12丈（《考工典》第十八卷载为：池深2丈、阔15丈）。嘉靖四十三年，知府崔大德为防战事及漳、滏两河之水患，加重垣于郭，增修瓮城4座。崇祯十一年（1638），知县宋祖乙浚治城壕，深1丈、阔3丈；次年，将1752座旧城垛改建成876座，将铺舍增为57座，加高垛墙39处，增高垛墙3尺，各瓮城外设重门楼橹。

　　清康熙七年（1668），城墙因洺水决堤，多处倾圮，知府刘光荣主持重修。乾隆五十九年（1794），洺水决堤，毁城垣70余丈。嘉庆元年（1796），知县庄允治请修，因经费不足而中止。道光二年（1822）、十四年、二十三

◁ 永年城南门东侧南墙及敌台

年数次大水坏城，坍塌30余段。咸丰二年（1852），知县陈政典修外垣；五年，修南城楼；六年，知府长启修东、西城楼；九年，知府王启会修北门城楼，疏浚城壕，宽数十丈。同治三年（1864），知府杨毓枡修城内土垣；四年，知府李朝义、知县王德炳修西北隅外垣及南关阁门；七年，为御东捻农民义军，增建垛口，并建东、西、北关阁门。

现存的永年古城，墙高10米、厚8米，城内面积约1.5平方公里。除城楼、角楼等建筑已毁外，墙体及护城河等基本保存完好。西门券内尚存明嘉靖纪年石匾一方，上刻"大明

▷ 永年城东门内

△ 永年城南门

嘉靖二十一年知府陈俎修砌北城"。

2006年，永年城被列为全国重点文物保护单位。

郑园　王腾

广平府城池：窦建德旧基。明嘉靖间，知府陈俎甃以砖石。其隍先无水，成化间，知府李进引水注之。嘉靖间，知府崔大德又加重垣于郭，以防漳、滏之患。设广平营守备守之。周围九里十三步，高三丈五尺，广二丈五尺。池深二丈，阔十五丈。门四：东曰阳和；南曰阳明；西曰保和；北曰贞元。角楼四，敌台十，警铺五十七。永年县附郭。

——清《考工典》第十八卷，引自《古今图书集成》

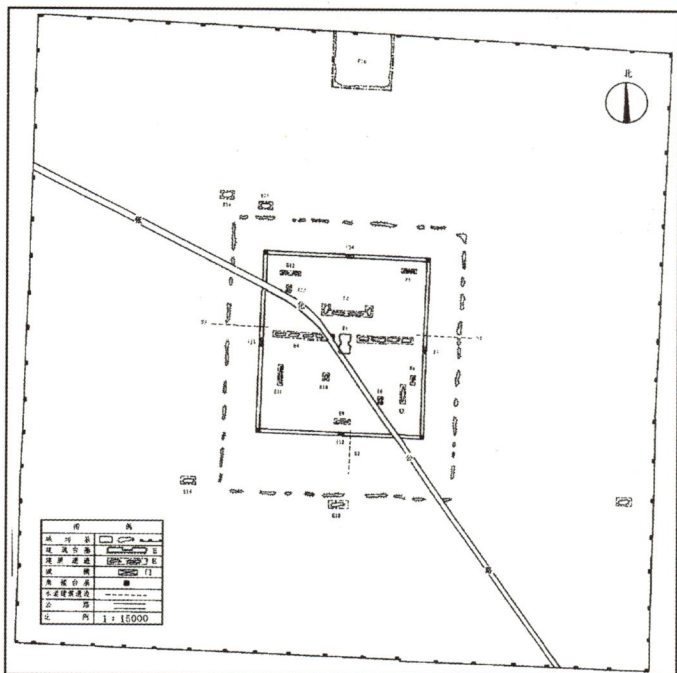

△ 元中都平面图　引自陈应祺《略谈元中都皇城建筑遗址平面布局》，载《文物春秋》1998年03期

　　元中都城址，位于河北省张北县馒头营乡白城子村西南一公里处，距张北县城北50公里。

　　元中都是继和林（今蒙古国哈拉和林）、上都（今内蒙古正蓝旗）、大都（今北京）后元朝兴建的第四座都城，与当时的元大都、元上都齐名。由元武宗海山始建于元大德十一年（1307），次年完工，定名"中都"，后不断扩建。至大四年（1311），武宗逝，仁宗"罢城中都"，仍作行宫使用。后英宗、泰定帝、文宗等多位皇帝曾到此巡幸、议政、作佛事。至正十八年（1358），元中都被红巾军烧毁。从1998年开始，文物部门对遗址进行勘探发掘，基本探明主要建筑遗址的形状。元中都遗址城垣由外城、皇城、宫城三重城墙相套而成。

　　宫城在皇城中部偏北，皇城在外城中部偏北。宫城为南北向长方形。城

垣保存完整，南北长620米、东西宽560米、基宽12米、残高3～4米。东西南北各开一门，城门宽约8～10米。宫城四角建"三出阙"角楼，残高5米，无瓮城。南门为"两阙三观三门道式"建筑。东西南三角均设有青石条砌的水道。宫城内地表尚保存有27处建筑基址，建筑布

▽ 元中都宫城南城墙残垣

△ 元中都残高3～4米的宫城城墙

▽ 元中都遗址鸟瞰

局清晰可见。元中都的宫室建筑按中轴线布局设计，以1号基址为中心的主体宫殿群位于宫城的中北部。而且1号宫殿基址居于宫城的中心位置，是中都的主体建筑，南北长120米、东西宽38～59米、高3.5米。从柱础的位置看，平面呈"工"字形，这是元朝宫廷建筑的特点。

皇城为南北向长方形，城垣长约910米、宽约755米，用黄土夯筑，城垣残高1米左右。皇城城垣东、北、西三面与宫城城垣之间距离120米，南面相距210米。除西城垣因有土路覆压、门址不明外，其余三面城垣有门址各一。除南面因筑路植树破坏严重外，其余三面宫城和皇城之间各有两道隔墙，将每面空间分为三段。

外城为南北向长方形，周长11.8公里，用夯土制成。外城西垣无迹可寻，东垣、北垣可见断续的土垄，南垣比较明显，残余一段长约200米、高约1米的夯土墙体遗迹。它们依次与皇城间距约1050米、590米、1570米。皇城、外城都被发现建筑基址。

1999年，元中都遗址入选全国十大考古新发现。2001年，元中都遗址被列为全国重点文物保护单位。

郭豹　王腾

镇边城

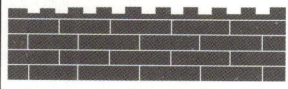

镇边城，位于河北省张家口市怀来县瑞云观乡镇边城村。地处怀来与北京昌平交界处，位于长城内侧，与昌平区境内的长峪城、白羊城并称"京西边关三城"，自明代以来素为镇守京畿的军事要地。

镇边旧城，修建于明代正德十五年（1520），横跨沟谷而建，倚山势而筑，"周三里，门二，设守御千户所"（据清康熙版《畿辅通志》卷五）。明万历年间（1573～1620），在其西筑镇边新城，即今镇边城。旧城因洪水冲毁，终被废弃。新筑镇边城通体石构，依山面河而筑，东城墙临河，西城墙建在相对高度约80米左右的凤凰山脊上，南北城墙东段位于谷地，西段排布于山坡上，形成了半城平地半城山坡的城廓。城墙周长1732米，东城墙长450米，为迁就地形，城墙北偏西18度。内外石砌，中夯实土。城墙由大块的山石砌成，十分坚固，城高4.2米（现高3米），顶部各段宽窄不一，东城门北侧顶宽4.5米，但大部分顶宽2.5米。设东、南、北三门及水门1座，三门均为对扇木门，南、北门设瓮城。

▽ 镇边城遗址 引自田颖《镇边城地域建筑文化的传承与发展研究》，北京林业大学硕士学位论文，2011年

△ 镇边城全景 本文照片除署名外，均由张健摄

▽ 镇边城北墙及瓮城遗址

△ 2011年，修缮前的镇边城东门　曾傲雪摄

　　清顺治年间（1644～1661），在镇边城设参将驻守，后改设都司。康熙六年（1667），镇边城千总郑俊、都司胡坛曾捐资修建城墙，后设外委驻守。

　　目前东城墙大部分和北城墙东段留存，南城墙和西城墙已毁，但山坡上的墙基仍在。凤凰山顶上的西城墙西南角和西北角及东城

▽ 2013年，修缮后的镇边城东门　张俊摄

遣管仲攘戎狄，筑城以固之。"但其形制与规模俱不可考。

汉景帝前元三年（前154），中山靖王刘胜以卢奴为国治，城内建台、殿、观、榭，皆上国之制。中山简王刘焉筑二宫，开四门，穿北城以石建暗渠，沟通唐河与卢奴水，建鱼池、钓台、戏马之观（据1998年《定州市志》第十二编）。

后赵建武七年（341），北中郎将筑小城，立宫殿。后燕燕元二年（385）十二月，燕王慕容垂定都中山，大造宫室，小城之南筑隔城，为太子宝建承华观。建兴五年（390），魏王拓拔珪攻克中山，在汉旧基上将城池修建完固。

明洪武元年（1368），都督平安为防御北方外族入侵，在旧城基础上展筑城池，城周26里余16步、高3丈。四门各建月城，上有门楼，各有重门，四面异其制，周遭盘折，上可容数千人。城壕深2丈、宽10丈。景泰二年（1451），镇守都指挥吴玉主持修葺。成化十九年（1483），知州裴泰，守备胡英、张永忠、胡永昌主持重修，设卧铺共160间。嘉靖元年（1522），州牧倪巩题门匾，东曰"博陵"，西曰"平镇"，南曰"永安"，北曰"定武"。万历四十四年（1616），州牧宋子质主持修复东、南、北三面城墙及城楼4座，腾骧卫指挥胡进忠承修西面城墙，历时五个月完工。万历四十七年，州牧沈庭英（《考工典》第十八卷记为"沈廷英"）主持修补，修毕，雉堞、楼橹完整。重新题门匾，北曰"瞻宸"，南曰"迎泰"，西曰"望恒"、东曰"观海"（据道光二十九年《定州志》卷五）。

清康熙二十三年（1684），秦镜奉旨修复城池，共修城垛1500余丈，修葺城楼3座，补建北城楼1座。次年，疏浚护城河，河宽10丈、深2丈。雍正七

▽ 定州古城门　谢君浩提供

年（1729），知州王大年访寻泉源，环城挑浚。嘉庆十五年（1810），州牧薛学诗重修南、北二门。道光元年（1821），州牧袁俊重修东、西二门。道光二十九年，疏浚河道，河长650丈、深6尺、宽5尺。光绪十年（1884），知州陈庆沪重修南、北二门。

1921年后，曾整修垛口，加固城墙。1935年，在城西南角、西北角、北门、西门外掘得泉眼六七处，挑浚河道长17里、宽2.5丈、深1丈。

1952年，拆除东、西二门。1958年，拆毁北城门。1964年，南城墙外城门上"迎泰"石匾掉落。1964年7月，为防洪，将城墙易进水处进行加高维修，并对西门至南门、北门间护城河进行疏浚，河宽6米、深2米。

20世纪80年代后，据文物部门调查，南城门遗址占地面积4.5万平方米，设有3层门洞，青砖砌壁，内填夯土，系明代建筑。北城墙东段现仍有部分残余，据对出土铭文砖考证，建于元代。护城河总宽150米、长300米，现北段已填埋成为公路，西段辟为排水沟，东段与小清河沟通，南段成为沙河灌渠的一部分。

1993年，定州南城门遗迹被列为省级文物保护单位。

王腾

定州城池：城旧基。魏王珪重筑。周围二十六里一十三步，高三丈，广二丈。池深二丈，阔十丈。门四：东曰博陵；西曰平镇；南曰永安；北曰定武。万历四十七年，知州沈廷英补修，复匾其门：东曰观海；西曰望恒；南曰迎泰；北曰瞻宸。

——清《考工典》第十八卷，引自《古今图书集成》

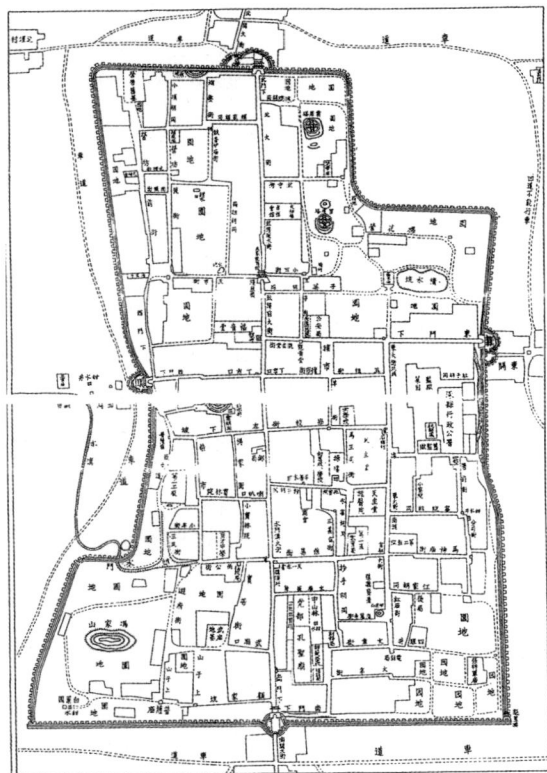

△ 涿县县城图　引自《民国涿县志》民国二十五年铅印本，载《中国地方
集成·河北府县志辑（26）·民国涿县志》

　　涿州，地处华北平原西北部，东临固安，西接涞水，北通北京，南到高
碑店。古时熙攘繁华，乾隆帝曾题"日边冲要无双地，天下繁难第一州"于
北门。

　　春秋战国时期，涿州为燕之涿邑。秦王政二十三年（前224），秦灭燕
主力后，于涿邑置涿县。汉高祖六年（前201），置涿郡。新王莽始建国元年
（9），改涿郡为垣翰郡。三国魏黄初七年（226），涿郡改称范阳郡。隋朝
属昌黎郡。唐武德七年（624），涿县改名范阳县。元朝，涿州升为涿州路。
明洪武元年（1368），改属北平府。清朝康熙二十七年（1688），顺天府分设
四路厅，涿州属顺天府西路厅。1913年，撤州改县。1949年，划归河北省保定
专区。1986年，撤涿县，以涿县辖区建涿州市，仍属保定地区。1994年，保定
地、市合并，涿州隶属保定市至今。

△ 1937年7月18日，侵华日军远山部队进入涿州城 本文照片均由南京城墙保护管理中心藏

据《史记》载："黄帝杀蚩尤，部分尸骨弃于涿地，为避蚩尤之孽，修筑古城时，西门凹入。"又据《名胜志》载："城周九里，形如凹字，相传颛顼时所筑。"虽有文献记载，但筑造时间难以辨真。此城为土城，周长9里59步（计1649余丈）、高3丈、底宽24尺、上宽16尺。设雉堞2199座、门4座。城壕宽2丈（据清嘉庆版《重修一统志·顺天府一》）。再据明万历版《顺天府志》载，城在州城东南，元天历二年（1329）建。形制、规模也不可考，唯清光绪版《顺天府志》载，城中夹城为元城南门。

明景泰元年（1450）后，知州黄衡始加以砖砌。修毕，城周长1830丈、高40尺、底宽48尺。设城门4座，门上皆修门楼：南曰"迎恩"，北曰"通济"，东曰"进德"，西曰"积庆"。城壕深10尺、宽20尺。嘉靖二十四年（1545），知州何镔所修夹城。清《日下旧闻考》载："城之中有夹城，如人之束带。中有券门，名曰通会（此为上文所提元城南门），上有重楼三楹，左钟右鼓，以启晨而警夜。"成化元年（1465），知州石端重修涿州城。

清康熙六年（1667），知州李勋重修涿州城。其周长、高、宽皆如旧，东、西、北三门均设瓮城三重，南门两重。东、西、南三门名未改，唯北门名"通济"改为"拱极"。城形因东北内折，西南凸出，呈"凹"字形，状似卧牛，故又称"卧牛城"。设巡铺5座、烽火台1座。南面城墙修魁星楼1座。康熙十一年，知州傅镇邦改修南城墙。乾隆十二年（1747），知州张志奇修城墙东南角，复修城壕，深7尺、宽21尺。并修南、北吊桥各1座，于城西门偏南修水门1座。其后，州判马星铸铁柱4根，封水门，阻水出入（据清光绪版《顺天府志》卷二）。嘉庆二十五年（1820），知州盛世琦重修。

1927年，晋绥军与东北军于此展开激烈的夺城战。在大炮、坦克轰击下，傅作义部队凭借城墙坚守三个月。东、西、南三座门楼均被炮火击毁，北门楼也破败不堪。城墙轰塌不计其数（据1936年《涿县志》第二编）。

现存涿州城墙遗迹位于河北省涿州市城区范阳路以北，北关华阳公园以南，城西北街东侧。涿州市文保所于2005年7月对古城墙的详细调查数据表明，现存城墙总长为1038.5米、宽0.3～21.4米、高0.5～12.7米。其中，现华阳公园南侧的北城墙，自西向东由107国道至小顶街附近残存152米；西城墙现存两段，自北向南由华阳公园至华阳路段残存长786.5米；商业机械厂段残存长100米。

1992年，涿州城址被列为市级文物保护单位。

王腾

涿州城池：旧传筑自颛顼。明景泰中，知州黄衡始甃以砖石。设涿鹿卫以守之。周围十里，高四丈，广八丈。池深一丈，阔二丈。门四：东曰进德；南曰迎恩；西曰积庆；北曰通济。

——清《考工典》第十八卷，引自《古今图书集成》

▷ 20世纪中叶，涿州城墙俯瞰

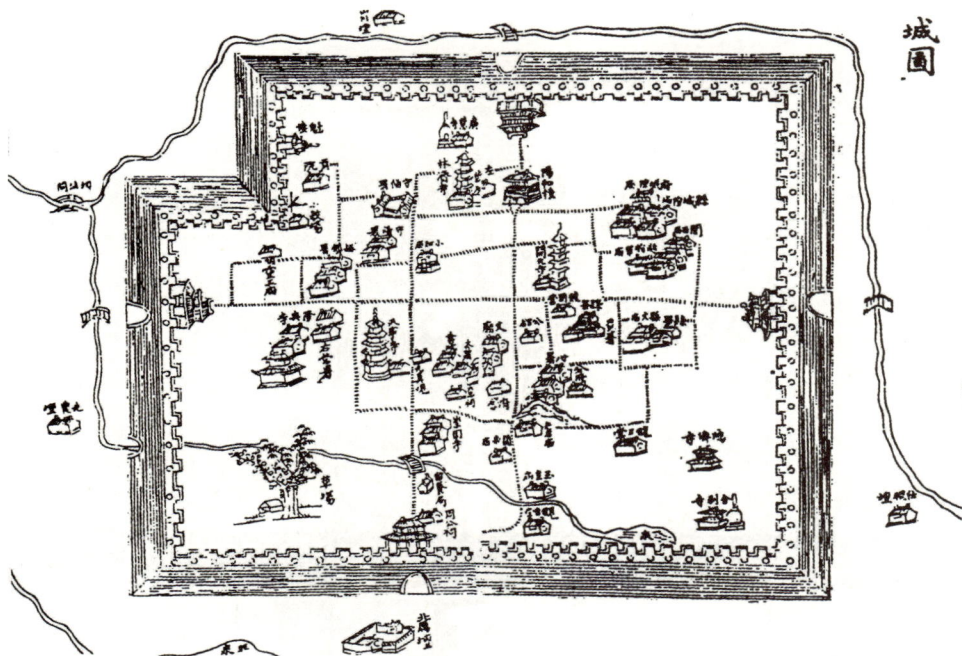

△ 正定县城图　引自《光绪正定县志》清光绪元年刻本，载《中国地方集成·河北府县志辑（3）·光绪正定县志》

正定，位于河北省西南部，地处太行山东麓，自古有"燕南古都、京师屏障"之称，与北京、保定并称"北方三雄镇"。1994年，被列为国家历史文化名城。

正定，春秋时期属鲜虞国，后属晋国。战国时期属赵国。秦属钜鹿郡。西汉初，设真定县。北周宣政元年（578），置恒州，治真定县。隋、唐两朝，恒州、恒山郡几经更替，后避穆宗李恒讳改称"镇州"。五代时期，称镇州或真定府。宋，袭称真定府。元，改称真定路。明，设真定府，直隶京师。雍正元年（1723），避世宗胤禛讳，改称正定府。1913年，废府存县。1986年，由石家庄地区划归石家庄市。

正定城始建于汉。1941年《正定县志》称之为"东垣故城"，为土城，在县南八里，形制不可考，今隐约可见部分遗址。晋，移常山郡于此，建石城，但未见文献详述。北周时期（557~581），拓建石城，但规模依然较小，亦未有详述。唐朝宝应元年（762），因滹沱河水灌城，石城坍塌，成德军节度使李宝臣按镇治扩建城池，改为土城，平面呈"凹"形。宋、元时期，均有修葺，但其间多遭兵祸毁坏。

明正统十四年（1449），御史陆矩、陈金增修。修毕，城周长24里、高3丈余、上宽2丈，并疏浚护城河。隆庆五年（1571），知县顾绥申动府库银6万余两，由府内各县分段施工（东、西垛口有小石碑记其工段），改用砖石砌筑，历时六年，于万历四年（1576）竣工。城墙平面呈"官帽"形，西北偏高，东南稍缺。城墙周长24里、高3.2丈、上宽2.5丈，设有城门4座：东曰"迎旭"，南曰"长乐"，西曰"镇远"，北曰"永安"，各门皆有瓮城。出入城须转绕三层门洞，门上有城楼。建垛口5051座，有更铺、旗台。城的四角建角楼，修敌台85座、警铺88间。城壕宽10丈余、深2丈余，堤高和厚各1丈余。城东北角和西北角各有大、小泉眼50多穴，汇流入护城河。万历十八年（1590），重修四门、瓮城及角楼。崇祯二年（1629），知府侯应琛增建北门

▽ 1937年10月9日，侵华日军进入正定城北门　本页照片由南京城墙保护管理中心藏

▽ 1937年10月5日，侵华日军南下攻击正定和石家庄。图为日军途中进入新乐县的城门

△ 1937年10月9日，侵华日军在正定城西门 南京城墙保护
　管理中心藏

瓮城小楼。崇祯四年，疏浚已淤城壕。崇祯十年，巡按御史李模废瓮城甬道，
接筑为一。崇祯十二年，太监陈镇彝修城墙西南隅，并将垛口改并为2548座
（据清乾隆二十七年《正定府志》卷八）。

△ 南城门外拱券上的石匾额 本文以下照片由正定县文物局
　提供（2008年摄）

◁ 东城墙中段内侧排水槽

▷ 南城外西段城台

◁ 南城墙顶部及城台

▷ 南瓮城城墙及城门

◁ 正定城墙西南角马道

　　清康熙二十五年（1686），重修。雍正六年（1728），奉旨修整。乾隆十年（1745），由柏案村南挑河1614丈，将西韩河之水转输护城河，由城东南角响水闸东流入东大道河。嘉庆十六年（1811），重修。同治七年（1868），改迎旭门为"环翠门"，修各城门楼；南城外楼题匾"襟山带河"（据1941年《正定县志》卷九）。光绪二十六年（1900），京汉铁路通车后，在西北角楼与北门之间增开华安门（俗称"小北门"）。

　　抗日战争时期，侵华日军在南城内外门中间的城墙中用混凝土修筑了工事。1949年前，蒋介石部队在城墙中挖掘工事。

　　1949年，当地政府发动群众将城墙的东、北两面拆出一些豁口。后来，附近群众自行拆砖使用。"大跃进"时期，城砖被取走建炼钢炉。"文化大革命"时期，群众自行取砖、取土用于盖房子、垒猪圈（据2009年8月15日河北青年报《正定古城墙修复需5亿元》）。1975年，从西门北边城墙拆出一豁

△ 环境整治后的南城外瓮城内景

口，修常山路。此后，外贸加工厂、汽车修理厂、人民银行、正定第一中学、体育中心等单位先后坍平部分北城墙，建了厂房、教室、宿舍（据1992年《正定县志》第二十五章）。1999年，正定县制定《文物保护利用中长期规划》，但因资金缺乏，在完成南城门和100米城墙修复后作罢。2000年，县政府倡捐旧城砖，并投资近399万元修复了南城门城楼及两边各50米城墙。2010年5月20

▽ 南城墙内侧全景

日，据《燕赵都市报》报道，约30米的东城墙被拆。

昔日正定城墙城门楼、角楼、垛口均已毁圮，大部分外皮已无砖，只有土筑规模尚可见到。东城门已埋于国防工事钢筋混凝土之下；南门存里城门和瓮城门，里城门外券上仍镶嵌有"三关雄镇"的石牌匾。另外，西城门、北城门、西南角楼尚存马道，东城墙留有较完整的排水道。据2010年7月13日《燕赵晚报》报道：正定县计划投资150亿元，以申报世界文化遗产为目标，全面加快古城风貌恢复进程。不久，启动了古城墙修复工程。

1993年7月，正定城遗迹被列为省级文物保护单位。2013年，正定城墙被列为全国重点文物保护单位。

王腾 杨国庆

真定府城池：汉东垣故城，在真定南八里。晋移治常山郡始建。后魏移安乐垒。后周复治真定，俱建石城，复拓建之。明洪武三年，设真定卫守之。周围二十四里，高三丈余，广二丈五尺。池深二丈余，阔十余丈。门四：东曰迎旭，今改环翠；南曰长乐；西曰镇远；北曰永安。建月城楼四，敌台八十五，警铺八十八。真定县附郭。

——清《考工典》第十八卷，引自《古今图书集成》

北魏平城
大同城
左云城
右玉城

北齐朔州城
朔州城
偏关城

宁武城

宁化城

忻州城

汾河水库
太原（府）城
满洲城
榆次城
太原（县）城
晋阳古城
北关城
交城城
南关城

平遥城
张壁城堡

砥泪城

禹王城
蒲州城

黄
干
河
桑
黄
河
河
汾
沁
河

山 西

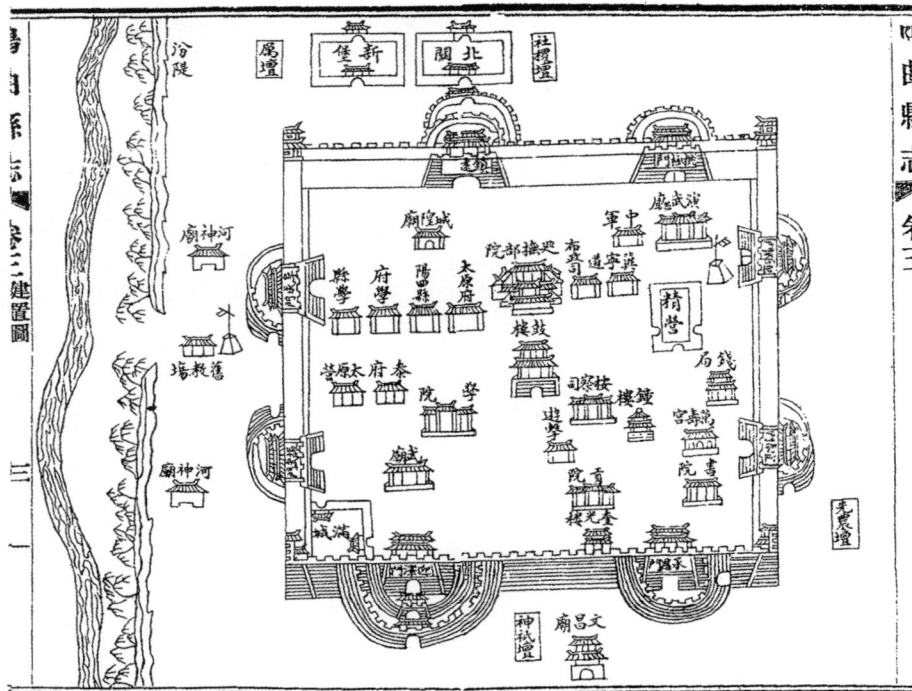

△ 阳曲县城图　引自《阳曲县志》清道光二十三年修，民国二十一年重印

太原（府）城，简称"并"（bing），别称"并州"，古称"晋阳"，也称"龙城"，位于山西省境中央，全市整个地形北高南低，呈簸箕形。是中国北方著名的军事、文化重镇，先后有九个王朝建都（有的为陪都）于此，有"襟四塞之要冲，控五原之都邑"之称。2011年，被列为中国历史文化名城。

商之前，其境为古国北唐。周成王（前1042～前1021年在位）时，始为晋国属地。秦时，置太原郡，郡治晋阳。两汉沿袭，兼置并州治。此后，建置、隶属、名称等均有变化。唐开元十一年（723），改并州为太原府。明清时，仍为太原府。1947年，设置太原市，并为山西省省会，其建置沿袭至今。

太原府城，是在唐代明镇基础上建设而成。宋太平兴国四年（979），宋太宗平定北汉刘氏割据政权时，太原古城遭毁，遂迁州治于榆次。太平兴国七年，复迁治于唐代的明镇（后称"会城"），"此太原之始。旧偏于西南"

（光绪十八年《山西通志》卷二十三）。

明洪武九年（1376），永平侯谢成拓展旧城的东、南、北三面城墙，修筑太原府城。府城周长24里、高3.5丈，墙外包砌砖石以牢固城垣，城墙外围更有深达3丈的护城河环护。城墙共开城门8座：东曰"宜春"（大东门）、"迎晖"（小东门）；南曰"迎泽"（大南门）、"承恩"（新南门，首义门）；西曰"阜成"（旱西门）、"振武"（水西门）；北曰"镇远"（大北门）、"拱极"（小北门）。城门各建有瓮城，"四隅建大楼十二，周垣小楼九十"，小楼间隔是按25座垛口设1座楼，分别为：东面22座，南面23座，西面24座，北面21座。因府城军防布置完备，被时人誉为"崇墉雉堞甲天下"，还有"锦绣太原"之称。嘉靖四十四年（1565），因年久失修，城墙倾颓大半。巡抚万恭重新修筑城墙及各城楼、敌台。万历三十五年（1607），巡抚李景元再次修筑。崇祯十七年（1644），南关城楼及东南角楼因战火被焚毁。

清顺治七年（1650），巡抚刘宏遇重修城墙，并建砖楼。顺治十七年，巡抚白如梅再次重修大、小城楼，并希望今后能形成随时修补的常规。不久，新任巡抚噶礼以大楼小楼数量过多、修葺繁难、花费过多为由，拆除了部分城墙上的城楼等附属建筑，仅保留了主城门的城楼8座、南面瓮城的城楼1座、城墙四面小城楼各1座、四隅角楼各1座、敌台26座，以及城墙上满兵窝铺4座、绿旗兵20座。雍正八年（1730），巡抚觉罗石麟主持修城时，加筑满兵窝铺12座。当时，城墙上窝铺和敌台分布如下：东面800余丈，城墙上满兵铺3座、绿

▽ 20世纪30年代，太原城楼远眺
本文照片除署名外，均由南京城墙保护管理中心藏

▽ 20世纪30年代，太原城墙及护城河

△ 1937年11月6日，日军萱岛部队攻上太原　　△ 1937年11月19日，日军占领下的
城城墙　　　　　　　　　　　　　　　　　　　太原城首义门城楼

旗兵5座、敌台6座；北面800丈，城墙上满兵铺3座、绿旗兵5座、敌台6座；西面876丈，城墙上满兵铺3座、绿旗兵5座、敌台7座；南面804丈，城墙上满兵铺3座、绿旗兵5座、敌台7座。竣工后，该城被称为"崇墉巍雉，坚踰铁瓮，爰以拱卫神京，而称海内雄藩焉"（乾隆四十八年《太原府志》卷六）。此后，太原府城虽时有损毁，但在地方官吏主持下，均能得以修葺。如：咸丰元年（1851）八月，东南城楼毁于大火。光绪十三年（1887），由巡抚主持重修。

1912年后，太原城墙有局部损毁，但整体保存较好。1937年、1949年，因战火导致太原城墙被炸，城墙多处坍塌形成豁口。

1951年后，因城市建设需要，太原开始拆除城墙。1960年，因遭遇三年困难，拆除工作暂停，城墙西北段因而幸存。此外，小北门附近建有子弹库，考虑到安全因素，该段城墙得以保留。

20世纪80年代后，据当地文物部门调查，太原府城墙大部分已毁，仅残存北面的拱极门城门台基（城楼已毁）及两侧残墙。这座城门高4.5～5.5米、宽约7米、进深约22米。2003年，小北门重修，城楼重建。

2000年，拱极门被列为市级文物保护单位。

△ 1937年10月，晨曦里中国军队步出太原古城，赴前方阵地杀敌，逆光中黑色凝重的军人身影显现某种古典的意象

◁ 太原城南门 以下两图引自《中国城郭概要》（中文大学出版社，1979年）

▽ 太原城东门

△ 新建的拱极门城楼 刘晋提供

附：

明清时，在太原府城主城区内外，还有南关城、北关城、满洲城和新堡等小城。

南关城 始筑于明景泰（1450～1456）初年，巡抚朱鉴主持建造。城周长5里72步、高2.5丈，女墙高5尺，建垛口1736座。全城建城门5座并各建城楼、角楼4座、敌台38座。嘉靖十九年（1540），布政司吴瀚主持修城。嘉靖四十四年，巡抚万恭主持修城，用城砖包砌，并修筑连

◁ 修缮后的城墙与整治后的外环境 刘晋提供

城。崇祯年间（1628～1644），被义军李自成部陈永福拆毁连城。顺治十七年（1660），巡抚白如梅修筑东、西墙，以接府城墙。至乾隆（1736～1795）时，该城水桥门城楼尚存。此后，由于年久失修逐渐损毁。

北关城 城墙周长2里、高2.4丈，设城门1座、垛口650座、角楼4座。崇祯年间，毁于战火。

满洲城 位于府城内西南隅。清顺治六年（1649），巡抚祝世昌、巡按赵班玺、布政司孙茂兰、按察司张儒秀、知府曹时举、知县刘光汉等官吏奉旨主持修城。竣工后的城墙，周长843.4丈，城门建3座。此后，由于年久失修逐渐损毁。

杨国庆

太原府城池： 宋太平兴国七年，建。明洪武九年，永平侯谢成因旧城展东、南、北三面，周围二十四里，高三丈五尺，外包以砖。池深三丈。门八：北曰镇远、曰洪（应为"拱"）极；南曰迎泽、曰承恩；东曰宜春、曰迎晖；西曰阜成、曰振武。外各建月城，上各建楼。角楼四座，小楼九十二座，敌台、遥室称之。阳曲县附郭。

——清《考工典》第十八卷，引自《古今图书集成》

太原（县）城

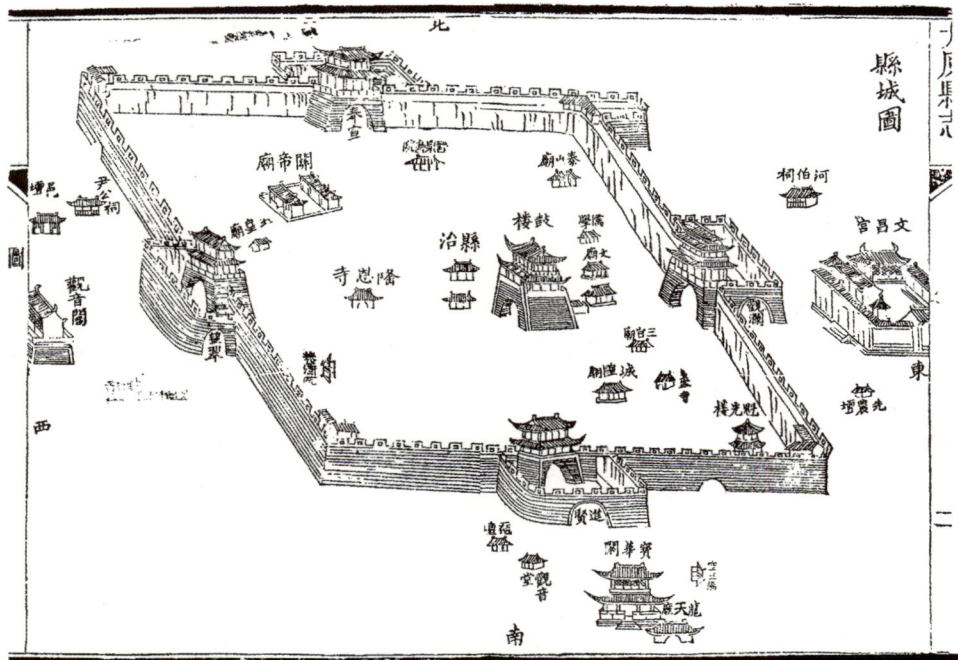

△ 太原县城图　引自《太原县志》清道光六年版

太原（县）城，位于太原市晋源区晋源街道办事处，距太原市中心20公里。

秦时，为晋阳县，并为郡治。隋开皇十年（590），晋阳县改为"太原县"。此后，改名或改隶属为"平晋县"、"阳曲县"等。明洪武四年（1371），移治晋阳故城南，即今晋源镇。洪武八年，复称太原县。此后，其名称和建置为后世所沿袭。1943年，称晋源县。1951年，改为晋源区，属太原市。

太原（县）城，因建置而城址多有迁移。最后的太原（县）城，主要为明清时利用部分旧城的基础重新建造。

明洪武（1368～1398）初，县治虽立，城池仅沿用旧时的晋阳城南关。景泰元年（1450），知县刘敏利用旧城为基础，开始大规模主持筑城。竣工后的城墙周围7里、高3丈，护城河深1丈。辟有城门4座：东曰"观澜"，南曰

"进贤"，西曰"望翠"，北曰"奉宣"。正德七年（1512），在当地士绅倡议下，由知县白晟主持重修城墙，建城楼与角楼。正德十二年，当地士绅再次倡议修城，由知县梅宁主持兴役，增广城墙的规模。正德十四年，仍由士绅倡议，知县吴方主持修城。用城砖砌筑高6尺、宽5丈的垛口。嘉靖二十一年（1542），因有外敌入侵，当地士绅王朝立、高汝行等人号召民众捐资修城，并得到知县曹来宴的支持，修补城墙低矮薄弱的地段，还在城墙外侧增筑敌台32座（道光六年《太原县志》卷二）。隆庆二年（1568），地方官吏主持修城时，将城墙增高1丈。万历十六年（1588），当地官员主持修城时，在旧城壕外增筑女墙（疑为"挡马墙"），在墙外开挖护城河，河宽10丈、深3丈，河岸环植柳树，由城西北面引水注入新护城河内，以巩固城防。崇祯十四年（1641），知县朱万钦与乡绅李中馥等人奉旨修葺太原县城，用城砖包砌土城（垛口为砖砌），始为砖城（顺治十一年《太原府志》卷一）。但是，该项工程尚未完工，明朝已灭亡。

清顺治五年（1648），在知县郜焕元的主持下，始于明末的城墙包砖工程才最终完工。康熙十七年（1678），太原（县）城北面发生坍塌。知县孙宏达随即组织修缮。康熙二十年，西面城墙也发生坍塌。知县孙宏达再次组织修缮。康熙四十七年，知县胡凤翥主持修城15丈多，并疏通护城河，河堤种植柳树以护堤。乾隆十五年（1750），知县梁卿云主持修北城数十丈。乾隆二十九年，知县李凤集主持修西南城18.5丈、东城6.5丈，并重修魁星阁。乾隆三十三年七月初三日夜（乾隆四十八年《太原府志》卷六称"乾隆四十四年"，有误。此据道光六年《太原县志》卷二），太原县遭遇暴雨，导致山洪暴发，冲毁城墙西边40余丈。次年，知县江二仪主持修复城墙损毁地段。

1912年后，太原县城墙由于年久失修，逐渐毁圮，许多地段城墙被人为拆毁。20世纪80年代初，有的村民甚至拆城砖用于建房、修猪舍等，使残余城墙地段损毁严重。

2010年，太原市政府委托东南大学建筑设计院依据有关法律法规研究编制的《明太原县城历史文化街区保护详细规划》正式公布。依据该规划"项目将现有部分居民、企事业单位、学校搬迁出古城，保护性恢复古县城，包括将修复古太原县城墙、街道以及一些主要古建筑和古县城的基础设施。建成之后既达到保护古城的目的，又能够极大地发展太原市的文化旅游产业"。2013年，太原市政府启动明太原县城保护复兴工程。至2016年，县城东、西、北三面城墙复建完成，南城墙及城内建筑的修缮及环境整治工作正在进行中。

据当地文物部门调查，太原县城现今仅余西城门的瓮城和内城，其余城

△ 太原县城修缮中　刘晋提供

门均毁。瓮城平面呈椭圆形，城门宽12～19米、深约10米；内城门宽约3.8米、深约7米、高约8米。另外地表残存城墙约500余米。

2000年，太原县城城墙遗址被列为区县级文物保护单位。

附：

晋阳古城　位于太原市晋源区晋源街道，相传尧帝曾建都于此。晋定公十五年（前497），晋国赵氏一族在此建城，后毁。西晋，并州刺史刘琨于此地再次筑城（后称"大明城"），城高4丈、周长4里（据光绪十八年《山西通志》卷二十三）。宋太平兴国四年（979），宋太宗赵光义灭掉了以太原为都的北汉政权一统全国，之后又下令火烧晋阳城，又引汾、晋之水夷晋阳城为废墟，历经近1500年悠久历史的古城遭毁弃（山西省考古研究所编：《山西考古四十年》，山西人民出版社，1994年）。

晋阳古城遗址首次发掘于1961年。经多次考古调查发掘，现已发现遗址面积大约20平方公里，由于历代改建及破坏严重，城址面貌已不太清晰。地表现存遗迹有不同时期城墙残迹：如西晋太原旧城、北齐大明城、隋代仓城、唐代西东三城等。太原旧城的发掘比较详细，城址表面呈长方形，东西长约4500米、南北宽约2700米；地表残存南墙墙基及西墙残段，南墙残长约300米、基宽约30米、残高约3米，西墙残长600米、残高约4米；墙体夯筑，夯层厚约0.17米。另有古城营城城址（殿台遗址），位于太原旧城北部，平面近方形，边长约400米；地表现存西、北两堵墙，基宽约18米，墙体夯筑，夯层厚约0.2米；城内现存南、北两座夯土台基，相距约50米，高出地面1.5～2米。据推断此遗址应当是晋阳宫城，也就是北齐的大明城。晋阳城的罗城（指城外的大城）城墙遗址同在太原旧城遗址北侧，东西长约4500米、南北宽约1000米；地表残存西墙墙基及北墙残段，残长约1150米、基宽约20米，现已废毁（国家文物局主编：《中国文物地图集·山西分册》，中国地图出版社，2006年）。

2001年，晋阳古城遗址被列为全国重点文物保护单位。

贾若钒　尚珩　杨国庆

太原县城池：即晋阳南基。明景泰元年，知县刘敏始筑城，周七里，高三丈。池深一丈。崇祯十四年，知县朱万钦埒以砖。

——清《考工典》第十八卷，引自《古今图书集成》

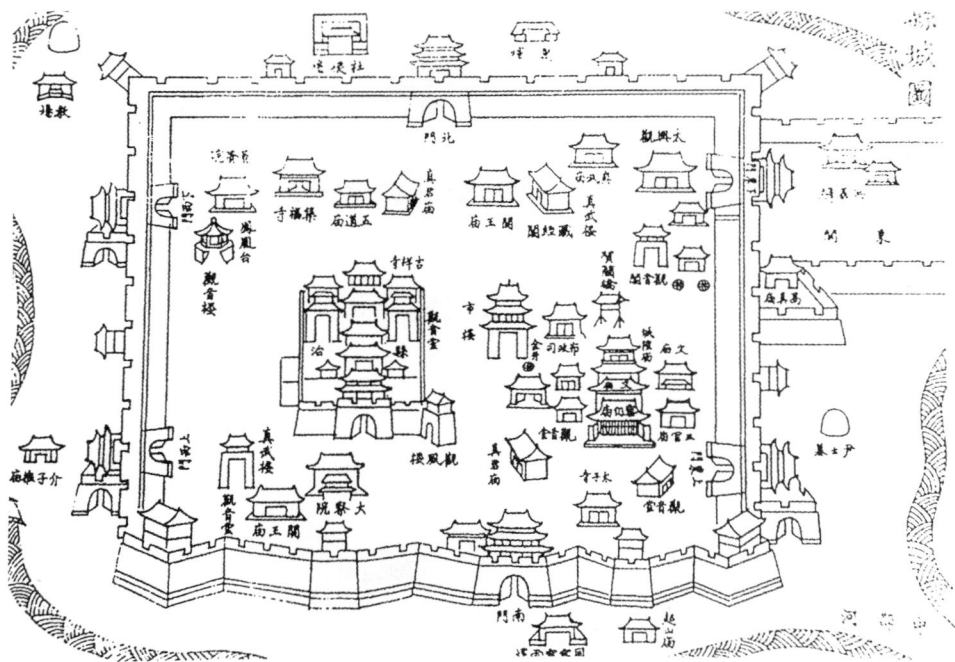

△ 清康熙平遥县城图

平遥，又称"古陶"、"平陶"，位于山西省中部汾河东岸、黄土高原东部的太原盆地西南端，曾是清代晚期中国的金融中心之一，并有中国目前保存最完整的古代县城格局。1986年，被列为国家历史文化名城。1997年，被联合国教科文组织列为世界文化遗产。

秦以前，其境隶属其他建置。秦时，置县平陶（原址在今文水县西南），属太原郡。据《旧唐书·地理志》载：北魏始光元年（424）为避太武帝拓跋焘名（焘、陶同音）讳，遂改平陶为"平遥"（并东迁至今址），同时废京陵县入平遥。此后，建置、隶属及辖地均有变化。明清时，平遥县属汾州。1999年，设立晋中市（地级市），平遥县属之。

平遥境内筑城较早。相传周宣王（前827～前782）时，大臣尹吉甫受命北伐猃狁，筑京陵城（位于今平遥城西北约六公里），城址旧有夯土城垣，

△ 复原后的平遥城北门 引自国家文物局文物保护司，江苏省文物管理委员会
办公室，南京市文物局编《中国古城墙保护研究》

但筑城详情不明。北魏始光元年（424），废京陵县入平遥。因此，当地有"先有京陵城，后有平遥城"的说法。

平遥最早筑城，为汉代平陶城。明清时的平遥城池，最早起筑于北魏（乾隆三十六年《汾州府志》卷五）。另据《城冢记》《平遥县志》等文献记载：旧城狭小，夯土为城，西南两面城墙均低。

明洪武三年（1370），地方官员主持大规模扩建重筑平遥城，城周长12.84里、高3.2丈，设六门：城东、西两面各二门，城南、北两面各一门。这六门的设

△ 外包砖砌体结构 引自杨新华主编《但留
形胜壮山河：城墙科学保护论坛论文集》

置，被历代相传为龟城，具有文化象征寓意：北门为龟尾，南门为龟头，上西门和下西门为龟的左边两只脚，上东门和下东门为龟的右边两只脚。同时，还建造敌台和窝铺计40座。景泰元年（1450），地方官员主持重修县城。正德四年（1509），知县田登主持修缮下东门瓮城，并筑造附郭关城一面（乾隆三十六年《汾州府志》卷五）。嘉靖十三年（1534），河水暴涨，部分城角毁坏。嘉靖十九年，地方官员主持重修。嘉靖三十一年，知县沈振主持修西、北二门，增高西北面城墙6尺、厚7尺，并筑造北瓮城。嘉靖四十年，沁州同知吕尧主持修南城，增高6尺。次年，因有寇犯边，知县张稽古主持修城时，用城砖包砌女墙，并重修城楼。隆庆三年（1569），知县岳维华（《考工典》记为"岳惟华"）主持修城，增筑台楼，此时全城新旧敌台计94座，全部用城砖砌筑，又于六门外创立吊桥。同时，对护城河进行了疏浚。万历三年（1575），知县孟一脉主持修城，墙体外侧全部使用城砖包砌，遂为砖城。工程未竟，孟一脉离任，继任知县董九仞继续修城并竣工。万历二十二年，知县周之度主持修城，增筑东、西二门外的瓮城。

清康熙二十三年（1684），因久雨导致平遥城墙部分坍塌或损毁。知县黄汝钰主持修缮损坏地段25丈、垛口123座。康熙三十五年，知县王杰主持修

▽ 平遥迎薰门　夏明明摄

△ 平遥古城墙内侧　本文照片除署名外，均由徐振欧摄

缮城墙，补修南门瓮城2丈，以及下东门小楼。康熙三十六年，修东城6丈多。次年，修北城4丈多。康熙三十九年，知县王绥主持修西城2丈多，以及修缮主城楼4座。康熙四十年，补修上东门瓮城。次年，修北城2丈多。康熙四十二年，修缮四门，以及修南城20余丈。康熙四十三年，再修南城35丈。次年，修上东门。雍正二年（1724），知县高大有主持修缮东城坍塌地段41丈多，修复敌楼2座，还修葺了下东门、上西门、下西门城楼3座。雍正五年，又修缮了东门、南门和北门的大城楼3座，以及部分敌楼。乾隆二十七年（1762），知县李在田主持修城时，重点疏浚护城河，总计450丈。

　　道光三十年（1850），知县刘叙主持大规模修城。此次修城，先后延续七年之久。咸丰六年（1856），山西巡抚王庆云劝捐共捐银64930两，督饬董事王调宇等鸠工备料，在地方多名官吏的主持下竣工。工程包括增高南门城楼及四隅敌楼，其余损毁地段城墙也逐一进行了修补。同时，不仅对全城护城河进行疏浚，还增筑石桥7座，于下西门添筑水闸1座。刘叙重新命名6座城门：南曰"迎熏"，北曰"拱极"，上东门曰"太和"，下东门曰"亲翰"，上西门曰"永定"，下西门曰"凤仪"。此次修城还得到了咸丰皇帝的嘉奖。同治六年（1867），知县王佩钰主持修城，城墙上增建炮台6座，每座炮台设置大石炮3尊。同治十二年，由于西边护城河淤塞，地方官吏主持疏浚。光绪六年（1880），疏浚北面护城河。自此至清末，平遥城墙基本保存完好。

抗日战争时期，平遥城墙城门楼和敌楼被拆除，用其建材修筑炮楼，并在城墙上开挖机枪射孔掩体，一些地段城墙受损。

1949年后，平遥因城市建设，附郭关城被拆毁。"文革"时期，平遥城墙遭到严重破坏，城墙周围开始建造了大量民宅。1977年，因平遥遭遇洪水冲刷，导致城墙外侧马面（敌台）发生不同程度的坍塌。

20世纪80年代后，在国家及地方政府重视和支持下，对平

▽ 平遥古城及城楼

△ 平遥古城墙 国家文物局编《中国历史文化名城词典（续编）》

遥城墙进行过多次大规模修缮，以及环境整治。据当地文物部门调查，修缮后的平遥城墙基本为方形，周长6162.68米，其中东墙1478.48米、南墙1713.80米、西墙1494.35米、北墙1476.05米。城上原建有文昌阁和魁星楼各一座，现仅存魁星楼。

1997年，世界遗产委员会对平遥这样评价："平遥古城是中国境内保存最为完整的一座古代县城，是中国汉民族城市在明清时期的杰出范例，在中国历史的发展中，为人们展示了一幅非同寻常的文化、社会、经济及宗教发展的完整画卷。"

1965年，平遥城墙被列为省级文物保护单位。1988年，平遥城墙被列为全国重点文物保护单位。

杨国庆

平遥县城池：周宣王时，尹吉甫北伐，驻兵于此，因隄展西、北二面。明洪武三年重建，周九里十三步，高三丈。池深一丈。门六。三十一年，知县沈振修西、北二门，增高六尺。隆庆三年，知县岳惟华重修敌台九十四座，皆砌以砖。六年，知县孟一脉砖甃。

——清《考工典》第十八卷，引自《古今图书集成》

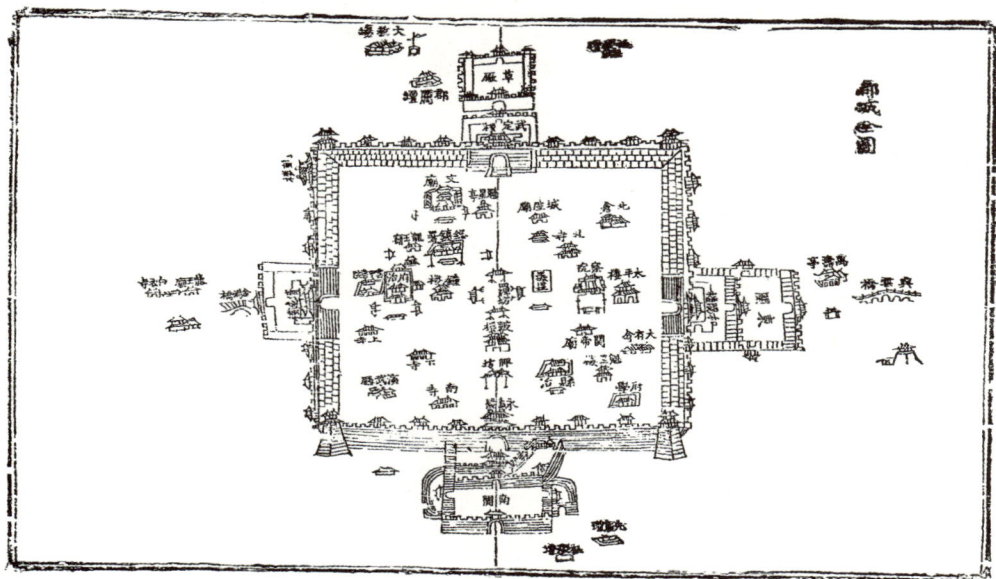

△ 大同府城　引自《大同府志》清乾隆四十七年版

　　大同，位于山西省北部大同盆地的中心、黄土高原东北边缘，素有"三代京华，两朝重镇"之称。1982年，被列为国家历史文化名城。

　　春秋时，其境为北狄所居。战国时，属赵国。皇始三年（398），北魏道武帝拓跋珪迁都平城。北魏太和十八年（494），迁都洛阳，后改为恒州。此后，建置及隶属多有变化。明清时，为大同府。1952年，大同为山西省省辖市。

　　大同筑城较早，但城址有兴衰。最后的大同府城，为明清时期修建。

　　明洪武五年（1372），大将军徐达在旧土城的基础上主持大规模筑城。"因旧土城南之半增筑"，城周长13里、高4.2丈。城基砌以石墙，墙体包砖（道光十年《大同县志》卷五）。开城门4座：东曰"和阳"（《考工典》记为"阳和"），南曰"永泰"，西曰"清远"，北曰"武定"，城门上各

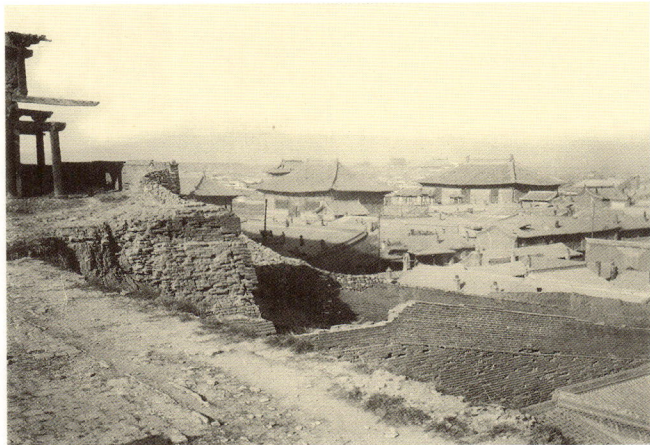

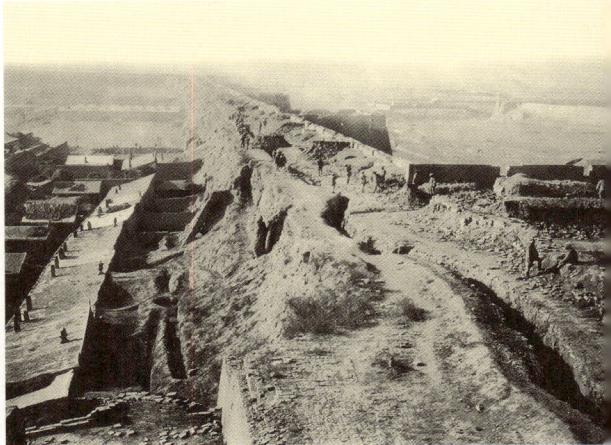

△ 20世纪30年代，大同城楼上眺望城内　本文　　△ 20世纪30年代，山西大同城墙损毁地段
照片除署名外，均由南京城墙保护管理中心藏

建城楼，城门外各建有瓮城。还建有角楼4座、敌台楼54座、窝铺96座。大同城的守备分城而治，城西半属大同前卫，城东半属大同后卫。永乐时期（1403～1424），随着国都由南京北迁北京，大同的战略地位日益重要，"府东连上谷，南达并、恒，西界黄河，北控沙漠，居边隅之要害，为京师之藩屏"。永乐七年，置大同镇镇守总兵官，属山西行都司管辖。"是镇也，北捍胡虏，以控带幽燕；南总三关，以招徕晋魏；翼卫陵寝，屏捍神京，屹然甲九塞焉"（杨时宁：《宣大山西三镇图说》，万历刻本）。正统十二年（1447），"大同左参将石亨奏请修理大同城……从之。"

正统十四年（1449），"土木堡之变"以后，大同城池的战略地位更加突显。景泰年间（1450～1456），巡抚都御使年富在原先大同主城的基础上，"于府城北筑小城，周六里，高三丈八尺，东、南、北门凡三：东曰长春，南曰大夏，北曰元冬"（道光十年《大同县志》卷五）。天顺年间（1457～1464），巡抚韩雍续筑东小城（开城门3座）、南小城（开城门4座），各周长5里，护城河深1.5丈。嘉靖三十九年（1560），巡抚李文进将南小城加高8尺。隆庆年间（1567～1572），巡抚刘应箕主持修城，城墙增高1丈、增厚8尺，并包砖石，重建城门楼4座。万历二十年（1592），南小城的北门城楼改建为文昌阁。万历二十八年，总兵郭琥主持修城，用城砖砌筑女墙。万历三十年，巡抚房守士组织民工重修城墙。

清初，大同城墙因建置短期有变更，城墙损毁无修缮。顺治九年（1652），府县复还大同，自此开始重修城墙。乾隆十二年（1747），知县谢廷俞申请修城，获准后遂组织大规模修城，重修大城、南小城、北小城。乾隆二十八年，知县宋乾金主持修城，重修南关城门外吊桥基础、大城的女墙、西门马道前的吊桥、南门和西门。次年，重修北门城楼。乾隆三十九年，知县吴麟主持修城，重修乾楼（又称"八角楼"）、洪字楼（在乾楼东）、南门城楼，以及东门、南门、北门的外瓮城。此后，大同城墙在历任地方官吏主持下，均组织规模不大的修补，有些是当地乡绅参与捐资修补。道光五年（1825），知县黎中辅与乡绅一同修缮南门外的吊桥。道光七年，还修缮了北门外吊桥。由于大同自乾隆以后，城墙并没有进行大规模的修缮，至道光九年官员组织城墙调查时，发现大同城墙"城根臌裂，砖石亏（溃）烂"。当年九月大雨，导致"大城里外二面，并周围女墙土胎，以及东关草厂城瓮城等处多有臌裂坍塌"，详情如下：塌落大城外侧227余丈、大城内侧落1120余丈、大城周围土胎227余丈；东关土城紧靠玉河，被北来山水冲塌37余丈；塌落南面土墙10.5丈、南关砖城周围63余丈，垛口31丈；东小门城门洞塌落；草厂城周围塌落78丈，女墙塌落1100丈，周围根脚护城台塌落59丈。结论是："若不亟时修理，势必坍塌愈甚。将来修筑，需费更多"（大同府大同县《通详请修详稿》，转引自道光十年《大同县志》卷五）。道光十年时，大同城墙主要附属建筑计有城楼21座、角楼4座、望楼10座、窝铺8座。

1912年后，大同城墙虽没有大规模修城之举，除部分地段城墙和部分附

▽ 1937年9月14日，侵华日军进占大同。图为侵华日军骑兵由大同北门进入

▽ 20世纪30年代，山西大同古城门

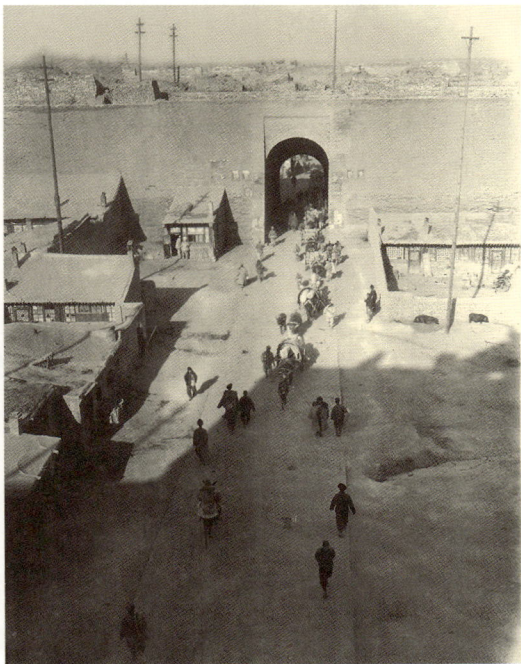

△ 新建的大同城墙城楼 本页两图由杨帆摄

△ 新建的城顶步道及敌台

属建筑有损坏外，城墙整体基本保存完好。

1949年后，随着城市建设发展需要，大同城墙许多地段被拆除，城砖被挪为他用。

21世纪初，据当地文物部门调查，大同城墙除个别地段外均毁坏严重，现存主城墙约为原城墙长度的70%，城墙遗迹依然明显。地表现仅存城墙残段，位于现操场城的一段残墙基宽约3米、残高6～8米，墙体夯筑，夯层厚0.15～0.20米；城墙四角夯土大体保存，东城墙北面有两个缺口，该段城墙六个残马面均留存；南面毁坏严重，留存的三个马面也残缺不全。南城墙共留存四个残马面，有的地段城墙遗迹不存。北城墙东段（武定门以东）保留了五个残马面，该段城墙可以说是遗存城墙中最完整的。西面保存一个残马面，西城墙是毁坏最严重的地段。

自2008年起，地方政府对大同部分城墙进行了修缮和复建。

1981年，大同府城被列为市级文物保护单位。

附：

北魏平城 即北魏前期都城，城址位于今大同市区。据《水经注》记载，北魏平城由南、北两个部分组成，北部是宫城，南部是郭城。经历北魏六

△ 2003年大同城墙遗址 杨国庆摄

位皇帝的营建，平城一度成为北方政治、经济、文化的中心城市。

经过多年的考古勘查，北魏平城的宫城和郭城遗迹先后被发现，其中宫城现存遗迹，主要位于操场城至站东一带；郭城的现存遗迹，其范围与明清大同府城的范围大体相当，尤其在南部近于重合。

1987年，北魏平城遗址被列为全国重点文物保护单位。

尚珩 杨国庆

大同府城池：明洪武五年，大将军徐达因旧土城南半增筑，周十三里，高四丈二尺，以砖甃外。池深一丈五尺。门四：东曰阳和，南曰永泰，西曰清远，北曰武定。大同县附郭。

——清《考工典》第十八卷，引自《古今图书集成》

▷ 2010年东城墙修复碑记
杨帆摄

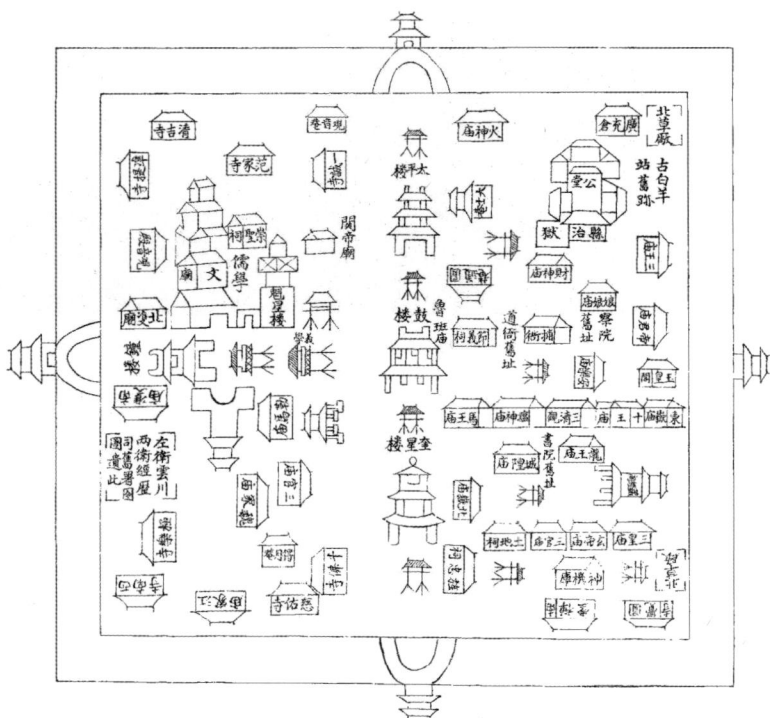

△ 左云县城图　据《左云县志》民国版，张君重绘

左云，位于山西省西北边缘，隔明外长城与内蒙古自治区接壤。左云历史悠久，是历代屯兵的边陲重镇。

商周时期，其境属冀州北部地区。春秋时，为北狄牧地，名"白羊地"。战国时，属赵国，置武州塞。汉代始设县，改为武州县。此后，由于历史上北方战争频繁，建置、属地及名称多有变化。明洪武二十五年（1392），置镇逆卫。永乐七年（1409），移镇逆卫于大同左卫。清雍正三年（1725）九月，以北西路九堡并入，改称左云县。1949年，划归察哈尔省雁北专署。1993年，雁北地区与大同市合并，左云县隶属于大同市。

左云最早筑城不明。自汉代至元末，虽为重镇，但筑城"始建未详"（民国版《左云县志》卷二）。明洪武二十五年（1392），因置镇逆卫而筑土城。永乐（1403～1424）时，曾有修缮。正统十四年（1449），朝廷诏边外诸卫向边内迁徙，遂将大同府西200余里的云川卫并入左卫城，二卫同治一城。"始砖包城"（民国版《左云县志》卷二），城周10里120步、高3.5丈，护城河深2丈，建南、北、西各一门，因东面有高山险峻傍靠山岗而不便建城门，但为了军事防御上的眺望，提议建城楼1座，城墙上建有窝铺50座。嘉靖二十六年（1547），副总兵吴鼎主持修城，"东、西各削其半，制稍俭"。嘉靖四十五年，在兵备佥事韩应元等驻军官员主持下重修城墙，增高城墙7尺，城墙总高达4.2丈，复建排水槽2座、号房18间、对楼9间、将军楼9间、牌房9处、大城楼3座，并悬匾：北曰"雄镇大汉"，南曰"名都重辅"，西曰"永控玉关"。还在北城添建关帝庙1座、号房18间，修钉对开城门9处，瓮城内外全部用砖包砌。万历二十九年（1601），左参政樊东谟主持修城，除加筑垛口外，还建造东城城楼，并改各城门楼的匾：东曰"巩护陵京"，南曰"至于太原"，西曰"云西第一关"，北曰"虏在目中"。万历三十八年，右布政韩策再次拓修南关城，以及大城顶墙、三座关门并各建城楼，城楼均为五开间，各城楼悬匾为：南曰"宣平"，东曰"景阳"，北曰"安宁"。建角楼4座，均为三开间；敌台2座，建铺舍各一开间。大城还在顶面加砖一层，女墙均改为城砖砌筑，史称"宏伟坚致，胜概倍增"。

　　入清以后百余年间，由于疏于修缮，至雍正三年（1725）撤卫立县时，

▽ 左云南城门遗址及城墙残段　本文照片均由刘朝晖2012年秋摄

△ 左云南城门遗址

城墙规制已大不如从前。但是，由于边患的消除，原本作为军事重镇的左卫城的军事战略意义日益淡化，边关贸易逐渐兴起，商贾云集，逐渐成为百姓聚集之地。

1912年以后，左云县城墙逐渐毁圮，甚至将城砖拆卸挪作他用。

20世纪80年代以后，据文物部门调查，左云县现存城墙主要为夯土城墙，城砖大部分被拆走。夯土城墙保存较好，大部分存在，墙体宽厚。马面等墙体设施保存较好。各墙体均遭到不同程度破坏，墙体高低凹凸不平，各墙体均有缺口和多处豁口，南门外有瓮城遗迹。四面城墙设有许多马面，四角设有角台。东墙残长约1400米，南墙残长约1200米，余皆基本完整。墙基宽约12米、顶宽约3米、残高约12米。墙体夯筑，包砖不存。原有南、北、西门3座，现仅存西门，位于西墙中部，现为豁口，宽约32米、深约16米。南门外瓮城，东西长度不详，南北宽约36米，存南墙残长约20米。瓮城门在南墙，现为豁口，宽约7米、深约11米。南墙外侧接关城遗迹，南北长约250米、东西宽约200米。存东墙残长约70米，西墙残长60米，南墙残长约160米。未见关城门遗迹。西门外瓮城，形制不明，仅存北墙残长约30米。存马面26座。西墙的一座马面，基部凸出墙体约6米、宽约10米、高约10.5米。城内为居民。

如今，当地规划中将城墙作为旧城改造的重点，使其成为左云古城的标志性建筑。

附：

在左云境内历史上曾筑城九座，分别是春秋时期的白羊城（古城），战国时期的中塞城，汉朝的武州城（东古城），北魏的榆林城，明朝的左卫城（卧牛城）、旧高山城、管家堡的市场城、段村的阴城等。

关于堡寨，据明正德《大同府志》及《左云县志》记载：当时左卫筑有堡寨52个，如助马堡、三屯堡、宁鲁堡、威鲁堡、保安堡、拒门堡、破鲁堡、灭鲁堡、云岗堡、高山城、云西堡、破虎堡等。现在保存完整的堡寨有三屯堡、云西堡、威鲁堡、宁鲁堡、管家堡、镇宁关城、威鲁堡关城（月华池）、马道头圆堡、黄家店袖珍堡（民堡）等。这些大小不一、屯兵数量不等的城堡，墙体有的是砖砌，有的为夯土。

尚珩 杨国庆

大同左云川卫城池：云川卫附。明洪武二十五年建。初设镇朔卫，后革。周十里一百二十步，高三丈五尺。池深二丈。西、南、北三门。

——清《考工典》第十八卷，引自《古今图书集成》

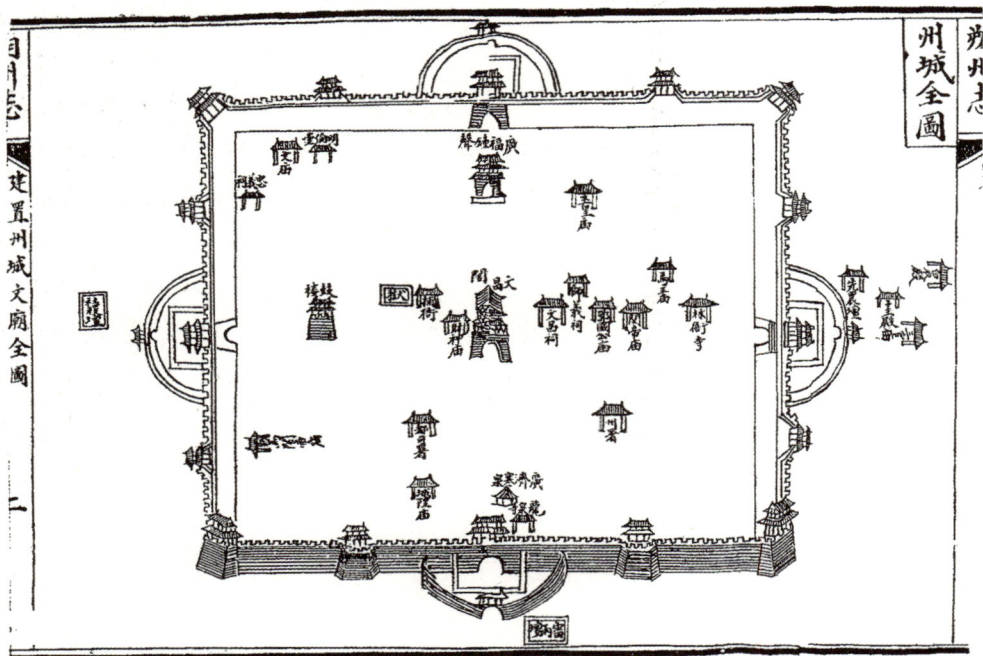

△ 朔州州城全图　引自《朔州志》清雍正十三年版

　　朔州，位于山西省西北部、桑干河的上游，自古为兵家必争之地，有"居三关之中，为南北咽喉，东西要路"之称（雍正版《朔州志》）。

　　春秋以前，为少数民族北狄所居。战国时，为赵国属地。北魏（386~534）时，为平城的畿内。北齐天保六年（555），将朔州治从盛乐（今内蒙古和林格尔县）迁到马邑西南。天保八年，马邑县改为招远县，为朔州治，此为"朔州"名之始。此后，建置、隶属多有变化。明清时，或为朔州，或为马邑县，或为朔州卫。1912年，改州为县。1952年，察哈尔省撤销，重归山西省。1989年，设立地级朔州市。

　　据文献记载，朔州筑城较早，即秦代始筑的马邑城，但城址多有变化。据传，当时筑城时，每当竣工前，城墙随即崩塌。筑城人发现有匹马，在一定的范围反复周旋，觉得非常奇怪，遂按马匹行走的线路筑城，"城乃不崩，遂名马邑"（顺治十一年《山西通志》卷二十八）。此说纯属怪诞之言，故早期筑城详情不明。许多旧志称，朔州旧城为9里13步。元至正（1341～1368）末，姚枢副以"兵少城阔"为由，主持大规模改筑城池，"省去西北，筑东南一隅，以便备守"（雍正十一年《朔平府志》卷四）。工程未竣，元朝已亡。

洪武三年（1370），指挥郑遇春受命设立朔州卫，并依照姚副枢所筑未完工的城址建造竣工。洪武二十年，指挥薛寿主持大规模修城，就地烧砖，遂改建为砖城。城墙周长1260丈、高3.6丈、垛口高6尺、顶宽4丈、基宽8丈。开城门4座：东曰"文德"，南曰"承恩"，西曰"武定"，北曰"镇塞"，城门上均建有城楼，城门外各建有瓮城（每座瓮城周长138丈）。全城设敌楼12座、角楼4座、窝铺24座、烟墩4座、垛口3135座。护城河周长1680丈、深3.5丈、宽16丈。万历年间（1573～1620），知州张守训主持重修城墙。通判郭如松主持疏浚护城河，并修筑外墙周长7里。此后，朔州城被称之"俨然名郡"（雍正十一年《朔平府志》卷四）。崇祯二年（1629）和五年，由于部分城墙、城楼坍塌或损毁，地方官员遂主持重修。

清顺治六年（1649），由于战乱，朔州城北面地段被炮火轰毁，城楼被焚。平定战乱后，虽然进行修补，但是已非旧规（雍正十一年《朔平府志》卷四。顺治十一年《山西通志》则称"补葺如初"）。此后直至清末，朔州城的损毁及修缮不详。

1912年后，朔州城墙由于年久失修，逐渐损毁。尤其1949年后，由于城市建设需要，朔州有些地段城墙逐渐被拆除。

▽ 朔州城内，远处城楼隐约可见 吴强提供

△ 朔州马邑城及护城河旧影　本文照片除署名外，均由李炬藏

　　20世纪80年代以后，据当地文物部门调查，朔州城现存整体保存一般，墙体内部夯筑土墙尚存，但包砖几乎不存。墙体两侧多处被挖成窑洞，或被道路挖断。北墙仅存部分墙体，东墙保存较差。北墙东段正对区政府段墙体用旧城砖包砌，新建门洞称"北门"，其实并非旧北门的位置。城墙现在只存南门，位于南墙西侧，距西墙约250米，砖券顶，拱内侧高约8米，外侧高约6米，门道宽约5米、深约23米。门洞内有砖脱落，门拱外上方嵌一块石匾。石匾呈横长方形，正中阴刻横排"承恩门"三字，左侧竖排阴刻"洪武七年四月吉日立"。南门外侧有瓮城遗迹，东西长约40米、南北宽约35米，其南墙不存，其余皆基本完整。瓮城门在东墙正中，砖券顶，拱内侧高约7米、外侧高约5米，门道宽约4.8米、深约14米，包砖和基石俱存。城墙现存角台4座，东南角台基部凸出墙体约10米、宽约25米、高约10米。存马面17座，南墙东端马面基部突出墙体约9米、宽约15米、高约11米。

　　1998年，马邑古城遗址被列为市级文物保护单位。

　　附：

　　北齐朔州城　位于今朔城区西北约500米处。天保八年（557），将治迁到马邑。《五代志》载："后齐置朔州于马邑城，亦谓之北朔州。"

20世纪80年代后，据当地文物部门调查：现存北齐朔州城址平面呈方形，边长约2000米。城墙基宽约12米、残高0.5～2.5米。墙体夯筑，夯层厚0.07～0.12米，夯层内夹有汉代陶片、布纹瓦和绳纹板瓦等残片。

1996年，北齐朔州城被列为省级文物保护单位。

尚珩　杨国庆

朔州城池：即古马邑也。元至正间，姚副枢省去西、北，筑东南一隅。明洪武三年，开朔州卫，依姚副枢所省旧址修完。二十年，指挥薛寿砖甃，周七里，高三丈六尺。池深三丈五尺。万历间，通判郭如松浚池，筑内外墙。

——清《考工典》第十八卷，引自《古今图书集成》

▷ 朔州马邑城敌台及残破城楼旧影

◁ 朔州马邑城门旧影

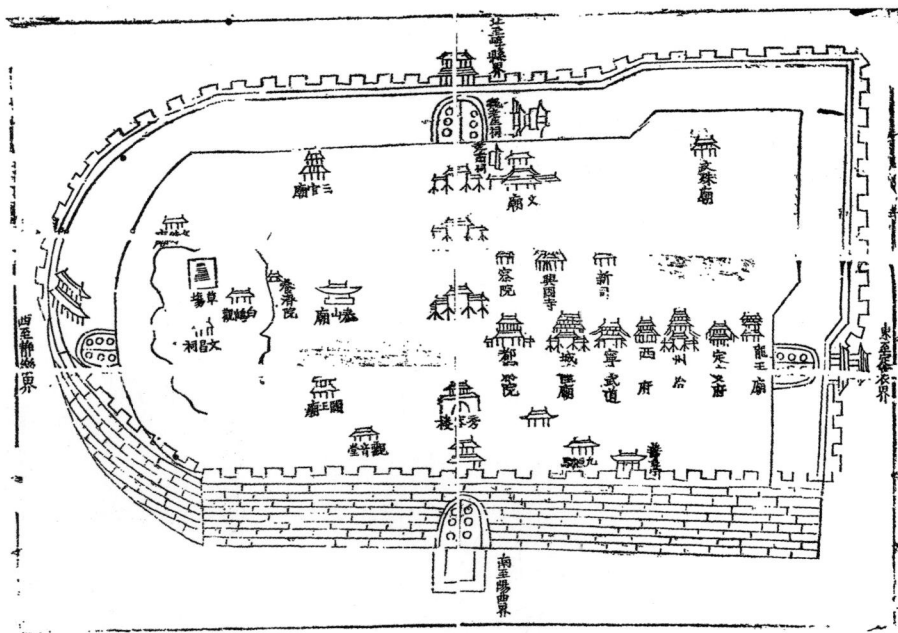

△ 忻州州城图　引自《忻州志》明万历版

忻州，简称"忻"，别称"欣"，位于山西省太原市北部，北邻大同，西隔黄河与陕西、内蒙古相望，东以太行山与河北接壤，素有"晋北锁钥"之称。

春秋时，属晋。此后，建置、隶属均有变化。隋开皇十八年（598），始改称"忻州"。明朝仍为忻州建置，属太原府。清朝为忻州直隶州。1912年，废州为忻县。1983年，忻县改为忻州市（县级）。2000年，改为地级忻州市。

忻州筑城较早，据光绪十八年《山西通志》记载：后汉末年，始筑城墙，西跨九原。此后，该城被历代所沿用。唐、宋时，曾多次拓展新筑，城周长9里12步、高2.5丈（据《山西通志》卷二十九），护城河深1.7丈。

明洪武三年（1370），知州钟友谅主持重修城墙。嘉靖十六年（1537），知州李用中主持修城，加固墙体。嘉靖二十八年，知州周梦彩主持修城，并疏浚护城河，还增设敌台。不久，因久雨导致许多地段城墙坍塌，竟达3/5以上。周梦彩号召民众捐资修城，他"躬亲督视，众力丕作旬日，而大坏者完浃辰，而半颓者葺，增卑缮陋，逾月讫工"（光绪六年《忻州直隶州志》卷九）。万历二十四年（1596），巡抚魏允贞不仅下文让太原府同知贾一敬、知州张尧行负责修城工役，还捐出当年的赋税用于采办砖石筑城。用砖石改筑忻州城的工程，始于当年四月，竣工于万历二十六年十月。新筑的墙体，砖包墙厚7重，城基用石砌8尺。城周长2190丈有余、高4.2丈，护城河有3道（至晚清时，大部分地段仅余1道），河深2丈、宽丈余。开城门4座：东门"迎晖"改名为"永丰"，南门"康阜"改名为"景贤"，西门"留映"改名为"新兴"，北门"镇远"改名为"拱辰"，同时，还筑有外郭。此后，忻州城池时有损毁，但均未能得到及时修缮。

清乾隆九年（1744）十一月，巡抚阿公奉旨查办城工时，经知州谢廷琪实地查勘，发现忻州城及附属建筑有多处损毁，如全部修缮，需资金6604.25两白银。乾隆十一年四月，巡抚阿公因修城资金难以落实，遂商定忻州城自乾隆十四年至乾隆十八年"分年修复"。乾隆三十一年，知州格图恳主持再次

▷ 20世纪30年代，隶属于今山西省忻州市的五台县县城建立在高山上　南京城墙保护管理中心藏

△ 修缮后的北门 本文照片除署名外，均由尚珩拍摄或提供

▷ 砖墙及墙体内部的夯土层

◁ 墙体局部残余的砖墙

△ 处于高地上的残垣

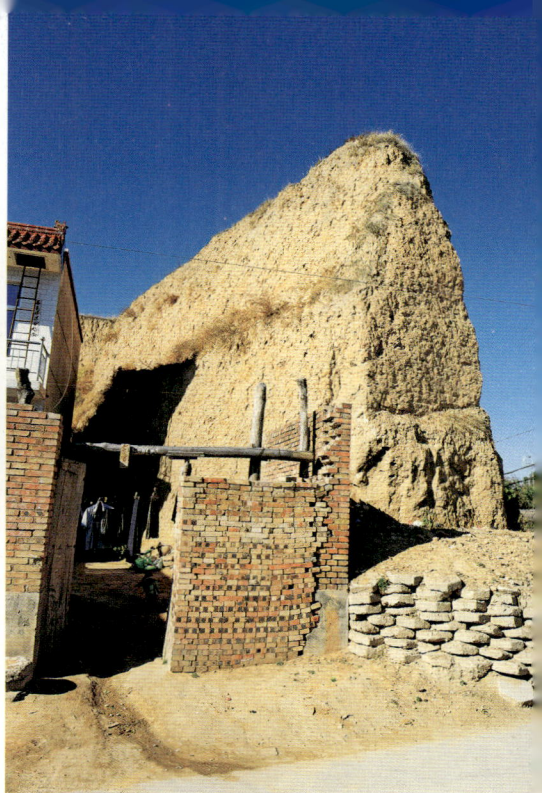

△ 城墙下的民宅

▽ 主城门与瓮城门

△ 修缮后的南门及城楼

修城。道光三十年（1850），前知州华典将城墙坍塌严重的地方加以修缮。同治（1862～1874）初年，在知州戈济荣首次倡议下，境内乡绅商贾出资修城，始无修城资金之忧。此次大规模修城，被称为忻州300多年来规模最大的一次（尽管其中有两次大规模修城，仍"未能一律整齐"），此项修城自同治七年四月至同治九年十月，工役才全部告竣。忻州城"规模崇焕，高城深池，不仅壮观，瞻资捍卫"（光绪六年《忻州直隶州志》卷九）。

1912年后，忻州城虽无大范围的修城，但城墙整体保存较好。

1949年后，因城市建设需要，城墙许多地段逐渐被拆除。

20世纪80年代以后，据当地文物部门调查，忻州城西面残段或部分遗址，以及南、北的城门楼尚存。1978～1986年间，忻州曾先后数次维修城墙，现存城墙主体结构为明代。1959年重绘的北门城楼，建筑面积1108平方米，坐北朝南，砖石基座，高12米，中辟门洞。基上楼身木构，面宽7间，进深6椽，二层重檐歇山顶。四周围廊，七檩前后廊式构架，前檐各间置格扇门窗，后檐为方格窗，檐下高悬"晋北锁钥"门匾。南门城楼面阔7间，进深4间，重檐歇山顶，第三层檐下正中悬挂"三关总要"匾额。1972年，拆毁城门楼，2002年，重建东门城楼，匾额"献佳合北"。1945年，城楼被毁。西门城楼匾额"九峰雄峙"，城楼毁于1949年前（国家文物局编：《中国文物地图集·山西分册》，中国地图出版社，2006年）。

2004年，忻州城墙被列为省级文物保护单位。

尚珩　杨国庆

忻州城池：后汉末建，西跨九原。唐、宋，因而新之，城周九里十二步，高二丈七尺。池深一丈七尺。明万历二十四年，巡抚魏允贞砖甃。

——清《考工典》第十八卷，引自《古今图书集成》

▽ 瓮城门内看城楼

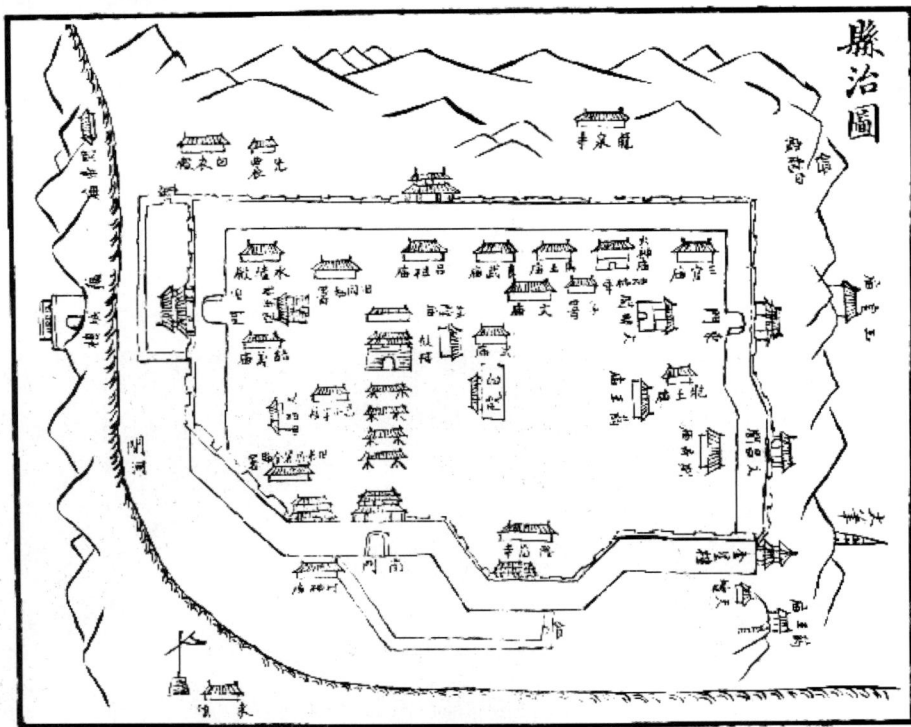

△ 偏关县治图　引自《偏关志》1915年版

偏关，又称"偏头关"，与宁武关、雁门关合称"外三关"。位于山西省西北部，北靠长城，与内蒙古清水河县接壤，自古是西北的战略要地，有"半壁孤城水一湾，万家烟火壮雄关"之称。

春秋以前，为古林胡地。战国时，属赵国，置儋林郡。北汉天会年间（957～973），置偏头寨。因地形东靠双凤山，西俯关河川，呈"东仰西俯"状，后称偏头寨。元时，改偏头寨为偏头关。明洪武二年（1369），设镇西卫于偏头关。成化二年（1466），置偏头关守御千户所，治今城关，属太原府。清雍正十三年（1735），改所为县，属宁武府。此后，隶属多有变更。2000年，属忻州市。

偏关县筑城较早，但"关地旧址，远不可考"（1915年《偏关志》卷上）。北汉天会年间（957～973），于韩光岭随地势而建造寨堡，"为守城之权舆"。元时，设置武节将军枢密院判守御此关，"城守之规模亦略具矣"。

明洪武二十二年（1389），镇西卫指挥张贤迁地改筑于西原河坪新建土城（即后世的"偏关城"，《考工典》称"洪武十三年"），距旧偏关一里左右，并置守备。宣德四年（1429），都督李谦向南拓展城墙。正统十四年（1449，另据1915年《偏关志》卷上称"正德十四年"，有误），都督杜忠主持增筑垛口。天顺二年（1458），都指挥袁胜向东拓展城墙。成化六年（1470），都御使李侃展拓城西、南二面城墙。弘治元年（1488），兵使王瑺再次向东拓展城墙。自此，偏关城经过几次拓建，城墙周长为5里18步、高3.5丈，东、西、南三面建有城门，城门上建有城楼。正德十三年（1518）秋，明武宗朱厚照西巡时，由偏关城南门入城，曾有感而发"此偏头关也，创之不易，守之为难"（1915年《偏关志》卷上）。嘉靖十六年（1537），总兵周尚文、祝雄先后主持修筑关城。嘉靖二十九年，守备刘隆在城东面建大将台1座（后称"文昌阁望台"）。嘉靖三十五年，参将杜承勋于城东南添筑望台3座。嘉靖四十年，参将田世成又于城西北添筑望台3个，并添筑护城1道。嘉靖四十二年，兵备使王遴于城东南隅包砖，长400余丈。嘉靖四十五年，兵备使王学谟从附近各州县调集民工参加修城，将城东、西、南三面各加高加厚。隆庆三年（1569），兵备使范大儒将新旧城全部增高3丈，底宽3丈、顶宽2丈、垛口高5尺，并全部包砖，始为砖城。万历二年（1574），再次修筑关城。万历七年，兵备使萧天恒在城周围建重楼13座。万历二十六年，兵备使赵彦在城南关庙沿着河岸修筑石堤，东建重阁、洞门1座；南侧与西侧各建水关。至此，关城规模宏大，称为"九塞屏藩"。

清雍正（1723～1735）后，由于偏关升为县置，地方政府修城力度有所加强。如乾隆十三年（1748），知县陆刚以东、西、北三面多处地段坍塌，遂组织民工重修。乾隆三十一年，偏头县获得朝廷修城款项后，遂再次组织修葺。至清末，在偏头县地方官吏对城墙不断修缮中，其整体保存尚好。

1912年后，随着城市建设发展需要，偏关城逐渐毁圮，甚至部分

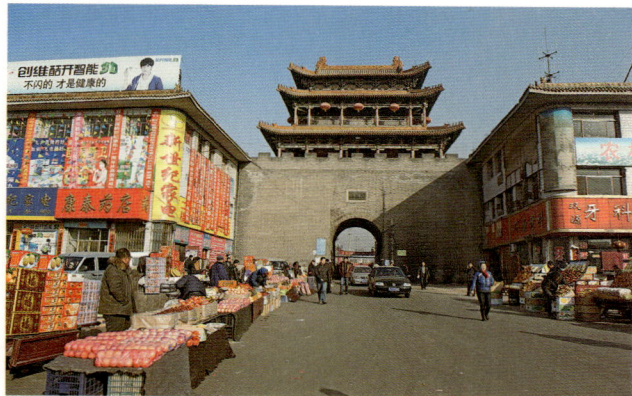

△ 修缮后的偏头关城门及城楼 本文照片均由杜震欣摄

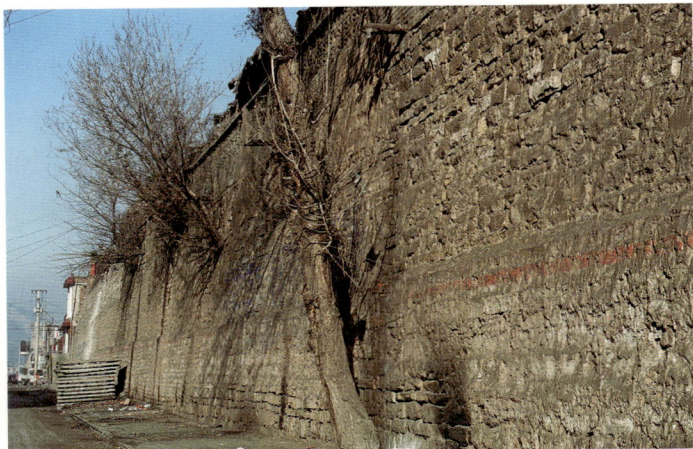

△ 偏关城墙遗址

被拆除。

20世纪80年代后，据当地文物部门调查（国家文物局编：《中国文物地图集·山西分册》，中国地图出版社，2006年）：现存偏关城位于偏关县城中，平面呈不规则形，东西长1000余米、南北宽928米。目前保存的城址东墙23米、西墙477米、南墙350米、北墙50米。城墙基宽9～10米、顶宽7～8米，城墙最高点距地平11米。墙外包转，墙内为夯土。

南门位于南城墙西段，为当代重修，砖券顶，拱券高约6米，外侧高约5米，门道内侧宽约5米、外侧宽约4.5米，门洞深约22米。西门为豁口，宽20米。西门外保留明显瓮城遗迹，现存瓮城西墙、北墙各30米。南门和西门外，存有两座瓮城的城门。南门外瓮城东向，经清同治、光绪年间重修，砖券顶，门洞拱券高约3米、深约14米，门额为"安远门"。西门外瓮城城门北向，砖券拱顶，门洞拱券高约3.5米、深约7米。偏头关城址有一座东北角台，基部凸出墙体约3米、宽约9米、高4米。城址保留马面两座。北墙和东墙马面基部凸出于墙体2米、宽8米、高3米。

2007年，曾有破坏城墙行为，受到当地文物保护者及媒体的批评。1986年，偏头关古城墙被列为省级文物保护单位。

尚珩　杨国庆

偏关城池：北汉天会中，建。明洪武十三年，指挥张贤改筑，西一里许。成化五年，都御史李侃展筑，周九里八步，高二丈三尺。池无。东、西二门。

——清《考工典》第十八卷，引自《古今图书集成》

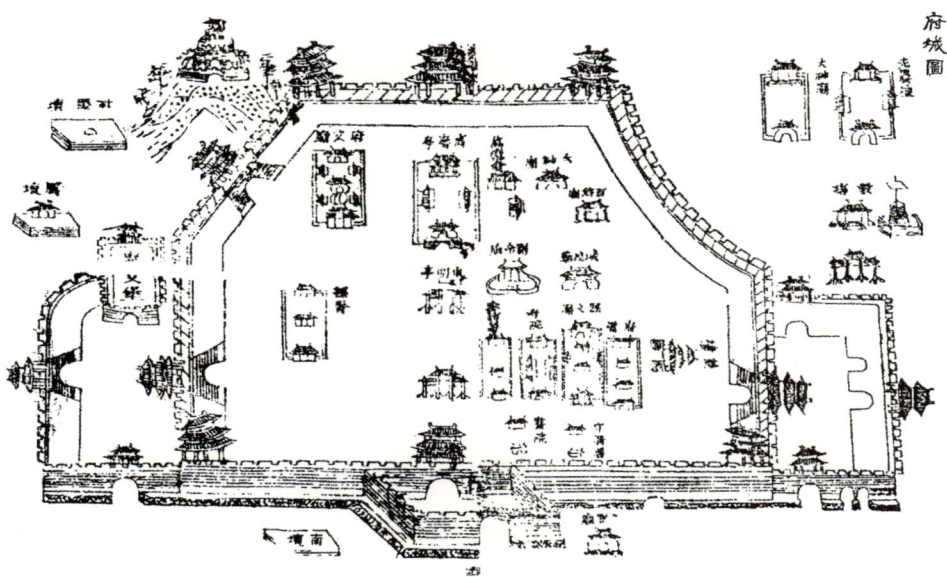

△ 宁武府城图　据《宁武府志》卷十二（清乾隆十五年刻本），张君重绘

　　宁武，又称"凤凰城"，位于山西省中北部，是明清时西北著名"三关"（即宁武关、偏头关、雁门关）之一，有"虽不比通都大邑，然而环列万山之中，盖所称雄关"之说。

　　春秋以前，为少数民族北狄、楼烦所居。战国时，属赵国。北魏（386～534）时，置太平郡，后置广宁郡、神武郡。金大定二十二年（1182），由县升州，为宁化州治。明清时，建置多有变更。清雍正三年（1725），始改卫所置宁武府，治所为宁武县。1912年，废府存县。此后，县置未变，今隶属忻州市辖县。

　　宁武城的起源，往往被认为元大德六年（1302）的宁武屯，该屯"位于今天宁武城北十三里的黄花岭处"（张友庭：《晋藩屏翰》，上海社会科学院出版社，2012年，第64页），当时是否筑城不详。

△ 宁武城远景　本文照片除署名外，均由吴强提供

明成化元年（1465），由于西北地区受到蒙古部族日益严重的侵扰，朝廷经过争议后，遂决定于次年在偏头关与雁门关之间的宁武设立关城（后称"子城"）。建城工程于成化三年三月开工，"伐石于山，采木于林，陶甓作冶，而工徒则取兵民之当调戍者，明年告成"（徐绥：《新置宁武关记》，转自乾隆版《宁武府志》）。该"城北踞华盖山，因其高而俯其东、南、西三面，周四里许，基五丈，上广半之，高三丈有奇"（光绪十八年《山西通志》卷二十九）。开城门3座，均建重楼：东曰"仁胜门"，西曰"人和门"，南曰"迎熏门"，未开北门，在东门还建有外瓮城。初期的宁武城仅为城堡的形制，而非"山西雁门、偏头二关俱设有千户所分理军务，守御地方"（《明孝宗实录》卷六十七）。弘治十年（1497），在山西巡抚侯恂等官员呼吁下，宁武始设守御千户所。次年，由巡抚侯恂、都御史魏绅等官员主持拓广宁武城的改建工程。自弘治十一年八月开工，建城期间"当和煦而作，遇寒而辍"，于弘治十五年七月竣工。竣工后的城墙周长7里120步、高2.5丈，女墙高5尺。还增开北门并建城楼，名曰"镇朔门"。此时的宁武城仍为土城，城墙南北狭、东西长，形状似"蝌蚪，望之若敷巾幅然"。正德九年（1514），为加强宁武城池的防御能力，右都御史文登丛在考察宁武守备后，请巡抚都宪卢龙王在宁武城外西边山上，"随山筑城，因涧为池，名之曰'宁文堡'"（廖希颜：《三关志》）。隆庆四年（1570），宁武所城"始议砖石包砌"（此据万历三十一年《宣大山西三镇图说》，有的文献称"万历元年"等。张友庭在《晋藩屏翰》第77页中称：隆庆四年"山西巡抚乘机给宁武城的城墙包上砖石"，恐有误）。万历二十二年（1594，另有称"万历二年"、"万历十二年"等），在宁武城外的华盖山顶修建护城墩，取名"永宁"，方圆28丈，基

△ 宁武城城门旧影

高2丈，基上为台。台下以砖墙环护，墙高1丈、周长40丈。台上建楼三层，楼外建堞24座，"分别建于24个方位上，称为二十四山，象征全方位防守之意"（张友庭：《晋藩屏翰》，第77页）。万历二十七年和二十八年，宁武兵备道郭光复主持西关和东关的营建工程，"形成了'宁文堡—瓮城—西关—宁武城—东关—瓮城—大河堡'东西各四道城墙的整体防御体系"（张友庭：《晋藩屏翰》，第77页）。万历三十四年，大规模修筑宁武城，不仅宁武城墙"始甃以砖"，而且东、西两关及宁文堡均改建为砖墙，总计长1700余丈、高3.5丈。自

此，宁武府城形成了一城三堡相连，"屹然金汤之险，观形势者咸称为凤城"（宁武县地方史志编纂委员会：《宁武旧志集成》，巴蜀书社，2010年）。崇祯十三年（1640），宁武兵备道佥事刘涡、太原府同知吴铉等官员主持修缮宁

▽ 宁武城鼓楼 杜震欣摄

山西「宁武城」

291

武城周边及长城沿线敌台、烽火台，共计耗银8505.253两。

入清以后，尤其在雍正三年（1725）宁武建制成为"府、县"之后，宁武城墙的日常修缮也由军队转到了地方。如乾隆六年（1741），东关门楼圮，知府魏元枢重修后，曰"望华"，并修南、北两座角楼。不仅在城墙日常修缮的主管部门方面，而且在城市建设和布局上也发生了变化。如乾隆三年，知府魏元枢在城北万寿山营造万寿亭，文庙、武庙位列万寿亭左右，"成为这一城市新的帝国仪式中心"（张友庭：《晋藩屏翰》，第86页）。如新疆在这一时期许多城市城墙外，也先后建有"万寿宫"或"万寿寺"。至晚清时，宁武城墙基本完好。

1912年后，宁武城墙由于年久失修，逐渐出现损毁。1937年后，侵华日军侵占宁武城时，部分城墙、城楼及附属建筑遭毁圮。但是，城门台基及大部分墙体尚存。

20世纪50年代后，随着城市建设需要，宁武城墙大部分被拆除。

附：

宁化城　位于宁武县城西南50公里处的汾河之滨，今宁武县化北屯乡宁化村南。城顺山势走向而建，居河畔一台地缓坡之上，周长约2.5公里。据清《宁武府志》记载："隋汾阳宫，在县西南六十里，世传隋炀帝避暑处。"《山西通志》称隋汾阳宫城6里41步。《宁化志》称旧城6里297步。清《宁武府志》记载："宁化城，因隋汾阳宫城之旧城廓而筑之。"曾称"牛角城"，为"卧牛城"（今山西忻州）的犄角之一。宋太平兴国四年（979），设置宁化县。明代又在宋城的基础上加筑城墙，周长2里余、高3.1丈，东、南、北三面设濠，西、南、北三面置门，共建城楼9座、更铺13座，以及瓮城建筑等。

20世纪80年代后，据当地文物部门调查：宁化古城现存城址平面呈不规则梯形，东西长400米、南北宽350米。城墙基宽8～9米、高10米。墙体中为夯土，夯层厚0.12～0.15米，外包城砖，四周设马面8座。城墙北面、西面、南面各设一门，拱券门顶，高5米、宽4米、深9.5米。南门和北门外有瓮城，平面呈方形，边长10米、基宽5.5米、高3.6米。城外东面、南面、北面有护城河。

1996年，残存的宁化城被列为省级文物保护单位。

尚珩　杨国庆

宁武所城池：明成化元年，建。弘治十一年，巡抚魏绅拓故城，周七里一百二十步，高二丈五尺。下有堑。

——清《考工典》第十八卷，引自《古今图书集成》

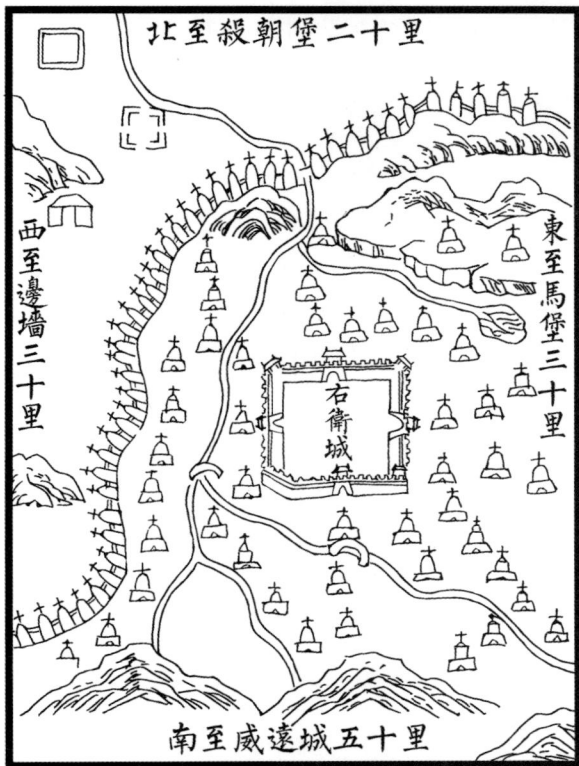

△ 右卫城　据《大同镇图说》，张君重绘

右玉，位于山西省西北边陲，今朔州市右玉县城北右卫镇。自古以来，右玉为南来北往的重要通道，是明清时期的军事重镇。

秦时，其境隶属善无县（今威远镇古城村）。唐天保中，置静边军于善无古城之北，即今右卫镇。永乐七年（1409），始设右卫。清雍正三年（1725），撤卫立县，置朔平府，府治设于右玉。1912年，废府留县。1972年，县址由旧城迁梁家油坊。

右玉筑城较早，但城址有迁移。

明洪武二十五年（1392），因设定边卫，始筑城墙。不久，又因撤销卫的建置，而筑城暂缓。永乐七年（1409），复设右卫后，筑城工程才最后竣工。正统年间（1436~1449），将边外的玉林卫内迁，并入为右玉林卫，同守一城。嘉靖四十五年（1566），当地驻军重修城墙。万历三年（1575），当地

△ 南段城墙 本文照片均由窦佑安摄

驻军烧造城砖、采集山石，用以包砌原先的土城，自此始为砖石城。此时的右玉林卫城周长9里13步、总高（包括女墙）4.2丈、厚1.5丈，护城河宽3.5丈。此后至崇祯年间（1628～1644），文献中对右玉林卫城记载不详。

入清以后，康熙年间（1662～1722），曾先后两次重修城墙。雍正三年（1725），改右卫置朔平府，加强了对城墙的修缮。雍正七年，"发帑重修"城墙。由知府徐荣畴、刘士铭，知县陈有年负责主持大规模修城。雍正九年秋，连续三年的修城才最后竣工。当时有城门4座：东曰"和阳"，南曰"永宁"，西曰"武定"，北曰"镇朔"，城门上均建有城楼，城门外建有瓮城。建有角楼3座，惟西南角楼未建。还建敌台28座、垛口564座、守铺8座。由于西面外瓮城靠近河道，遂筑堤加固。在城池外的南、北、东三面还建有八旗营房，右玉城遂成为"关外重地"（雍正十一年《朔平府志》卷四）。这种情况基本保持到晚清。

1912年后，由于年久失修，以及城市建设需要，右玉城墙逐渐损毁，直至大部分被拆除。

20世纪80年代后，据当地文物部门调查：右玉县城原先的包砖城门处尚存外，其余城砖大部分被拆走。城墙平面呈不规则形，除西墙外，其余三面墙体构成一个矩形的三条边。西墙较为特殊，有几处转折，由三段构成。南段与南墙夹角约为120度，中段则与南段有约150度的夹角，北段则呈弧形，弯向西北角楼。城墙整体保存较好，轮廓清楚，形制完整。全城共有18座马面，其中东墙有3座，南墙有5座，西墙有4座，北墙有6座。四面墙体中部各有一座城门，南城门外的匾额上有"永宁"二字；北城门外的匾额上有"镇远"二字。城门外各有一座瓮城；共有角楼4座，东、南、西、北四角各有一座。另外，在南瓮城、北瓮城东侧各有一段与南北墙垂直的附属墙体，可能为双瓮城的痕迹。具体来说，城墙东西长约1600米、南北宽约1300米、基宽约10米、顶宽2～7米、残高8～12米。墙体夯筑，包砖不存。四门形制相同，均为砖券拱顶、基础石条。东门拱内侧高约9.6米、外侧高约6米，门道宽约4.4米、深约20.6米。西门拱内侧高约7米、外侧高约5米，门道高约4米、深约20米。南门拱内侧高约6米、外侧高约3.5米，门道宽约5.8米、深约23米。北门拱内侧高约8米、外侧高约5米，门道宽约5.7米、深约23米。四门的外侧均有瓮城遗迹。东门外瓮城南北长约45米、东西宽约40米，瓮城门在南墙，砖券拱顶，拱高约11米、宽约10米、深约3米。西门外瓮城南北长约50米、东西宽约48米，瓮城门在南墙，砖券拱顶，拱高约11米、宽约10米、深约10米，瓮城外侧有一周弧形护墙，基宽约5米、残高0.5～5米，南侧有门，距瓮城约30米，为豁口，宽约10米、深约5米。南门外瓮城东西长约40米、南北宽约30米，瓮城门在东墙，现为豁口，宽约10米、深约7米，瓮城东门外约35米处有一道土墙，与堡南墙相接，长约35米。北门外瓮城东西长约42米、南北宽约40米，瓮城门在东墙，现为豁口，宽约7米，现存角台3座，东南角台基部凸出墙体长约9米、宽约9米、高约14米，存马面18座，西墙的一座马面基部凸出墙体

△ 南门及外瓮城残存

长约4米、宽约4米、高约13米。南门门洞内壁尚存两块建城碑记，碑文主要记载了建城的经过。

2000年，右玉旧城被列为县级文物保护单位。

附：

明清时期，包括右玉县城在内的朔平府境内，因当时防御需要，先后筑造了许多城堡，如：杀虎堡（嘉靖二十三年筑）、威远堡（正统三年筑）、破虎堡（嘉靖二十三年筑）、铁山堡（嘉靖三十八年筑）、云石堡（嘉靖三十八年筑）。此外还有建自嘉靖至万历年间（1522～1620）的马营河堡、残虎堡、马堡、红土堡、黄土堡、祁河堡、牛心堡、威平堡、云阳堡。

上述这些城堡，当年规模大小不等，大部分遗址尚存，保存状况也不一样。

袁学军　尚珩　杨国庆

大同右玉卫城池： 玉林卫附。明洪武二十五年，设定边卫始筑。其后卫革。周九里十三步，高二丈五尺。池深三丈。

——清《考工典》第十八卷，引自《古今图书集成》

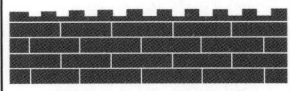

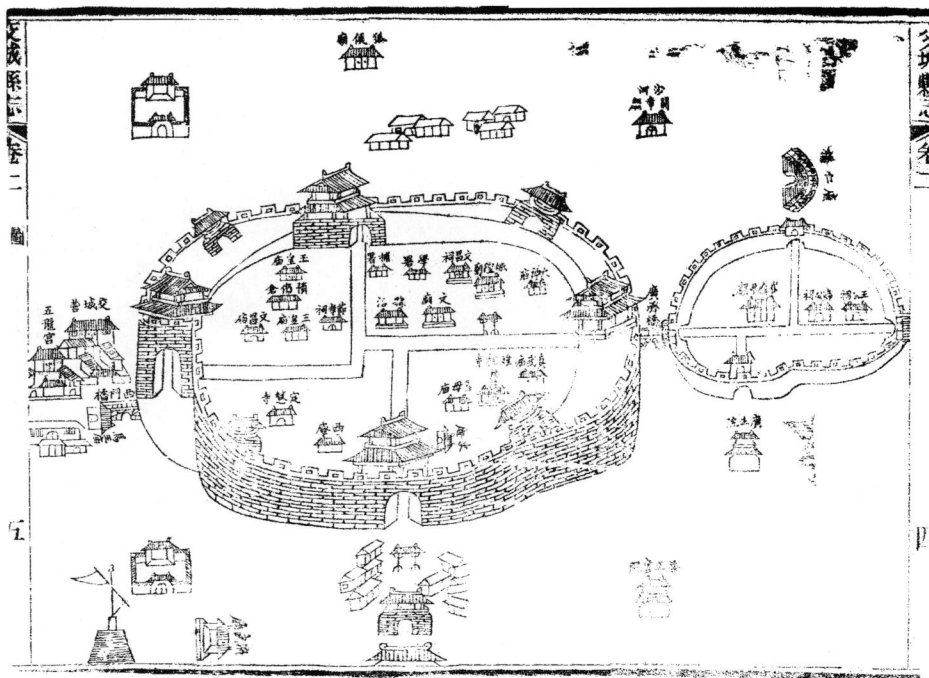

△ 交城县城图 　引自《交城县志》清光绪八年版

交城，位于山西省中部的吕梁山东麓，距太原市51公里。明清以来，曾是全国著名的皮货加工集散地，有"交皮甲天下"之称。

隋开皇十六年（596），置交城县，属并州，以县界有古交城而得名。此后，建置、隶属及辖地多有变化。明清时，仍为交城县置，隶属太原府。1971年，吕梁地区成立，交城县属之。2004年，交城县属吕梁市。

交城筑城较早，但城址有迁移。唐天授二年（691），长史王及善因迁县治于此，故筑城池。初为土城，周长5里90步、高1.5丈（《考工典》称2.5丈），城上筑有垛口。在东、南、北三面各开一门，均建城楼，护城河深8尺。元至元（1264～1294）末年，院判王浩主持重修城池。

明洪武三年（1370），知县王允恭主持修城。景泰元年（1450），典史邵琮主持增修城墙。嘉靖二十一年（1542），检校前御史舒鹏翼督同署交城县知事姬宗岐等主持修城，增高城墙5尺，修补城墙坍塌地段10余丈，修北城楼1座。嘉靖二十六年，知县郑镐主持大规模修城，增高1丈、厚5尺。还在城上建窝铺（文献称"敌楼"）34座、垛口946座。疏浚护城河，河宽与城墙高度相等，河深为河宽之半，护城河岸边还种植柳树，以加固河堤。增开西城门并筑外瓮城，主城门与瓮城门上均建城楼。嘉靖三十八年，知县宋珰"拆土陴悉易以砖，计千有五百"（乾隆四十八年《太原府志》卷六），城墙高4丈、基宽2.5丈、顶宽窄不等。还增修城楼，"东南尤为壮丽"，并各题名：东曰"据晋"，南曰"带汾"，西曰"扼秦"，北曰"枕山"。隆庆四年（1570），知县韩廷用大规模主持修城时，将城墙全部增厚，修缮损坏的各门城楼。增建角楼4座，角楼各"十二楹"，用石垒筑女墙3尺。还疏浚护城河，使其"深广各三丈"。不久，知县张文璧主持重修（光绪八年《交城县志》卷三）。万历二十一年（1593），知县周璧再次重修。崇祯十三年（1640），知县薛国柱主持修城，改土城为砖石城，并"增高丈余"，门楼、角楼、敌楼的规制"较前俱阔"。

清康熙九年（1670），知县赵吉士重修四门城楼，各门悬以匾额：东曰"饮光"，南曰"丽景"，西曰"来爽"，北曰"撷翠"。城的东、南二面均建有关城，其中东关周长达两里多，关内居住的居民密集。同治七年（1868），当地乡绅胡联奎等向知县吴诰纶提议修城，得到官吏王鉴、举人解希宓等人大力支持，捐资重修城垣。此次修缮后，地方官绅随时修缮加固。

1912年后，由于交城城墙年久失修，尤其因城市发展需要，城墙逐渐损毁，甚至被大规模拆除。

20世纪80年代初，交城城墙仅存西北城角及南墙各一段，城墙基宽约8米、顶宽约4米、残高约13米，墙体包砖夯筑，夯层厚0.2～0.25米。遗址中采集有城砖残块，有砖面印"交城县"及三连环纹。

程长进　杨国庆

交城县城池：唐天授二年，长史王及善建。周五里九十步，高二丈五尺。池深八尺。明嘉靖三十八年，知县宋珰增高四尺。

——清《考工典》第十八卷，引自《古今图书集成》

△ 榆次县城图　引自张驭寰《中国古代县城规划图详解》（科学出版社，
2007年）

　　榆次，地处山西省晋中盆地东北边缘，东倚太行，西俯汾谷，北枕罕
山，南抱八缚，潇、涂二水通贯其间，有"太原南大门"、"省城门户"之称。

　　春秋时期，称"涂水"、"魏榆"。战国时期，始称"榆次"。此后，建
置、隶属及治所多有变化。明清时，隶属太原府。1948年，设榆次专区。1958
年，设榆次市，是晋中行署、晋中地区所在地。1999年，撤销晋中地区，设立
晋中市（地级市），榆次市撤销，改称为晋中市榆次区。

　　榆次筑城较早，"榆次之城，战国时已有之"（同治二年《榆次县志》
卷二）。自汉代以后，榆次的城池"营立废徙，远不可考"（1942年《榆次县
志》卷二）。传之明清时的榆次城墙，乃为隋文帝开皇二年（582）于汉故城
旧址的东北隅重新建造的城墙。这座夯土城墙周长5里、高3丈、基宽4丈、顶
宽2丈，开城门4座（后因战乱，塞其西门，仅存三门），门上建有城楼。护

城河深1.5丈、宽3丈。此后，历经唐、宋、元三个朝代，榆次城虽多次遭遇战火，毁、修不断，但其"旧制俱存"。

明景泰元年（1450），榆次地方官吏主持修城时，城墙扩大30步，疏浚护城河至8尺。仍设城门3座：东曰"迎曦"，南曰"观澜"，北曰"望岳"。成化十九年（1483），知县赵缙主持修城，增筑修补。成化二十三年，知县梁琮主持大规模修城，部分地段始以砖石甃城，用铁皮包裹城门，并在护城河堤岸种植柳树护堤。嘉靖二十年（1541），俺答部落入侵犯边，参政王仪下令让榆次知县李鹏负责修葺城墙。李鹏遂与已退休的知府寇天与共同主持修城，历时数月才竣工。新城比旧城增高5尺、增宽1尺，自此榆次城墙垛口全部改为砖石构造，并增筑敌台20座、角楼4座、警铺（即窝铺）16座，修缮护城河堤岸。次年，鉴于俺答部落曾"至城下，大掠十日，关民数千家半被焚戮。上司悯之，檄知县李鹏创建土城三面，与大城联络，以资保障"（同治二年《榆次县志》卷二），这座土城后被称为"南关城"。南关城周547丈、高1.9丈、宽1.2丈，护城河宽2丈、深1丈余。嘉靖二十五年，城南的城楼被火焚毁，知县俞鸾拆"毁淫祠"，用其祠堂的材料重建南门城楼，同时也修缮了其他两座城楼，"视旧城，更增坚壮"。隆庆元年（1567），知县董三迁主持大规模修城，将榆次城墙四面全部改筑为砖墙，增设和修缮敌楼16座、警铺12座，重修主城楼3座（乾隆四十八年《太原府志》卷六）。万历二十一年（1593），知县徐守谦担心南关城土城容易坍塌，经府衙批准开始将土城改建砖城。工程未竣，徐离任，继任知县张鹤腾使其竣工。此时南关砖城周长653丈、高3丈、基宽2.5丈、顶宽1.8丈。城上还设置敌台12座，开南关城门3座，并建有城楼：南曰"万春"，左曰"东作"，右曰"西成"。护城河外设羊马墙，高5尺。

万历三十二年（1604），知县史记事主持修城时增开西城门，"因士民请，役兴而民不扰"（张国儒、史记事：《生祠记》，转引同治二年《榆次县志》卷二）。西门名为"带汾"（后改名"凤朝"），城门外还建有瓮城。万历三十三年，知县王应楫主持城墙的续修，建造城楼，并捐资购买西门内的民宅，修建马路。据文献记载：王应楫"捐金易民宅，为通衢。至今便之"（乾隆四十八年《太原府志》卷六）。天启三年（1623），知县胡权主持修城时，自己带头捐金300两，因此"匠役工费，不烦都里"，意思是修城所需经费，没有让地方百姓承担。县衙主簿李复允精通堪舆术，他认为榆次城东南隅为"文峰"（主管"文运"的神）所在，遂在城东南隅建造一楼，内置巨钟，"击声远播，为邑中科第风水资"（引自张国儒撰写的碑记）。崇祯七年（1634），知县任潘主持疏浚护城河数丈。崇祯十三年，知县韩如愈主持重修各城门楼。

清顺治六年（1649），城东的城楼被焚毁。知县杨三知主持重修，竣工后前朝御史张养撰写碑记。康熙二十二年（1683），大雨、地震导致城东一带城墙坍塌数十丈，南关城垛口也有损毁。知县刘星主持重修。康熙四十年，知县王亦宣主持修缮东关瓮城6丈、南关城墙垛口40丈。雍正六年（1728），知县邹双主持重修城楼与角楼。雍正十一年，知县石监主持修缮南关城。乾隆十三年（1748），知县钱之青主持修缮关城西墙12.6丈。次年，又修城西损毁地段4.3丈。嘉庆十九年（1814），知县杨栋秀利用修缮文庙后的余款，主持修补南面城墙10余丈。道光元年（1821），知县顾麟趾主持对全城城墙进行修补，并重修各门城楼及角楼，还在望捷楼的东边建造钟室。工程未完，顾麟趾离任，继任吕锡龄继修，历时两年竣工。咸丰三年（1853），因太平军引发战乱，知县陈曜图认为榆次城的东南、西南两面与关城城墙相连，不利于防守，遂将其加筑8尺。

1915年，因榆次城墙年久失修，城砖墙体多处脱落和坍塌，城楼也有损毁，县长朱鸿文"当即就地筹款，饬邑绅赵鹤年等督工补修"。次年秋，修城竣工。1922年，经县长张敬颢倡议，重修北城楼及各处底色角楼。1925年，因有战乱扰境，乡绅赵鹤年等督工修缮南关城及南城楼。1927年，南关城居民张械等认为小西门城楼损毁，遂募款重修。次年，南关城街长郑思孝等在关门内建蓄水池2座。1930年，"国民党县党部建议拆毁北门瓮城，旧有真武庙在瓮

▽ 榆次东门遗址上矗立的"榆次老城"牌楼 杜震欣摄

△ 修缮后的西城门及城楼 刘晋提供

城北面并拆去，而于城之东北隅别开一门，颜曰交通"（1942年《榆次县志》卷二）。次年，县长戈苇棠、乡绅杨鼎亨、郝聆等督工，修补北面损毁地段城墙。此后，乡绅赵鹤年撰有记，详记其事。1933年，再修补南面损毁18丈的城墙。

此后，因年久失修和城市建设需要，榆次城逐渐毁圮，甚至大部分被人为拆除。在20世纪50年代大规模拆城时，拆除的城砖被用于建造榆次体育场以及街道和看守所。由于当时西门比较荒辟，得以留存。

21世纪初，在地方政府支持下，修复了西门及其附属建筑，将其改建为西城门遗址公园。

附：

在榆次境内，还筑造了许多城堡。如：鸣谦驿城、郭家堡、使赵南堡、使赵北堡、源涡堡、东阳堡、什贴堡、上营村堡，这些建造于明代的城堡，一直被沿用到清代。而建造于明嘉靖年间（1522～1566）、清同治年间（1862～1874）已经毁圮的城堡还有很多，如：怀仁堡、马村堡、长寿堡、张庆堡、永康堡、开白堡、胡乔堡、陈胡堡、东郝堡、杨磐堡、砖井堡。还有一些寨堡，修筑也十分坚固。如小壁村寨、伽西村寨、下峪村寨等，分别修建于道光至咸丰年间（1821～1861），"俨若城池，村人恃以保固"（光绪十一年《榆次县续志》卷四）。

杨国庆

榆次县城池：隋开皇二年，建。明景泰元年，修。周五里十三步，高三丈。池深八尺。东、南、北三门。万历二十三年，知县史记事开西门。

——清《考工典》第十八卷，引自《古今图书集成》

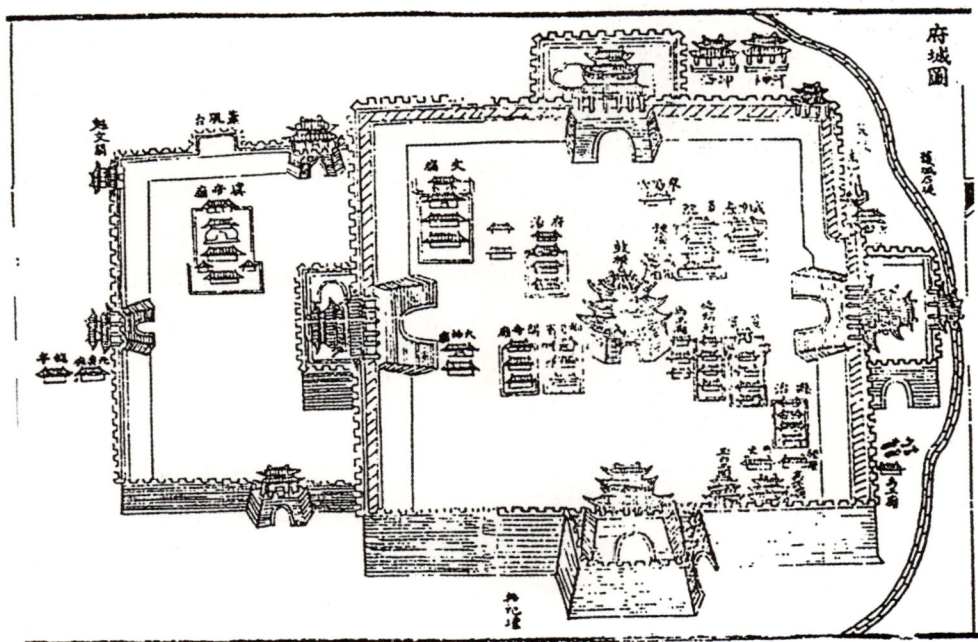

△ 蒲州府城图　引自《蒲州府志》清康熙二十年版

蒲州，古称"蒲坂"，今称"永济"，位于山西省西南端的黄河东岸，扼蒲津关口，当秦晋要道，是古河东地区的政治、经济、文化和军事中心。

西汉以前，其境先后隶属冀州、秦州、雍州等。西汉时，置蒲反县，不久又改为蒲城县、蒲坂县，均作为河东郡治所。北周明帝二年（558），再改为"蒲州"。此后，建置、隶属及辖地多有变化。明清时，先后为蒲州、蒲州府，永济附郭。1912年，裁去蒲州府，留永济县。1994年1月，撤县设永济市至今。

蒲州筑城较早，有的旧志称最早的城址为"虞都旧城"，其实有误。据光绪版《永济县志》的考证，蒲州城"始筑在元魏之世"。此后，被历代所沿用，城墙周长约20里，"城临大河，楼堞完固，未可易克。千载已远，形势犹是"（光绪十二年《永济县志》卷二）。

金哀宗正大八年（1231），因元兵攻河中府，金将草火讹可（人名）以兵力不足以守大城，遂"截其半为内城以守"，城周长8里349步，此城奠定了蒲州城的基础（此说自明清时就有争议）。元至正十年（1350），因城墙损毁，宣慰使赛因赤答忽怀远与守御宣抚同知范国英主持修城。竣工后，钟迪撰有修城记。

明洪武四年（1371），千户张盖主持大规模重筑蒲州城，采用城砖砌筑垛口，城高3.8丈，垛口高7尺，设城门4座：东曰"迎熙"，南曰"首阳"，西曰"蒲津"，北曰"振威"，各城门上建有三重檐的城楼，蔚为壮观。建有角楼4座、敌台7座、土库5座、窝铺57座。各城门外建有瓮城，其中北门的外瓮城为两重构造。除西面临黄河外，东、南、北三面开挖护城河，河各宽10丈、深1.5丈，总长6里45步。正德（1506～1521）初年，太守殷侯创建东关城（参考苟汝安《重修东关古城记》，载光绪十二年《永济县志》卷二）。嘉靖二十年（1541），河东道郭时叙、知州赵统主持重建东关城（光绪二十九年《蒲州府志》卷四）。嘉靖三十四年十二月十二日夜，蒲州发生大地震，"有声如雷，地裂成渠，城廓房舍尽倾"，主城墙及东关城均有不同程度的损毁。次年，河东道佥事赵祖元、知州边像主持重修。竣工后，尚书卢申撰写修城记。隆庆元年（1567），河东道参议欧阳谷、知州宋训主持大规模修城，并烧造城砖，改土城为砖城，城基以巨石铺底，上叠砌城砖，"坚固倍昔"。万历二十一年（1593），地方官吏用巨石修筑东门通道，并立石碑于城上，"偈曰：砌石为路，以便人行，践斯石者，福寿康宁。大明万历癸巳秋吉"。崇祯九年（1636），知州王檠征又将东关城全部改建为砖城。

清康熙元年（1662）秋，因久雨导致蒲州城损毁过半，知州侯康民主持重修蒲州城墙及关城（光绪十八年《山西通志》卷二十六称此次修城为"顺治元年"，有误），竣工后，侯康民还撰写了修城记。乾隆十九年（1754），蒲州府知府周景柱对全城进行查勘，发现损毁地段很多，遂申请修城，未得批准即离任。乾隆三十年，朝廷拨修城专款，由地方官吏主持修城，并按所辖的永济县、绛州、闻喜县、夏县四个州县分段承修，历经两年竣工。嘉庆二十一年

△ 蒲州城北门外　本文照片均由连达摄

△ 蒲州城东门内

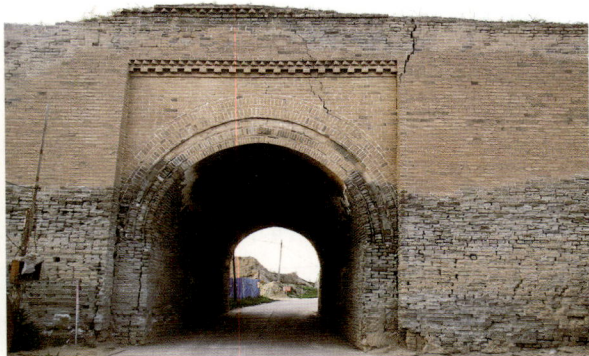
△ 蒲州城北门内

（1816），再次修缮蒲州府城。同治七年（1868），蒲州城由于年久失修，多处地段损毁。知府冯春瀛将其查勘的结果上报的同时，下令所属六州县"捐输兴修"，委派永济县马丕瑶负责城墙的修缮工程。尚未竣工，马丕瑶因病离任，继任员启端、洪贞颐继续主持修城，不仅修缮四面缺损的城墙，还修补了各处的城门、城楼、角楼。但是，北城上的玉皇阁并未完工，直到光绪四年（1878）由于连年不太平而终止（光绪十二年《永济县志》卷二）。

1912年后，蒲州城继明清以来黄河泛滥之灾，多次被毁。如：1942年7月3日，水淹城北村庄，城墙将水劈两股，绕城而流，城被围其中。1946年秋，黄河又涨，河床高出城池。次年，县城遂迁出蒲州城。1959年，因三门峡水库建设，城内居民基本迁出。此后，蒲州城逐渐荒废。

20世纪80年代后，据当地文物部门调查：周长约5400米的明代蒲州城，北、南、西三面城址下部已被淤泥埋没，城的轮廓基本清晰。城门遗址尚存东、西、北三座台基及两侧长短不一的残墙，其中遗存有东门台基拱券及残墙，西门及瓮城台基及残墙，北城门拱券台基及瓮城残墙。南门基本毁圮，仅存遗迹。

2001年，蒲津渡（位于西门外）与蒲州故城遗址，被列为全国重点文物保护单位。

李晴　程长进　杨国庆

蒲州城池：即虞都故城，历代因之。金哀宗八年，截其半为城以守。明洪武四年，重修，周八里三百四十九步，高三丈八尺。西临黄河，东、南、北三面池深一丈五尺。隆庆间，守道欧阳谷、知州宋训砖甃。

——清《考工典》第十八卷，引自《古今图书集成》

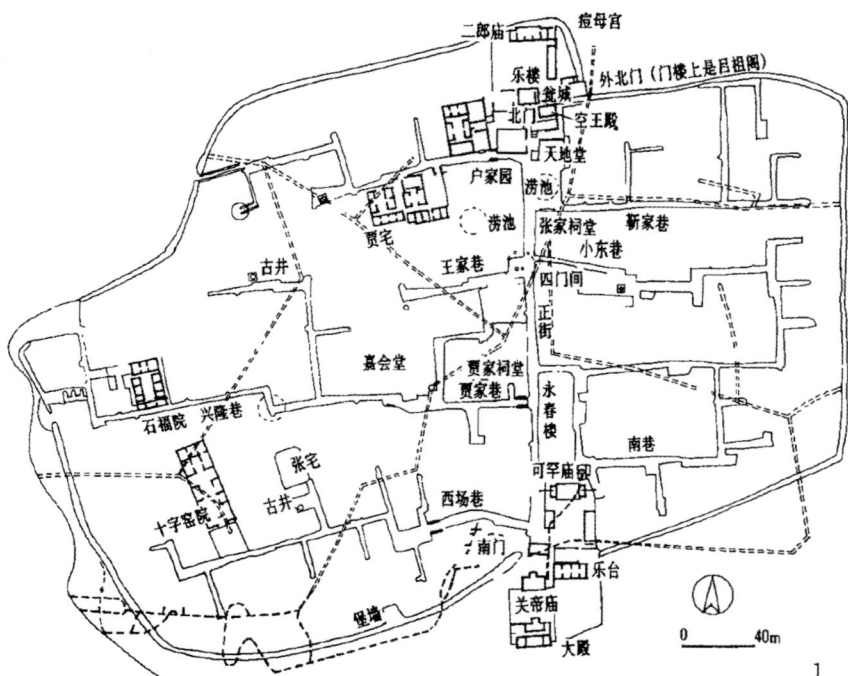

△ 张壁古堡平面图　引自杨辰曦《张壁古堡初探》，载《建筑学报》1997 年第8期

张壁古堡，位于山西省介休市城区东南10公里龙凤镇张壁村，背靠绵山，面对绿野，海拔1040米，是一座保存完好的集军事、居住、生产、宗教为一体的古代村堡。

关于张壁古堡的始建年代，学界多有争议。其一认为始建于南北朝时期；其二认为始建于隋大业十三年（617）；其三认为始建于唐武德二年（619），因此张壁古堡始建年代仍需考证。今据《中国文物地图集（山西分册）》记载，张壁古堡相传为隋末时修筑，主持筑城人为刘武周的偏将尉迟恭据守此地时所为，明筑城堡，暗挖地道。元末明初时，由当地的张、贾、王、靳四家望族主持重建。

张壁古堡顺塬势建造，南高北低，平面呈长方形，东西长374米、南北宽244米，南、东、北三面堡墙长约1300米。堡墙夯筑，厚约3米、高约10米，西堡墙与沟壁基本融为一体，高约数十丈。城堡建有南、北二门。北门为砖石砌筑，内筑有瓮城，瓮城城门向东偏北开设，与北堡门构成了不在一条中轴线上的二门，既遵循了古代军事防御的原则，又寓有风水不外流之意。南堡门为石砌，堡门上有座石雕龙头，象征龙首，门外有九条红石铺路，象征龙须。二门之间为石头街，是连接两座堡门的主要街道，长约300米、宽约5米，象征龙身。

清朝年间，堡中居民出于风水和兴盛文运的考虑，花费大量人力财力从堡外运入石材，将街道中央的青石板挖起，从南堡门延伸到北堡门铺设了三列平行的红色长石条，象征着龙脊，沿街两侧还有若干巷道蜿蜒曲折。

古堡地下布满地道，分为上、中、下三层，纵横交错，堡内四通八达，总长近10公里，其中最上层距地面不足2米，中层距地面8～10米，最深处距地面20余米。三层地道各高2米、宽1.5米，地道洞壁上设置有间隔不等的小坑，用于放置油灯。在上、中间层，有防敌设卡的隘口、闸口或陷阱，下层有屯兵洞、储粮仓和马厩。地道与地面设有通风口，其出口有的通向地面的庙宇，有的通向民宅，有的延至村外。堡内现有水井六眼，每眼井的井壁上均开有洞门或洞口，可垂绳索系水桶汲水，供地道内人畜饮用。张壁城堡地道具有监视、指挥、通信、通水、通气设施及马厩、粮仓、屯兵等功能。由于多次地震和洪水造成的塌陷，地道的全貌已无法知晓，而且由于村民在没有专家指导下曾自

▽ 张壁城堡外侧　本文照片均由窦佑安摄

△ 张壁城堡外侧

行挖掘清理，破坏了原始洞壁。如今，地道挖于何时、因何而挖，已无法得到准确答案。经专家鉴定，如此庞大而复杂的地下工程，绝非民间建造，而是属于"守备筑垒"式军事设施。

2006年，张壁古堡被列为全国重点文物保护单位。

附：

据嘉庆二十四年《介休县志》记载，当时介休境内村寨式城堡还有：南张堡、郝家堡、田堡、北贾村堡、北张里南堡、北张里中堡、北张里北堡、张原村堡、大甫村堡、曹麻村堡、義安村堡、胡龙堡、两水村堡、温村堡、三佳村堡、史村堡、张家堡、石河（南北）两堡、仙台堡、西段屯堡、宋安村堡、宋□村堡、下庄堡、義棠堡、马女村堡、孙畅村（南北）两堡、大宋曲（东西）两堡、湛泉堡、东内封堡、岳家湾堡、南靳屯堡、城南（上下）两堡、梁家堡、罗王庄堡、阎家堡、赵家堡等。这些明清时尚存的、大小不一的城堡，大多因年久失修而先后毁圮。

李晴　程长进　杨国庆

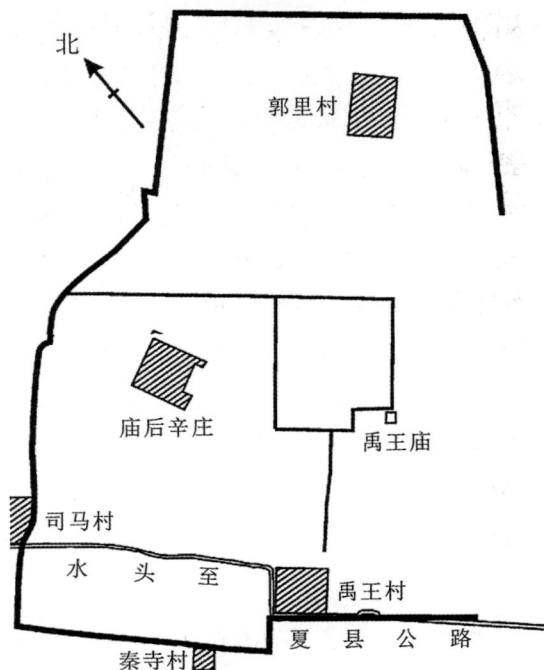

△ 禹王城遗址平面图　引自乔云飞《山西夏县禹王城历史研究》，载《文物世界》2013年第1期

禹王城，即古安邑，位于山西省运城市夏县的禹王村、庙后辛庄、郭里村一带，因传说夏禹曾居住于此，故名，为保存较好的东周及汉代较大型的城址。

禹王城，即春秋战国时的魏国国都安邑城，也是秦、汉及晋时的河东郡治所。北魏为北安邑县，不久改为夏县。隋时，夏县徙治于今夏县城，古安邑禹王城遂废。

据文物部门多次考古调查：禹王城遗址共分大城、中城、小城和禹王庙四部分。禹王庙在小城的东南角，小城在大城的中央，中城在大城的西南部。

大城，应为东周魏国都安邑城，平面呈梯形，总面积13平方公里。四面城墙为版筑夯打而成，夯层厚0.09～0.11米。北墙和西墙保存较好。西墙长约5000米、东墙残长约1600米、南墙残长约3600米、北墙长约2100米。城墙基宽

17～22米、残高2～8米。大城未经发掘，文化堆积厚2米左右。城北部有战国时代的灰坑和灰层，城中部偏东的庙后辛庄以北，调查发现了一处战国中晚期的手工业作坊，城址内采集有陶罐、盆、瓦、农具范、构件范和货币范等残片。

中城，遗址属秦汉河东郡治所，平面呈方形，总面积六平方公里。其西、南两道城墙分别是大城的西墙和南墙的一部分。北墙长1522米、基宽5～8米、残高1～5米。东墙现存长960米，墙体夯筑，夯层厚约0.08米。城内遗迹有灰坑、陶窑、半地下式工作面、水井、道路等，出土有各类陶罐、盆、筒瓦、瓦当、砖、货币、陶范和半两陶模等，有战国时代遗存，但主要是汉代遗存。

小城，使用时间最长，可能原为魏国的宫城，最晚为北魏安邑县城。城址平面略呈长方形，遗址总面积75.4平方米，平面呈缺去东南角的长方形，小城高于周围地面，地势西高东低，墙体保存较好，现存东墙长约495米、西墙长约930米、北墙长约855米、南墙长约990米。城墙基宽6.5～11米、残高1～4米。墙体夯筑，夯层厚0.06～0.10米。其三重城垣皆有阙口，有的可能原为城。1990年在城内北部试掘，出土有陶范、筒瓦、几何纹砖及大泉五十铜范

▽ 禹王城遗址 刘晋提供

等，其中部分陶片上拍印有"东三"、"安亭"等铭文。

　　禹王庙又称"禹王台"、"青台"。现存长方形夯土台，南北长约70米、东西宽约65米、残高约9米。上半部夯土较晚，厚约5～6米，采集有战国至元代的砖瓦等，下半部夯土较早，夯层厚0.04～0.09米，采集有东周陶片。夯土台上曾建有禹王庙。据清《夏县志》载，始建于北魏正始二年（505），后历代均有修葺。1946年，禹王庙毁于战火。禹王庙基址上现存唐咸通九年（868）残碑一通、清代重修碑两通。

　　1988年，禹王城遗址被列为全国重点文物保护单位。

李晴　程长进

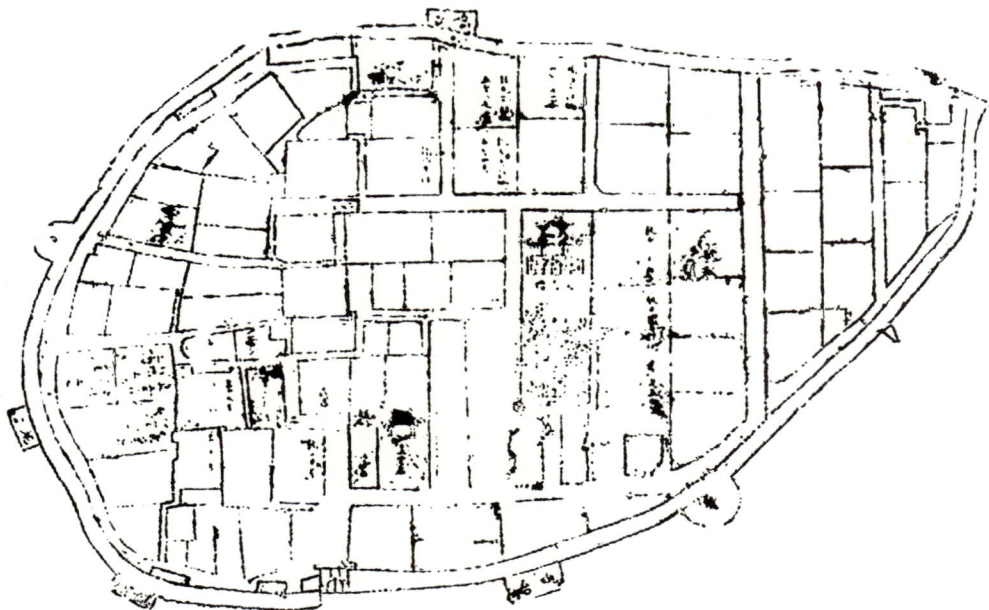

△ 砥洎城平面图 据砥洎城内文昌阁上的《山城一览》图，张君重绘

砥洎城位于山西省阳城县润城村西北沁河之中的一块巨石之上。沁河古称"洎水"，砥洎城构筑之地呈半岛状伸入沁河之中，成砥柱中流之势，故名。

砥洎城的筑造时间为明崇祯年间（1628～1644），建筑者之前一直被认为是杨载简，原因来自保存于砥洎城内文昌阁上的《山城一览》图。在该图的右下角有一篇短叙，虽字迹斑驳，但依稀可辨，内容为："载简曰：此图□（伯）兄长符□□□寨上既竣，□□地分□□□□。实理其□□（以下不可辨），□□者历历可考（以下不可辨），之按图分□，了然在目。豪强□得容。□□□□兄□馆，简身未了之务，将此图于簿藉之余，□□□□□□用广其事，于□□伯兄讳载，时同事者，俱于记功碑阴，兹不再及，是为字。崇祯十一年八月既望，邑增生杨载简记。"后经张洁考证，在《洎水斋文钞》第三

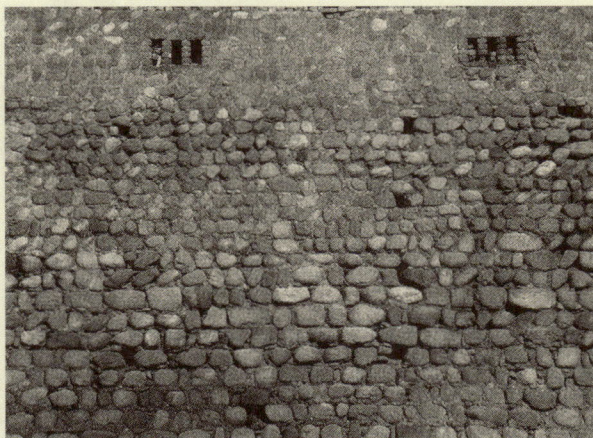

1.石头墙体

2.青砖墙体

3.坩埚墙体

4.混合材料"埽"墙体

△ 砥洎城的独特建筑用材　引自张家庆《砥洎城古城墙的建筑特色及文化价值》，收于《但留形胜壮山河：城墙科学保护论坛论文集》（凤凰出版社，2008年）

卷志铭中发现张慎言为杨朴夫妇写的墓志铭《明故承德郎大兴县知县贡闻杨公暨原配赠安人王氏合葬墓志》。在墓志中张慎言专门记录了杨朴修筑砥洎城一事："壬申、癸酉，经流寇之变，杀掠殊惨。里西北偏高阜，三面临河，公相度高下，量方广得若干亩，计亩敛直费数十金，筑砥洎城，依然金汤，此不朽之功也。"这一段叙述虽然字数不多，但他解决了砥洎城修筑的原因、位置和地理环境、修筑方法与堡寨名称等诸多问题。故可确定砥洎城创建于明崇祯年间，为杨朴、杨载简父子组织建造（据张洁《砥洎城研究三题》，载《文物世界》2012年第5期）。此时只设有南大门，门额上书"砥洎城"三个大字。但此前，其中的很多建筑已经存在。

△ 砥泊城不同建材的墙体　本文照片除署名外，均由邵世海摄

　　清顺治六年（1649），又在城北修建瓮城，依沁河开北门，匾额为"山泽通气"。

　　该城坐北朝南，平面呈椭圆形，占地2.3万多平方米，周长704米。城虽弹丸之地，但生活设施十分齐全，水井、碾磨一应俱全，院落、楼阁、花园、

△ 砥泊城的垛口

庙宇样样皆有，平时生活舒适休闲，乱时防御体系完备。城内共分10个街坊，以东、西城垣环道为主，"丁"字街巷通达城内的每座建筑，同时还辅以有进无出的"口袋路"，曲折迂回，状如迷宫。这样的设施与环境，对于明朝末年那样一个战乱不断的农耕社会来说，无疑是一个上好的安身之所。

据张家庆研究，除了地理位置的优势和布局的巧思之外，砥洎城的建筑用料也颇为独特。（1）石头：砥洎城城墙的用料以石头为主，大多是沁河冲来的河卵石，因地制宜，就地选材，不需要远距离地开采石料和运输。（2）坩埚：这是砥洎城最有特色的一种材料。润城在历史上曾有过"铁冶镇"之称，春秋战国时冶炼业就非常发达，并设有管理冶炼业的"铁冶局"，明清时期更是炉火旺盛，当时用方炉炼铁的工艺需要大量坩埚，一次性使用后，废弃的坩埚到处都是。经1000多度高温烧出的东西，耐雨水的冲刷，经得住寒暑的考验，并且不易被酸碱腐蚀。砥洎城西城墙的内墙使用坩埚垒砌，成为世界建筑史上独一无二的风格，被称为"坩埚墙"，因坩埚形成无数的小洞，又称为"蜂窝墙"。（3）青砖：这是建筑上常用的一种材料。一般城墙用砖为特制，砖块大且厚实，而砥洎城使用的青砖，从长短厚薄上看，都为普

▽ 砥洎城及护城河　窦佑安摄

△ 砥洎城门现状

通的建筑用砖，未发现有特制的砖块。在砥洎城城墙的建筑中，青砖仅限于城墙正门面的装饰和主要标志性建筑的使用。（4）埚：埚是石灰和废铁渣的混合物，把石灰和筛选出的直径10毫米以下的废渣按比例混合在一起，加水调匀，成堆静止一段时间后，打开砸碎，加水再次调和，再次成堆静止，使其中的游离氧化钙充分反应、稳定，避免施工后崩裂，影响工程的质量。其中掺合的废渣既有填充作用，又有耐重压、防热胀冷缩的效果，相当于现在水泥和沙的结构。从现存的建筑来看，使用此项工艺建筑的城墙、房屋，历经300多年还相当坚固（据张家庆《砥洎城古城墙的建筑特色及文化价值》，收于《但留形胜壮山河：城墙科学保护论坛文集》，凤凰出版社，2008年）。

2006年，砥洎城被列为全国重点文物保护单位。

王腾

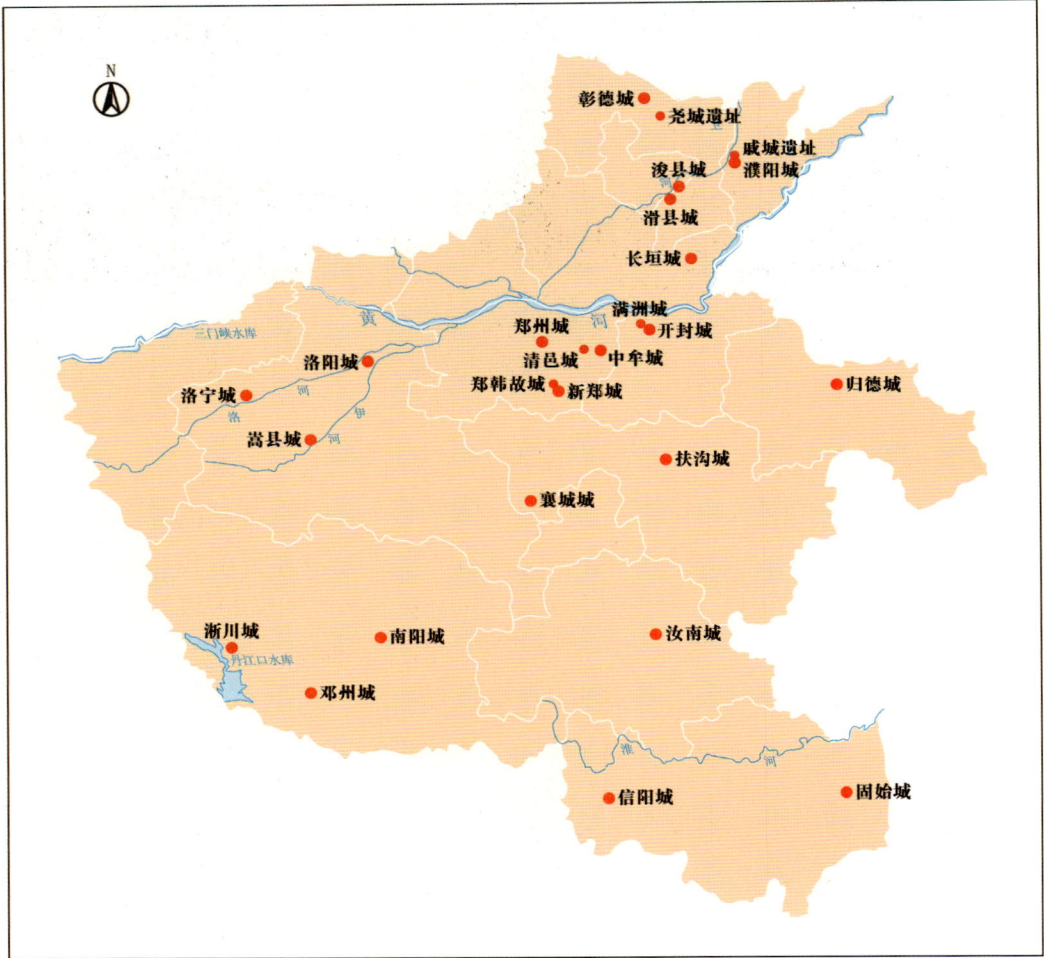

N

彰德城 ● 尧城遗址
戚城遗址
浚县城 ● 濮阳城
滑县城
长垣城
三门峡水库 黄 满洲城
郑州城 ● 开封城
洛阳城 ● 清邑城 ● 中牟城
洛宁城 ● 郑韩故城 ● 新郑城 归德城
洛 嵩县城 ● 伊 河
扶沟城
襄城城 ●
淅川城 ●
南阳城 ● 汝南城
丹江口水库
邓州城 ●
信阳城 ● 固始城

河南

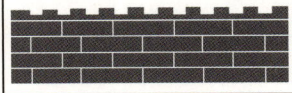

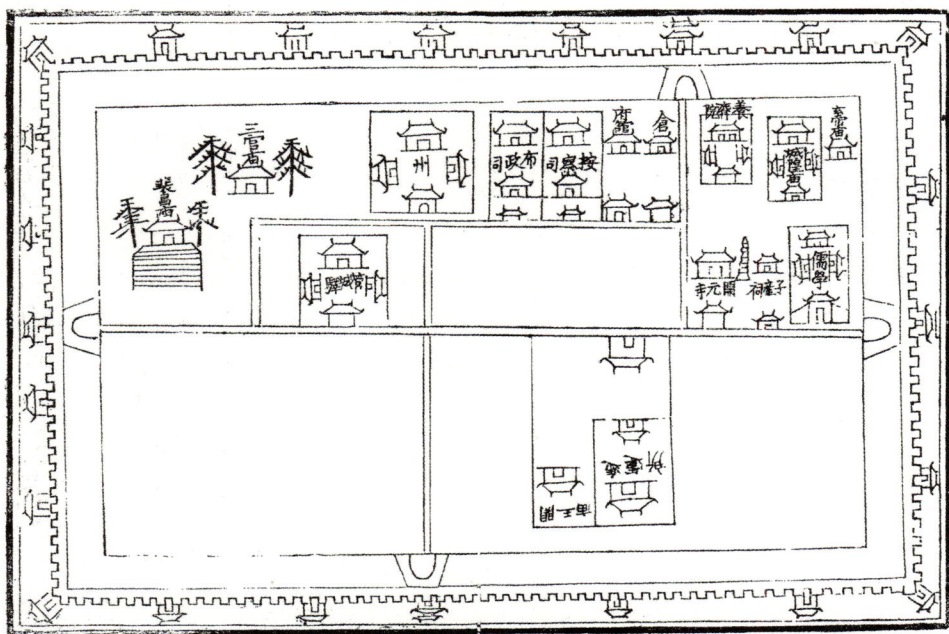

△ 郑县县城图　引自《郑县志》民国二十年重印本，载《中国方志丛书·
华北地方·河南省（104）·郑县志》

郑州，位于华北平原南端、河南省中部偏北的黄河南岸。历史上五次建
都、八次建州，是中原城市群的中心城市之一。1994年，被列为国家历史文化
名城。

郑州，简称"郑"（又称"商都"），是五帝、夏、商三朝（约前
27～前11世纪）的腹地，也是中原远古文化发展、会聚与融合的中心区域。郑
州境内早期出现的政权，曾有熊国及夏朝、商朝、管国、郑国和韩国建政或建
都。此后，随政权更迭，建置、隶属及辖地均有变化。隋开皇三年（583），
改"荥州"名改为"郑州"。自此，"郑州"一名被用于今郑州地区。明初，
废管城县入郑州，隶开封府。1913年，改郑州为郑县。1928年，改郑县为郑州
市。此后，建置也有变化。1954年，河南省人民政府由开封市迁入郑州市。

郑州市境内的筑城活动较早，自20世纪50年代后，考古部门先后发掘了一批早期的城址。这批古城址时代久远、规模宏大、等级较高，而且均有规模不等的古城墙遗迹。如：1995年，在郑州北郊邙岭余脉，考古部门发现了西山古城遗址（距今约5300年），反映了中国早期城市文明的状态（1996年，该遗址被列为国家重点文物保护单位；2011年，又被列入国家级大遗址保护片区）。又如：1955年，在郑州市偏东部的郑县旧城和北关一带，考古部门发现了一座商代早期（距今约3600年）的郑州商代都城遗址（1961年，被列为全国重点文物保护单位），该城址周长6960米，南北呈纵长方形，全部采用夯土分段版筑而成，文物部门在勘察过程中发现缺口11处，大概属于城门之类，墙基最宽32米，平均约宽20米，顶宽约10米，城高约10米，有护城河环绕。不仅城内建有宫城，在城南的西南和东南，还发现了外郭，残长在3000米以上。关于该城址的性质，学术界存有不同的看法。有的认为是成汤的都邑亳都，也有的认为是商代中期仲丁迁都于隞而营造的隞都。2005年，文物部门在郑州市东北祭城镇祭城村，发现了西周至春秋时期的祭伯城遗址（2013年，被列为全国重点文物保护单位），该城址南北长1260米、东西宽780米，面积约98万平方米，墙宽15米、高4~5米不等，黄土夯筑而成。据史书记载，这里是西周周公第五子祭伯的封地，后该城并于郑，成为郑国大夫祭仲的采邑。这些众多的古代城墙，随着政权更迭，先后毁圮，或被改建，或成了遗址。

据明清时郑州地方志记载，郑州的城墙建于唐武德四年（621），因置管州始建（光绪二十八年《河南通志》卷九），实为商代都城部分城址缩小其规模而建，仍为土垣。宋元祐年间（1086~1094），都转运使吴择仁主持重筑管

▽ 郑州商城城墙遗址与现代都市　刘东华提供

△ 郑州商城东城墙保护治理后　河南省文物局供图

州土城。

明宣德八年（1433），知州林厚主持大规模修浚城池。城周9里30步、高3.5丈（《考工典》记为"高二丈"）、顶宽2丈、基宽5丈。设城门4座：东曰"寅宾"，西曰"西成"，南曰"阜民"，北曰"拱辰"。东、西二门相对，而南、北二门不相对（北城门居中，南城门偏西），城门上建有城楼，城门外建瓮城。护城河深2.5丈、宽4丈。城池之外还有外郭环绕，也设城门4座：东曰"东望奎躔"，西曰"西维禹甸"（郡人阴化阳曾拟名"西祝华封"），南曰"南瞻舜日"（阴化阳曾拟名"仰观天府"。后毁，易名为"过化存神"），北曰"京水朝宗"（阴化阳曾拟名"北望天枢"。后毁）。整座城池平面呈东西长、南北略窄。郡人阴化阳撰有《重修城池桥梁记》，详述其事。成化八年（1472）、正德五年（1510）和正德十二年，历任知州洪宽、萧渊、刘仲和相继增修或维修。崇祯十二年（1639），知州鲁世任主持大规模修城时，改土城砌为砖城。明末，郑州城墙在战乱中被部分拆毁。

清顺治二年（1645），知州张肇昇主持大规模修城，"重加修整，百雉之观，伟然金汤"。顺治七年，知州王登联主持修建西门城楼。顺治十四年，当地堪舆家说：东门城楼"宜高大。今渐倾圮，急俟修葺"。知州刘永清遂兴工主持东门城楼的修建。雍正五年（1727），知州邹丽中仅对城墙略加修缮。数年后，郑州城墙还是由于年久失修，多处地段墙体出现"鼓（臌）裂崩坏，雉堞多无"。乾隆三年（1738），知州张铖上任后，立即查勘四周的城池，发现南门向西至北门损毁严重。遂多方筹资，"集夫役，计工料，悉心经画，凡几月而工竣"（张钺：《重修城垣记》，载1931年《郑县志》卷十六）。乾隆八年，大雨毁坏南门城楼，外瓮城也有损毁。次年冬，张钺以"城必有四犹，地之四维，人之四支（肢），缺一不可也"（张钺：《重修南城楼记》）为由，遂带头捐资修南门楼及外瓮城，当地乡绅特解囊相助修城，使之"崇墉百堞，巍然完好"。乾隆十年秋，因久雨毁西城楼。张钺认为此楼是明代著名的"夕阳楼"（张钺：《重修西城楼记》），遂再次多方集资，组织民工修缮，"焕然一新"。同治十年（1871），知州于莲塘率乡绅赵兴等众人捐资，大规模修缮因太平天国期间被战火损毁的城池。竣工后，于莲塘撰有《重修城垣濠堑记》。光绪十六年（1890），知州吴荣棨会同本州乡绅及民众重修城垣。

1912年，经乡绅公议"请发昭信股票"（1931年《郑县志》卷三），获得集资银500两，添筑四面城墙炮台各1座，在城东北隅、西北隅各建房3间，以放置炮架数具、手炮40杆、火药4000斤。还修理了大小旧铁炮，放置于四面城顶。此后，因年久失修或战火、城市建设等，四门相继被毁、被拆。其中，东城门毁于战火，其他三门在城市发展中相继被拆。

20世纪80年代后，郑州城墙仅残存东、南两道少量的土墙（砖已拆除）。

2011年，当地政府结合城市建设和"郑州市商城大遗址保护整体规划"，在东大街东城门处，选择南、北近200米城墙断面进行"复原性展示"，以期再现当年商代都城的城墙风貌。

附：

在郑州市范围内，还分布有许多重要的古城址。如汉代的古荥阳城，位于郑州西北27公里处，最早建于战国时期。该城略呈长方形，南北长约2000米、东西宽约1500米，周长约7000余米（大部尚存）。残存城墙最高处20米、上宽10米、基宽30米。城墙系版筑而成，层次分明，夯窝清晰。西城墙有三处缺口，当为城门遗迹。1963年，古荥阳城被列为省级文物保护单位。其他还有荥阳大师姑城址、汉霸二王城等多处。

杨国庆

郑州城池：*唐武德四年，置管州始建。明宣德八年，知州林厚修筑。周围九里三十步，高二丈，广半之。池深一丈，阔倍之。崇祯十二年，知州鲁世任砌砖城。*

——清《考工典》第十九卷，引自《古今图书集成》

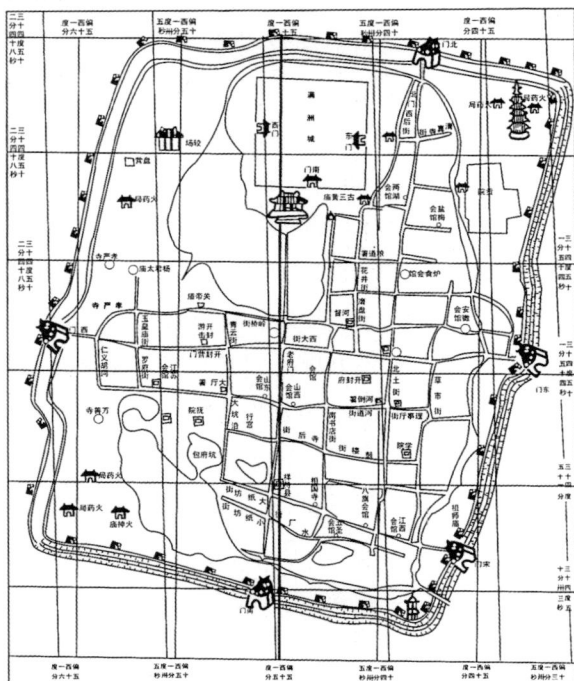

△ 开封城墙平面示意图　引自刘顺安《开封城墙》（北京燕山出版社，
2003年）

开封，位于河南省中部偏东，地处黄河中下游平原东部。开封古称"东
京"、"汴京"（亦有"大梁"、"汴梁"之称），简称"汴"，是中国"七大
古都"（即安阳、西安、南京、洛阳、北京、开封、杭州）之一。1982年，开
封被列为国家历史文化名城。

春秋时期，郑庄公在今开封城南朱仙镇附近筑城，取启拓封疆之意，定
名"启封"。汉初，因避汉景帝刘启（前156～前141在位）之名讳，将启封更
名为"开封"。魏惠王六年（前364），魏将都城自安邑（今山西夏县西北禹
王城）迁至大梁（今河南开封东南），此为开封有明确历史记载的第一次建
都。之后，唐、五代之梁、晋、汉、周和北宋先后建都于此，故有"七朝都
会"之称。此后，随政权更迭，建置及隶属多有变化，祥符、开封两治所也曾
同城而治。明清时，开封为布政使司、府治、省治所在地。1929年，成立开封

市。1954年，省会由开封迁至郑州，开封遂改为省直辖市。

开封筑城很早，但城址或在他处，或难以考证而存疑。对后世产生影响并有文献明确记载的开封城池，则始于唐建中二年（781），由永平军节度使李勉"创建汴梁城"（乾隆四年《祥符县志》卷五），城内还建有"牙城"，形成内外二重城的格局。初为土城（后经不断修缮，也有称为"旧城"、"里城"、"皇城"和"宫城"），周长20里155步，建城门10座，此城奠定了后世开封城的基础。后周显德三年（956），周世宗柴荣调动约10万民夫增筑开封外城（后称"新城"、"卧牛城"），周长48里233步，为版筑土城，形成三重城的格局。

北宋是开封历史上最为辉煌的时期，当朝对开封城池的旧城、新城均有多次修建与增建。画家张择端的作品《清明上河图》，描绘了清明时节汴梁京城内外、城门及汴河两岸的繁华景象。据《宋史·地理志》载：里城十门分别为：东有二门、南有三门、西有二门、北有三门。除此，还有汴河边的"角门子"二小城门。而外城除日常修缮外，在开宝元年（968）、大中祥符九年（1016）、天圣元年（1023）、政和六年（1116）数次增修后，使城周长为50里165步（据光绪二十四年《祥符县志》卷九），城"高四丈，广五丈九尺，外距隍空十五步，内空十步"（据《续资治通鉴长编》卷二九三）。开有水陆城门13座，均设外瓮城3重。该城的护城河（又称"护龙河"）宽10余丈，

▽ 1938年6月6日，侵华日军登上开封城东门　本页两图均由南京城墙保护管理中心藏

▽ 1938年6月5日，日军登上开封城墙

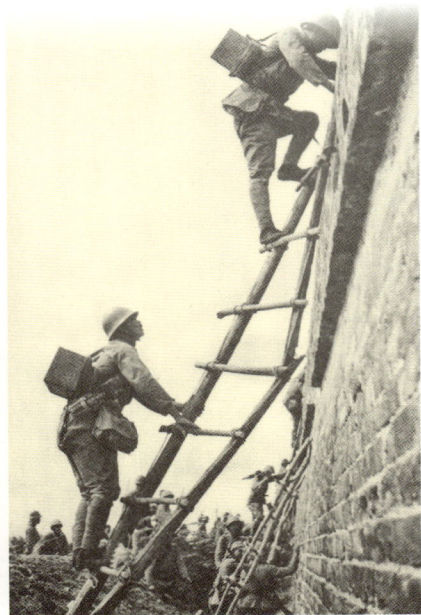

△ 开封城楼旧影　南京城墙保护管理
中心藏

△ 城墙南护城河现状　引自杨新华主编《但留
形胜壮山河：城墙科学保护论坛论文集》

"壕之内外皆植杨柳，粉墙朱户禁人往来"（据《东京梦华录》卷一）。金、元时，开封城墙虽有修缮，但已大不如宋时。尤其外城及城门，也先后"多湮塞"。元至元二十七年（1290），在朝廷下令全国不得筑城的情况下，还能"修汴梁城"，足见此城当时的重要地位。至正十七年（1357），元将泰木花为防止红巾军攻城，将八座城门用砖堵塞，"只留五座，以通往来"。

明洪武元年（1368），重筑开封府城（即"里城"），始以砖、石砌筑在城墙内外两面。城周20里190步、高3.5丈、宽2.1丈。护城河深1丈、宽5丈。开城门5座：东曰"丽景"（又称"宋门"），东北曰"仁和"（又称"曹门"），南曰"南薰"，西曰"大梁"，北曰"安远"。城门各建外瓮城3重、角楼4座、敌台（即马面）84座、警铺81座。此后至明末，对开封城池多有修缮，并时人撰有许多修城记和碑记：如嘉靖四年（1525），重修府城竣工后，李梦阳撰有《修城碑记》，不仅详述了此次修城、筹资等情况，还对洪武元年改筑的砖城有详细的记载；万历二十八年（1600），增建敌楼竣工后，陈所蕴撰有《增建敌楼碑记》，记载了建楼的原因，巡抚曾如春于建楼前一年称："城以卫国，楼以翼城，匪直为观美也"，提出了建城楼对于城防的重要意义，同时，还记载了开封城"东、西水门二座，闭塞久矣"的史实。崇祯十五年（1642），农民起义军李自成的部将"决河水灌城，城内悉为潦水泥沙，官民不能栖止"。

入清以后，由于开封仍为中原巨镇，在各级地方官吏的重视下，城墙虽常有损毁，但修城几乎没有中断。仅以清初为例：康熙元年（1662），由巡抚张自德等官吏主持，大规模修缮开封府城，"雉堞一新，……各门营建如旧

△ 城墙保护现状 本文以下图片均由开封城墙文物保护管理所提供

制"，各守城门房共计修建15间（乾隆四年《祥符县志》卷五）；康熙二十七年，增修城楼及角楼。康熙三十三年，重修南门楼；雍正十二年（1734），总督王士俊主持疏浚护城河；乾隆四年（1739），巡抚尹会一主持大规模修城，以及五座城楼。道光二十一年（1841），黄河再次决口，大水围城八个多月，城墙及附属建筑损毁严重。次年，再度大规模重修，竣工后的砖城周长22里70

▽ 已修复的海墁

△ 开封城墙考古展示区

步、高3.4丈、顶宽1.5丈、基宽2丈。五门名仍沿袭明制。

1928年，在南门东侧直对北门的位置上新开小南门。之后，开筑城门达10座。1931年，拆除各门城楼。1937年和1948年，开封城墙两次遭遇战火，部分城墙及城门损毁。

1949年后，随着开封城市的发展，先后拆除了部分城门。如1958年，拆除曹门；1977年，拆除宋门等。

20世纪80年代以后，开封城墙逐步得到重视和保护。据1993年当地有关部门实测，开封城墙现存周长14.4公里、高10余米。城墙"地面以上高8米，被黄沙淤没地下近3米，上宽5米，底宽13～20米，凡有81座马面，在曹门、西门两侧各保留有马道"（据刘顺安《开封城墙》）。1998年后，地方政府对开封城墙不断进行修缮保护，先后修葺了西门城楼、西部城墙；迎宾门城墙；北门及附近城墙；新门。2010年，开封再次实施古城墙修复工程，墙体按照清朝道光年间的历史原貌进行修复，外侧用青砖包砌，内侧为夯土坡。为保持夯土坡的水土，施工方不仅清除了城墙上的树木，还在夯土坡外罩上一层石灰和土掺成的硬壳。2010年10月1日起，《河南省开封城墙保护条例》获河南省人大常委会审议通过后，正式以地方性法规的形式给予确定，为科学保护、合理利用开封城墙，提供了法律依据。

1996年，开封城墙被列为全国重点文物保护单位。

附：

满洲城 康熙五十九年（1720），在城内西北隅始建满洲城。该城高1丈，蜈蚣架全，周围5里192步。后废。

杨国庆

开封府城池： 即省城也。唐建中二年，节度使李勉创建。明洪武元年，始内外甃以砖石，设宣武卫守之。周围二十里一百九十步，高三丈五尺，广二丈一尺，阔五尺。门五：东曰丽景；南曰南薰；西曰大梁；北曰安远；东北曰仁和。建月城三重，角楼四座，敌台八十一，警铺八十三。明末，城湮于河。顺治初，更筑。又巡抚阎兴邦、顾汧先后增修城堞，楼橹焕然一新。祥符县附郭。

——清《考工典》第十九卷，引自《古今图书集成》

▽ 春临梁门

△ 邓州州城图　引自《邓州志》清咸丰十年刊本，载《中国方志丛书·华北地方·河南省（450）·邓州志》

邓州，位于河南省西南，豫、鄂两省交界部。邓州左襟白河，右带丹江，江汉环其前，伏牛耸其后，自古是军事重镇。

春秋以前，诸侯国邓国的国都设于邓州。楚文王十二年（前678），楚国灭邓国，设置穰邑。此后，随政权更迭，建置、隶属及辖地均有变化。明清时，邓州隶属南阳府。1913年，改邓州为邓县。1988年，撤销邓县，设立邓州市（县级），仍由南阳市代管。2014年，正式列为省直管县市之一。

邓州境内筑城活动较早。据1995年邓州市公布的境内文物保护单位有：战国时期的墨城遗址、穰县城遗址；秦、汉时期的山都城遗址。西汉的乐乡城遗址；汉代的冠军城遗址、擒虎城遗址、平阳城遗址、白牛城遗址。历史上，这些城址被使用一段时期后，先后毁圮。元初，都督史天泽"以其境接襄汉，更筑外城二十四里"（嘉靖四十三年《邓州志》卷九引"王谊记略"）。元末时，被王权占据，"元兵至，寇茸外城，以抗敌"。元军收复邓州城后，元将失剌把都担心该城再被反元势力占据"而不能克"，遂"毁其城，火其庐"。因此，元末时邓州城墙俱颓（康熙三十三年《南阳府志》卷二），甚至被民侵占。

明洪武二年（1369）十一月，朝廷下令金吾右卫孔显镇守邓州，并担任知州。孔显经过实地查勘后，在湍河南岸利用部分旧内城的基础，开始大规模筑造新城。仅洪武四年时，直接参与筑城的军士上千人、民夫1700户。该城周长4里37步、高3丈、基宽3.5丈。设城门4座：东曰"迎恩"，南曰"拱阳"，西曰"平成"（《考工典》记为"东曰振武，南曰拱阳，西曰平彝，北曰拱恩"），"北门以形象家言，闭不启"（乾隆二十年《邓州志》卷五）。城门内设登城马道，宽1.5丈。护城河深1.5丈。洪武六年，在李德（南阳卫千户）等人的主持下，开始甃以砖城，"审膏炼灰，甓甃周致，浚濠池"（嘉靖四十三年《邓州志》卷九引"王谊记略"），建造城门楼4座、角楼4座、外瓮城（月城）4座、窝铺33座、垛口1391座。除北门外，又建瓮城小城楼3座，城门外建吊桥3座。

明弘治十二年（1499），知州吴大有主持重筑早已毁圮的外城。该土城周长15.7里、高1丈、宽5尺。"以军三民七分修"（嘉靖四十三年《邓州志》卷九），民夫修城东、西、南三面，军士修城北一面。沿旧城仍设城门5座：

▽ 邓州外（土）城墙西南角转角处月牙池段西墙（由北向南） 本文照片均由王春玲摄

大东门、小东门、南门、大西门、小西门，各建有城楼，设登城马道，宽4尺（嘉靖志称"四丈"，有误。今据乾隆志）。为防止登城马道日久被民侵占，还"立以排栅，永为定制"（嘉靖四十三年《邓州志》卷九引自"吴大有自记"）。正德六年（1511），知州于宽增修外城、州治负责东、南、西三面，北面由乡绅李珍等人负责修缮。"乃设重门，滓米炼石，以灌以甃"（嘉靖四十三年《邓州志》卷九引自"学正华纶纪略"），不到三个月竣工，使城高达3丈、基宽2.5丈，重建城门楼5座，建外瓮城5座并各建城楼。疏浚护城河深达2丈、宽6尺，并将刁河的水引入护城河。嘉靖元年（1522），因外城的土墙易损，尤其城北一面土质松软，遂开始有建砖包城之议，也得到了府衙及巡抚等官吏的批准。但是，由于砌筑砖城费用"非三万金不能办，将取诸事，则仓库不兑；将取诸民，则闾阎已窘"（嘉靖四十三年《邓州志》卷九），至嘉靖末年，营造砖城始终未能如愿。嘉靖三十二年（1553），知州王道行出于城防需要，主持增修城池，仍按照"军三民七"的旧制摊派修城之役，建角楼4座、敌台18座、窝铺21座、垛口（高、宽各5尺）1070座。又引灵山之水入护城河，作为护城河的补充水源，在护城河岸边种树千株。竣工后，乡人蓝瑞撰有记。嘉靖三十五年，知州张迁主持重修城门楼5座，改南门外瓮城门通往"旧路"。万历三十八年（1610），知州赵沛主持修缮外城后，悬其五城门额为：南曰"南控荆襄"，东曰"东连吴越"，西曰"西通巴蜀"，小东门曰"六水环清"，小西门曰"金山浮翠"。崇祯七年（1634），知州孙泽盛修缮

▽ 邓州外（土）城河北边东段（由东向西）

外城窝铺及女墙。崇祯十年，农民义军张献忠所部攻占邓州。明军收复邓州后，知州刘振世发现外城不能守，遂集中人力和物力加强内城的修葺。当时，举人丁之栋认捐了800万城砖，用于修补内城。

清顺治三年（1646），农民义军李自成部将刘二虎攻城，曾在城下掘地道7处，所幸城防及时应变而城未破。之后，知州马迪吉增修圆城角楼4座、敌台3座，修缮垛口1391座、悬楼30座、炮台44座。马迪吉撰有修城记。顺治十五年，因久雨导致砖墙坍塌4处，计30.5丈。在知州冯九万主持下，及时进行了修补。此后，因暴雨、大水、战火等因，邓州城多有损毁，但基本能得到及时修葺，"随缺随补"。如康熙三十年（1691），知州赵德大规模修城时，一次修城达368丈。咸丰年间（1851～1861），太平军战火对邓州城墙也曾造成一定的破坏。战后，地方官吏及时给予修缮。

1912年后，邓州遭遇多次战火，城墙又因年久失修，损毁比较严重。1947年秋，出于城防需要，县长丁叔恒调动全县人力物力，加紧复修内城和外城墙，以及所有附属的军事防御设施（包括200多座碉堡），以抵抗中原解放军。丁叔恒曾说：邓县城防"固若金汤"，"万无一失"。1948年，当解放军攻城时，曾付出相当大的代价，终于攻破一处缺口而登城。1995年，该处遗址以"登城突破口"为名被列为市级文物保护单位。

1949年以后，随着城市建设发展需要，以及人们对古城墙价值的认识不足，导致邓州城墙逐渐毁圮，甚至被各类建筑所侵占。在邓州花洲书院，还保存了一段明代土城墙。

1995年，残存的邓州内外城墙被列为市级文物保护单位。

杨国庆

邓州城池：即古穰县城。明洪武二年，镇抚兼知州事孔显重筑，置千户所守之。周围四里三十步，广如之。池深一丈，阔一丈五尺。门四：东曰振武，南曰拱阳，西曰平彝，北曰拱恩。

——清《考工典》第十九卷，引自《古今图书集成》

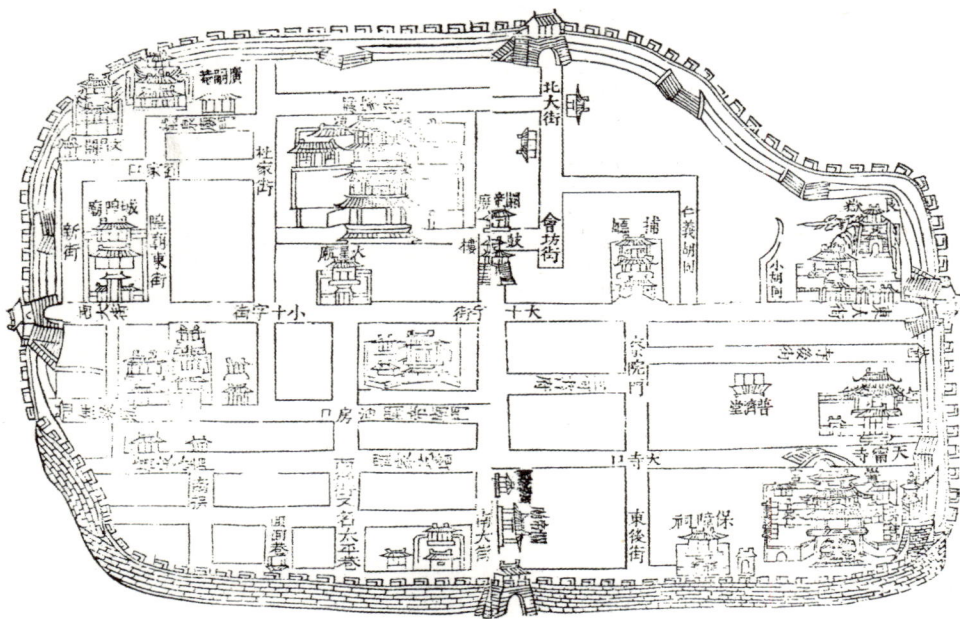

△ 扶沟县城图　引自《扶沟县志》清光绪十九年刊本，载《中国方志丛书·华北地方·河南省（471）·扶沟县志》

　　扶沟，位于河南省中东部，地处豫东平原、昔日黄泛区腹地，居中原城市群之中。

　　扶沟，古称"桐丘"。西汉高祖十一年（前196）时，置县，因境内东有扶亭、西有洧水沟，而改为"扶沟"（现址崔桥小扶城）。此后，随政权更迭，其建置、治所及隶属均有变化。隋大业（605～618）末年，移县治于桐丘，今城北石桥。明、清两朝，先后隶属开封府、陈州府。1965年，扶沟县隶属周口专区（后改地区）。2000年，隶属周口市。

　　扶沟筑城，至迟始于春秋初期，由郑庄公（前743～前701年在位）修筑，曰"桐丘（邱）"。据郦道元在《水经注》称：桐邱城"邪长而不方，是也"。西汉高祖十一年（前196），因置县移置于扶沟而另筑新城，并沿袭至隋大业（605～618）末年。历代文献对该城记载不详，今人根据实地调查，发现该城址位于今崔桥镇古城村，城墙为夯土砌筑，残段仅长约30米、高与宽均约10米。1978年，以西汉"崔桥古城墙"之名，列为县级文物保护单位。

隋大业（605～618）末年，移县治于桐丘，因春秋旧城址改筑新城。此城一直被唐、宋时所沿用。元时，扶沟城池因年久失修，逐渐毁圮。

明洪武三年（1370），县丞刘镒主持"创建"（道光十三年《扶沟县志》卷四）城池，城周长6里322步、高1丈余，仍为土城。正统七年（1442），知县韩璟（《考工典》称"琚"）主持大规模修城，增筑城墙使之高2.5丈，护城河深2丈（而《通志》则另称："周围九里三十步，高一丈九尺，广二丈"，有误）。景泰二年（1451），知县陈纪主持建敌楼。成化十九年（1483），知县胡宣修缮城门4座：东曰"寅宾"，南曰"迎薰"，西曰"见嵩"，北曰"拱辰"。正德五年（1510），知县王廷华主持大规模拓筑土城，使城周长9里多、高2丈余、顶宽5尺、基宽9尺（引自明隆庆年间刘自强《修城碑》）。同时还创筑女墙、敌台，建造郭门，使扶沟县城有了两重城墙（外郭尚没建）的雏形，并对护城河进行了疏浚，"城成，而盗猝至。攻（城）三日不克"（引自郝维乔《修城记》）。嘉靖四年（1525），县丞康钺修葺北城门。嘉靖三十一年，知县高经主持再次大规模修筑土城，"隆冬不息"。次年，恰有"师尚诏之乱，直薄城下。城几不守"，尤其数千人攻城时，东北段城墙女墙突然坍塌一丈余，"幸盗一意攻门，初不知女墙之崩也"（郝维乔：《修城记》），扶沟城百姓才免遭兵祸，"邑中父老今谈之，尤为寒心飞魂"（刘自强：《修城碑》）。

隆庆六年（1572），知县黄芬考虑到扶沟土城多年来"随筑随圮，徒劳

▽ 扶沟西汉"崔桥古城墙"遗址 朱烨伟提供

命伤财，无益也"，遂将修筑砖城想法上报府衙，得到批准，并"动帑金万余"，始将土城改为砖城。此次筑城得到乡民的拥护，"民以悦来工"，仅年余就将东、北两面砖城建好。后因黄芬生病离任，在继任官吏牛宗颜、徐宏的重视和主持下，于万历三年（1575）十二月，始将西、南两面砖城修建竣工。徐宏修城时，"尽出赎金百，方营办迄"。扶沟此次改筑砖城，先后动用了民夫千余人，用砖500余万块，"费巨万缗"，使城周长达1241丈、高3丈；并建成了包括城楼、角楼、窝铺在内的其他附属建筑。万历三十年，知县全良范主持修城。万历三十九年，知县丁可取还将城墙拓宽丈余。崇祯十年（1637），知县苏显祐"创附城敌楼"。崇祯十五年，李自成率部攻占扶沟城。李部离开后，营头李奋文曾下令四乡民众修城，仅局部地段略有修缮而已。

清顺治十三年（1656），知县王佐主持重修扶沟城东、北二门，以及城外护城河上的两座桥。此后至清末，由于大雨、战火等因，城墙多有损毁。在历任地方官吏的重视和主持下，基本得到及时修缮，如：康熙四年（1665）、康熙三十六年、乾隆二十七年（1762）、嘉庆元年（1796）、嘉庆二十二年，先后都有规模不等的修城之役。咸丰年间（1851～1861），知县邹金生主持修城时，在城乡绅士的支持下，还"创建附城四角炮楼，周围营房。捻匪扰乱，赖以保全"（道光十九年《扶沟县志》卷四）。

1912年以后，扶沟城墙逐渐毁圮，甚至被拆除。

20世纪80年代以后，其境内的春秋时期固城古城墙、桐邱故城城址，均于1983年和1985年先后被列为县级文物保护单位。明代建造的仁和寨故城、六合故城城址，也于1985年被列为县级文物保护单位。其中固城古城墙，后被列为省级文物保护单位。

杨国庆

扶沟县城池：西汉时，建。明正统间，知县韩琚修筑。周围九里十三步，高一丈九尺，广二丈。池深二丈，阔五丈二尺。隆庆六年，知县黄芬玉筑砖城。

——清《考工典》第十九卷，引自《古今图书集成》

△ 固始县城郭图 引自《固始县志》清顺治版，载《日本藏中国罕见地方志业刊》

固始，位于河南省东南，属于豫、皖两省交界、华东与中原交融地带，南依大别山，北临淮河。

固始，春秋之前为诸国领地，春秋时始为期思县之潘乡（又名"寝丘邑"）。西汉时，于番乡置寝县。东汉建武二年（26），光武帝刘秀封大司农李通为固始侯，建立固始侯国，"固始"由此得名。此后，隶属多有变化。洪武十四年（1381），改隶河南布政司汝宁府，并沿袭至清（也曾改隶南汝光道光州直隶州）。1998年，固始为信阳市辖县。2014年，固始升为省直管县。

固始筑城活动至迟始于东周，而另据历代地方志称："固始县城，创于汉高帝。垣围六里，门辟三关"（嘉靖二十一年《固始县志》卷三）。据20世纪中后期当地考古部门的发掘和研究，发现了史书上记载的东周时番国都城城址（土城）。该城址位于今固始县城及城北一带，部分与明清时的县城

△ 番国故城遗址　朱烨伟提供

城墙重合。古城址分内、外两重城：外城周长13.5公里，内城周长
6.5公里。外城的南城墙位置处在今县城内，东、西、北三面还保存
有部分土城墙和护城河。外城北城墙较为完整，全长2325米、基宽
50米、顶宽30米、高6米，外侧尚存宽60米的护城河。2001年，番国
故城被列为全国重点文物保护单位（另据中国建筑新闻网河南频道
2012年4月13日《河南固始县历史文物古迹遭严重破坏》的报道，该
城址约百余米地段因建设"湖畔春天"小区，被房地产开发商"夷
为平地，在上面建了公园式的音乐喷泉广场，在现场已经找不到任
何古城遗址的痕迹"。这种"建设性"的对古城破坏，也不仅局限
在固始一地）。

　　文献记载的"固始县城，创于汉高帝"（惟有光绪二十八年
《河南通志》卷九称"相传汉高帝时，始建"），可能是汉高祖时
（前206～前195在位），将东周时的旧城进行了改筑，规模缩小到
了六里，也只开筑了三门（即东门、西门、北门），仍为土城。
由于中国古代城门具有多重功能，利用城门"征税"设关，是其中
重要功能之一，民间故有俚语"固始县城无南关，四十五里郭陆
滩"。意思是城南45里外，才有郭陆滩的集市。此后，该城的沿革

至元末，"历代无考"（嘉靖二十一年《固始县志》卷三）。另据乾隆五十一年《重修固始县志》卷二称"历代增修"，也惜无详实记载。据县志载，仅知南宋宝庆元年（1225）时，知县李士云建东门，城楼取名"望京"（后改名"招远楼"）。

明洪武（1368~1398）初年，知县裴思明主持大规模修城，尚为土城。景泰五年（1454），旧城因年久失修，加上当年又因"毁于流寇"，知县马良遂主持大规模修缮城池，"筑土增高，甃砖环固"（嘉靖版《固始县志》），始为砖城。城"周围仍六里，高一丈六尺，广一丈"，护城河深、宽各1丈（康熙元年《汝宁府志》卷三）。天顺年间（1457~1464），知县薛良主持建造东门、西门城楼各1座，开筑南门，"南门重开"（嘉靖版《固始县志》），活跃了南门内外的集市。弘治十三年（1500），知县施震主持修城时，改东门楼"望京"为"宾阳"。正德七年（1512），固始城池破于战火。战后，知县卢琼主持修城，周967丈、高1.6丈、宽1丈。嘉靖元年（1522），副宪张翰来到固始县后，发现护城河沿岸多有被民侵占的情况，遂下令给予整治"还官"。嘉靖二十年，因县境局势不稳，知县张梯主持重修城池及附属建筑（如垛口、窝铺、东西两面的护城河等），新题并改城门名为：东曰"观海"，南曰"望荆"，西曰"通燕"，北曰"临淮"。护城河加深、加宽各3丈，周长7里多。竣工后，该城被称为"东鸣凤象城形也，西登龙通帝都也，南玉带环以池也，北金庸坚可恃也"，"制度雄伟"。崇祯十年（1637），署县事通判孔贞会开始凿宽护城河。次年，知县王昌荫主持大规模修城，修建城楼（西曰"日靖楼"、北曰"拱极楼"）和敌台（马家坝及殷家坝）各2座，继续对护城河进行拓深加宽，时为深4丈、宽5丈。

清顺治七年（1650），因固始发大水，东、北两面城墙出现较大面积坍塌，知县朱国栋主持修缮。顺治十六年，北面城墙再次局部坍塌，知县包韺主持补修。康熙二十七年（1688），因久雨导致城墙多处坍塌，城门楼也有颓坏，护城河多有淤塞。知县杨汝楫主持大规模修城，重修四座城门楼，还另建了角楼和多处敌台和楼阁，修复了全城的垛口，疏浚护城河972余丈、深3~5丈不等。杨汝楫撰有《重修四城楼隍堑记》。康熙五十八年，知县李为度主持修城。乾隆八年（1743），南门城楼倒塌。次年，署县事通判孙国柱主持修复，"固城严竣，甲于诸邑"（乾隆十年《固始县续志》卷二）。乾隆十九年，知县杨潮观将奎楼移建于东南城隅。乾隆四十年，固始城墙多处损毁，南门城楼再次坍塌，知县张邦伸捐俸修城及城楼，此后至清末，固始城墙虽因自然或战火有多次损毁，但在地方官吏的重视下，均能得到及时修缮。

1938年9月，在侵华日军飞机和大炮的连续轰击下，固始城墙多处坍塌，尤以东门段为甚。1939年5月，因担心日军再次轰炸固始城，为及时疏散民众考虑，时任县长凌士英遂下令拆城，历时约四个月，基本拆除了固始城墙。仅有东门等少量地段残垣得以保存。

1952年，因东门楼损毁严重，威胁路人安全，将东门城楼拆除。1975年，因再次拓宽道路，遂拆除了东门的砖砌城门拱券和城门台基。至此，地面上的固始城墙基本无存，仅存部分地段的护城河以及地下的城址。

杨国庆

固始县城池：汉高帝时建。明景泰间，知县马良修。周围六里，高一丈六尺，广八尺。池深一丈，阔如之。

——清《考工典》第十九卷，引自《古今图书集成》

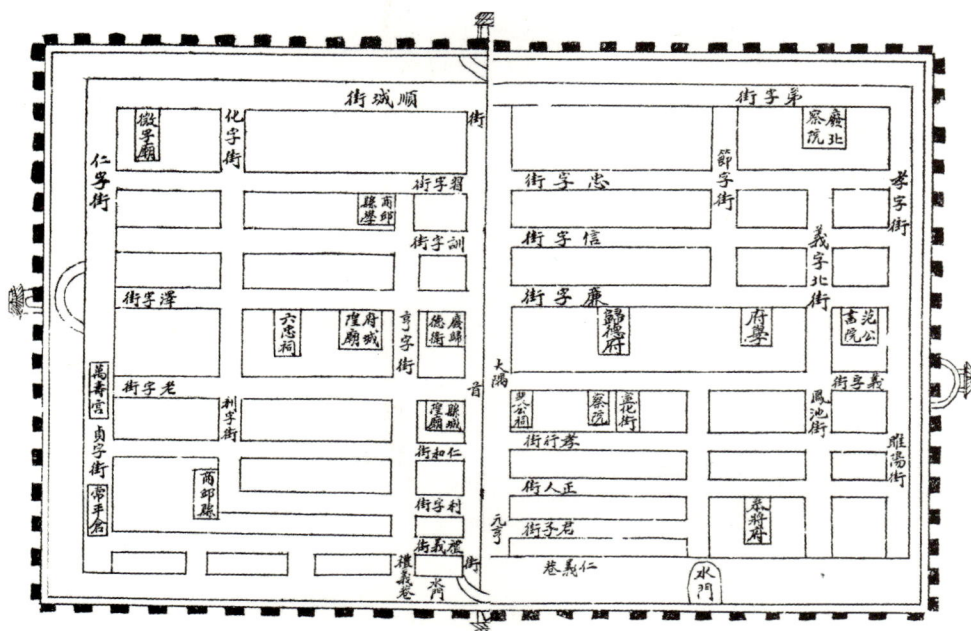

△ 商丘县城图　引自《商丘县志》民国二十一年石印本，载《中国方志丛书·华北地方·河南省（98）·商丘县志》

　　归德，现为商丘市。商丘，简称"商"或"宋"，位于河南省最东部，豫、鲁、苏、皖四省接合部。商朝曾建都于商丘，故有"三商（商人、商品、商业）之源"、"华商之都"之称。1986年，被列为国家历史文化名城。

　　归德，是商丘建置史上众多名称之一。商丘，为上古帝王之都，约在公元前24世纪，燧人氏、神农氏、高辛氏、颛顼等先后在商丘建都。约公元前16世纪，契的14世孙成汤，灭夏称商，都亳（今商丘）。约公元前11世纪，周成王封殷商后裔微子启于商丘，称宋国。此后，随建置及隶属的变更，其名称有"梁国"、"睢阳"、"梁郡"、"宋州"、"宋城"、"应天府"、"南京"、"归德府"等。1913年，裁归德府，所属各县划归豫东道。1950年，商丘县城关镇改为商丘市。1951年，朱集、商丘二市合并为商丘市，市治朱集市。1997年，原商丘县改为睢阳区，隶属商丘市。

△ 商丘城南门城楼 本页图片均引自杨秀敏编著《筑城史话》
（百花文艺出版社，2010年）

△ 商丘城外的护城河水面宽阔

　　商丘古城，位于商丘市南。据康熙四十四年《商丘县志》记载："府城，春秋宋国城也。"该城平面略呈方形，方九里，有内外两重土垣。内城设六门，外城设四门，"凡宋城之门，皆以所向之邑名也"（顾炎武：《日知录》）。汉梁孝王迁都于此，并大规模增修城池，扩城"一十七里"（光绪二十八年《河南通志》卷九），使"城方三十七里，南临濊水（即睢水），凡二十四门"。唐建中（780~783）时，为宣武军城，由3座相对独立的土城组成（南城1座，北城2座）。宋建炎元年（1127），南宋皇帝赵构在商丘登基，改为"南京城"。该城也是内外两重土城，外城周15里40步，城设东门2座：南曰"延和"，北曰"昭仁"；西门2座：南曰"顺城"，北曰"回銮"；南门1座：曰"崇礼"；北门1座：曰"静安"。内城为宫城，周2里360步。城中建隔城，开二门。在外城的东面还建有关城，城周25里83步，在城东、西、北面，各开一门。金朝时，复称"睢阳城"，城长度沿袭旧制，而城门仅设东、南、北3座，有护城河环绕。另据《河南通志》称：归德府城"宋、元寝（倾）废"。经查，与史实不符。由于年代久远，兵祸水灾，古城曾多次被毁，又有多次重建，但范围都在南北10里之内。

明洪武二十二年（1389），指挥张晟对旧有城池进行修浚，但土城的规模比旧城减少了1/4（康熙四十四年《商丘县志》卷一）。弘治十五年（1502），归德府城墙毁圮于大水。次年，"乃迁今城在旧城北，地相接焉"，意思是旧城向北迁移重新筑造（新城的南门，即旧城的北门）。

明正德六年（1511），知州杨泰修造新城，经过继任知州周冕、刘信的不断修缮，以及嘉靖三十四年（1555）知府王有为的补筑，使土城周长"七里二分五厘，共一千三百四丈二尺五寸，高二丈五尺，广一丈三尺。池深二丈，阔五丈二尺"（此据顺治十七年《归德府志》卷二，其他各志所记数据略有出入）。开筑城门4座：东曰"宾阳"，南曰"拱阳"，西曰"垤泽"，北曰"拱辰"。还建有角楼4座、敌台13座、警铺32座（此据顺治十七年《归德府志》卷二，另光绪二十八年《河南通志》卷九载"敌台十六，警铺三十"，疑误）。在距城一丈左右处，设有护城河，河宽5.2丈、深2丈。嘉靖十九年，为抵御黄河泛滥引发的水灾，在护城河外一里左右的地方，修建了城堤，长16里（李嵩《护城堤记》称"周六里"，而地方志等籍则称"十六里"，待考）、上宽2丈、底宽6.1丈。时人李嵩撰有《护城堤记》，详述了嘉靖十五年因黄河决堤对归德城墙造成的危害，以及筑堤的重要意义。嘉靖三十七年（1558），知府陈学夔按巡抚都御使章焕提出的要求，将归德城墙全部用城砖包砌，始为砖城，还在南门东、西两侧各建水门1座。

明崇祯八年（1635）二月，农民义军李自成所部逼近归德府，四乡百姓纷纷避之入城。由于城内"逼狭，不得容。遂环堤而守之，树以门栅，编以篱木"。最后，归德城还是被义军攻破入城，被杀万余人。崇祯十二年，"遂

▷ 商丘古城鸟瞰图 引自杨新华主编《但留形胜壮山河：城墙科学保护论坛论文集》

△ 商丘北门城楼 引自国家文物局编《中国历史文化名城词典（续编）》

因堤筑城，以砖砌之。外圆内方，堪舆家所谓钱形，金戈之象也"（康熙四十四年《商丘县志》卷一）。崇祯十五年三月二十六日，李自成所部攻城一天一夜，从西南城门入，杀戮官吏士民近20万人。城墙及附属建筑被"拆毁者，十之二三"（顺治十七年《归德府志》卷二）。

入清以后，归德城墙虽得到及时修补，但此后不断遭遇黄河决堤造成的水灾和战火的侵扰，多有损毁。在地方官吏重视下，修缮城池也成为一种常态。

1938年6月，商丘城墙遭遇侵华日军炮火的轰击，部分地段损毁严重。1949年以后，商丘归德府城墙由于年久失修，也有不同程度的损毁。尤其在20世纪70年代末，为解决知青和下放市民陆续返城的临时居住，自发拆城取砖建房，使城墙损毁严重。

自1991年后，当地政府投入巨资，对古城墙进行了多次修缮，对护城河进行了清淤，并利用拆除城内旧房的城砖，集中用于城墙维修。20世纪90年代以后，经文物部门实测，现存归德府城墙总长4364.6米，其中南城墙长960.6米、北城墙长993米、东城墙长1210米、西城墙长1201米。城墙高6.6米左右、基宽10米、顶宽3～5米不等。

1996年，明代归德府城墙被列为全国重点文物保护单位。

杨国庆

归德府城池：相传微子故国。汉梁孝王增筑，广十七里。明初，改为州，设归德卫守之。指挥张晟因旧基浚筑。周围七里三百一十步，高二丈，广一丈。池深二丈，阔五丈二尺。门四：东曰宾阳；南曰拱阳；西曰垤泽；北曰拱辰。建角楼四，敌台一十六，警铺三十。嘉靖二十五年，升州为府，而城仍旧云。商丘县附郭。

——清《考工典》第十九卷，引自《古今图书集成》

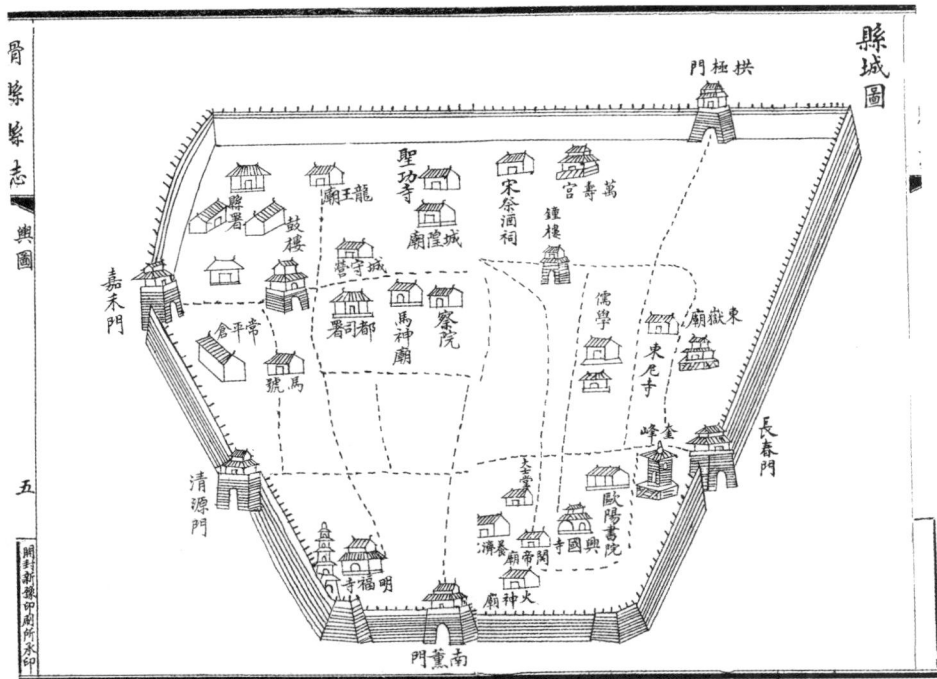

△ 滑县县城图　引自《重修滑县志》民国二十一年铅印本，载《中国方
志丛书·华北地方·河南省（113）·重修滑县志》

滑县，位于河南省北部，地处豫北平原卫河之畔，与濮阳、浚县、长
垣、封丘、延津、内黄接壤。

春秋时，滑县地境为卫国的曹邑。秦、汉之时，滑境称白马县。隋至明
初，滑县称滑州。其名"滑"，据《重修滑县志》记载："周公次八子伯爵封
于滑，为滑伯。"滑伯本姬姓，后裔改为"滑氏"。另《元和志》称："滑氏
为垒，后人增以为城，临河有台，故曰滑台城。"《水经注》曰："旧说，滑
台人自修筑此城，因以名焉。"明洪武七年（1374），改州为县。清雍正三年
（1725），滑县由大名府改属卫辉府。1983年，属濮阳市。1986年，改属安阳
市。2014年，正式列为省直管县。

滑县筑城，传说最早始于约公元前1100年，"滑城，本滑氏旧垒。后
增为城。历代（城池）建置不可考"（据乾隆二十五年《滑县志》卷二）。

故《河南通志》中则称"滑县城始建未详"。另据1932年《重修滑县志》称，自刘宋永初三年（422）至唐代，该城尚被沿用，并时有修缮。宋天禧（1017～1021）时，曾对滑县土城进行过修葺。嘉祐元年（1056），知州梅挚主持修葺。元至正十六年（1356），知州张临齐再修城垣。

明洪武年间（1368～1398），知县诸弘道主持重修时，由于滑县城"惟土性疏，易倾于雨"，四座土城门始改换城砖。关于滑县的砖城，许多地方志称：始于崇祯十一年（1638）。今据1932年《重修滑县志》卷五所言，为明洪武年间始筑。但据筑城一般规律推测，用砖改筑城门的局部，并非全城用砖。嘉靖十三年（1534），知县高进重修北城门楼。嘉靖二十六年，知县彭范主持重修南门城楼。嘉靖三十四年，知县张佳胤主持修城，"加砖重修城垣"，并建西门城楼。次年，知县孙应魁重修东门城楼。万历四十四年（1616），知县赵时晋主持修城时，"又加土工"。由此可见，明代时的滑县城基本是座砖、土混筑构造的城墙。崇祯十一年，知县罗璧主持大规模修城时，号召乡民捐资修城，"易土以砖，极其巩固"（乾隆二十五年《滑县志》卷二）。设城门5座：东曰"长春"，西曰"嘉禾"，南曰"南薰"，北曰"拱极"，西门南侧曰"清源"（后俗称"水门"），全城垛口2739座（1932年《重修滑县志》所载为清代垛口数，有误）。

入清以后，因自然和战火等因，滑县城池时有损毁。在滑县地方历任官吏重视下，对城池大规模修浚至少在10次以上，并对附属建筑屡有增筑，并有详实记载。如：康熙二十四年（1685），因朝廷根据圣旨下令各地修城后，滑县知县姚德闻主持了修城。竣工后，他亲撰《重修滑县城记》，其中提及修城所费工的比例为："大约陶埴之工五，土之工三，木之工二。"为古代修城之兴工留下了一份宝贵的参考资料。乾隆十六年至十八年（1751～1753），在知

▽ 滑县道口镇古城墙（西门北侧马面，自北向南拍摄） 本文照片均由孔德铭摄

▽ 滑县道口镇古城墙（西门北侧马面，自西向东拍摄）

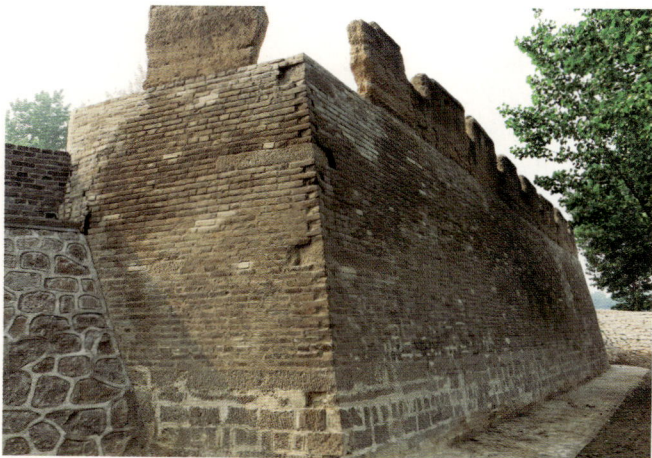

县郭锦春和继任知县吴玉麒主持下，全面加高增厚修葺城池，城周长9里7步、高2.8丈（与清《考工典》数字有出入）、宽2.3丈，护城河宽2丈，深浅不一。护城河内侧还增筑小墙，增强防御；护城河外还筑有护河堤。城上建窝铺52座、炮台220座、垛口1352座（清代将垛口合二为一）。嘉庆十八年（1813）十二月十二日，清军攻陷被天理教起义军占据的滑县，"围城环攻，加以地雷轰击于西南隅"，轰塌西南角段城垣20余丈，西门段砖城也被轰塌，墙芯的土城也坍塌，"残毁已甚"。战后，自道光四年至道光六年（1824~1826），知县胡天培"请发国帑十九万有奇"，修复城垣。而城楼、门洞、吊桥、护城河等附属建筑，所需费用1.9万余两，全部由胡天培捐廉"独立重修"。惟有西门两座城楼，根据"堪舆家言，西方白虎，宜伏。故不建楼。非示简略，沿旧制也"（据胡天培《修城碑记》）。修城时，虚心听取民意，聘请内行"谙练老成及百夫"，"指画口授，一砖一土，毋差尺寸"。又因"帑由上赐，工不虚糜。不派闾里一钱，不捐民间一物"，得到民众的大力拥护和支持，"畚筑绳削，熙来攘往"，从而使大规模修城竣工。咸丰十一年（1861），知县徐振瀛主持修城时，增筑外瓮城，疏浚护城河，修补砖城。同治元年（1862），新任知县姚诗雅重修敌楼。光绪十九年（1893），知县吕耀辅主持修补城垣损毁处，自南门向东北，转向西段城墙数十丈。

1928年，由于年久失修，加之兵乱，导致滑县城墙多处破损。县长赵鸿泽会同乡绅筹款修城，"虽未完善，亦可以卫吾民矣"（1932年《重修滑县志》卷五）。此后，滑县城墙逐渐毁圮，最终被大部分拆除。

20世纪80年代后，据文物部门调查发现，滑县明代古城墙尚存西门一残段，位于道口镇西街村西。城墙残长25米、高7.6米、厚2.4米，垛高1.8米、厚0.4米，垛口宽0.6米×0.8米。墙基以青石堆砌而成，墙体由青砖白灰砌成，上部由石膏泥构筑掩体和垛口，初步考证为明清时期。2012年开始，滑县以大运河申遗和道口古镇保护为契机，投入1000余万元资金，整修包括道口镇古城墙在内的古城建筑。

1980年、2003年，滑县清代天理教攻城遗址、明代古县城城墙，被先后列入市（县）级文物保护单位。

杨国庆

滑县城池：*始建无考。周围九里，高三丈五尺，广二丈三尺。池深一丈五尺，阔三丈。崇祯十一年，知县罗璧始修砖城。*

——清《考工典》第十八卷，引自《古今图书集成》

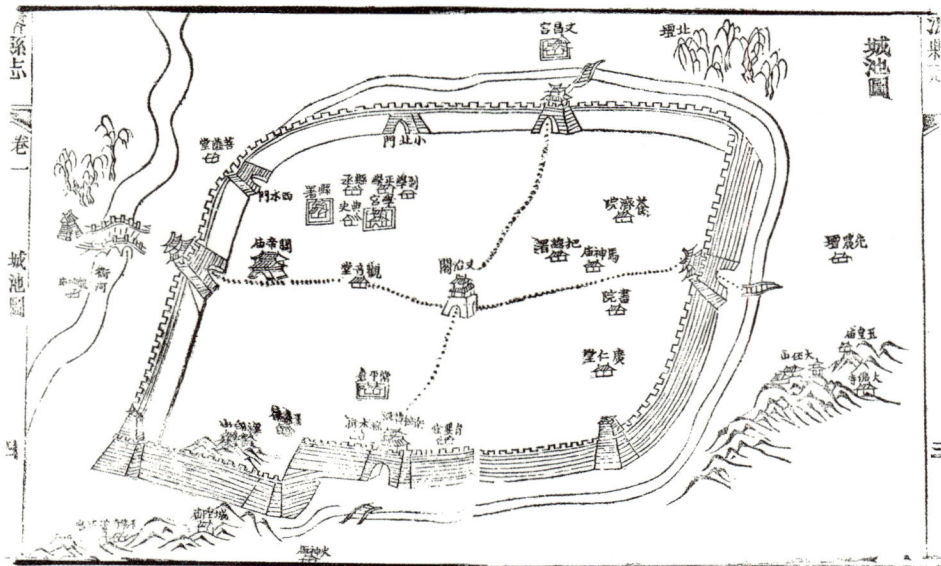

浚（xùn）县，位于河南省北部，卫河蜿蜒纵贯全境，淇河沿西部边界南流，处于安阳、濮阳、新乡、鹤壁等市辐射带的中心位置。1994年，被列为国家历史文化名城。

周元王元年（前475），晋在其境大伾山（古称"黎山"）北设邑，称"黎"。西汉高祖（前206~前195）初年，置黎阳县，为浚地设县之始。宋政和五年（1115）始置浚州，州治在浮丘山巅。明洪武二年（1369），改浚州为浚县，隶属大名府。雍正三年（1725），浚县改属河南省卫辉府。1983年，浚县归属安阳市。1986年，浚县划归鹤壁市。

浚县筑城至迟于西汉高祖（前206~前195）初年，因置黎阳县始筑。该城"凭山为基，东阻为河"。此后，历代相沿袭。北宋天圣元年至六年间（1023~1028），城池毁于黄河水患，"浚州治没为湖，始徙浮邱山巅"（嘉庆六年《浚县志》卷六）。

明洪武（1368～1398）初年，县治自浮邱山西侧迁徙到山的北坡，筑造土城。此城并非一次规划完成，起初"规制未备"。此后，在数任地方官吏主持修城时，根据防御和防洪的需要，不断对这座城池的规划进行完善和补充。弘治十年（1497），知县刘台主持大规模重修城池，动用各类民夫1.46万人，历时两年竣工。城周7里150步、高2.8丈。四门拆旧换新，"崇楼翼廊"，并增筑警铺等附属建筑。护城河深2尺、宽2.5丈。竣工后，刘瑞撰有《浚县兴造纪略》，详述其事。正德五年（1510），知县陈滞增筑西面城墙，缘山而上。由于该城"西连浮邱，登高内瞰，指顾毕尽，不可戍守"，嘉靖十一年（1532），知县邢如默针对县城规划的缺憾加以修改，再向西南拓。城墙"腾跨冈阜，枕浮邱而南出，若幞头形"，并将土质的垛口全部置换为城砖。嘉靖二十九年，知县陆光祖主持大规模修城，听取众人建议，历时三年将邢如默时新筑西南隅三里多的城墙视为郭垣，重新在内侧"据山巅险绝处，改筑焉"。此次对新旧城墙的改筑，计长830余丈。增高城墙1丈，加宽5尺，四隅建敌楼，城墙之间"百步为敌台，台有房三楹"。还在东、南、北门筑造砖石构造的外瓮城，城外护城河上建有大石桥。时人称此"城小且坚，可恃为永利"（引自顾炎武《天下郡国利病书》）。万历二年（1574），知县杨镕主持重修城池，"包浮邱山之半于城内，踞其巅以东望伍山，西瞰卫流，形势最为

▽ 浚县古城墙（西城墙）　本文照片均由孔德铭摄

347

△ 浚县古城墙之允淑门

壮丽。即今城也"（嘉庆六年《浚县志》卷六转引"张志"）。此城遂被最后定型，后人称此城为"浚城如舟在水中"。天启三年（1623），知县赵建极主持增修城池，对东、南、西三面的护城河加以疏浚，西门外以天然的卫河作为护城河，修筑长达1960尺的石质堤岸，并修建涵闸"引水绕城三面"。崇祯年间（1628～1644），知县李永茂主持修城时，开始大规模采用砖、石各半砌筑城墙，城楼、垛口也修葺一新，被称为"极为壮丽"。

入清以后，浚县由于新修的砖石城墙比较坚固，又因历任地方官吏不断维护，直到清晚期才有大规模的修缮。雍正九年（1731），知县陈国柱捐俸主持重修城门楼4座、城门内炮房4座。当时，浚县城墙有主城门4座，西门以北沿卫河一段设便门2座：一曰"观澜门"；一曰"水驿门"（又称"允淑门"）。同治元年（1862）、同治三年、同治十一年、光绪三年（1877），先后重修了西门、东门、北门和南门的城楼。光绪二年，重修水驿门城楼。到光绪七年（1881）时，城墙"仰望瑰丽如新"，但西城内墙坍塌270余丈未修，据当时老人称，嘉庆十八年（1813），因抵御天理教（民间的宗教组织）攻城时，守城人"以击贼，故揭内垣砖石殆尽"，魁星楼因此受损（黄璟：《重修魁楼记》）。光绪十一年六月，知县黄璟发动商人、富人开始捐修城墙，"有地五十亩以上者，每亩捐钱一十有四，可得万缗有奇。另募商捐可得二千有奇"（黄璟：《重修城垣记》）。于次年七月竣工。增建城上窝铺8座、魁星楼1座、望楼2座、水驿门和小北门城楼2座。到清末时，浚县城墙南面的东、西两角各置炮台，并建有角楼。

1912年以后，浚县城墙逐渐毁圮，甚至随城市建设而大部分被拆除，而西面临卫河一段城墙因防洪需要被保留下来。

20世纪80年代后，据当地文物部门调查，浚县城墙仅存西门北沿卫河一段，南北长700米、高12米、宽7米。沿城两座昔日便门犹存，即观澜门和水驿门。

该城墙遗存，1978年被列为县级文物保护单位，后升为省级文物保护单位。

附：

浚县境内古城址还有：商代的西枋城遗址、战国时期的瓮城遗址、汉至宋代的黎阳城遗址、唐宋时期的临河城遗址等，均被列为省、县级文物保护单位。

浚县除城池外，据文献记载，在晚清时，还营造过大量堡寨，如：李家道口寨、卫县寨、刘寨、新镇寨、钊寨、南王庄寨、淇门寨、大屯寨、屯子寨、曹洼寨、河头寨、裴庄寨、王庄寨、圈里村寨、下高村寨、邢固寨、宋堂寨、焦庄寨、魏家寨、池枣林寨、南皮寨、侯屯寨、胡岸寨、鄤庄寨、赵庄寨、大赍店寨、公堂寨、张寨、赵村寨、郭村所西方城寨、大武庄寨等30余座，均筑有规模不等的寨墙。

杨国庆

浚县城池： 宋时建，初在浮丘山巅。明洪武初，始徙于山之北。周围七里一百五十步，高二丈八尺，广二丈。池深二丈，阔二丈五尺。

——清《考工典》第十八卷，引自《古今图书集成》

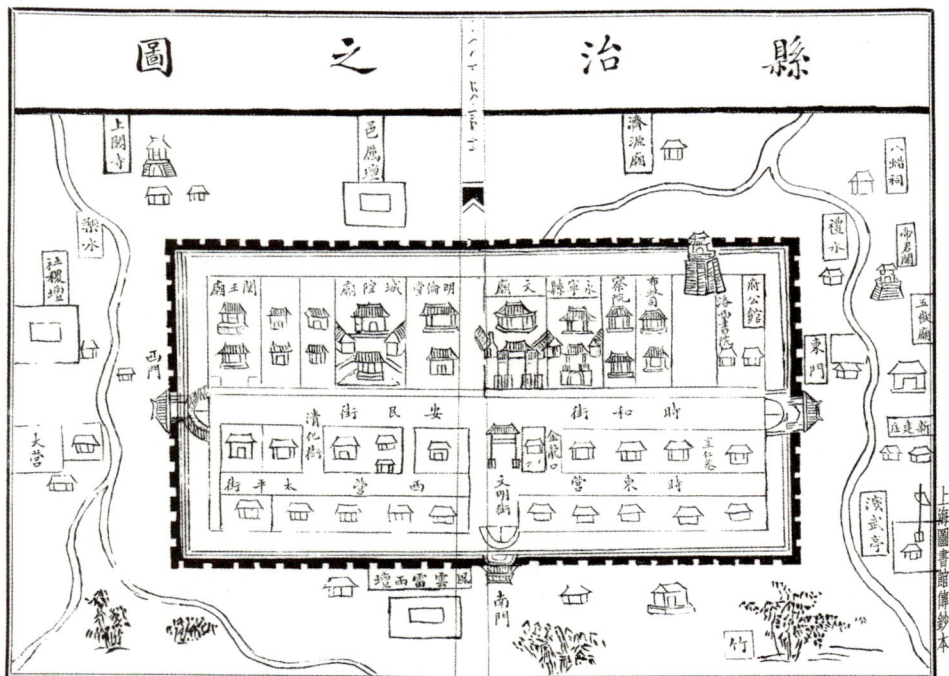

△ 永宁县治之图　引自《永宁县志》上海图书馆藏清康熙三十一年刻本，载《稀见方志丛刊（168）·永宁县志》

洛宁，位于河南省洛阳市西部、洛河中游，河洛文化发祥地，世界纬度最高的淡竹产地，有"北国竹乡"之说。

秦时，洛宁其境为宜阳、卢氏二县辖地。汉至晋时，其境属宜阳、渑池、卢氏三县管辖。西魏废帝二年（553），改北宜阳县为熊耳县。唐武德元年（618），李渊取"示罢兵革安井里"之意，改熊耳县为永宁县，徙治所于永固城（今城关镇老城）。明清时，永宁县属河南府。1913年，永宁县改名为洛宁县。1986年，隶属洛阳市。

洛宁筑城之始不详（另一说，始建于汉代的金门城。待考）。相传古城池建于前秦建元年间（365～385），由秦王苻坚所建。苻坚，字永固，故名"永固城"。关于早期洛宁城池，还有一说："相传秦置县，始建（城）"（光绪二十八年《河南通志》卷九）。另据乾隆五十五年《永宁县志》记载："永宁旧土城，未详创始何代。"该土城周长4里270步、高2.5丈，女墙高7尺、宽1丈，护城河深1丈、宽3丈。设城门3座：东曰"迎恩"，南曰"中和"，西曰"普安"，城北未建城门。

明洪武二十年（1387），在旧城基础上重新修建土城，并置百户所守城。此后，历任地方官吏对城池均有规模不等的修缮。继正统十年（1445）知县于渊主持修城后，嘉靖三十二年（1553），知县张守愚重修城垣。隆庆五年（1571），知县高一登主持大规模修城，用城砖甃城其外，始为砖城。崇祯十三年（1640），李自成所部攻占永宁城，杀万安王与永宁县令武大烈，城墙损毁严重。

入清以后，在历任地方官吏主持下，永宁城池虽屡有损毁，但基本得到及时修缮。如：顺治九年（1652），知县程万善修城。康熙二十五年（1686），知县佟赋伟修城。雍正七年（1729），知县郭洁修城。乾隆十年（1732），知县单履咸重修城池。乾隆二十七年（1762），知县金兆琦修城。在百余年间，对永宁城池修缮达五次之多，平均20余年就需大修。此后至清末，永宁城池不仅完固，四座城门上建有城楼，而且在城墙四角均建有防御性的炮台。

1912年以后，永宁（后改名"洛宁"）城池虽有局部破损，但整体基本完好。1944年和1947年，先后数次战火毁坏了部分城墙，以及东城门与炮楼。

1949年以后，随着城市建设需要，古城墙被逐渐拆除，附近建起了不少现代建筑和多层居住楼。

20世纪80年代以后，城区残存的永宁古城墙遗址逐步得到重视，并于1987年被列为县级文物保护单位。

杨国庆

永宁县城池：相传秦置县，始建。明洪武二十年，重建，置百户所守之。周围四里二百七十步，高二丈七尺，广二丈。池深二丈五尺。

——清《考工典》第十九卷，引自《古今图书集成》

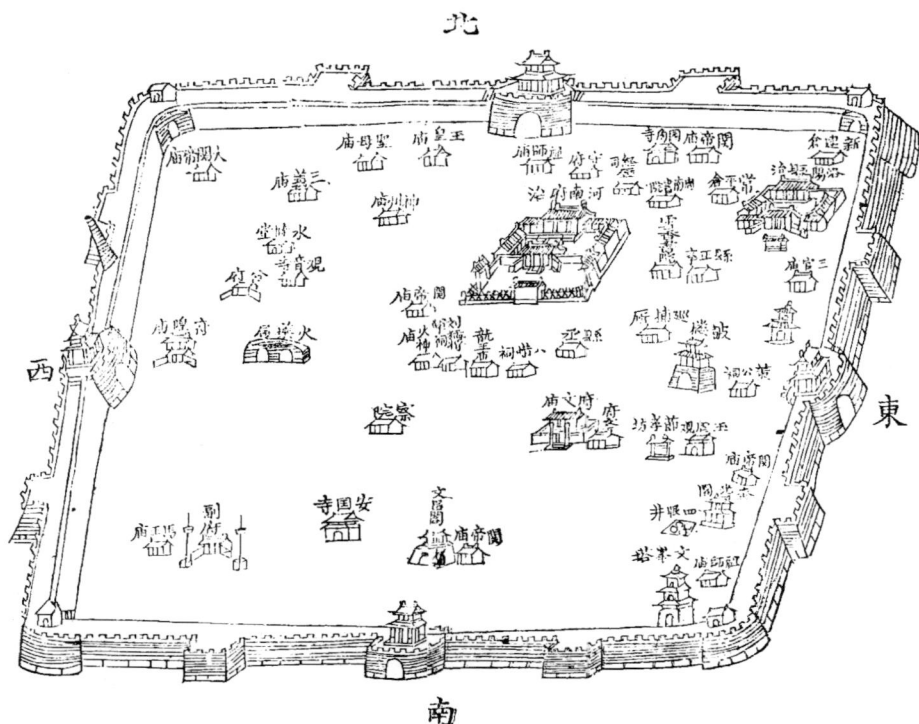

洛阳城

△ 河南府城图　引自《河南府志》清同治六年版

　　洛阳，地处中原河洛之间，位于洛水之北，水之北称"阳"，故名"洛阳"。洛阳有着数千年文明史、建城史和建都史，中国古代伏羲、女娲、黄帝、唐尧、虞舜、夏禹等神话，多传于此。自古洛阳有"居天下之中"的说法，遂有"中原"、"中州"之称。洛阳，是世界文化名城，中国四大古都（西安、南京、北京、洛阳）之一。1982年，被列为国家历史文化名城。

　　洛阳建置较早，据文献记载和学界相对一致的看法，其境内建置至迟在商代（约前16~前11世纪）已建立，且为国都。此后，其建置在东周、东汉、曹魏、西晋、北魏、隋（炀帝）、唐（武则天）、后梁、后唐时，曾均为都城。周平王元年（前770），周平王东迁雒邑，是为东周。战国时期，"雒邑"改称"雒阳"。秦时，置三川郡，郡治雒阳。西汉时期，此地区东部为东都洛阳为中心的河南郡，西部属弘农郡。自此，"河南"正式成为行政区划中的一个地理名词，沿用至清。历史上，洛阳

△ 汉魏时代洛阳城遗址 引自李泽奉、毛佩琦编撰
《岁月河山——图说中国历史》（上海古籍出版社，1989年）

曾用名或别名："斟鄩"、"成周"、"西亳"、"雒邑"、"雒阳"、"三川"、"伊洛"、"河洛"、"河南"等。自元始，洛阳不复为京，降为河南府治，并沿袭至清。1923年，洛阳成为河南省会。1954年，洛阳市为河南省直辖市。

洛阳市境内是中国古代最早有筑城活动并有历代文献记载的地区之一。据晋人陆机的《洛阳记》载："洛阳城，周公所制。东西十里，南北十三里。城上百步一楼橹，外有沟渠。"又称："城内西北角有金庸城。历两汉、魏晋、后魏，县城因之。"此说遂为历代不少地方志所沿用。今人结合近现代考古资料提出洛阳境内先后筑有五大城址（赵芝荃、徐殿魁：《古代洛阳的五大城址》，载《中国古都研究》第2辑，第107页）：偃师二里头遗址（1988年被列为全国重点文物保护单位）、偃师尸乡沟商城（1988年被列为全国重点文物保护单位）、东周王城（2000年被列为省级文物保护单位）、汉魏洛阳城（1981年被列为市级文物保护单位）、隋唐东都城（1988年被列为全国重点文物保护单位。据文物部门称：2007年在该城定鼎门遗址区发现了骆驼蹄印，这是洛阳作为丝绸之路起点之一的重要考古学证据）。这五座城址中，均被发现土筑的城墙遗迹，范围大致也清楚，惟对有的城址性质存有学术争议。如偃师二里头遗址，遗址距今大约3900年，相当于中国历史上的夏朝初

▽ 1939年航拍的洛阳城 洛阳博物馆提供

△ 洛阳汉魏故城城墙 席升阳提供

期，属探索中国夏朝文化的重要遗址。有学者推测为夏桀的都城斟鄩，但学界普遍认为仍需要考古的进一步证实（施元龙：《中国筑城史》，军事谊文出版社，1999年，第19页；赵永复：《十大古都》，上海古籍出版社，1992年，第57页）。偃师尸乡沟商城，平面略呈长方形，城墙夯筑。具有早期都城的规模和特点，有的认为这里就是汤都西亳，也有观点认为应是太甲所放处的桐宫。东周王城城墙，则通过考古和研究表明，始建于春秋中期，战国至秦、西汉时曾多次修补。到西汉后期，整座城池开始荒废，后在此基础上兴建了汉河南县城。上述所举的学术争议，丝毫没有影响其本身的学术地位和价值，为复原中国早期历史提供了宝贵实物资料。同时，这些城址也是洛阳城市历史发展的最好实证。直接为后世沿用、借用改筑的洛阳故城，是隋唐时的洛阳城。

隋炀帝大业元年（605），自大兴城（今西安）迁都东京（今洛阳市，大业五年改为"东都"），由宇文恺主持规划、修筑东都城，建有城门10座。城内西北部还建有皇城，皇城内建有宫城，南临洛水。唐长庆二年（822），曾依旧制大规模修缮城垣，仍开城门10座（嘉庆十八年《洛阳县志》卷四十。今人研究认为，当时城门开了8座）。安史之乱后，尤其随着宋代定都开封（时称"汴京"），昔日东都城的地位逐渐降低，偌大的城池修缮已成问题，只在后周显德元年（954），仅有一次局部维修。宋景祐元年（1034），王曾判府事主持修缮城池时，将城周缩小4/5，位于隋唐城的东南一隅，仍为土城墙。

明洪武元年（1368），始置河南卫驻守旧城。洪武六年，明威将军陆龄主持改筑砖石城，城周8里345步、高4丈、基宽4丈，城门减少为4座：东曰"建春"，西曰"丽景"，南曰"长夏"，北曰"安喜"。城门上筑城楼，外建瓮城，还在城上建角楼4座、敌台39座。开挖或疏浚的护城河深5尺、宽3丈。正德六年（1511），在知府胡键、刘瓛主持下，不仅修城，还对护城河进行了加深、拓宽，"筑堰，以资防御"。次年三月，有攻城者"环攻三日，不得渡城"（嘉庆十八年《洛阳县志》卷四十）。万历（1573～1620）初年，修城后改四门名：东曰"长春"，南曰"熏风"，西曰"瑞光"，北曰"拱辰"。崇祯四年（1631），知县杨俊民主持修城时，向百姓摊派修城经费，共得3000余两，历时两年竣工。之后，继任刘宏绪又在护城河边砌筑挡马墙，周长1658.5丈、高1丈。还对旧外郭土城进行修补，周长33里、高1.3丈；护城河宽1丈。崇祯十四年正月，农军义军攻城时，"环攻二十日，城陷"，官民死伤很多，部分城墙毁圮。

清顺治二年（1645），知府赵文蔚对洛阳西城墙进行了修缮。顺治六年，知府金本主持重修，利用明福藩废府的旧城砖，补筑东、南、北三面城墙，使之完固，并重建城楼、角楼各4座。康熙三十三年（1694），巡抚顾汧创建奎楼1座。康熙四十四年，知府赵于京、知县吴徽主持重修南门外瓮城，并建楼，改东门名为"迎恩"。康熙四十六年，署府赵光荣修东门并建城楼。康熙六十一年，知府刘天爵、知县鲁汝为修西门并建城楼，改名为"万安"。又修北门建城楼，改名为"长庆"。雍正六年（1728），知府张汉、知县王箴兴修南门，改名为"望塗"。乾隆二十七年（1762），知府傅尔瑚纳、知县王宇主持修城。此后，即便在自然损毁或战后（如太平天国时期），河南府暨洛阳县两级地方官吏对城池均有规模不等的修缮或疏浚。

1912年以后，洛阳城墙由于年久失修，逐渐毁圮。1937年后，因侵华日军战争引发的部分拆城，使洛阳部分城墙损毁。1946年，洛阳地方政府向所属乡镇民众征派修城款，曾对城墙局部有过修葺。

1949年以后，随着城市建设需要，尤其人们认识上的误区，洛阳城墙先后被大规模拆除，有的地段被改建为道路或住宅等建筑。

1996年，洛阳市文物工作队在配合城市基建考古工作中，在洛阳市老城区发掘出一段明代洛阳城城墙。该段城墙位于老城区人民街23号院，洛阳宾馆内北侧，为明代洛阳城之东北角即东城墙与北城墙的交界处，墙体为半圆形马面结构。

附：

在洛阳市范围内还有许多古城址，如1963年被列为省级文物保护单位的春秋时滑国故城；2000年被列为省级文物保护单位的战国时韩都宜阳故城遗址、西汉时新安函谷关遗址。

杨国庆

河南府城池：在涧水东，瀍水西，即周公营洛地也。至秦，复增广之。隋炀帝末，大营东京，曰新都。唐长庆间，增置十门。宋景佑间，王曾判府事，复加修缮，视成周减五之四。明洪武元年，因旧址重筑，设河南卫守之。周围八里三百四十五步，高四丈，广如之。池深五丈，阔三丈。门四：东曰建春，南曰长夏，西曰丽景，北曰安喜。建角楼四，敌楼三十，警铺三十九。洛阳县附郭。

——清《考工典》第十九卷，引自《古今图书集成》

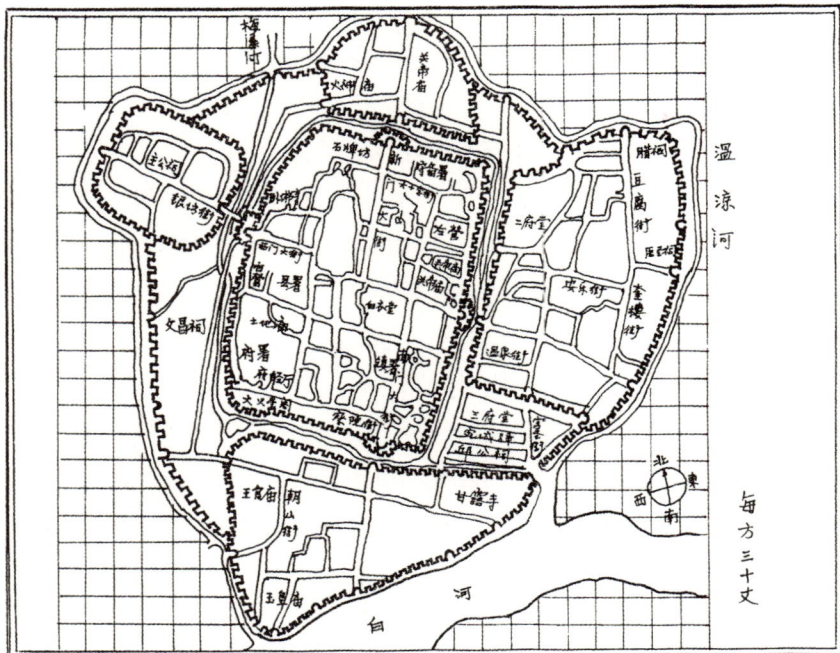

△ 清光绪南阳城图　引自吴庆洲《中国古代城市防洪研究》（中国建筑工业出版社，1995年）

南阳，位于河南省西南部，与湖北省、陕西省接壤，因地处伏牛山以南、汉水之北而得名。1986年，南阳被列为国家历史文化名城。

秦时，置南阳郡，郡治宛城。汉时，沿秦制。东晋时，分属顺阳郡、南乡郡、义阳郡、南阳国，南北朝恢复南阳郡。唐宋时，设邓州、唐州。元时，置南阳府，历明、清两朝不变。1994年，南阳地区、县级南阳市和南阳县撤销，设立地级南阳市。

南阳最早筑城活动不详。据传，周宣王四年（前824），周宣王扩增申伯的封地，并派大臣召伯虎率兵为申伯建筑谢城，此乃南阳城垣史的发端。春秋初期，楚国灭申国后，置申吕县作为抵御晋国和郑国的前哨，又置武城于申北。秦建立南阳郡，置治所于宛城（位于市区东北蔡庄附近），"周三十六里"（嘉庆十二年《南阳府志》卷二，转引《荆州记》）。建武元年（25），南阳为光武帝刘秀兄弟率南阳宗室子弟起兵之地，在洛阳建立东汉政权，将南阳设为陪都（又称"南都"），为南阳城大规模建设时期。城池有内外两重，外郭沿袭秦制，在郭内西南隅设内城。据明嘉靖版《南阳府志校注》记载："自隋唐郡治于邓，古宛县为南阳县。城因缩小，止据西南一隅。"意思是隋唐时，南阳城是在古宛城的内城遗址上。此城沿袭至明初，多有修缮。

明洪武三年（1370），南阳卫指挥郭云沿袭元代的旧城，大规模重修城池，并在城墙外表砌筑城砖，始为砖城，城周6里27步、高2.2丈、宽4.4丈，护城河深1.7丈、宽2丈。城门设4座：东曰"延曦"，南曰"淯阳"，西曰"永安"，北曰"博望"。各城门均建城楼和外瓮城，并建角楼4座、敌台30座、警铺43座。成化十九年（1483），重修城池。崇祯（1628～1644）初年，唐王朱聿键蠲金主持重修南阳城。崇祯十四年，李自成率义军攻城后，次年再攻南阳城。两次攻城导致城墙及附属建筑部分毁于战火，"楼橹废缺，门阙败毁"。

清军收复南阳城后，知府王燕翼主持修城，设东、南城门各4座，"俱铁叶包裹"（康熙三十二年《南阳县志》卷二）。顺治四年（1647），知府辛炳翰重建南门城楼1座。康熙二十三年（1684），知府张在泽主持修城女墙。乾隆二十七年（1762），知县魏涵晖主持修城。至道光（1821～1850）末年，城墙多有损毁。咸丰四年（1854），因受太平天国战乱的影响，知府顾嘉蘅开始大规模修城。城周未变，城高为两丈，城门及门名、附属建筑皆沿用旧制。惟在城隅建屋起阁，东南隅的城上阁名曰"奎章"。全城增设炮台30座、警铺43座。在疏浚护城河时，充分利用天然河流，使之环城皆有足够的水源补充，为有效地控制水流，还增筑了石坝。护城河的宽度按城墙的高度开挖，靠近护城河的地方，修筑矮墙，其高度为城高的1/3。同治二年（1863），知府傅寿彤开始商议环城筑造四圩，"状若梅萼"。当时还是改筑成为郭，周长18里，附郭建有空心炮台16座。光绪二十三年（1897），梅溪暴发洪水，导致城墙多处坍塌，城东南隅的奎章阁毁损。灾后，知县潘守廉主持重修。竣工后，潘守廉亲撰修城记。光绪二十七年，再次"增修土郭，断为四圩。从初议也"（光绪三十年《南阳县志》卷三）。因东、西、南、北寨圩相互隔绝，自成一堡，状若梅萼，故名"梅花寨"，从此南阳有了"梅城"、"梅花城"的雅号。

1935年，出于防御侵华日军的需要，地方官曾主持修缮城墙，并改四门名。1938年，于城墙西南隅新辟一门，名曰"经武"。1939年，鉴于侵华日军攻占南京时，因受城墙之阻城内军民不及避难而惨遭大规模屠杀的教训，遂组织民工，自带伙食工具，限期扒完，砖石归己，南阳的城墙遭到了大规模破坏。1946年秋，在原先被人为拆毁城墙的基础上，重筑为土垣。之后，修城挖河几乎没有中断。1948年，出于城防需要，再次修筑土城。

1949年后，随着城市建设需要，南阳残存城墙逐渐被拆除。20世纪80年代以后，据相关部门的调查，南阳仅存少数寨门和一些残垣；内城仅存古宛城东北角的一部分，即北城墙的东段和东城墙的北段，以及一段护城河。据2012年7月11日《南阳日报》报道：在滨河路向阳荷花广场内，尚存一段长约为80米的土城墙，"它对研究南阳的城防发展史、清代城防工事及古代城墙的建筑方式、城门构造等具有重要价值"。2016年，当地修复了南寨墙段城墙，并建成梅城公园对外开放。

2002年，明清南阳城墙遗址（包括护城河）被列为市级文物保护单位。

附：

南阳城墙由于历史原因，留下许多城墙遗址和遗迹。自1963年宛城遗址被列为省级文物保护单位后，先后有博望故城、安国城遗址、白羽城遗址、新都故城、西鄂城址、安众城址、育阳城址被列为不同等级的文物保护单位。

杨国庆

南阳府城池：即古宛城，历代修筑未详。明洪武三年，重建，设南阳卫守之。周围六里二十七步，高二丈二尺，广如之。池深一丈七尺，阔二丈。门四：东曰延曦，南曰淯阳，西曰永安，北曰博望。建角楼四，敌台三十，警铺四十三。南阳县附郭。

——清《考工典》第十九卷，引自《古今图书集成》

▽ 南寨墙东起琉璃阁，西至大寨门，全长970米，雄踞白河岸边，主要作用是拱卫主城 朱烨伟提供

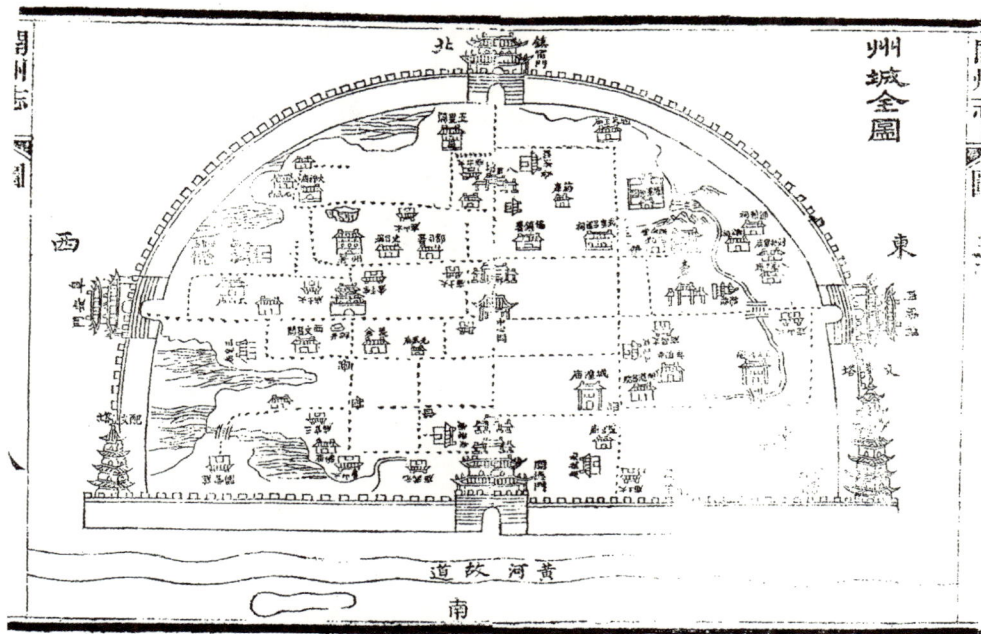

△ 开州城全图　引自《开州志》清光绪七年版

濮阳，古称"开州"，位于河南省的北部，黄河下游北岸，冀、鲁、豫三省交界处。因其境内出土距今6400多年仰韶文化时期的蚌塑龙虎型图案，而被称为"中华第一龙"、"华夏龙都"。2004年，被列为国家历史文化名城。

濮阳古称"帝丘"，据传五帝之一的颛顼曾以此为都，故有"帝都"之誉。"濮阳"之名始于战国时期，因位于濮水（黄河与济水的支流，后因黄河泛滥淤没）之阳（北）而得名。此后，随政权更迭，建置、隶属或其名均有变化。唐武德四年（621），始置澶州。金皇统四年（1144），改澶州为开州，并沿袭至明清，隶大名府。1914年，复称濮阳县。1987年，濮阳县政府驻城关镇，隶属濮阳市。

濮阳最早筑城文献记载不详，据旧志记载：五代梁时，由李存审主持营造，"夹河为栅，南、北二城相直"，城均为版筑夯土，长度不明（1936年

《河北省濮阳县地方实际情况调查报告书》称"周围二十四里，高三丈五尺，宽三丈"等，均为后世所另建，非梁时所筑）。后晋天福三年（938），澶州迁治于夹河。宋熙宁十年（1077），南城因大水被毁，独据北城并修固，周长24里，"北城前方，列而后拱，形如卧虎"（嘉庆十一年《开州志》卷二）。另据咸丰三年《大名府志》称：北城"前方后圆，形如半月"。此后，该城被沿用至明。

明弘治十三年（1500），知州李嘉祥主持大规模修筑城池，"始高、深矣"（明嘉靖年刻本《开州志》卷二）。增筑城墙高3.5丈、宽3丈，护城河深1.5丈、宽3丈。开筑城门4座：曰"迎春"、"成秋"、"朝阳"、"拱北"。城门外设瓮城，"瓮城之外，环以墙，达诸关门"。城门上建有数层高的城楼，高达5丈，"颇极壮丽"。如此城楼，为开州其他属县城楼所没有。后任知州谭绥继下文让其他属县城池效仿营造。嘉靖十三年（1534）春，知州孙巨鲸奉檄文主持大规模修城时，"编集民夫几七千余人"，其他地方官吏分工负责，"民不告劳，而功成矣"。由于濮阳城池的坚固，在河南境内其他城池遭遇纷扰时，"而开（州城）独无恙，人始思李（嘉祥）公矣"（嘉靖年刻本《开州志》卷二）。此后，濮阳遂将李嘉祥作为城隍之神（古代传说中的守护城池之神），塑造铜像被供奉在城隍庙里。嘉靖二十五年，知州李一元主持增修城铺84座，城角建敌楼4座，由于担心土城易损，遂烧制城砖砌筑，始为砖城。隆庆元年（1567）秋，濮阳城遭遇特大洪水，冲垮西侧城楼。灾后，知州汤希闵重建。万历二十年（1592），城北城楼损坏，知州张三聘主持重修，并将四门名分别定为：南曰"开德"，东曰"濮阳"，西曰"繁阳"，北曰"镇宁"。两年后，知州沈尧中再次重修城垣及附属建筑。万历三十六年，知州李之藻主持修城时，将西门更名为"昆吾"。崇祯五年（1632），知州王直臣重修城

◁ 濮阳县古城墙遗址
刘忠宇摄

门、城楼，并将垛口增高。明代开州的数次修城，一般在竣工后，均有人撰写记，详述其事。

清顺治七年（1650），濮阳遭遇洪水，城楼垮塌。康熙五年（1666）六月，濮阳地震。七月，再遇大雨，垛口、窝铺、角楼均有不同程度的损毁。次年，知州孙荣捐俸主持修城，修葺城上铺舍80余所、垛口千余座。嘉庆元年（1796），知州杨自强主持重修城池，改城门名：濮阳门为"德胜门"，昆吾门为"永安门"。道光二十七年（1847），知州焦家麟以及继任知州毛永柏相继主持修城时，改永安门为"阜安门"。又在东南隅的城上兴建一座文峰塔，历时两年竣工。咸丰十一年（1861），因受太平天国战乱影响，知州金秉忠带领乡绅捐资修城，添建城上的女墙（疑为"垛口"）。同治七年（1868），知州叶增庆主持疏浚护城河。光绪三年（1877），知州陈兆麟在城墙西南隅兴建一座奎楼，名曰"配文"。

1936年，濮阳城墙由于年久失修，多处地段破损。同年，地方官员"召集城乡农民，逐日修治"，先后对四面城墙进行了修缮。1947年时，濮阳城墙垛口已有部分损毁。

1949年以后，随着城市建设需要和人们认识的误区，濮阳城墙最终被拆除。

据20世纪80年代以后调查，濮阳尚有不同时代的城墙遗址、遗迹。

附：

濮阳筑城历史虽早，但文献记载并不详，目前发现的一些古城址，大部分得缘于近现代的考古发掘。随着文物工作者的艰辛努力，濮阳古城址才逐渐得以重见。除戚城遗址外，2000年列入市县级文物保护单位的还有：五代时濮阳古城墙、汉代故县古城址、宋代北城门楼遗址、唐宋时的西大韩古城址等城址。

戚城遗址　位于今天濮阳市区，为春秋时期卫国北部的重要城邑，最初是卫国的第十代国君武公之孙孙耳的采邑，当地也称"孔悝城"。戚城遗址残存城墙周长1520米，北墙与东墙保存较好，南墙不存。残存最高处8.3米，最厚处16.5米，城内面积14.4万平方米。城址内外散布的仰韶、龙山及商周等时期的文化遗存，使戚城遗址具有重要的历史价值和科学价值。1963年，该遗址被列为省级文物保护单位。1996年，戚城遗址被列为全国重点文物保护单位。

杨国庆

开州城池：五代晋时，建。周围二十四里，高三丈五尺，广三丈。池深一丈五尺，阔三丈。门四：东曰濮阳；南曰开德；西曰昆吾；北曰镇宁。

——清《考工典》第十八卷，引自《古今图书集成》

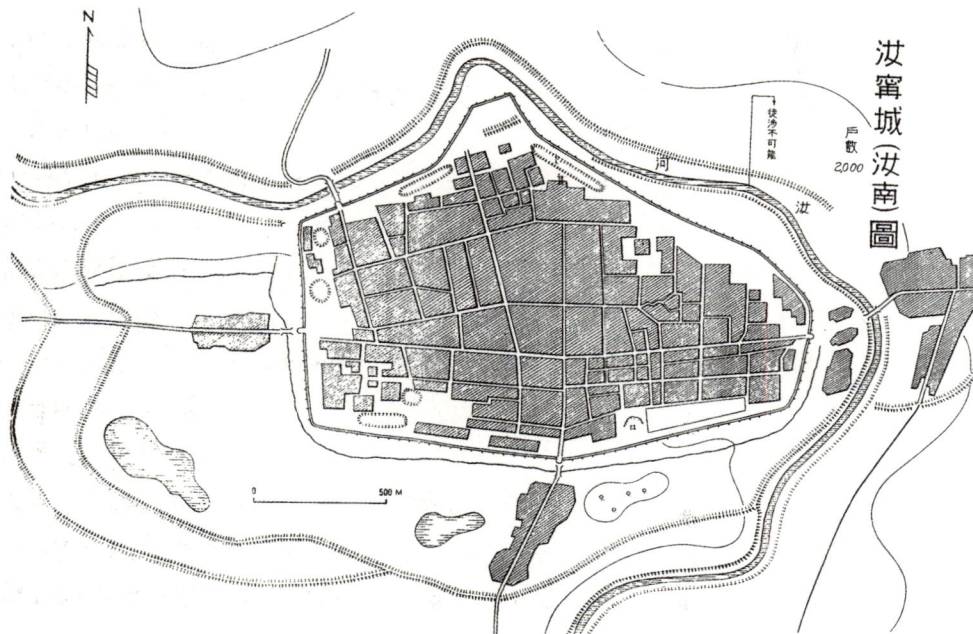

△ 汝宁城（汝南）图　引自《支那城郭概要》1939年版

　　汝南，位于河南省东南，古属豫州。豫州为九州之中，汝南又居豫州之中，故有"天中"之别称。自古有"负山面淮，控扼颍蔡"之险，是历代兵家必争之地。

　　自春秋战国时代，已初有建置。西汉高祖二年（前205）始建汝南郡（因辖区大部分在汝河流域南部，故名）。晋义熙十二年（416），汝南郡治悬瓠城（即今汝南）。此后，随政权更迭，建置、隶属、辖地均有变化。元至元三十年（1293），改蔡州为汝宁府。明、清两朝沿袭。1913年，废府改为汝南县。1950年，建汝南市。次年并于汝南县。2000年，隶属驻马店市。

　　汝南境内筑城之始不详，尤其汉之前的筑城活动，文献记载不明。据嘉庆元年《汝宁府志》称：汝南筑城至迟始于两汉，汝阳县城与汝南郡城同城而治。此后，历代均有修缮或改筑。北魏时，汝南城亦称"悬瓠城"。悬瓠，是个象形地名，《水经注》载："汝水东迳悬瓠城北，城形若瓠然。"此城周长24里，设五门，除东、西、南、北各建城门外，还在"东北增暗门一"（1934年《汝阳县志》卷三）。此城沿袭至元末，毁于兵火。

明洪武六年（1373），置汝宁千户所守御时，大规模修筑汝宁府城。新城的规模因防守兵力有限，较之旧城缩小，但坚固程度超过了旧城。新城周长为5里30步、高与宽各为1.8丈（《考工典》记为：高与宽均为2.5丈）。设城门3座：东曰"迎春"，西曰"见山"，南曰"阜安"。护城河深1.2丈、宽2丈。洪武八年，改置汝宁卫，随着守御兵力的增加，又大规模扩建城池：城周为9里30步、高2.5丈。增建了北门，对四门分别增建重楼，还在城上增建了警铺36座、开水门2座。永乐七年（1409），徙卫复为千户所。随着守御兵力的减少，城池修缮力度减弱，至成化二十年（1484）时，城墙多处坍塌。在崇简王朱见泽（1457～1505年在位，成化十年就藩汝宁府。许多地方志均称"崇庄王"，有误）建议下，由知府罗元吉主持大规模修城。不仅对城墙加高增厚，"绕以子墙"，还增筑警铺共计48座，城隅建角楼4座。拆除四门旧楼，改建为大楼，又分别悬城门额为：东曰"东作"，西曰"西成"，南曰"汝南"，北曰"拱北"。正德九年（1514），因有"寇警"，在知府毕昭请示巡抚邓璋同意后，将全城改筑为砖石城，并将城墙增高5尺，疏浚护城河深2丈、宽5丈，使之"规制雄壮"。隆庆三年（1569），知府史桂芳主持重修城池。崇祯七年（1634），因局势不稳，有"流贼犯汝"。在知府黄元攻、知县姚士恒主持下，对城池大加修缮增筑。不仅增置炮台、木楼等防御性建筑，还发动军民

▽ 修缮后的拱北门 朱烨伟提供

对护城河进行疏浚，深至4丈、宽至10丈，又开南堤石门，引汝水入护城河，护城河外侧"绕植官柳。屹然有金汤之固"（康熙元年《汝宁府志》卷三）。崇祯十五年，农民义军李自成率部破城，"毁垣为路，塞隍为桥。平警铺，焚西门（楼），拆东、南、北门"（1934年《汝阳县志》卷三）。战后，同知韩煌对城垣稍加修缮。

入清以后，在府、县二级地方官吏重视下，对汝宁城池不断修缮，使之逐渐恢复了昔日规制。如顺治十五年（1658），针对护城河因明末以来长期被淤塞的情况，在知府完自成、知县纪国珍、参将刘曰善等官吏主持下，于萧公庙堤开渠，引汝水和沙河水入护城河（北门外和东门外的护城河是天然的汝河，西门外和南门外却是人工开挖与沙河相通的护城河），新开水渠计长1557.8丈。顺治十八年至康熙元年（1662）历时两年，知府金镇会同各衙门官吏"及所属州县，各捐俸金"（康熙元年《汝宁府志》卷三），在四门上各重建一座城楼，又于四座外瓮城上各建一座敌楼。康熙二十年，知县邱大英主持重修。雍正七年（1729），知县程元度主持修葺城垣。乾隆三十一年（1766），知县周柄主持城墙维修。此后至清末，汝南城墙多次遭遇自然和战火的损毁，但基本能得到及时修缮。

1912年以后，汝南城墙因年久失修，以及战火等因逐渐毁圮。20世纪50年代后，因城市建设被大部拆除，仅余包括北城门在内的一段残墙。

20世纪80年代，当地政府开始对仅存的北门进行保护性修缮。1982年，汝南县的北城门被列为县级文物保护单位。

附：

在今天汝南境内，古代城址还有许多，有些先后被列为不同等级的文物保护单位。1982年，被列为县级文物保护单位的有汉代宜春县故城。1996年被列为县级文物保护单位的有：战国时代的小亮城址；汉代的安城城址、保城城址。

杨国庆

汝宁府城池：即汉汝南郡旧城。明洪武六年，重建。周围五里三十步，高二丈五尺，广如之。池深一丈二尺，阔二丈。设东、西、南三门。八年，改建汝宁卫，又拓为九里三十步，益以北门。建警铺三十六，水门二。成化间，重修。撤旧楼而大之。扁门：东曰东作，西曰西成，南曰汝南，北曰拱北。增角楼四，警铺四十八。

——清《考工典》第十九卷，引自《古今图书集成》

△ 嵩县城关图　引自《嵩县志》清乾隆三十二年刊本，载《中国方志丛书·华北地方·河南省（489）·嵩县志》

嵩县，位于河南省洛阳市西南部，境内有伏牛山、外方山、熊耳山三大山脉，有伊河、汝河、白河三大河流，分别汇入黄河、淮河、长江，故有"一县跨三域"之称，又有"古都洛阳后花园"之誉。

商时，称有"莘之野"，又名"空桑"。汉时，置陆浑县，属弘农郡。五代时，并陆浑入伊阳。宋绍兴九年（1139），升为顺州。金时，改名为嵩州，迁治于新城。明洪武二年（1369），降州为县，始名嵩县至今，是洛阳市的辖县。

嵩县筑城较早，且因政权更迭，城池多有迁移，境内先后留下多座不同时期建造的城址。但大多数在明以前，这些城池先后毁圮，仅留下遗址或传说。战国时，韩建高都城（今老城）。秦时，建造新城（今库区乡桥北村），旧志称该城广袤20里。自汉至魏晋时，秦时新城不仅被沿用（或逐渐毁圮），还因汉时因置陆浑县而筑城（今田湖镇古城村）。南北朝至隋唐，其治所"专治陆浑、伊阙"（据乾隆三十二年《嵩县志》卷十）。此前的城址文献记载不详，"史无明文，不可考信"。自宋伊阳县治设于旧高都城旧址后，嵩县城池沿革基本明确（乾隆版《嵩县志》据"朝元观碑文"、"东关庙碑"等考证）。而《河南通志》则云：嵩县城"始建未详"，自明洪武元年（1368）后始详。

明洪武二年（1369），指挥任亮驻扎嵩县时，对嵩县城池"始议改筑"。次年，委派守御所千户江亨缩小旧城的规模，仅在东北一隅，"结砖为城（将原学宫置于西门外），西北跨山阜"，城周长5里13丈、高2.8丈，护城河深1.5丈、宽5.3丈。设置城门4座：东曰"迎恩"，西曰"望涂"，南曰"宣威"，北曰"高都"。此后，如成化至弘治年间（1465~1505），以及崇祯（1628~1644）时，历任地方官吏对城池多有修缮。崇祯十四年，李自成率农民义军攻占嵩县城，对城墙破坏严重，"破嵩，平其城"（同治六年《河南府志》卷五）。

入清以后，嵩县城池多次遭遇洪水，导致城墙坍塌。因此，及时疏通河道、加固河堤，也是嵩县修城的一项重大工程。在清代早期，仅疏浚护城河一项工役，"计工需二万有奇"。清顺治三年（1646），知县刘兴汉主持大规模修缮嵩县城池，"高、深如旧制"，但没复建垛口。顺治十一年，知县赵景融主持修缮女墙，补建垛口。顺治十七年，知县杨厥美主持增修四门的城楼，各三楹。其修楼的工料取自"劝输"（意思是经过动员后，自愿的捐献）。康熙五十八年（1719），知县周中培因邻县出现骚乱，出于防御需要，大规模主持修缮城垣。雍正十二年（1734），嵩县北城坍塌数十丈，知县戈锦主持大规模修缮，"问罚完工"，并筑堤护城。乾隆二十六年（1761），嵩县遭遇暴雨侵袭，导致城墙坍塌18处地段。知县郭铉俊主持重修，耗用800余两纹银。该项资金"于存县公费内，分四年扣还归"（乾隆三十二年《嵩县志》卷十）。乾隆三十年，在知县康基渊主持下，针对明代多次因高都河发大水，"邑众争塞北门避害"，以及毁损城墙的情况，对护城河再次进行大规模疏浚。此后，在历任地方官吏主持下，均得到及时修缮和疏浚。

1912年以后，嵩县城墙因年久失修，或因城市建设需要，大部分逐渐毁圮。

20世纪80年代以后，包括嵩县残余城墙在内的城址受到重视。1986年，筑造于东魏时期的南陆浑故城、筑造于明代的嵩县老城残余地段的城墙等，均被列为县级文物保护单位。

附：

据乾隆三十二年《嵩县志》等文献记载，嵩县历史上称"城"的故址计有：北荆故城（筑于东魏）、伊阙故城、陆浑故城、伊阳故城、汝滨城、前城、赧王城、蛮城、阴地城、孔城、东亭故城（今旧县镇西店村，筑于东魏）、伏流城（今田湖镇陆浑村，筑于东魏）、太和城（筑于后魏）、燕王城、潭头古城（相传唐时筑）、汪城、麻解城、阶城。其他还有诸多的村寨一类的寨堡或小城堡。

杨国庆

嵩县城池：始建未详。明洪武元年，重建，置千户所守之。周围五里有奇，高二丈八尺，广二丈。池深一丈五尺，阔五丈二尺。

——清《考工典》第十九卷，引自《古今图书集成》

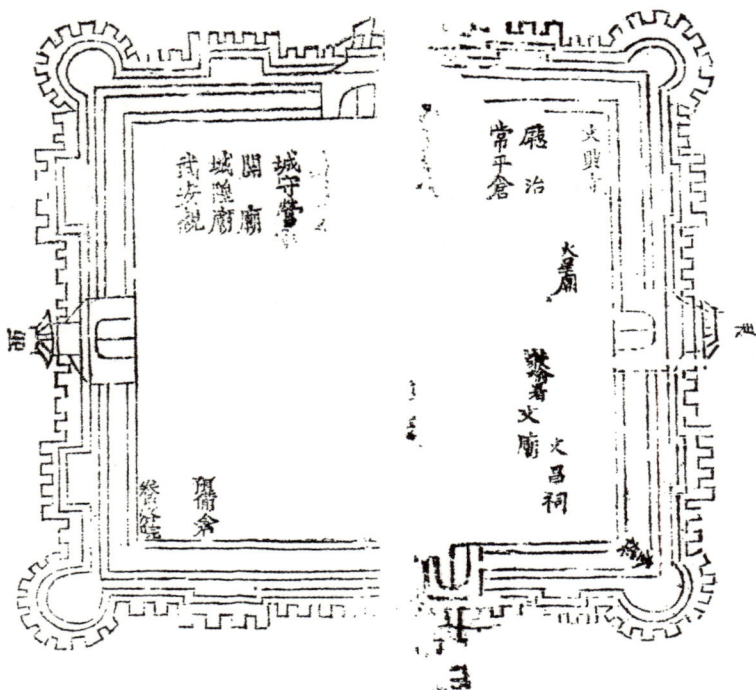

△ 淅川厅城图　引自《淅川厅志》清咸丰十年版，载《中国方志丛书·华北地方·河南省（447）·淅川厅志》

　　淅川，位于豫西南边陲，豫、鄂、陕三省七县结合部，因淅水纵贯境内形成百里冲积平川而得名。又因其地势险要，古战乱时期易守难攻，有"中原未战，淅境兵动"之说。

　　淅川作为县的建制虽晚，但是其属地却在商、周时期多次成为各王室的封地或领地。秦始皇二十六年（前221），置丹水县，县治今淅川寺湾镇。北魏时，置析阳郡，下辖西析阳县和东析阳县，东析阳县治所位于今马蹬镇一带，后改称淅川县。此后，随政权更迭，建置及隶属多有变更。自明成化七年（1471）复置县治后，除1832～1913年县升为厅外，其名未改，并沿袭至今。1959年，县城从老城搬迁到今上集镇附近。1994年后，为南阳市属县。

　　淅川筑城活动较早，但文献记载并不详实，直到近代考古才有所发现。作为县城的城墙，则始筑于北魏设县治后，其址在马蹬镇"保岵山阳"。此后，该城"屡废屡置"。宋建隆（960～963）初年，因复置淅川县，治所于马蹬。金时，该城被废弃（咸丰十年《淅川厅志》卷一）。2011年7月21日《南阳晚报》以《一处南宋晚期城址，近日在淅川被发现》为题，报道了南京大学考古队发掘的淅川老县城遗址。该遗址位于淅川县马蹬镇高庄村马蹬组，北距淅川县城约18公里，东距高庄村4公里，淅水与丹水交汇于此，属台地遗址。据南京大学考古队领队水涛教授介绍：马蹬古城遗址总面积为227305平方米，现存东西长500米、南北宽400米、周长1.9公里，城垣凸出，护城河环绕四周。有东、南、西、北四门，且两两相对，南、北城门略偏西。城墙四角呈圆弧形，南城墙略直，北城墙外凸，东西城墙外张。初步判断：马蹬古城破坏严重，凸出的城垣大多为后来修补和堆积所致。根据出土遗物和地层叠压关系分析，淅川马蹬古城最早的营造年代应为南宋晚期至明代早期，与《淅川县志》记载基本吻合。

成化七年（1471），复置县治于老县城（马蹬镇）。次年，南阳府同知

▷ 位于淅川县西北部的荆紫关
蔡理摄

卢信会同淅川县知县武文异地始筑土城，城周4里、高1.7丈，沿城外设有护城河。开城门4座：东曰"迎恩"，西曰"镇淅"，南曰"楚望"，北曰"天枢"，各城门上建有城楼。全城置敌台12座，四面城墙上均设有警铺（即更铺）等附属建筑。正德十二年（1517），知县熊价因有民变，为城防之需改土城为砖石城墙，并加深了护城河。嘉靖六年（1527）、万历五年（1577）、万历十年，数任知县（如赵廷璋、王道、刘承范等）对淅川城池均有规模不等的修浚。崇祯十年（1637），农民义军张献忠率部攻城，"楼橹尽毁"。战后，署县事邓日崇主持修城，并在各城门上建瓦亭3间。崇祯十六年，李自成攻破城池，"屠城，城遂废"。

清顺治三年（1646），知县冯尔迟主持大规模修城。廪生全铉节等人捐资提供了木料、砖石等建材。康熙五十二年（1713），知县秦应光倡议捐资大规模修城。此后，历任地方官吏对城墙均有修缮，"惜岁久，无可复考"（咸丰十年《淅川厅志》卷一）。咸丰六年（1856），因有太平天国战乱，四乡不宁，署淅川厅同知李金主持修城，以备城防。咸丰十年秋，淅川的东城城墙坍塌严重，护城河两岸护坡垮塌，长度为224弓（一弓＝5尺）。同知徐光第号召捐资修葺城池，并加深护城河。由乡绅刘玉书、刘杲、马晋锡、李全仁、刘南薰等督工。

1937年，日本发动全面侵华战争，淅川城墙遭到破坏。1945年后，曾局部修缮过城墙。1949年以后，随着城市发展需要，土城被部分拆毁。1960年，由于丹江口水库蓄水，老县城沉没于水中，仅留存部分土城墙，以及城墙东南角上的魁星楼（1966年被拆毁）。

1985年，淅川残存的城墙以清代的"土城"之名，被列为县级文物保护单位。

附：

1985年，位于淅川县境内的商、周时期的永安城、东周时期的龙城，分别被列为县级文物保护单位。2009～2013年，当地文物工作者在淅川下寨遗址考古发掘中，也发现了古代城墙遗址。

杨国庆

淅川县城池：明成化间置县，同知卢信始建。周围四里二百四十步，高二丈六尺，广一丈五尺。池深一丈，广倍之。崇祯间，知县邓日崇于各城上建瓦亭三间。

——清《考工典》第十九卷，引自《古今图书集成》

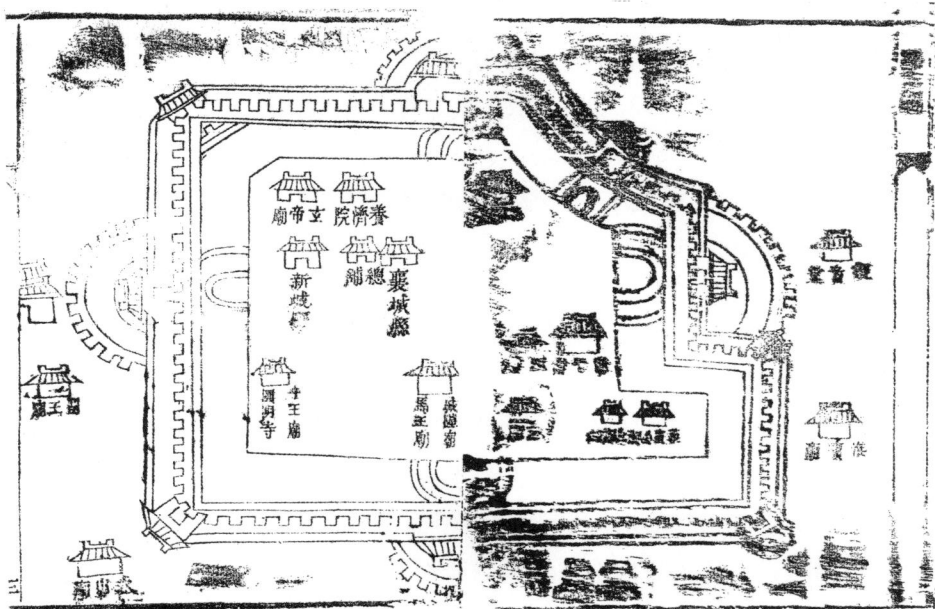

△ 襄城县城图　引自《襄城县志》清乾隆十一年刊本，载《中国方志丛书·
华北地方·河南省（494）·襄城县志》

　　襄城，位于中原腹地，处于伏牛山脉东段。自古扼南北道路要冲，通东
西舟楫之便，素有"九省通衢"之称。

　　春秋时，襄城称"氾邑"、"氾城"。周襄王郑十六年（前636），周王室发生
"子带之乱"，周襄王曾避难于郑国，居于氾，故名"襄城"。秦嬴政二十六
年（前221），统一六国后，设襄城县，属颍川郡。唐贞观元年（627）改属许
州后，隶属虽有变化，但其县治、县名未改。1997年，复归许昌市管辖。

　　襄城，筑城之始不详。据历代文献记载：相传楚灵王（？～前529）时，
"拓东北境，周围六里八十九步，高二丈。方各一门"（乾隆十一年《襄城
县志》卷二，城墙长度恐有误）。此城设有东、西、南、北各一门，均建门
楼。因西南有学宫所在，"特建一门，以纳秀气"。康熙版《襄城县志》则
称：此城后废，成为后世城内西侧的"旧城遗址"（乾隆十一年《襄城县

志》卷二）。

但是，关于此后襄城的城池演变，历代地方志的文献中均少有提及，直到明成化（1465～1487）时，才有修城的相关记载。经查阅明嘉靖三十年（1551）《襄城县志》详述襄城时，未称所谓的"旧城"，只称襄城"城以土筑，上卫墙垛。周环六里一十九步，高二丈。列东、西、南、北四门楼。西南别建一门（后称'奎门'），以通汝河、汲道，名曰水门"。并记载了"近年县丞王之道重修之"的史实。因此，该旧城可能使用时间颇久。而襄城历史上的其他各城，分别名为"古城"、"汜城"、"汾丘城"、"郑庄公城"、"班城"、"沂城"和"论城"，"皆有旧基存焉"（1963年据明嘉靖三十年《襄城县志》刻本影印）。

明成化十八年（1482），襄城知县郭文主持大规模修葺城池时，曾对旧城有所增筑。据1936年《重修襄城县志》等文献记载，此时城墙长度当为"六里八十九步"。嘉靖二十九年（1550），地方官吏主持重修城垣。此后，城墙虽屡有损毁，但也不断进行修缮。万历十年（1582），知县王承上任后，主持大规模修城，并"始甃以石"，但仅仅是部分地段土垣改为石垣。万历二十五年，刚上任的知县李光先继续修城，规模上也超过了万历十年的修城。其中城墙三面采用了砖石构造，以防北汝河水患，还增建了主城门的外瓮城及瓮城门。据旧志记载："襄城旧土筑，历年颓圮。修筑劳费不赀，民甚苦之。公采石输砖甃砌完固。"由于此次改筑城墙造福了襄城一方的百姓，在竣工后，众人"建祠勒石祀之"（康熙年间据顺治八年《襄城县志》刻本增刻，卷五"李光先"条目）。遗憾的是，万历四十年，襄城遭遇北汝河特大洪水，城墙颓圮地段达到全城的一半。三年后，知县邓守清主持修补，"全城始固"。崇祯十四年（1641），农民义军李自成攻陷襄城，城墙破损严重。襄城遭遇兵祸之劫难后，居民自发用砖砌补破损地段的城墙。

入清以后，首次修城于顺治六年（1649）。此后，襄城地方官吏出于防

◁ 襄城县城墙外墙（南—北）
本文照片均由孙晓宁2009年摄

▷ 襄城县城墙瓮城外城门
（东南—西北）

洪和城防的需要，城池虽屡有损毁，但也不断得到修葺。乾隆十一年（1746）时，襄城城墙周长9里13步，垛口1944座。襄城五门均悬挂匾额：东门额曰"凤传东鲁"，南门额曰"汝水通津"、"襟山带河"，西门额曰"眺嵩"、"西扼陕川"，奎门额曰"聚奎楼"，北门额曰"瞻望京阙"、"北通燕赵"。

1929年，襄城驻军曾因备战修筑羊马墙（始筑年代不详），外环城壕，内筑羊马墙，高七八尺不等（1936年《重修襄城县志》未刊稿）。此后，随着火兵器的发展和城镇化建设的需要，襄城城墙逐渐毁圮，甚至拆除了东门、南门，以及部分城墙。而部分南城墙和西城墙，出于防御北汝河水泛滥的需要，不但被保留下来，还得到了加固。

20世纪80年代后，据当地文物部分调查：现存襄城古城墙全长2297米、高6.5米、宽5米。其中古城墙西门及外瓮城保存较完整，呈椭圆形，由朝南和朝西两座城门组成，周长约200米。21世纪初，当地政府配合城市建设，动用巨资加固并修缮了残余的襄城西、南两面城墙，以及西门外瓮城。

2000年，襄城县城墙被列为省级文物保护单位。2013年，襄城古城墙被列为全国重点文物保护单位。

杨国庆

襄城县城池：相传周楚灵王始建。明成化十八年，知县郭文增筑。周围六里一十九步，高二丈，广一丈二尺，阔一丈五尺。万历间，知县王承始砌以石。

——清《考工典》第十九卷，引自《古今图书集成》

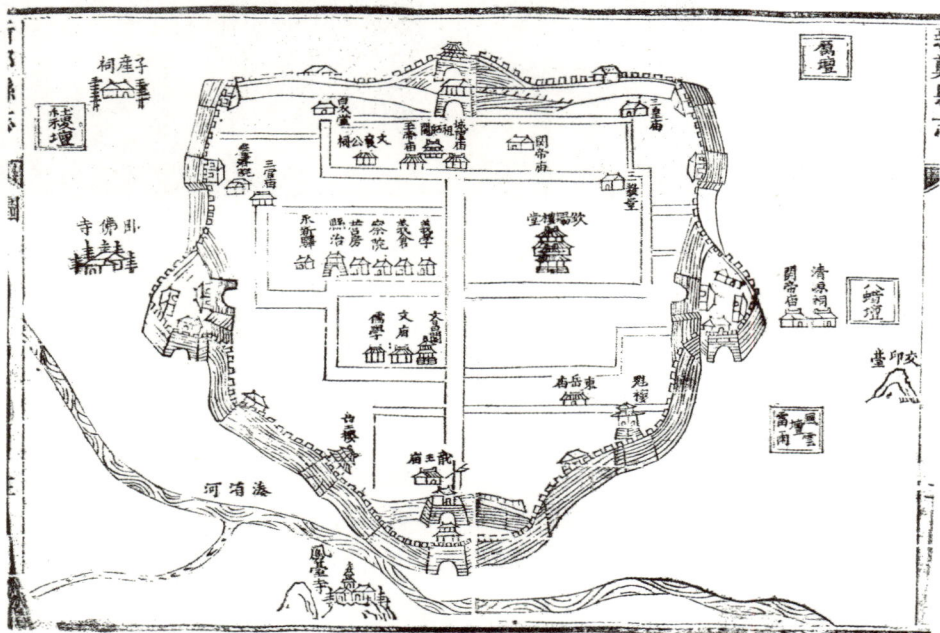

△ 新郑县城图　引自《新郑县志》清康熙三十二年刊本，载《中国方志丛书·华北地方·河南省（468）·新郑县志》

　　新郑，位于河南省中部，北靠省会郑州，东邻中牟县、尉氏县，南连长葛市、禹州市，西与新密市接壤。因其境为华夏始祖之一黄帝的故里并建都，故有"中华第一都"之说。

　　新郑在上古称"有熊"，轩辕黄帝在此建都。帝喾时代，新郑为祝融氏之国。西周时期，新郑为郐国。郑武公二年（前769），郑国将国都从咸林迁到今新郑溱洧水间，仍称"郑"。韩哀侯三年（前375），韩哀侯灭郑，将国都自阳翟迁于郑城。秦王政二十六年（前221），秦始皇统一六国，实行郡县制。为了区别陕西之郑县，将韩之郑县改为新郑县。此后，随政权更迭，其隶属及建置均有变化。1983年改属郑州市。1994年，撤县设市（县级），仍属郑州市。

　　新郑筑城历史悠久，见诸文献记载则始于春秋时，由郑武公（？～前

744）建都于此。而《方舆纪要》又称："古郑城在县西北。相传郑武公始都此。"其部分城门名有"渠门"、"纯门"、"时门"、"闺门"、"仓门"、"皇门"、"剿门"、"墓门"等，均散见于当时的文献记述中。此后，其境内因历代建都设城，后又多荒废。如：古郑城、古韩城、新郑故城、苑陵城、制成、焦城、华城、烛城、南里城、升城、仓城、报恩城等。自明清以后，尤其当代学者多有考证（详见《中国古都研究》第15辑，三秦出版社，2004年）。

明清时见诸记载的新郑城池，修筑于宣德元年（1426），经过知县朱珮（清《考工典》第十九卷记为"朱佩"）、张元仁、王芝先后三任的相继修筑，于宣德七年告竣。该土城周长5里、高1.5丈、宽0.75丈，设四门。护城河深0.7丈、宽1.4丈。在护城河外还建造了土垣外郭（据光绪二十八年《河南通志》卷九、同治二年《开封府志》卷九等）。成化四年（1468），知县郑贤（《考工典》记为"匡铎"）主持重修城垣。弘治九年（1496），知县戴锡拓展城北"百余武"，新建小北门。正德六年（1511），知县桑伫主持重修，增高土城0.5丈余。嘉靖三十三年（1554），知县邵鹤年将两座北门并归一门。隆庆四年（1570），知县匡铎因土城西南隅被水毁坏，提出申请修缮，巡抚李邦珍遂下文卫辉府官吏负责大规模修城，又令邻县提供砖石等建材，拓宽东北千余雉（1雉为长3丈、高1丈），"易土以砖"。该城周长6里、高2丈、宽1.5

▽ 被植被包裹的新郑郑韩故城遗址　本文照片均由徐振欧摄

△ 新郑郑韩故城

丈。设城门4座，均建城楼和城门名额：东曰"宾阳"，南曰"惠济"，西曰"钟嵩"，北曰"拱辰"。每座城门均建外瓮城，又在城的东、西两面建望楼2座：东曰"焕壁"（即魁星楼），西曰"观澜"。为了抵御洪水，在外侧城墙饰以门形，"以迎水势"，并在上面建造城楼（乾隆年间，已毁）。全城还建造了角楼2座、敌台8座。工程未竣，匡铎升迁离任，继任知县燕好爵主持修建，并竣工。万历四十年（1612）夏，新郑遭遇暴雨，自卫家潭向南毁城百余丈。知县夏敬承主持开新河引水，使水势稍缓。不料，洪水再次暴发，"城垣倾坏"。万历四十六年，知县陈大忠主持修城时，采纳了李致道的建议，取当地的一种"乱石，以三和（合）土锻炼奠基"，城墙始之坚固。崇祯十四年（1641）十二月初八，农民义军李自成率部攻城三天，破城后，"尽去其堞"。此后，新郑遭遇数次战火，使"城毁过半"、"平毁殆尽"。崇祯十六年春，在知县田世甲的主持下修城，得到全城官民众人的相助。如：生员高□之输粮100石；高克允输银40两；陈登秀输粟30石；……先后捐资、出力、捐砖、捐灰等修城者达150多人，始之告竣。

入清以后，新郑地方官吏出于城防和防洪的需要，多次对城池进行了修缮。如：顺治六年（1649），知县杨奇烈主持修城。顺治十二年，知县张光岳主持修城。先后两次的修城，不仅将四门加以重修，还建造城门楼、窝铺各一座。顺治十五年，知县冯嗣京注重城墙的防御，在重修城池后，还招募了壮丁，作为城防兵力的补充。雍正八年（1730）、乾隆四年（1739），新郑县城两次遭遇洪水毁城，"城垣坍塌，甚多女墙间有存者"。知县王大树主持重修，"至今称佳城焉"（乾隆四十一年《新郑县志》卷六）。乾隆二十六年，新郑城垣东南有两处被暴雨所毁，知县何如瀍及时加以"培补"。此后直至晚清，新郑城墙在地方官吏重视下，尽管多次遭遇自然和战火的损毁，但基本能得到及时修缮。

1912年以后直至20世纪50年代，出于各种原因和认识的误区，从逐渐荒废到大规模拆除。新郑地面上城墙基本消失，旧址或被改造道路，或被挪为他用。

2006年8月，在对新郑市区西环路改造过程中，当地文物部门发现了一条长约80余米的明代新郑县城城墙遗址。此次发现的城墙是明代新郑县城西城墙的中段，存有墙砖和石条基础部分，其中部分墙砖上有"隆庆四年"的文字，为明代新郑县城建筑年代提供了准确依据，与文献记载完全吻合。

附：

新郑筑城的历史不仅较早，且等级很高。除被列入20世纪全国100项重大考古发现之一的郑韩故城外，还有1986年被列入省级文物保护单位的东周华阳故城、汉代苑陵故城；2000年及2001年，先后被列入市级文物保护单位的秦汉时期苑陵城、新时期时代古城遗址等。2011年，在新郑市望京楼水库附近的望京楼遗址考古中，又获得重大发现：商代城址保存相对完整，城址平面近方

▽ 河南新郑郑韩故城

△ 新郑郑韩故城一角

形，夏代城址位于商代城址外侧，紧邻商城外护城河。发掘出的商代城址城门结构和设施，被认定为是瓮城的雏形，这将中国瓮城的出现由战国时期向前推进到了几百年前的商代前期。据河南省文物局称：望京楼的夏、商两代遗址总面积达168万平方米，目前共揭露遗址面积3000余平方米，发掘遗迹包括三重城墙及三重护城河、城门、道路、大型夯土建筑基址、房基、墓葬等200余处。这对研究中原地区早期城市群的发展演变和国家起源意义重大。

郑韩故城（俗称"黄帝城"）　位于今河南省新郑市区周围、双洎河（古洧水）与黄水河（古溱水）交汇处，平面呈不规则三角形。城垣周长20公里，城内面积16平方公里，城墙用五花土分层夯筑而成，基宽40～60米、高15～18米。北墙外侧有数处马面建筑，是全国最早的新型城墙防御设施。

郑韩故城的布局体现了当时东周列国都城的典型模式，交通便利，商业发达，是当时天下名都；是目前世界上同一时期保存最完整、城墙最高、面积最大的古城。1961年，该城址被列为全国重点文物保护单位。

杨国庆

新郑县城池：郑武公始建。明宣德元年，知县朱佩修筑。周围五里，高一丈五尺，广半之。池深七尺，阔倍之。成化四年，知县匡铎易土以砖。

——清《考工典》第十九卷，引自《古今图书集成》

△ 信阳县城关图　引自《重修信阳县志》民国二十五年铅印本，载《中国方志丛书·华北地方·河南省（121）·重修信阳县志》

信阳，位于河南省南部，东邻安徽，南接湖北，为三省通衢之境，自古是江淮河汉间的战略要地。

信阳，是华夏文明重要的发祥地之一，境内分布有裴李岗文化、龙山文化和屈家岭文化遗址多处。西周时期，信阳分别是弦、黄、蒋、息、蓼、番等诸侯国的国都。春秋楚文王二年（前688），楚国相继吞灭上述各国，设置息县、期思县、申县。战国时期，为楚国别都。此后，随政权更迭，其建置、隶属及辖地均有变化。唐时，为申州、光州之州治。北宋初年，州治改称"信阳"。此后，建置虽有变化，但其名一直沿用至今。1998年，设立地级信阳市。

信阳筑城至迟始于春秋早期，该土城位于今信阳市平桥区，是楚襄王（前298～前263在位）的临时国都，也是楚国的军事重镇。秦、汉时，为城阳

◁1938年10月12日，侵华日军沿炸塌的城墙，登上信阳城东门
本文图片由南京城墙保护管理中心藏

郡。魏晋以后，才逐渐废弃。据当地文物考古部门所撰资料表明，该土城遗址"由楚王城、太子城、古墓群三部分组成，是我国现存六座楚王城中面积最大、保存最好、最具有考古利用价值的一座古城址"，被定名为"城阳城遗址"。该城址分内、外两重城，内城周长5484米、面积68万平方米；外城东、北、西三面以河为势，南墙向东延伸一公里至淮河边，面积182万平方米。2001年，城阳城遗址被列为全国重点文物保护单位。

追溯明清时期信阳州的城池，至迟筑于汉。至三国魏时，该土城被称为"仁顺城"（又名"仁顿"）。据1936年《重修信阳县志》称"元以前，信阳州郡县同城，局面雄阔，必非土城。特年久无可考据耳"（对此质疑，笔者参考中原古代诸多城墙，当时确应为土城；且中国古代府县同城而治的情况，属普遍现象，当不足为据）。此后至元末兵乱，旧城毁圮更甚，文献对元以前的旧城沿革记载不详。

明洪武元年（1368），"信阳复还旧治，设信阳卫守之"。洪武十三年，千户张用展拓旧城，城墙外砖内土，周长9里30步、高2丈（旧志称"三丈"）、宽1丈。各城门上建有城楼，还建有外瓮城（月城）、警铺（窝铺）等城墙附属建筑。成化十四年（1478），守备李槿主持修城时，在各城门外增筑护墙、吊桥，但对毁损的垛口没能修缮。正德八年（1513），按察司副使宁河打算修缮城垛时，得知乡里有周亶、李衍、王英、杜俊四人，"聚党薮盗，虎吞乡井"，无人敢招惹他们。宁河遂将四人召来，称：你们都是非常有能力的人，且重义气，却"横得恶名"。不如"为我纪纲城工，以功补过"。宁河还向他们承诺，待竣工后，我一定表彰你们。"四人大喜，自以为遇公晚。各捐家赀，殚心督理，用心省而奏效速"。垛口修好后，宁河先将四人招为自己的侍卫，不久因四人"骄纵，笞杀之"（乾隆十四年《信阳州志》卷六）。随后，继续修城至正德十年的冬天才全部竣工。乡人何景明撰有记，详述其事。该城呈"船形"，五门名为：东曰"望京"（后改名"震门"），南曰"镇远"（后改名"郢门"），西曰"望坚"（《考工典》记为"坚山"，后改名"浉门"），北曰"望淮"（后改名"淮门"），西南的小南门"向封以土"（堵塞）。万历二十二年（1594），按察司副使王任、知州朱家法在听取众人之议后，重启小南门，"以便樵汲"，并题写城楼名"群山拱秀"。此后，又制定了日常维修的方式：城之西北属于地方州县修缮；东南属于驻地卫所修缮。崇祯十四年（1641），农民义军张献忠率部夜袭信阳州城，屠杀官民十之七八，城内许多建筑房舍被焚，还强迫未被杀害的妇女和儿童拆毁城墙，"其时，城之短者，不及肩"（乾隆十四年《信阳州志》卷二）。之后，汝阳主簿吴士伸主持修城，由于措施得当，"不数月，垣堞顿还旧观。楼橹未暇及也"，意思是城楼未建。

　　清顺治十五年（1658），兵宪管起凤、知州高天爵（修城的年代恐有误。经查乾隆十四年《信阳州志》卷五"官师志"载：管起凤"顺治九年升湖广按察使"，已不在信阳。高天爵则为顺治九年任知州，顺治十五年的知州为王廷伊。由此，可能是"顺治五年"或"顺治九年"之误。详情待考）主持修城时，开始修复了崇祯年间被毁的四座城楼。顺治十六年，西城坍塌数十丈。知州王廷伊主持督修，"坚厚有加"。康熙四十五年（1706），西门南偏城坍塌数丈。雍正七年（1729），知州郭士英主持修城。乾隆四年（1739），知州

▽ 侵华日军占领时的信阳城西门　　　　　　　　　▽ 信阳城西南城角

△ 信阳东门城墙及护城河

朱汝宁主持重建四座城门楼。此后，信阳地方官吏对城池多有修缮或改筑，尤其在咸丰年间（1851～1861），因太平天国战乱而加固城池。光绪十五年（1889），西南城墙坍塌，乡绅陈筱云、陈正甫、李瓣香等监修。

当地俚语"罗山的婆娘，信阳的城墙，息县的牌坊"，其中说的是信阳城墙坚固有名。信阳坚固的城墙得缘于历代官民的重视，被不断地修缮加固。如：1921年秋，雨水为灾，南门之东、西门之北、北门之东均有城墙坍塌，共计30余丈。灾后，"公议加地丁，每两银附收钱一串文"。由邑人蔡和林、周绵瑞、刘竹溪等数人负责修城工程各项事务，"外垣内隍一律修整，并回（恢）复旧南门、小南门"。为防止大水毁城，又于奎楼北侧开水门涵洞一座，东、西城加造明、暗水沟各一条。1925年，驻城陕军被围时，拆除部分城墙，垛口"残破不堪"。1931年夏，小南门与北门城墙外侧坍塌，计长10余丈。后经"修浚城池委员会"募捐、以工振款等资金，得以修复，"渐还旧观"。此后，因战火致使城墙遭到一定的破坏。

20世纪50年代期间，因城市建设而人为拆除了大部分城墙，仅留下极少地段的遗迹和部分护城河。

附：

在信阳市境内，被列为全国重点文物保护单位的有周朝的黄国故城（2006年公布），东周的番国故城遗址（2001年公布）。被列为省级文物保护单位的有新石器时代的黄土城遗址（2000年公布）、周朝的古息城遗址（1963年公布）、周朝的蒋国故城（1986年公布）。被列为市、县级文物保护单位的有西周至战国时期的白公故城（2004年公布）、春秋时期的罗山县高店乡春秋古城（2004年公布）、汉代的平昌古城遗址（2004年公布）、土城遗址（1983年公布）、申阳台古城址（1983年公布），以及唐代的太子城遗址（1979年公布）。

杨国庆

信阳州城池：古申国地。明洪武九年，重建，设信阳卫守之。周围一千三百三十六丈七尺，高三丈，广一丈五尺。池深一丈三尺，阔一丈余。门四：东曰望京，南曰镇远，西曰坚山，北曰望淮。

——清《考工典》第十九卷，引自《古今图书集成》

385

彰德城

彰德
（安陽）

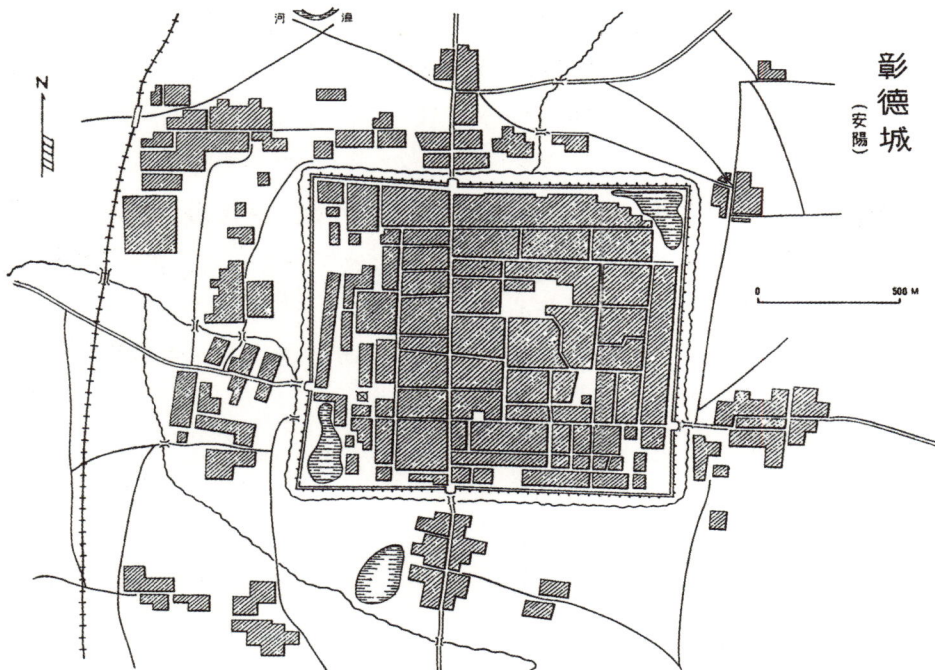

△ 彰德城图　引自《支那城郭概要》1939年版

　　彰德（今称"安阳"），位于河南省的最北部，地处河南、河北、山西
三省的交界处。安阳殷墟，是世界公认的现今中国所能确定的最早都城遗址，
有"洹水帝都"、"殷商故都"之称。1986年，被列为国家历史文化名城。

　　约公元前14世纪，商王盘庚自奄（今山东曲阜）迁都于殷（今安阳市殷
都区小屯村），安阳遂为殷商国都。殷商王朝，在此历八代十二王。前11世
纪，周武王姬发率诸侯之师，与商纣王战于牧野（今鹤壁淇县西南），纣王兵
败自焚，殷亡。公元前221年，秦始皇统一六国，行郡县制，始置安阳县。北
周大象二年（580），涉相州、魏郡、邺县治所及邺民于邺南40里之安阳城，
安阳遂为相州、魏郡、邺县治所。宋初，相州隶属河北西路，并置彰德军节
度。金明昌三年（1192），彰德升为府。元时，为路。明清时，仍为府。1913
年，废府，并改名为"安阳"。1952年，安阳为河南省辖市。

根据地方志等文献记载，以及近代考古资料表明，安阳其境筑城活动早于公元前13世纪。因此，安阳早期城址，一般地位比较显赫。但许多早期的城址，在规模、性质等方面，学术界还存在一些待讨论的问题。除了尚有争议的"殷都"城址（一说在今河南省内黄县西旧县村；另一说在河南省安阳后岗一带）外，还有黄帝创建的都城，均难以考证。

据清代以前地方志记载，彰德府城墙始筑于北魏天兴元年（398，极少也称"天兴四年"）。而另据嘉庆二十四年《安阳县志》引康仪钧据《明史·食货志》考证，指出"旧志所谓县城之始于天兴四年者，妄也"，并另据《周书》《隋书》等典籍记载，推测为大象元年（579）后，始筑彰德城（详情待考）。宋景德三年（1006），增筑新城，周长19里，为土城。

明洪武二年（1369），邓愈、汤和屯兵彰德时，由汤和主持用城砖甓城、知县蔡诚承建，大规模改筑后的彰德城池，裁旧城之半，使城周长9里130步、高2.5丈、厚2丈，外砖内土。设城门4座：东曰"永和"，南曰"镇远"，西曰"大定"，北曰"拱辰"。各城门均建有城楼，又建角楼4座、敌台40座、警铺63座。护城河宽10丈、深2丈。成化十三年（1477），彰德知府曹隆主持重修城池。

清康熙十六年（1677），知府邱宗文主持重修彰德府城。康熙五十二年，北城楼遭遇火灾被毁。安阳知县徐树敏主持重建东、西两座城楼。雍正七年（1729），知县李阊枺主持大规模重修城墙，除修补破损地段城墙外，还

▽ 1937年11月4日，侵华日军今田、远藤部队攻占彰德城前，先将城门附近城墙炸塌，伺机登城　本页以下两图由南京城墙保护管理中心藏

▽ 1937年11月4日，侵华日军今田、远藤部队攻占彰德城后，在城墙上狂呼

△ 安阳彰德府老城墙角楼全景（自东南向西北拍摄） 本页照片由孔德铭提供

△ 安阳彰德府老城墙全景（自东向西拍摄）

重修了各城门的城楼。乾隆二年（1737），安阳知县陈锡辂针对县城的护城河因年久淤塞，导致"壕与岸平"的严重情况，申请库银兴工疏浚。使四面的护城河宽达5丈、底宽3丈、深5尺；外瓮城附近的护城河宽3丈。还在城北开挖了一条引泄河水的支流，长达330丈，"自是水得顺流，无满溢之患"（乾隆三年《安阳县志》卷二）。竣工后，陈锡辂撰有《浚壕碑记》，刻石立碑于城北拱辰门，详述其事。乾隆二十七年，安阳知县戴清主持修城。乾隆四十四年，安阳知县彭元一捐俸用于修城，增修四座城门楼。此后，在彰德历任地方官吏重视下，城池虽因自然和战火等因屡有损坏，但基本能得到及时修缮。

1932年1月，安阳县民因当时摊派各类款项"奇重"，遂聚众与官府相争，"结果圆满，议辟西北门，以作纪念"。在"建设新安阳"的意趣下，定新城门名为"新安门"，连同四座旧城门，共为五座城门。同年，重修了南门镇远门的城楼。1937年11月4日，侵华日军今田、远藤部队攻占安阳城时，对城墙造成破坏。1949年5月6日，中国人民解放军对安阳城发动总攻，先后将北门东侧、城西、城北等地段城墙炸开豁口，进而占领了安阳城。安阳城墙先后经历了两次战火，在城墙上留下了许多弹孔。

1949年以后，随着城市建设需要，尤其是人们认识上的误区，导致安阳城墙大部分被拆除。

据20世纪80年代以后的调查，安阳地面上残余的城墙大致有两段，即东南角和西南角，均为城墙拐角处。其中在安阳三角湖公园保存的一段城墙（西南角）虽有破损，也有枪眼、弹洞和生长了杂树，但是砖墙结构清晰，是安阳城市数百年成长的最佳见证。另一处在安阳一中以北的小区里（东南角）。2013年初，安阳两处城墙保护现状均不乐观，墙体部分出现纵向裂隙，坍塌地段也未能修补。

附：

尧城遗址 位于安阳市高庄镇遵贵屯村。2001年当地考古部门发现，整座古城坐落在村子下边，村北有一座古城门，从碑文上证实是宋代修建的，但城门的砖很大一部分是唐代的。目前已探明该古城东城墙长444米、北城墙长422米，南城墙断断续续被发现有残存夯土层182米。2004年，该处城址以汉代尧城遗址，被列为安阳市级文物保护单位。

除此，安阳与城有关的遗址还有殷墟遗址、雀城遗址、辅岩城遗址等，先后被列为国家、省、市文物保护单位。

杨国庆

彰德府城池： 后魏天兴元年，建。明洪武初，重筑，设彰德卫守之。周围九里一百十三步，高二丈五尺，广二丈。池深二丈，阔十丈。门四：东曰永和，南曰镇远，西曰大定，北曰拱辰。建角楼四，敌台四十，警铺六十三。安阳县附郭。

——清《考工典》第十九卷，引自《古今图书集成》

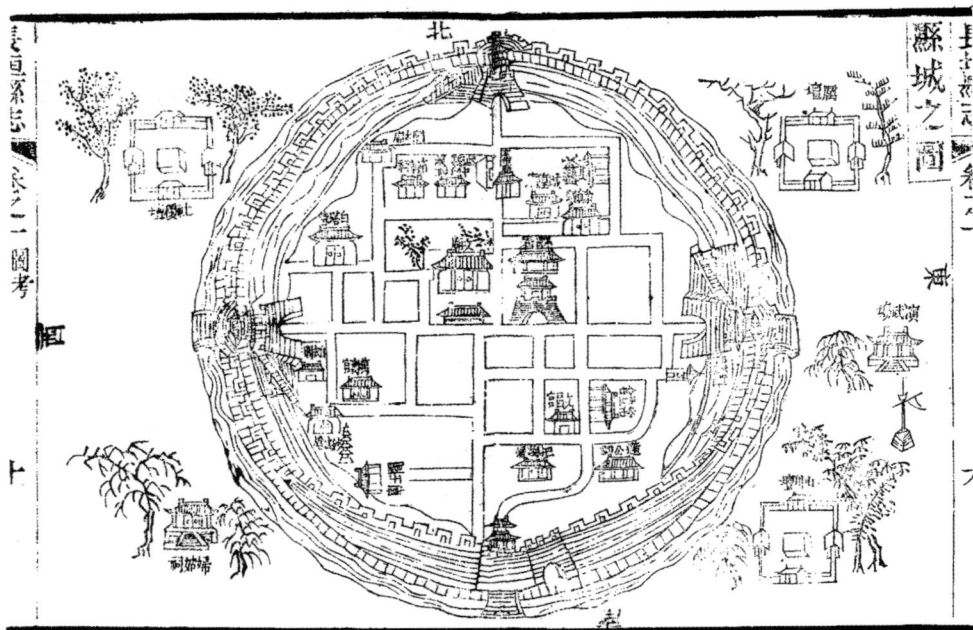

△ 长垣县城之图　引自《长垣县志》清嘉庆十五年版

长垣，位于河南省东北部，境内无山，地势平坦低洼，东隔黄河与山东省东明县相望，因"县有防垣"而得名。

西周时，长垣境内属卫国。春秋时，卫国于长垣之地同时置蒲邑（今长垣县城）、匡邑（匡城遗址在今长垣县城西南10公里的南蒲街道孔庄村一带）。战国时，魏国兼并卫国的匡邑、蒲邑，在今县城东北五公里的陈墙村一带置首垣邑。秦始皇二十六年（前221），秦并天下，设郡县，改首邑为长垣县。此后，随政权更迭，建置、县名及隶属均有变化；又因黄河泛滥毁城而数次徙城址。明清时，长垣县隶属大名府，治所蒲城镇（即今县政府所在地）。1986年，隶属新乡市。2014年，长垣成为省直管县。

长垣境内筑城较早，除有多处仰韶遗址、龙山文化遗址（已有城墙雏形）外，至迟春秋时已有筑城活动。战国时，置首垣邑。据后人分析："首

▷ 修缮后的长垣城墙
　惠漾华摄

垣"，表明当时有一道长墙，或曰"防垣"。此防垣或用于防水，或用于防兵。首垣，则为防垣之首，此时已有"长垣"之名。对于"长垣"，后人有许多解释，其中还有依据中国古代天文学"三垣四象二十八宿"的天文体系，认为"长垣"一名，取自"太微垣"中有一星宿，名曰"长垣"（位于现在国际通用的狮子星座中，有四颗星）。但是，由于受黄河泛滥以及政权更迭的影响，城址曾有数次毁、建。金泰和八年（1208），因避黄河水患，迁治于柳家村（地名"鲍堌"，后称"旧城集"）。此城沿用至元末，也多次面临黄河泛滥的威胁。

明洪武二年（1369），县丞刘彦昭迁县治于古蒲城，初筑土城"仅匝三里有奇"（此据清《长垣县治》卷六；另据康熙三十九年《长垣县治》卷二称"仅匝二里许"）。正统十四年（1449），知县萧翼主持大规模拓造土城，城周8里、高2丈，建四门。成化（1465～1487）初，知县孙刚建造城门楼4座。成化十年，知县王辅主持大规模修筑城池，使城周2929步、高2.4丈、厚3丈，护城河宽4.6丈、深1.5丈。弘治年间（1488～1505），知县贡安甫、白思诚相继主持修缮城池。正德七年（1512），知县卢煦有鉴于境内局势不稳，故主持增修城墙。正德十年，知县张治道主持加修城墙，使城周8里7步、高2.5丈、基宽3丈、顶宽1丈。创修外瓮城、敌台各4座。嘉靖十三年（1534），知县马聪主持修城，增筑城砖垛口。嘉靖三十一年、三十九年，在知县刘文玉、黄国华的主持下，先后对城垣修缮。嘉靖四十二年，知县柴宗义主持重修城墙，重题四门名：东曰"放晓"，南曰"向离"，西曰"留晖"，北曰"拱极"。隆庆四年（1570）春，知县孙镔主持修城时，将旧城部分附属建筑（如窝铺、水渠及涵洞等）改为砖砌。隆庆六年，在知县胡宥修城时，将北城门的土筑外瓮城改为砖石构造。万历二十四年（1596）春，知县袁和主持日常修城。崇祯十年（1637）冬，知县王虚白主持修城时，将全城未改砖石的土墙全部更筑为砖城，并增高加厚（如城北段增高至3.5丈）。城顶用砖砌筑二层，垛口全部留有炮孔，内置拦马墙。城内流水沟渠120道，全部采用砖灰修砌。将四座外瓮城全部采用城砖砌筑，并筑四门的登城马道。城门楼加高4尺，新建窝铺64座，被旧志称为"焕然改观"。

清康熙十年（1671），知县宗琼主持修补城墙，全城添筑窝铺24座。康熙二十七年，知县秦毓琦、孙子昶相继主持重修城墙。雍正元年（1723），知县赵国麟主持营建护城河外侧的护城堤。乾隆三十三年（1768），知县吴钢主持大规模修城。他先进行了实地查勘，得到批准后开始主持修城。城身连炮台全长1661.3丈、周9里多、高2丈、基宽2.4丈、顶宽1.4丈。垛口的排墙高5.6尺，共高1.56丈。重题四门名：东曰"景晖"，南曰"承薰"，西曰"义正"，北曰"迎恩"。此次修城于乾隆三十七年竣工，共耗资79428两纹银（同治十二年《长垣县治》卷六）。嘉庆二十四年（1819）秋，黄河决口，导致长垣城墙坍塌20余丈。此后，长垣城墙仍多次遭到自然灾害和战火的损毁。在地方官吏的重视下，均能得到及时修缮。全城守城大炮曾存14座，道光二十年（1840）后，全部被征调至天津卫。同治十二年（1873）时，本县内无存大炮（同治十二年《续修长垣县治》卷上）。由此可见，晚清时的长垣城墙防御能力有所减弱。

1921年夏，长垣遭遇暴雨，导致城墙西北隅两段坍塌。此后，由于年久失修，尤其1949年以后随着城市发展需要，城墙逐渐毁圮，甚至被部分拆除后修筑了环城马路。

20世纪80年代以后，当地政府开始重视长垣残存的城墙保护，并于1986年将其列为县级文物保护单位。此后，为改善城市景观，对残存城墙进行过局部修缮。

附：

自咸丰三年（1853）开始，由于受太平天国战乱影响，长垣县境内先后新筑了61座寨堡（同治十二年《增续长垣县治》卷上）。后逐渐毁圮。

杨国庆

长垣县城池：金元故城，柳塚。明洪武初，徙筑今城，仅匝二里有奇。正统十四年，知县萧翼拓其旧制。周围八里，高二丈四尺，广二丈。池深一丈五尺，阔三丈。崇祯十一年，知县王虚白始修砖城。

——清《考工典》第十八卷，引自《古今图书集成》

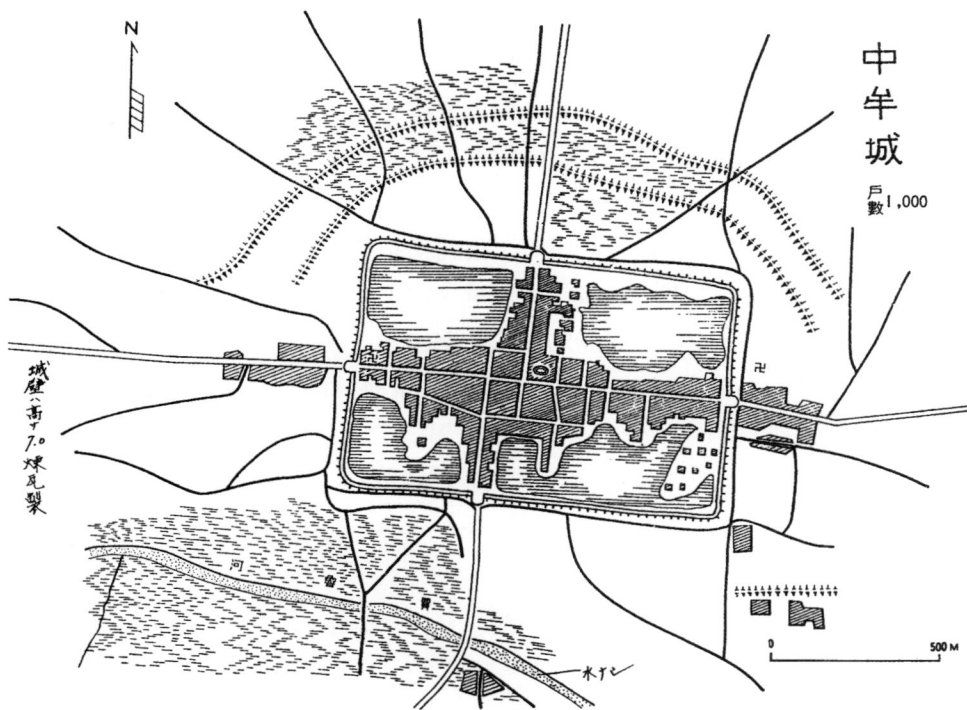

中牟城

戶數1,000

城壁高十7.0煉瓦製

河

水工

0　　　　　500 M

△ 中牟城图　引自《支那城郭概要》1939年版

　　中牟，位于河南省中北部的黄河之滨，东接古都开封，西邻省会郑州，自古战略地位重要，为历代兵家必争之地。

　　周元王六年（前470），置中牟邑（史学界对其建置的年代、位置，长期存有争议）。中牟城北五里有牟山，高仅丈余，绵延数十里，据《大清一统志》称"邑之得名于此"。西汉高祖十二年（前195），单父圣封中牟共侯，为侯国。西汉元鼎五年（前112），废侯国为中牟县。隋开皇元年（581），改称"内牟"。开皇十八年，改内牟为"圃田"。唐武德三年（620），置牟州。次年，废州复县。其后行政区隶属虽多有变化，县名至今未变，治所多在今县城一带。明清时，中牟县属开封府。1983年，改属郑州市。

　　中牟最早筑城不详，据明清及民国时期的地方县志记载，中牟最早由曹操（155～220）始筑，该城位于"县东二里许"（同治九年《中牟县志》卷二。另据同治二年《开封府志》卷九称："旧城在县东一里。相传曹操所筑。失考"）。而据近现代考古资料表明，中牟县境内的筑城活动，可追溯到新石器时代的古东城遗址、汉代的古圃田城遗址，这两座城址于1985年分别被列为县级文物保护单位。

明天顺五年（1461），中牟知县董敏移县治于西重筑新城，此土城周长6里36步、高1.5丈、宽2丈，护城河深1丈、宽1.2丈。此后，中牟城池部分地段虽时常毁损，但基本得到地方官吏的修缮。如成化十八年（1482），知县戴玉主持重修。正德五年（1510），知县周纪主持重修。万历二十三年（1595），知县陈幼学主持修城时，招募贫困百姓支付工钱在城内盖房322间，"以为内防"；又在城外东、西、北三面盖房266间，"以为外护"。崇祯七年（1634），刑部尚书刘之凤（中牟人）委托知县俞士鸿主持修城，将土城包砌城砖，改为砖城；还在东、西城门外加筑月城（外瓮城）。崇祯十五年，中牟城墙遭遇战火，城墙及内外房屋均损毁严重。

清顺治二年（1645），知县刘泰来主持重修城墙，在城的四角各置窝铺1座，设城门4座：东曰"朝阳"，西曰"镇平"，南曰"迎薰"，北曰"拱辰"。护城河较明代有所变小，深、宽各1丈。康熙十二年（1673），在全国

▷ 1938年6月16日，中牟城面对黄河决堤的大水 南京城墙保护管理中心藏

大规模修城背景下，知县韩荩光主持重修中牟城。雍正元年（1723），黄河泛滥成灾，大水冲垮中牟城墙多处。乾隆十五年（1750），知县孙和相主持重修中牟城，重建四门，外瓮城增建门楼各1座，并增改城门旧额。乾隆十七年春，因得到朝廷下拨的修城专款，遂于同年二月至次年四月，再次大规模修筑城池。竣工后的中牟城池，城高1.5～1.6丈不等、顶宽1丈、基宽2.4～2.5丈不等，护城河宽3丈、深1丈。乾隆二十七年，知县唐尹主持重修，属于日常维护性修城。嘉庆二十四年（1819）和道光二十三年（1843），先后两次因河水暴涨，大水毁城严重，城墙"几经塌尽"。咸丰九年（1859），受太平天国战乱影响，在知县鲁奉垚多方筹资（包括劝捐）后，主持修城，增建防御性的碉楼。同治五年（1866），知县杨九龄添建营房。同治七年，河堤决口，大水倾注，致使城墙再度受损残缺。知县何鼎申请修城，未及开工而离任。继任知县吴若烺主持重修，规制如旧。

1912年以后，中牟城池屡遭战火，尤其在抗日战争期间，城墙损毁严重而逐渐毁圮。20世纪50年代以后，因城市建设需要，中牟城墙最后被拆除。

附：

在中牟境内，古城址还有春秋时期郑国筑造的清邑城。该城址位于中牟县蒋家冲（简称"蒋冲"），今城郭东西长1.5公里、南北宽1.4公里，近正方形。西北城角残垣高约10米，夯土层清晰。

杨国庆

中牟县城池：旧在县东二里许，曹操建。明天顺五年，知县董敏改筑。周围六里三十步，高一丈五尺，广二丈。池深一丈，阔一丈二尺。崇祯七年，知县俞士鸿包砖城。

——清《考工典》第十九卷，引自《古今图书集成》